스위스
선거제도의 이해

스위스
선거제도의 이해

초판인쇄 2022년 5월 13일
초판발행 2022년 5월 13일

지은이 최용훈(kareiski@daum.net)
펴낸이 채종준
펴낸곳 한국학술정보(주)
주 소 경기도 파주시 회동길 230(문발동)
전 화 031-908-3181(대표)
팩 스 031-908-3189
홈페이지 http://ebook.kstudy.com
E-mail 출판사업부 publish@kstudy.com
등 록 제일산-115호(2000. 6. 19)

ISBN   979-11-6801-479-4 93340

Switzerland Election System

스위스
선거제도의 이해

최용훈 지음

머리말

스위스라는 단어를 접한 것은 대학교 때 배운 민법총칙의 '서서(瑞西)'였다. 한자가 가득한 민법총칙에서 '서서'라는 국가는 어디일까 의문을 던졌던 기억이 난다. 스위스와의 인연은 여기서부터 시작된 것일까? 알 수 없는 인생의 '나비효과'처럼 2016년부터 2018년까지 스위스(제네바)에 소재한 국제의회연맹(IPU)에서 일할 기회를 가졌다.

한반도의 1/5에 불과한 스위스가 1인당 국민소득이 8만 달러로 발전한 원천이 무엇인가에 대한 의문이 들었다. 정치 안정이 곧 경제 안정의 토대였을 것으로 생각했고, 한 장 한 장 퍼즐을 맞추듯 스위스 정치제도를 알아보기 시작했다. 구체적으로 연방의원을 누가, 어떤 방식으로 선출하는지, 직접민주주의는 어떻게 구현하는지, 칸톤 및 코뮌 선거는 어떻게 준비하는지, 어떤 정당이 유권자 마음을 사로 잡았는지를 알고 싶었다.

이 책은 스위스 선거제도를 국회 정치개혁특별위원회(행정자치위원회)에서 4년 동안 일했던 경험을 토대로 비교법적 측면에서 검토했다. 연방·칸톤·코뮌 차원에서 외국인과 재외국민의 참정권을 어느 정도 허용하는지, 선거인명부·후보자명부 작성, 기표방법 등은 어떻게 하는지 등을 살펴봤다. 유권자의 90%가 활용하는 우편투표, 2019년 7월 중단된 전자투표에 대해서도 구체적으로 알아봤다.

또한 비례대표제를 적용한 하원선거의 칸톤별 의석배분 과정과 필자가 머물렀던 제네바 칸톤과 코뮌의 선거사례를 소개했다. 주요 정당인 스위스국민당,

사회민주당 등과 군소 정당의 정강정책, 지지기반 등을 알아봤다. 마지막으로 1848년부터 2019년까지 주요 연도별 연방선거 결과를 기술했다.

　2년이라는 짧은 시간 동안 스위스에서 보고 들은 내용은 많지 않았지만, 연방·칸톤·코뮌의 3단계 행정체제를 통해 생활 속 정치가 일상화되고, 유권자 참여가 활성화된 것을 알 수 있었다. 특히 중앙집권적 정치문화가 아닌 현장 밀착형 정치문화임을 느꼈다. 또한 투표율 제고를 위해 도입된 우편투표가 모든 칸톤에 정착하기까지 30년이 걸렸지만 유권자가 가장 선호하는 제도로 활용되고 있고, 전자투표를 안착시키기 위해 20년 전부터 시범사업을 했지만 보안과 경제성 문제로 중단된 점은 시사하는 바가 크다.

　한편 스위스 정치체제를 근본적으로 변화시킨 요인 중 하나는 1918년부터 선거제도가 다수대표제에서 비례대표제로의 변경이었다. 세 차례에 걸친 국민투표를 통해 1848년 연방 창설 이후 70년 만에 도입된 비례대표제 선거제도는 특정 정당의 정치적 헤게모니가 상실되고, 주요 4개 정당 중심의 안정적인 스위스식 합의제 정치문화가 정착되는 계기가 됐다.

　아울러 연방의회에서 선출하는 연방각료 7명이 주요 4개 정당 출신이고, 100년 이상의 역사를 가지는 주요 정당은 연방정부의 재정지원 없이 당비, 기부금 등으로 운영되기에 규제가 많지 않다는 점은 다른 국가와 구별되는 특징이다. 이처럼 스위스의 선거와 정당제도는 스위스만의 고유한 역사적, 정치적, 사회적 배경을 토대로 만들어졌지만, 향후 우리가 지향할 정치적 논의과정에서 많은 참고가 될 것으로 생각된다.

이 책은 필자의 「스위스 연방의회론」, 「스위스 직접민주주의의 이해」와 잇닿아 있다. 스위스 연방의회, 직접민주주의를 제대로 알기 위해서는 고구마 줄기처럼 엮어진 선거와 정당제도를 이해하지 않으면 안 되기 때문이다.

처음에는 「스위스 직접민주주의의 이해」에 선거와 정당제도를 포함했지만, 과도한 분량, 주제의 일관성 등을 고려해 「스위스 선거제도의 이해」를 별도로 출간하게 됐다. 이전에 발간한 두 권의 책에 비해 상대적으로 많은 112개의 도표와 53개의 그림을 본문에 실어 관련 내용을 일목요연하게 이해할 수 있도록 했다.

스위스의 선거와 정당제도를 정확하고 이해하기 쉽게 기술하려 했지만, 동일한 제도가 3~4개 언어로 번역되어 관련 내용을 파악하는 데 고전을 면치 못했다. 또한 26개 칸톤별로 고유의 선거제도를 운영하기에 필자의 목표를 달성하는 데 적지 않은 어려움이 있었다.

하지만 앞서 스위스 정치제도를 연구한 분들이 있었고, 필자에게 많은 도움을 주신 분들이 있었기에 그분들의 노고에 진심 어린 존경을 가지고 동행하는 마음으로 천착했다. 필자보다 먼저 스위스 정치제도를 연구한 자료가 아니었더라면, 관련 자료를 이해하는데 도움을 받지 않았더라면 이 책이 세상에 빛을 보기 어려웠을 것이다.

스위스에서 돌아온 지 3년 6개월이 넘어 흘러 흐릿한 기억을 되돌아보면서 선거와 정당제도에 대해 명확한 근거를 가지고 최신 내용으로 서술하려 했지만 많은 한계와 부족함이 있다. 이 책의 내용상 오류나 이해하기 어려운 부분이 있다면 전적으로 필자의 책임이다.

　더욱 알찬 내용을 담으려는 아쉬움을 뒤로 하고, 이 책을 통해 스위스의 선거와 정당제도를 개괄적으로 이해하는 데 도움이 되었으면 한다. 마지막으로 이 책을 발간하면서 많은 도움과 조언을 해주신 모든 분들에게 진심어린 고마움을 전한다.

2022년 3월
국회 의정관에서

최 용 훈

차
례

제5장 칸톤 및 코뮌선거

제6장 스위스 정당론

제7장 주요 연도별 선거결과

표와 그림 차례

연방선거제도
개요

제1절 연방선거 개요

1. 의의

선거제도는 국민의 올바른 정치적 의사형성을 위한 첫 단계이다. 따라서 국민의 의사가 왜곡되지 않고 올바르게 반영될 수 있도록 합리적인 선거제도를 운영하는 것이 중요하다. 스위스 선거제도에는 모든 투표가 동일한 '민주주의 원칙'과 모든 칸톤이 동등한 '연방주의 원칙'이라는 두 개의 기준을 적용한다.

연방 차원에서는 정당 및 선거운동에 대한 직접적인 재정지원을 뜻하는 선거공영제가 실시되지 않는다. 하지만, 칸톤 차원에서는 선거운동, 선거방법이 칸톤마다 상이하기 때문에 제네바, 프리부르 칸톤은 칸톤선거에서 선거공영제를 실시하고 있다.

선거를 규율하는 법령으로 연방헌법,[1] 정치적 권리에 관한 연방법,[2] 스위스 재외국민 및 기관에 관한 연방법,[3] 라디오 및 텔레비전에 관한 연방법,[4] 연방대법원법,[5] 연방형법,[6] 정치적 권리에 관한 연방법 시행령,[7] 정당 등록에 관한 연방의회 시행령,[8] 칸톤헌법,[9] 칸톤법[10] 등이 있다. 연방헌법은 모든 칸톤에 규정될 기본 원칙만을 규정하고, 개별 칸톤은 투표에 관한 규칙을 규율하며, 투표의 조직과 실행을 담당한다.

연방헌법에 상원과 하원의 의원정수와 선거시기 등을 규정하지만(연방헌법 제149조, 제150조), 연방 차원의 참정권은 연방이, 칸톤과 코뮌 차원의 참정권 문제는 칸톤이 담당한다(연방헌법 제39조 제1항).

하원선거는 정치적 권리에 관한 연방법에 따라 전국적으로 동일한 조건 하에 진행되는 연방선거이자 연방사무로 간주된다. 연방법률은 하원선거에 대한 일반적인 원칙과 기준만 설정하고 하원선거와 관련된 구체적인 절차는 대부분 칸톤의 업무이다. 따라서 하원선거는 연방사무이지만, 그 밖의 세부적인 집행사항은 칸톤법에 위임됐다(정치적 권리에 관한 연방법 제83조). 그러나 연방법과 칸톤법이 상충하면 연방법이 우선한다.

상원은 연방의회의 일부임에도 불구하고 상원의원 선출방식은 각 칸톤이 자율적으로 결정한다(연방헌법 제150조 제3항). 따라서 26개 칸톤은 상원선거를 칸톤선거로 간주하고, 칸톤의 상원선거를 관리하고 필요한 조치를 취할 수 있다(정치적 권리에 관한 연방법 제83조).

상원선거는 칸톤에 관할권이 있고, 전적으로 칸톤의 권한에 따라 실시된다는 점에서 연방법 테두리 내에서 진행되는 하원선거와는 다르다. 각 칸톤법률은 지나치게 규범적이지 않고, 효율적인 선거의 토대가 된다. 동일한 칸톤 내에서도 코뮌 간에 다양성이 존재하기 때문에 지역별 특색을 가미한 선거 규칙과 관행을 가진다.

2. 선거 관리기관

선거 관리는 연방, 칸톤, 코뮌으로 분권화됐다. 연방은 투표일 결정, 투표절차에 관한 사항 등을 규율하고(정치적 권리에 관한 연방법 제10조), 연방내각사무처[11]가 선거사무를 담당한다. 연방내각사무처는 후보자 등록을 담당하고, 유권자에게 선거관련 정보를 제공하며, 정당정책과 후보자 정보가 담긴 자료를 작성하고, 선거 결과를 발표한다. 연방내각사무처는 2012년부터 칸톤의 선거 담당 공무원과 정례적으로 우편투표의 보안성, 투표집계 방법, 장애인 유권자를 위한 접근성 확보 등과 관련한 의견을 교환해왔다.

각 칸톤은 연방에 위임되지 않은 모든 범위에서 선거에 관한 자치권을 가진다. 연방의원 선출, 투표 등 선거와 관련된 대부분의 권한은 칸톤에 속하고, 칸톤 법으로 규정되며, 칸톤은 관할 구역 내 선거를 집행할 책임이 있다.

칸톤은 선거관리위원회 구성, 선거인명부 작성, 후보자명부 등록, 유권자 신분 확인, 투표카드·투표용지·투표자료 인쇄, 선거결과 집계 등의 업무를 수행한다. 예컨대 제네바 칸톤은 투표와 선거를 관리하는 선거관리위원회를 칸톤정부 내에 별도로 설치하지만, 뇌샤텔 칸톤은 선거관리위원회를 두지 않는다.

개표, 투표소 설치·관리, 유권자에게 투표자료 제공, 사전투표 관리 등은 종종 코뮌으로 위임된다.[12]

3. 적용 범위

가. 칸톤

스위스는 26개 칸톤과 2,148개 코뮌이 하나의 연방을 구성한다. 칸톤은 연방과 독립된 지방정부로서 우리나라의 도(道)와 비슷하다. 연방은 칸톤의 자치권을 존중한다(연방헌법 제47조 제1항).

각 칸톤은 독자적인 헌법을 가지고 연방의 권한으로 열거된 사항을 제외하고는 칸톤의 권한을 자주적으로 행사한다. 칸톤은 관할 구역 내에서 고유의 입법권, 사법권, 행정권 등 높은 차원의 자치권을 가진다(연방헌법 제3조, 제43조).

칸톤은 20개의 일반적인 칸톤과 6개의 반칸톤[13]으로 구분된다. 반칸톤은 옵발덴, 니트발덴, 바젤슈타트, 바젤란트, 아펜첼아우서로덴 및 아펜첼이너로덴 칸톤으로 연방헌법에 규정돼 있다(연방헌법 제142조 제4항). 6개 반 칸톤은 상원의원을 1명 선출한다는 점에서 2명의 상원의원을 선출하는 일반 칸톤과 비교된다.

스위스 중앙에 위치한 운터발덴 칸톤은 1291년 스위스 서약자 동맹[14] 창설 전에 삼림지역을 중심으로 상류지역은 니트(저지역) 발덴 칸톤, 하류지역은 옵(고지역) 발덴 칸톤으로 나뉘었다(1340년).[15]

아펜첼 칸톤은 1597년 8월 28일 종교적인 이유로 구교(가톨릭)를 지지한 아펜첼이너로덴과 신교(기독교)를 지지한 아펜첼아우서로덴으로 분리됐다.[16]

바젤 칸톤은 농촌지역과 도시지역 간 갈등 이후 1833년 바젤슈타트(도시 바젤)와 바젤란트(농촌 바젤)로 분리됐다.[17]

아래의 표 1을 통해 칸톤별 언어, 인구, 규모 등을 정리했다.

[표 1] 스위스 연방 26개 칸톤 현황(2022)

연번	칸톤 명칭		약칭	칸톤 수도	연방 가입	인구(명, 2020년)	면적 (㎢)	공용어	코뮌(개, 전년대 비감소)	비고 (다른 명칭)
1	취리히(Zürich)		ZH	취리히	1351	1,553,423	1,729	독일어	162	
2	베른(Bern)		BE	베른	1353	1,043,132	5,960	독일어, 프랑스어	338 (-1)	
3	루체른(Luzern)		LU	루체른	1332	416,347	1,494	독일어	80	
4	우리(Uri)		UR	알트 도르프 (Altdorf)	1291	36,819	1,077	독일어	19	
5	슈비츠(Schwyz)		SZ	슈비츠	1291	162,157	908	독일어	30	
6	옵발덴 (Obwalden)	운터발덴 (Unterwalden)	OW	자르넨 (Sarnen)	1291	38,108	491	독일어	7	
7	니트발덴 (Nidwalden)		NW	슈탄스 (Stans)	1291	43,520	276	독일어	11	
8	글라루스(Glarus)		GL	글라루스	1352	40,851	685	독일어	3	
9	추크(Zug)		ZG	추크	1352	128,794	239	독일어	11	
10	프리부르(Fribourg)		FR	프리부르	1481	325,496	1,671	프랑스어, 독일어	126 (-2)	프라이 부르크
11	졸로투른(Solothurn)		SO	졸로투른	1481	277,462	790	독일어	107	
12	바젤슈타트 (Basel-Stadt)	바젤 (Basel)	BS	바젤	1501	196,735	37	독일어	3	도시 바젤
13	바젤란트 (Basel-Landschaft)		BL	리슈탈 (Liestal)	1501	290,969	518	독일어	86	농촌 바젤
14	샤프하우젠 (Schaffhausen)		SH	샤프 하우젠	1501	83,107	298	독일어	26	

연번	칸톤 명칭		약칭	칸톤 수도	연방 가입	인구(명, 2020년)	면적(㎢)	공용어	코뮌(개, 전년대비 비감소)	비고(다른 명칭)
15	아펜첼아우서로덴 (Appenzell AusserRhoden)	아펜첼 (Appenzell)	AR	헤리자우 (Herisau)	1513	55,309	243	독일어	20	
16	아펜첼이너로덴 (Appenzell InnerRhoden)		AI	아펜첼	1513	16,293	172	독일어	6	
17	장크트갈렌 (Sankt Gallen)		SG	장크트 갈렌	1803	514,504	2,031	독일어	77	생갈, 생갈렌
18	그라우뷘덴 (Graubünden)		GR	쿠어 (Chur)	1803	200,096	7,105	독일어, 이탈리아어, 레토로망스어	101	그리종, 그리슨
19	아르가우(Aargau)		AG	아르가우	1803	694,072	1,404	독일어	200 (-10)	
20	투르가우(Thurgau)		TG	프라우엔펠트 (Frauenfeld)	1803	282,909	992	독일어	80	
21	티치노(Ticino)		TI	벨린초나 (Bellinzona)	1803	350,986	2,812	이탈리아어	108 (-3)	테신
22	보(Vaud)		VD	로잔 (Lausanne)	1803	814,762	3,212	프랑스어	300 (-8)	바트
23	발레(Valais)		VS	시옹 (Sion)	1815	348,503	5,224	프랑스어, 독일어	122	발리스
24	뇌샤텔(Neuchâtel)		NE	뇌샤텔	1815	175,894	802	프랑스어	27	노이엔부르크
25	제네바(Geneva)		GE	제네바	1815	506,343	282	프랑스어	45	주네브, 겐프
26	쥐라(Jura)		JU	들레몽 (Delémont)	1979	73,709	839	프랑스어	53	
합계	스위스(Switzerland)		CH	베른		8,670,300	41,291	독일어, 프랑스어, 이탈리아어, 레토로망스어	2,148 (-24)	

자료: 최용훈(2020: 6-8), 연방통계청 홈페이지 참조[18]

나. 코뮌

코뮌[19]은 스위스 연방의 3단계 행정체제(연방-칸톤-코뮌) 중 가장 낮은 수준의 행정체제로서 우리나라의 시·군·구와 유사하다. 코뮌은 소규모 지역공동체로 인력이 부족하기에 지역 주민이 부업 또는 자원봉사로 코뮌의 업무에 종사한다.

연방이 출범한 1848년에는 코뮌이 3,205개였으나, 1960년 3,095개, 1994년 3,013개로 146년 동안 192개의 코뮌이 폐지됐을 정도로 오랫동안 3,000개 이상이었다. 그러나 1994년에 38개의 코뮌이 폐지돼 1995년 기준으로 2,975개가 남아 3,000개 선이 무너졌다. 또한 2004년에 52개 코뮌, 2008년에 79개 코뮌, 2012년에 87개 코뮌이 각각 폐지됐다.[20]

2021년에도 24개 코뮌이 폐지됐는데, 아르가우 칸톤에서 10개, 보 칸톤에서 8개, 티치노 칸톤에서 3개, 프리부르 칸톤에서 2개, 베른 칸톤에서 1개 코뮌이 폐지된 것이다.

그 결과 코뮌의 수는 2000년 2,899개, 2005년 2,763개, 2010년 2,596개, 2015년 2,324개, 2020년 2,202개, 2021년 2,172개, 2022년 1월 현재 2,148개로 2000년 이후 751개 코뮌이 감소했다. 오랜 기간 코뮌 합병이 적었다는 사실과 비교해 보면 중요한 변화이다.

[표 2] 스위스 코뮌 감소 현황(2022)

구분	1848	1960	1994.1.	1995.1.	2000.1.	2001.1.	2002.1.	2003.1.	2004.1.
코뮌수	3,205	3,095	3,013	2,975	2,899	2,880	2,865	2,842	2,815
직전대비 감소	–	△110	△82	△38	△76	△19	△15	△23	△27
연도	2005.1.	2006.1.	2007.1.	2008.1.	2009.1.	2010.1.	2011.1.	2012.1.	2013.1.
코뮌수	2,763	2,740	2,721	2,715	2,636	2,596	2,551	2,495	2,408
직전대비 감소	△52	△23	△19	△6	△79	△40	△45	△56	△87

구분	2014.1.	2015.1.	2016.1.	2017.1.	2018.1.	2019.1.	2020.1.	2021.1.	2022.1
코뮌수	2,352	2,324	2,294	2,255	2,222	2,212	2,202	2,172	2,148
직전대비 감소	△56	△28	△30	△39	△33	△10	△10	△30	△24

자료: 연방통계청 홈페이지 참조해 필자 작성, https://www.atlas.bfs.admin.ch/maps/13/fr/10967_72_71_70/18223.html
(2022. 3. 10. 최종 확인).

제2절 연방선거 참정권

1. 선거권

가. 18세 이상 국민: 연방선거

18세 이상의 국민은 하원선거에서 선거권을 가진다. 다만, 정신질환 또는 정신지체를 이유로 행위능력이 없는 국민은 선거권을 갖지 못한다(연방헌법 제136조 제1항, 정치적 권리에 관한 연방법 제2조). 따라서 장애나 질병으로 선거권을 행사할 수 없는 정신질환자, 피후견인 등을 제외한 18세 이상 국민은 하원선거에 선거권을 가진다.

선거권을 행사하기 위해 거주요건을 필요로 하지 않고, 이중국적자도 본인의 의사에 따라 선거권을 행사할 수 있다.[21] 재소자도 선거권을 행사할 수 있어 다른 나라와 달리 선거권의 제약이 매우 적은 편이다. 또한 유권자[22]가 선거권을 행사하기 위해 적극적인 유권자 등록을 요구하지 않는다. 유권자 등록은 주민등록부[23]를 토대로 칸톤이나 코뮌 행정당국이 담당한다.

선거권을 가진 18세 이상 유권자 수는 1977년에 인구 628만 명 중 380만 명(60.5%), 2000년에 인구 720만 명 중 468만 명(64.9%), 2005년에 인구 746만 명 중 486만 명(65.1%), 2010년에 인구 787만 명 중 508만 명(64.6%), 2015년에 인구 833만 명 중 527만 명(63.2%), 2020년에 인구

867만 명 중 549만 명(63.4%)으로 나타났다.[24]

매년 외국인을 포함한 스위스의 인구가 증가함에 따라 유권자 수도 증가하고 있는데, 유권자는 스위스 전체 인구의 631~65%를 차지한다.

[표 3] 인구 대비 유권자 현황(2000~2021)

구분	2000	2001	2002	2003	2004	2005	2006	2007	2008	2009	2010
전체 인구 (명)	7,204,055	7,255,653	7,313,853	7,364,148	7,415,102	7,459,128	7,508,739	7,593,494	7,701,856	7,785,806	7,870,134
18세 이상 유권자(명)	4,680,971	4,743,888	4,749,662	4,764,888	4,821,329	4,860,166	4,902,446	4,929,272	4,996,626	5,039,676	5,084,053
전체 인구중 유권자비율 (%)	64.98	65.39	64.94	64.71	65.02	65.16	65.29	64.92	64.88	64.73	64.60

구분	2011	2012	2013	2014	2015	2016	2017	2018	2019	2020	2021
전체 인구 (명)	7,954,662	8,039,060	8,139,631	8,237,666	8,327,126	8,419,550	8,484,130	8,544,527	8,606,033	8,670,300	
18세 이상 유권자(명)	5,091,652	5,166,732	5,203,973	5,247,489	5,265,120	5,329,183	5,372,748	5,420,789	5,439,863	5,495,345	5,519,168
전체 인구중 유권자비율 (%)	64.01	64.27	63.94	63.71	63.23	63.30	63.33	63.45	63.21	63.39	

자료: 연방통계청 홈페이지 등 참조해 필자 작성.

2021년 11월 실시된 국민투표를 기준으로 칸톤별 인구 대비 유권자 비율을 살펴보면, 아펜이너로덴 칸톤이 74.7%로 가장 높고, 제네바 칸톤이 53.9%로 가장 낮다.

칸톤별 인구에는 외국인, 18세 미만 청소년 등 유권자가 아닌 사람이 포함되기 때문에 외국인 비율이 상대적으로 높은 제네바 칸톤의 경우 인구 대비 유권자 비율이 낮은 것이다.

[표 4] 칸톤별 유권자 현황(2021.11.28. 국민투표 기준)

연번	칸톤 명칭		유권자(명, 2021.11.28.)	인구(명, 2020년)	유권자비율(%)	연번	칸톤 명칭		유권자(명, 2021.11.28.)	인구(명, 2020년)	유권자 비율(%)
1	취리히		956,792	1,553,423	61.6	14	샤프하우젠		53,170	83,107	64.0
2	베른		744,859	1,043,132	71.4	15	반칸톤	아펜첼아우서로덴	39,012	55,309	70.5
3	루체른		282,643	416,347	67.9	16		아펜첼이너로덴	12,175	16,293	74.7
4	우리		26,864	36,819	73.0	17	장크트갈렌		328,286	514,504	63.8
5	슈비츠		107,265	162,157	66.2	18	그라우뷘덴		141,383	200,096	70.7
6	반칸톤	옵발덴	27,332	38,108	71.9	19	아르가우		437,516	694,072	63.0
7		니트발덴	31,789	43,520	73.1	20	투르가우		177,080	282,909	62.6
8	글라루스		26,637	40,851	65.2	21	티치노		224,027	350,986	63.8
9	추크		78,048	128,794	60.6	22	보		464,365	814,762	57.0
10	프리부르		211,226	325,496	64.9	23	발레		230,387	348,503	66.1
11	졸로투른		182,004	277,462	65.6	24	뇌샤텔		113,567	175,894	64.6
12	반칸톤	바젤슈타트	113,956	196,735	57.9	25	제네바		273,057	506,343	53.9
13		바젤란트	190,760	290,969	65.6	26	쥐라		54,022	73,709	73.3
						합계	스위스		5,528,222	8,670,300	63.8

자료: 연방통계청 이메일(jenny.yin@bfs.admin.ch) 수신자료(2022.1.26.) 참조해 필자 작성.

상원선거에 관한 사항은 칸톤법률로 결정하기 때문에 상원선거는 칸톤차원의 선거이다(연방헌법 제150조 제3항). 선거권 연령, 선거방법, 선거절차 등이 각 칸톤별로 다를 수 있고, 연방에서 설정한 일반적 기준을 따를 수도 있다. 예를 들어 샤프하우젠 칸톤은 26개 칸톤 중 유일하게 의무투표제를 실시한다.

나. 16세 이상 주민: 글라루스 칸톤

칸톤은 칸톤선거 및 코뮌선거에 관한 참정권 수준을 개별적으로 결정할 수 있다(연방헌법 제39조 제1항). 투표연령을 결정할 권한이 있는 칸톤은 연방주의에 따라 연방에서 설정한 18세보다 투표연령을 높일 수 없지만, 연방법률보다 투표연령을 낮추어 많은 사람의 정치적 참여를 허용할 수 있다.

투표연령의 인하는 젊은 세대의 정치참여를 제고한다는 의견과 10대 청소년들이 복잡한 문제를 판단하기에는 이르다는 의견이 대립된다.

칸톤과 코뮌은 연방과 독자적으로 투표연령을 다르게 설정할 수 있기에 칸톤선거나 코뮌선거에서 투표연령을 16세로 인하하는 문제가 종종 제기된다. 거주인구가 40,851명인 글라루스 칸톤은 2007년 5월 6일 란츠게마인데[25]에서 칸톤선거와 코뮌선거의 투표연령을 18세에서 16세로 낮추었다(글라루스 칸톤헌법[26] 제56조 제1항).

상원선거가 칸톤차원에서 결정되는 특징을 고려한다면 상원선거의 투표연령이 18세에서 16세로 낮아진 것이다. 그러나 상원선거, 칸톤선거, 코뮌선거의 '피선거권'은 16세까지 낮아지지 않았고 여전히 18세다(글라루스 칸톤헌법 제57조 제1항·제2항).

글라루스 칸톤의 사례를 좇아 뇌샤텔과 우리 칸톤에서 투표연령을 하향 조정하는 안건이 제출됐지만 가결되지 못했다. 뇌샤텔 칸톤에서는 2020년 2월 9일 투표연령 인하(18세→16세)를 위한 칸톤헌법 개정에 관한 주민투표가 실시됐다.

사회민주당[27]이 발의한 뇌샤텔 칸톤헌법 개정안은 칸톤주민 41.48%(19,835 표)가 찬성하고, 58.52%(27,986표)가 반대해 부결됐다.[28]

우리 칸톤에서는 2021년 9월 26일 투표연령을 16세로 인하하되, 피선거권은 현행대로 유지하려는 우리 칸톤헌법 개정안이 주민투표에서 부결됐다. 우리 칸톤은 2009년에도 투표연령을 인하하는 제안이 부결된 바 있다.[29]

취리히 칸톤의회는 몇몇 칸톤 정당의 반대에도 불구하고 2021년 11월 15일 4년의 노력 끝에 칸톤과 코뮌 차원에서 투표연령을 16세로 낮추는 법안제출요구안[30]을 처리했다. 다만, 18세 미만의 사람은 선거에 출마하지 못하도록 했다.

취리히 칸톤의회에서 의결한 내용은 칸톤의 주민투표에 회부될 예정이다. 투표연령 인하는 칸톤헌법의 개정을 초래하기 때문이다. 취리히 칸톤의 주민투표에서 가결될 경우 글라루스 칸톤에 이어 두 번째로 투표연령을 인하하는 사례가 된다.[31]

투표연령 인하와 관련해 취리히 칸톤은 취리히 유권자 평균 연령이 57세로 점차 고령화되는 추세를 고려해 의무교육[32]이 종료되는 16세의 정치참여를 허용해야 한다는 입장이다.

반면 베른 칸톤은 18세가 돼야 법적으로 성년이고(연방민법[33] 제14조), 18세부터 피선거권을 가진다는 점에서 2년간 투표만 가능하고, 선거에 출마하지 못하는 점을 들면서 반대입장을 가진다. 스위스국민당[34]은 사회 경험이 적은 16세는 미디어나 부모 등 타인의 의견에 영향받기 쉽다는 점을 강조하고, 투표연령 인하에 반대한다.[35]

다. 선거권 확대 연혁: 20세 남성에서 18세 모든 국민으로

1848년 연방헌법은 20세 이상의 국민[36]은 자신이 거주하는 '칸톤법률'에 따라 참정권이 박탈당하지 않는 한 연방선거에서 투표할 수 있도록 했다

(1848년 연방헌법 제63조). 또한 「무국적자에 관한 연방법률」[37]을 제정해 국적이 없는 사람에게 시민권[38]에 상응하는 부르주아권(droit de bourgeois)을 인정했다.

유권자인 시민은 시민권을 향유하고 칸톤과 코뮌에 참여할 수 있는 권리를 가진다. 이에 비해 국적이 없는 상태에서 스위스에 거주하는 사람들을 스위스 구성원으로 포함하기 위해 연방정부가 부르주아권을 부여한 것이다.[39]

한편, 칸톤법률에 따라 선거권이 박탈될 수 있기 때문에 다른 칸톤에서 온 이주자, 파산자, 피후견인, 전과자 등의 선거권을 박탈하는 칸톤이 많았다. 일부 칸톤에서는 걸인, 상속거부자, 유대인, 선거사기범 등 범죄자, 부채가 있는 자, 평판이 나쁜 사람 등의 선거권을 배제했다.[40] 아울러 '여성'의 참정권도 배제됐다.

이처럼 칸톤에서 여러 가지 사유로 유대인과 여성 등 일부 국민의 선거권을 배제함으로써 20세기 초까지 사실상 제한선거가 실시됐다. 1848~1910년에 유권자는 전체 인구의 23~25%에 불과했을 정도로 사회적 약자에 대한 정치적 권리가 배제됐다. 이는 노동자를 기반으로 1888년에 창당된 사민당에 불리했다.[41]

연방차원의 투표연령을 20세에서 18세로 인하하자는 국민투표가 2번 실시됐다. 투표연령을 낮추어 청소년에게 선거권을 부여하자는 의견은 1975년 장 지글러 의원(Jean Ziegler, 사민당)의 발의로 처음 제기됐다. 투표연령을 18세로 조정하려는 연방헌법 개정안은 1979년 2월 18일 국민투표에서 투표율 49.6%에 유권자의 49.2%와 9개 칸톤이 각각 찬성해 부결됐다. 하지만 대다수 칸톤에서 칸톤 차원의 투표연령을 18세로 낮추는 등 투표연령 인하에 대한 공감대가 형성됐다.

1991년 3월 3일 투표연령을 18세로 인하하는 연방헌법 개정안에 대한 국민투표에서 투표율 31.3%에 국민의 72.8%와 모든 칸톤의 찬성으로 가결됐는데,

이는 1979년의 국민투표에 비해 상당히 진전된 결과였다. 연방헌법 개정으로 1992년까지 모든 칸톤의 투표연령이 20세에서 18세로 낮아졌다.

1991년 3월 3일 국민투표로 하원의 투표연령이 20세에서 18세로 조정되자, 1992년까지 모든 칸톤은 칸톤이나 코뮌 선거의 투표연령을 20세에서 18세로 낮추었다. 예를 들면 제네바 칸톤에서는 제네바 칸톤에 거주하는 18세 이상 국민과 재외국민을 칸톤의 유권자로 규정했다(제네바 칸톤헌법[42] 제48조 제1항). 행방불명자의 참정권은 사법당국의 결정에 따라 정지될 수 있다(제네바 칸톤헌법 제48조 제4항).

연방의회에 글라루스 칸톤처럼 투표연령을 18세에서 16세로 인하하자는 제안이 제출됐지만, 2021년 11월 하원은 이 제안을 채택하지 않았다.[43]

2. 피선거권

선거권과 마찬가지로 투표권을 가진(18세 이상) 모든 국민은 하원의원, 연방각료, 연방법관에 입후보할 자격을 가진다(연방헌법 제143조). 다만, 정신질환자, 피후견인은 하원선거에서 피선거권이 없다(정치적 권리에 관한 연방법 제2조). 피선거권을 가지기 위해 별도의 주소지 거주요건을 필요로 하지 않기 때문에 주소지가 아닌 칸톤에서 출마할 수 있지만, 투표권을 행사할 수 없다.[44] 또한 입후보와 관련해 기탁금에 관한 규정은 없다.

1999년 연방헌법 전부 개정을 통해 투표권을 가진 모든 국민이 피선거권을 가진다고 개정될 때까지 성직자가 아닌 일반 시민(평신도)[45]만 하원의원에 입후보할 수 있었다(1848년 연방헌법 제64조, 1874년 연방헌법 제75조). 성직자가 하원선거에 입후보할 수 없었던 것은 1848년 연방헌법 채택에 앞서 있었던 종교적 갈등의 잔재였다. 성직자 배제 조항은 실질적으로 개신교보다는 가톨릭에 더 많은 영향을 미쳤다.[46]

또한 1848년 연방헌법에는 스위스에 귀화한 사람은 시민권 보유 후 5년이 지나야 하원선거에 입후보할 수 있도록 규정했다(1848년 연방헌법 제64조 후단).

상원의 피선거권은 상원의 선거권과 마찬가지로 연방헌법 제150조 제3항에 따라 각 칸톤이 개별적으로 규정한다. 예를 들어 제네바 칸톤은 상원의 피선거권을 27세가 된 평신도[47]로 제한했지만(종전 제네바 칸톤헌법 제72조), 2013년 6월부터 시행된 제네바 칸톤헌법에서는 평신도 제한 규정을 삭제했다.[48]

글라루스 칸톤은 란츠게마인데를 통해 상원의원을 선출하는데, 2명의 상원의원은 65세에 도달하면 사임한다(글라루스 칸톤헌법 제78조 제5항).[49]

쥐라 칸톤 출신 상원의원은 연속해서 2번만 선출될 수 있다(쥐라 칸톤헌법[50] 제66조 제1항).[51]

한편 하원 및 상원의원, 연방각료, 연방법관은 겸직금지 규정에 따라 연방 또는 칸톤의 선출직으로 일할 수 없다(연방헌법 제144조). 일부 칸톤에서는 동시에 최대 3개의 직책을 보유할 수도 있지만, 일부 칸톤에서는 칸톤 공무원이 연방공무원으로 선출되면 사임한다. 예컨대 티치노 칸톤은 칸톤공무원이 동시에 여러 직책을 보유하는 것을 명시적으로 금지한다.

3. 의무투표제

의무투표제[52]는 유럽 7개국(벨기에, 룩셈부르크, 그리스, 터키, 프랑스 상원,[53] 스위스, 리히텐슈타인), 중남미 14개국, 남아시아 6개국을 합한 27개국에서 실시되고 있다.[54] 국가별 의무투표제의 법령상 근거는 대부분 선거법이고, 일부는 헌법이며, 투표불참 시 벌금, 투표권 제한 등의 조치를 취한다.

1892년부터 의무투표제를 도입한 벨기에는 2019년 하원선거에서 87.28%의 투표율을 보였고,[55] 1919년에 의무투표제가 시작된 룩셈부르크는 2018년 하원선거에서 투표율 89.66%를 기록했다.[56]

[표 5] 의무투표제를 도입한 룩셈부르크와 벨기에 투표율 추이

룩셈부르크		벨기에		
연도(하원)	투표율(%)	연도	하원 투표율(%)	상원 투표율(%)
1989년	87.39	1995.5.21.	91.1	91.1
1994년	88.30	1999.6.13.	90.58	90.53
1999년	86.51	2003.5.18.	91.63	91.6
2004년	91.68	2007.6.10.	91.63	91.08
2009년	90.93	2010.6.13.	89.21	89.22
2013년	91.15	2014.5.25.	89.45	상원직선제 폐지
2018년	89.66	2019.5.26.	87.28	-

자료: https://www.electionguide.org/countries/id/22/; https://www.idea.int/data-tools/country-view/60/40 (2022. 3. 10. 최종 확인) 참조해 필자 작성

스위스는 26개 칸톤 중 인구가 83,000명인 샤프하우젠 칸톤에서 1892년부터 의무투표제를 유일하게 도입했고, 1904년부터 샤프하우젠 칸톤에서 실시되는 연방선거, 칸톤선거, 코뮌선거에서 투표를 의무화했다.[57] 샤프하우젠 칸톤의 의무투표제는 샤프하우젠 칸톤헌법[58] 제23조, 정치적 권리에 관한 샤프하우젠 칸톤법률[59] 제9조에 근거를 두고 있다.

선거 후에 경찰이 거주지를 방문해 투표참여 여부가 기록된 투표카드를 회수하면서 투표여부를 확인한다. 정당한 사유 없이 투표에 불참한 유권자는 6프랑[60](약 7,680원)의 벌금을 납부한다(정치적 권리에 관한 샤프하우젠 칸톤법률 제9조). 1973년 전에는 벌금이 1프랑(1,280원)이었고, 1973~2014년에는 벌금이 3프랑(약 3,840원)이었다. 2014년 초에 샤프하우젠 칸톤의회는 2015년부터 벌금을 3프랑에서 6프랑으로 인상하는 방안에 찬성했다.[61]

다만, 샤프하우젠 칸톤은 의무투표제의 예외를 넓게 인정하고 엄격하게 검증하지 않는다. 65세 이상 유권자, 군사훈련 또는 공직복무, 직업이나 가족 문제, 사고나 질병(친척의 중증질환, 8일간 우울증)인 경우 의무투표에서 제외

된다. 이 경우 투표 후 3일 이내에 투표불참에 관한 정당한 사유를 제시해야 한다(정치적 권리에 관한 샤프하우젠 칸톤법률 제10조 제1항·제2항).

코뮌의회는 의무투표제의 예외 사유의 적합성을 결정한다(정치적 권리에 관한 샤프하우젠 칸톤법률 제10조 제3항). 또한 투표 3일 전까지 투표카드를 반납할 경우 의무투표에서 제외된다(정치적 권리에 관한 샤프하우젠 칸톤법률 제10조 제4항, 제14조 제3항).

보 칸톤은 1945년에, 취리히 칸톤과 아르가우 칸톤은 1971년 주민투표로 의무투표제를 폐지했다. 샤프하우젠 칸톤에서도 의무투표제를 폐지하려는 몇 번의 시도가 있었으나 실패했다. 예를 들면 1982년에 의무투표제 폐지에 관한 주민발안이 제기됐으나, 찬성 10,758명, 반대 18,849명으로 부결됐다.

의무투표제는 높은 투표율을 이끌어내지만 점차 투표율이 하락하고 있다. 예전에는 의무투표제를 실시하는 샤프하우젠 칸톤이 70%의 투표율을 보였고, 그렇지 않은 칸톤의 투표율은 43%에 불과했다.[62] 하지만 최근에는 샤프하우젠 칸톤의 투표율이 낮아져 60% 내외를 보인다.

예를 들어 2019년 10월 실시된 하원선거에서 전국 평균 투표율이 45.1%인 반면, 샤프하우젠 칸톤은 59.65%를 보였다.[63] 그러나, 2021년 11월 28일 실시된 간호사 업무환경 개선에 관한 국민투표[64]에서 전국 평균 투표율은 65.3%였지만, 샤프하우젠 칸톤의 투표율은 63.45%로 전국 평균보다 낮았다.

다음의 표는 2010~2021년에 실시된 세 차례의 하원선거와 38번의 국민투표 투표율을 보여준다. 이 기간 중 전국 평균 투표율은 47.0%였고, 샤프하우젠 칸톤의 평균 투표율은 64.7%였다.

[표 6] 2010년 이후 투표율(스위스 전체 및 샤프하우젠 칸톤)

(단위: %)

국민투표일 또는 하원선거일	스위스 전체	샤프하우젠 칸톤	국민투표일 또는 하원선거일	스위스 전체	제네바 칸톤
2010.3.7.	45.49	61.49	2016.6.5.	46.77	65.16
2010.9.26.	35.84	53.31	2016.9.25.	43.00	61.69
2010.11.28.	52.93	67.94	2016.11.27.	45.38	63.00
2011.2.13.	49.12	64.69	2017.2.12.	46.84	65.68
2011.10.23.(하원선거)	48.5	60.79	2017.5.21.	42.89	65.13
2012.3.11.	45.00	63.40	2017.9.24.	47.11	66.50
2012.6.17.	38.53	59.73	2018.3.4.	53.87	68.44
2012.9.23.	42.41	61.40	2018.6.10.	34.55	61.82
2012.11.25.	27.60	56.90	2018.9.23.	37.48	59.65
2013.3.3.	46.61	64.90	2018.11.25.	48.30	66.76
2013.6.9.	39.52	58.40	2019.2.10.	37.92	61.41
2013.9.22.	46.99	63.91	2019.5.19.	43.74	63.82
2013.11.24.	53.63	66.85	2019.10.20.(하원선거)	45.1	59.65
2014.2.9.	56.24	70.48	2020.2.9.	41.68	63.90
2014.5.18.	55.85	70.54	2020.9.27.	59.49	70.68
2014.9.28.	46.96	68.21	2020.11.20	47.04	66.22
2014.11.30.	49.91	67.54	2021.3.7.	51.42	68.87
2015.3.8.	42.07	64.98	2021.6.3.	59.78	73.01
2015.6.14.	43.51	62.89	2021.9.26.	52.23	70.41
2015.10.18.(하원선거)	48.41	62.65	2021.11.28.	65.30	63.45
2016.2.28.	63.25	75.78	평균(41회)	47.0	64.7

자료: 연방내각사무처 홈페이지 등을 참조하여 필자 작성[65]

의무투표제에 찬성하는 측은 투표참여는 국민의 의무이고, 투표참여를 위한 별도의 비용이 불필요하다고 강조한다. 또한 선거에 많이 참여할수록 민주적 정당성이 확보되고, 유권자에 대한 정치적 교육효과가 있다고 한다.

의무투표제에 반대하는 측은 의무투표제는 국민의 자유를 손상시키고, 투표에는 참여할 자유뿐만 아니라 기권할 자유도 포함되며, 투표자체가 법적 규제를 받는 사안이 아님을 강조한다.

1971년 유럽인권재판소[66]는 의무투표제가 유권자에게 반드시 투표할 것을 요구하는 것이 아니라 단지 투표소에 가는 것을 의무화한 것이라는 이유로 의무투표제가 양심·생각·종교의 자유를 침해하는 것이 아니라고 결정했다.

2015년 12월 18일 로렌츠 헤스(Lorenz Hess, 기민당[67]) 하원의원이 연방차원의 투표율을 제고하기 위해 연방차원에서 의무투표제를 도입하자는 의원발의안(의안번호 15.498)을 제안했다.[68] 의원발의안[69]에 따르면 연방헌법 제136조(참정권)에 '연방차원의 선거 및 투표에 참여하는 것은 의무이고, 65세 미만 유권자가 정당한 사유 없이 선거 및 투표에 참여하지 않을 경우 칸톤에서 규정하는 벌금을 부과한다'를 추가했다.

의무투표제에 관한 의원발의안은 하원 상임위원회(정치제도위원회)에서 찬성 2, 반대 22로 부결됐다(2016.11.17). 하원 본회의는 2017년 6월 6일 의무투표제에 관한 의원발의안을 본회의에서 심사하지 않기로 결정했다(심사 찬성 13, 반대 166, 기권 10).[70]

반대의 주된 논거는 투표에 참여하는 것은 의무가 아닌 권리이고, 투표참여는 정당이나 시민단체 등이 독려하면 될 사안으로 보았다. 또한 평균적으로 40% 내외의 투표율을 보이지만, 안건의 특성에 따라 60%로 투표율이 올라간 점 등을 제시했다.

제3절 여성, 재외국민, 외국인, 장애인의 참정권

1. 여성 참정권

스위스 정치사에서 오점으로 간주되는 여성의 참정권은 두 번에 걸친 국민투표를 거쳐 유럽 국가에서 가장 늦은 1971년 연방차원에서 허용됐다. 또한 칸톤차원의 여성 참정권도 1990년이 돼서야 허용될 정도로 기나긴 역사를 가진다. 1893년 뉴질랜드에서 최초로 여성의 참정권을 허용했고, 유럽에서는 1920~1930년대에 참정권이 허용된 것과 비교가 된다.[71]

스위스 국내적으로는 19세기 말부터 노동조합이 여성의 참정권을 옹호하기 시작했다. 1868년 취리히 칸톤 헌법이 개정될 때 여성들이 투표권을 요구했지만 성공하지 못했다. 1893년 '스위스여성노동자연합'[72]은 여성의 참정권 허용을 촉구했다.

1904년 정당 중 처음으로 사민당이 여성의 참정권을 지지했다. 1909년 여성의 참정권 허용을 로비하기 위해 '스위스여성참정권협회'[73]가 구성됐고 1918년 여성의 참정권 관련 법안제출요구안 2건이 제출됐지만, 연방의회와 연방내각은 이를 거부했다.[74]

1958년 여성의 참정권 확대와 관련한 연방헌법 개정안에 대해 연방의회에서 표결이 실시됐고, 일부 반대가 있었지만 압도적인 다수결로 가결됐다. 그러나 1959년 2월 1일 실시된 국민투표에서 투표율 66.7%, 국민(남성 유권자)의 33.1% 및 3개 칸톤의 찬성으로 부결됐다.

1959년부터 일부 칸톤에서 여성의 참정권을 인정하기 시작했다. 보 칸톤은 1959년 2월 1일 최초로 칸톤 차원에서 여성의 참정권을 허용했고, 뇌샤텔 칸톤(1959.9.27.), 제네바 칸톤(1960.3.6.)도 여성의 참정권을 인정했다.[75]

1970년 6월 하원에서 여성참정권을 허용하는 연방헌법 개정안 제74조를 가결했다. 1971년 2월 7일 실시된 연방헌법 개정안에 대한 국민투표 결과, 투표율 57.7%에 국민의 65.7% 및 15.5개 칸톤이 찬성해 연방 차원에서 여성의 참정권이 허용됐다.

1971년 실시된 하원 선거에서 처음으로 10명의 여성이 하원의원으로 당선됐다. 그러나 칸톤 차원에서 여성의 참정권을 인정하지 않았기 때문에 칸톤별로 규율되는 상원 선거에서는 여성이 투표할 수 없었다. 특히 엘리자베스 블런치(Elisabeth Blunschy, 기민당)는 1971년 하원의원으로 당선된 최초의 여성 10명 중 1명임에도 불구하고 그녀의 지역구인 슈비츠 칸톤에서는 칸톤 차원의 투표권을 행사할 수 없었다.

가부장적이며 보수적인 아펜첼아우서로덴 칸톤과 아펜첼이너로덴 칸톤은 1969년 이후에 세 차례나 여성의 참정권을 거부했다.[76] 아펜첼아우서로덴 칸톤은 1989년 4월 30일 란츠게마인데를 통해 칸톤 차원에서 여성의 참정권을 허용했다.

그러나 아펜첼이너로덴 칸톤은 1990년 11월 27일 연방대법원의 판결을 통해 여성의 참정권을 허용했다. 연방대법원은 아펜첼이너로덴 칸톤헌법을 연방헌법에 부합하도록 해석해야 한다고 지적하면서 여성의 참정권을 제한하는 것은 연방헌법에 부합하지 않는다고 했다. 또한 여성 참정권과 관련해 칸톤선거에서 인구분포에 따른 성별 할당은 유권자의 자유로운 투표를 위반한다고 판결했다.[77]

이 판결을 계기로 아펜첼이너로덴 칸톤의 여성유권자는 칸톤 차원에서 참정권을 가졌다. 스위스와 인접한 작은 국가인 리히텐슈타인이 여성의 참정권을 1983년 말에 허용하기로 결정하고, 1986년 선거 때부터 적용한 것에 비해서도 상당히 늦은 편이다.

1971년 하원에서 여성의원 비율은 5%에 불과했지만, 1995년 21.5%로 상승했다. 2007년에는 29.5%로 상승하다가 2011년에 상승세가 하락했다(29.0%). 2019년 하원선거에 당선된 여성의원은 84명으로 42%를 차지했다. 상원에서 여성의원 비율은 하원보다 낮은 비율인데, 2015년 15.2%(7명)로 하락했다가 2019년 12명이 당선되어 26.1%로 상승했다.

2019년 연방선거에 당선된 여성의원은 96명으로 전체 246명 중 39.0%를 차지한다. 인구의 52%, 유권자의 54%가 여성이라는 사실을 고려하면 여성은 상대적으로 적게 대표된다. 특히 상원에서 평균 20%대를 차지해 하원과 대비된다.

[표 7] 연방선거에서 당선된 여성의원 현황(1971~2019)

구분	하원(200명)		상원(44명→46명)		합계(244명→246명)	
	여성의원(명)	비율(%)	여성의원(명)	비율(%)	여성의원(명)	비율(%)
1971년 선거	10	5%	1(상원 44명)	2.3%	11(244명)	4.5%
1975년 선거	15	7.5%	0	0	15(244명)	6.1%
1979년 선거	21	10.5%	3(상원 46명)	6.5%	24(246명)	9.8%
1983년 선거	22	11.0%	3	6.5%	25	10.1%
1987년 선거	29	14.5%	5	10.9%	34	13.8%
1991년 선거	35	17.5%	4	8.7%	39	15.9%
1995년 선거	43	21.5%	8	17.4%	51	20.7%
1999년 선거	47	23.5%	9	19.6%	56	22.8%
2003년 선거	52	26.0%	11	23.9%	63	25.6%
2007년 선거	59	29.5%	10	21.7%	69	28.1%
2011년 선거	58	29.0%	9	19.6%	67	27.2%
2015년 선거	64	32.0%	7	15.2%	71	28.9%
2019년 선거	84	42.0%	12	26.1%	96	39.0%

자료: 연방통계청 '여성과 선거(Women and Elections)' 홈페이지, https://www.bfs.admin.ch/bfs/de/home/statistiken/politik/wahlen/frauen.html (2022. 3. 10. 최종 확인).

한편, 1995년 하원선거에서 후보자로 출마한 여성의 비율은 35%이고, 2007년에는 35.2%, 2011년에는 32.7%를 기록했다. 또한 2011년 하원선거에 출마한 여성후보자 비율은 프리부르 칸톤 24%, 제네바 칸톤 38% 등 칸톤간에도 차이가 있었다.

칸톤의회의 여성의원 비율도 지난 40년 동안 꾸준히 증가했다. 여성인 칸톤의원 비율은 1975년 6.0%에서 1987년 11.8%로 늘어났고, 1995년에 22.0%를 기록했다. 여성 칸톤의원은 1999~2003년에 24.2%, 2007년에

26.5%, 2019년에 29.2%를 각각 차지했다. 2021년 12월 현재 26개 칸톤의원 2,594명 중 32.0%인 829명이 여성의원이다.

[표 8] 칸톤의원 선거에서 당선된 여성의원 현황(1975~2021)

연도	여성의원(명)	여성의원 비율(%)	남성의원(명)	칸톤의원 합계(명)
1975년	175	6.0	2,760	2,935
1979년	247	8.2	2,748	2,995
1983년	294	9.8	2,704	2,998
1987년	354	11.8	2,644	2,998
1991년	456	15.2	2,545	3,001
1995년	658	22.0	2,339	2,997
1999년	708	24.2	2,221	2,929
2003년	709	24.2	2,223	2,932
2007년	725	26.5	2,013	2,738
2011년	661	25.3	1,947	2,608
2015년	676	25.9	1,933	2,609
2019년	762	29.2	1,847	2,609
2020년	784	30.0	1,825	2,609
2021.11.28.	829	32.0	1,765	2,594

자료: 연방통계청 홈페이지 참조·작성, https://www.bfs.admin.ch/bfs/de/home/statistiken/politik/wahlen/frauen.assetdetail.20324150.html (2022. 3. 10. 최종 확인).

그러나 칸톤 간에 여성의원 비율에 차이가 상당하다. 2017~2021년에 실시된 칸톤의원 선거에서 뇌샤텔 칸톤의 여성의원 비율은 58%(58명)로 남성의원(42명)보다 높지만, 슈비츠 칸톤은 9.0%로 가장 낮다.

4개 칸톤의회(취리히, 바젤슈타트, 바젤란트, 뇌샤텔)에서 여성의원 비율은 40% 이상이고, 3개 칸톤의회(니트발덴, 글라루스, 그라우뷘덴)에서 여성의원 비율은 21.7%이다.[78]

[표 9] 칸톤의회별 여성의원 현황(2017~2021)

연번	칸톤 명칭		칸톤의원선거	여성의원		남성의원 (명)	칸톤의원 합계(명)
				여성(명)	비율(%)		
1	취리히		2019	73	40.6	107	180
2	베른		2018	57	35.6	103	160
3	루체른		2019	41	34.2	79	120
4	우리		2020	16	25.0	48	64
5	슈비츠		2020	9	9.0	91	100
6	반칸톤	옵발덴	2018	14	25.5	41	55
7		니트발덴	2018	13	21.7	47	60
8	글라루스		2018	13	21.7	47	60
9	추크		2018	23	28.8	57	80
10	프리부르		2021	37	33.6	73	110
11	졸로투른		2021	30	30.0	70	100
12	반칸톤	바젤슈타트	2020	42	42.0	58	100
13		바젤란트	2019	36	40.0	54	90
14	샤프하우젠		2020	16	26.7	44	60
15	반칸톤	아펜첼아우서로덴	2019	22	33.8	43	65
16		아펜첼이너로덴	2019	12	24.0	38	50
17	장크트갈렌		2020	32	26.7	88	120
18	그라우뷘덴		2018	26	21.7	94	120
19	아르가우		2020	44	31.4	96	140
20	투르가우		2020	44	33.8	86	130
21	티치노		2019	31	34.4	59	90
22	보		2017	48	32.0	102	150
23	발레		2021	45	34.6	85	130
24	뇌샤텔		2021	58	58.0	42	100
25	제네바		2018	32	32.0	68	100
26	쥐라		2020	15	25.0	45	60
합계			2017~2021	829	32.0	1,765	2,594

자료: 연방통계청 홈페이지 참조, https://www.bfs.admin.ch/bfs/de/home/statistiken/politik/wahlen/frauen (2022. 3. 10. 최종 확인).

여성의 정계 진출을 높이기 위한 법적·제도적 근거는 없고, 연방대법원은 여성의 정치적 대표성을 높이기 위한 특별 조치에 반대하는 입장이다.[79] 일부 정당은 정강 정책을 통해 여성의 입후보를 제고한다.

후보자명부에 기재된 여성후보자 비율은 정당별로 큰 차이를 보인다.[80] 녹색당[81]은 남녀 후보를 번갈아 기재한 '지퍼 명부'[82]를 발표함에 따라 여성후보자 비율이 49%이고, 사민당은 47%에 달하는 등 좌파 정당은 40% 이상의 여성후보자 비율을 나타낸다. 하지만, 기민당은 34%, 자유민주당[83]은 24%, 스위스국민당은 18%가 각각 여성후보자로 출마한다. 그 결과 2011년 선거에 당선된 연방의원 중 여성비율은 사민당 46%, 녹색당 40%, 기민당 32%, 자민당 23%, 스위스국민당 11%이었다.

연방내각사무처는 여성의 정치참여를 높이기 위해 여성을 후원하는 플랫폼 지원을 실시했고,[84] 연방여성위원회[85]는 여성의 정치인식을 높이기 위한 캠페인을 실시했다.

1995년 연방기관의 여성비율을 높이려는, 특히 연방의회에서 여성의원 비중을 50%로 하려는 국민발안(연방기관의 여성의 공정한 참여를 위한 국민발안[86])이 제출됐다. 2000년 3월 12일 이 안건에 대한 국민투표가 실시됐지만(투표율 42.2%), 18.0%의 국민이 지지하고, 모든 칸톤이 반대해 부결됐다.[87]

한편, 1981년 6월 14일 연방헌법 개정에 관한 국민투표를 통해 유권자의 60.3%와 15.5개 칸톤의 찬성으로 연방헌법 제4조(평등권)에 제2항으로 남녀평등권 규정을 신설했다. 이로써 성별로 인한 어떠한 차별이 원칙적으로 허용되지 않았다. 양성평등에 관한 연방법률[88]이 1995년 3월 24일 제정되고, 1996년 7월 1일부터 시행돼 남성과 여성의 실질적 평등을 도모했다.

1999년 연방헌법 개정을 통해 종전 연방헌법 제4조에 있던 평등권 규정이 제8조로 변경됐고, 제8조에 제3항을 추가해 남녀동등 대우 규정이 새롭게 규정됐다. 연방대법원은 판결을 통해 성의 생물학적 기능차이로 인한 예외를 엄격히 적용하고, 고용관계나 임금에 있어서도 간접차별을 인정함으로써 실질적 성평등 개념을 수용했다.[89]

2. 재외국민 참정권

스위스 국적자로서 해외에 거주하는 재외국민은 '하원선거'에서 1992년부터 선거권을 가진다.[90] 재외국민의 하원에서의 선거권 행사는 연방헌법 제40조 제2항[91]을 근거로 제정된 스위스 재외국민 및 기관에 관한 연방법, 스위스 재외국민 및 기관에 관한 연방법 시행령[92] 등을 근거로 한다.

해외에 거주하는 재외국민이 하원선거에서 참정권을 행사하기 위해서는 주재국 관할 대사관에 서면 또는 방문을 통해 재외국민으로 등록해야 한다(스위스 재외국민 및 기관에 관한 연방법 제11조 제1항). 참정권을 가지는 재외국민은 재외국민등록부[93]에 등록된 스위스인으로 정의하기 때문이다(스위스 재외국민 및 기관에 관한 연방법 제3조 a호).

모든 재외국민이 아니라 18세 이상 재외국민만 하원선거에서 선거권을 가진다(스위스 재외국민 및 기관에 관한 연방법 제16조). 그러나 국내외에서 권리능력을 상실하거나 후견 등의 보호를 받는 재외국민은 선거권을 행사할 수 없다(스위스 재외국민 및 기관에 관한 연방법 제17조).

재외국민은 2000년 580,396명, 2005년 634,216명, 2010년 695,123명, 2015년 761,930명, 2019년 770,871명, 2020년 776,296명이다. 재외국민은 보 칸톤의 인구(2020년 기준 814,762명)와 비슷한 수준으로 재외국민의 63%인 490,847명이 유럽에 거주한다.[94]

재외국민 중 유권자로 등록해 투표권을 가지는 재외국민 등록유권자는 1992년 이후 2000년대까지 17,000명에서 70,000명으로 4배 남짓 증가했다. 2010년에는 재외국민 695,000명 중 123,000명이 유권자로 등록했고(17.7%),[95] 2015년에는 재외국민 761,930명 중 144,691명이 유권자로 등록했으며(19.0%), 2020년에는 재외국민 776,000명 중 196,000명이 유권자로 등록했다(25.2%).

재외국민에 대한 투표자료가 투표 전에 재외국민에게 적시에 도달할 수 있도록 재외국민의 유권자 등록 또는 등록변경은 투표 실시 6주 전까지 이루어진다(스위스 재외국민 및 기관에 관한 연방법 시행령 제12조 제2항). 따라서 투표일마다 재외국민 중 유권자로 등록한 수치가 매번 달라지지만, 재외국민 등록비율은 꾸준히 높아져 지금은 재외국민 4명 중 1명이 유권자 등록을 한다.[96]

한편, 유권자 중 투표권을 가지는 등록재외국민 비율은 2000년 1.55%, 2005년 2.1%, 2010년 2.43%, 2015년 2.75%, 2021년 3.7%로 나타나 낮은 비중을 차지한다. 하지만, 투표권을 가지는 재외국민 비율이 지난 20년 동안 두 배 가량 높아졌다.

[표 10] 재외국민 및 등록유권자 현황(2000~2021)

구분	2000	2001	2002	2003	2004	2005	2006	2007	2008	2009	2010
전체 유권자(명, a)	4,680,971	4,743,888	4,749,662	4,764,888	4,821,329	4,860,166	4,902,446	4,929,272	4,996,626	5,039,676	5,084,053
재외국민(명, b)	580,396	591,660	598,934	612,562	623,057	634,216	645,010	668,107	676,176	684,974	695,123
재외국민 중 등록유권자(명, c)	72,582	78,553	82,822	84,216	91,923	102,036	107,571	110,456	116,650	120,283	123,164
재외국민 등록비율 (%, c/b)	12.5	13.3	13.6	13.8	14.8	16.1	16.7	16.6	17.3	17.6	17.7
전체 유권자 중 등록재외국민비율 (%, c/a)	1.55	1.66	1.72	1.77	1.91	2.10	2.20	2.24	2.34	2.39	2.43

구분	2011	2012	2013	2014	2015	2016	2017	2018	2019	2020	2021
전체 유권자(명, a)	5,091,652	5,166,732	5,203,973	5,247,489	5,266,120	5,329,183	5,372,748	5,420,789	5,439,853	5,495,345	5,519,168
재외국민(명, b)	703,640	715,710	732,183	746,885	761,930	774,923	751,793	760,233	770,871	776,296	미발표
재외국민 중 등록유권자(명, c)	123,786	133,104	136,156	142,651	144,691	156,727	168,447	176,551	181,771	196,033	204,010
재외국민 등록비율(%, c/b)	17.6	18.6	18.6	19.1	19.0	20.2	22.4	23.2	23.6	25.2	–
전체 유권자 중 등록재외국민비율(%, c/a)	2.44	2.58	2.62	2.72	2.75	2.94	3.14	3.26	3.35	3.57	3.70

자료: 연방통계청, 연방투표 홈페이지 등 참조해 필자 작성.[97]

2021년 9월 26일 실시된 국민투표의 경우 유권자 552만 명 중 3.7%인 20만 명이 재외국민 등록유권자였다.

유권자 중 재외국민 등록유권자 비율을 칸톤별 살펴보면, 2021년 9월 기준으로 우리 칸톤이 1.74%(467명)로 가장 낮고, 국제기구가 많은 제네바 칸톤은 11.16%(30,344명)를 차지해 가장 높은 비율을 보였다. 제네바 칸톤을 제외하고는 대체로 유권자 중 재외국민은 2~3%를 차지한다.

또한 유권자 등록을 마친 18세 이상 재외국민은 국민투표에서 투표권을 가지고, 선택적 국민투표[98]와 국민발안[99]을 제기하는데 필요한 서명을 할 수 있다(스위스 재외국민 및 기관에 관한 연방법 제16조 제1항).

[표 11] 칸톤별 재외국민 등록유권자 현황(2021.9. 국민투표)

연번	칸톤 명칭		전체 유권자	재외국민 등록유권자	유권자중 등록재외 국민 비율 (%)	연번	칸톤 명칭		전체 유권자	재외국민 등록유권자	유권자중 등록재외 국민 비율 (%)
			2021.9.26. 국민투표						2021.9.26. 국민투표		
1	취리히		955,494	32,225	3.38	15	반칸톤	아펜 첼아 우서 로덴	38,915	1,452	3.74
2	베른		744,683	21,068	2.83	16		아펜 첼이 너로 덴	12,173	511	4.20
3	루체른		282,278	5,853	2.08	17	장크트갈렌		328,081	9,839	3.00
4	우리		26,884	467	1.74	18	그라우뷘덴		141,186	4,318	3.06
5	슈비츠		106,893	2,237	2.10	19	아르가우		436,568	11,401	2.62
6	반칸톤	옵발덴	27,290	588	2.16	20	투르가우		176,879	4,428	2.51
7		니트발덴	31,765	654	2.06	21	티치노		223,838	11,273	5.04
8	글라루스		26,636	944	3.55	22	보		462,335	21,641	4.68
9	추크		77,925	2,127	2.73	23	발레		229,998	6,772	2.95
10	프리부르		219,397	7,195	3.28	24	뇌샤텔		113,517	6,147	5.42
11	졸로투른		181,911	3,821	2.10	25	제네바		271,930	30,344	11.16
12	반칸톤	바젤슈타트	114,152	9,303	8.15	26	쥐라		53,962	2,774	5.14
13		바젤란트	190,496	4,868	2.56	합계	스위스		5,519,168	204,010	3.70
14	샤프하우젠		52,982	1,800	3.40						

자료: 국민투표 관련 자료(https://swissvotes.ch/vote/646.00) 참조하여 필자 작성

재외국민이 '상원선거'에 참여할 수 있는지는 칸톤이 자율적으로 정할 수 있기에 칸톤마다 사정이 다르다. 현재 26개 칸톤 중 13개 칸톤(취리히, 베른, 슈비츠, 프리부르, 졸로투른, 바젤슈타트, 바젤란트, 그라우뷘덴, 아르가우, 티치노, 뇌샤텔, 제네바, 쥐라)이 상원선거에서 재외국민의 참정권을 허용한다.[100]

[표 12] 연방선거에서 재외국민 참정권 인정 현황(칸톤별)

연번	칸톤 명칭		하원 선거	상원 선거	연번	칸톤 명칭		하원 선거	상원 선거	연번	칸톤 명칭	하원 선거	상원 선거
1	취리히		○	○	10	프리부르		○	○	19	아르가우	○	○ ('19 부터)
2	베른		○	○	11	졸로투른		○	○	20	투르가우	○	–
3	루체른		○	–	12	반칸톤	바젤슈타트	○	○	21	티치노	○	○
4	우리		○	–	13		바젤란트	○	○	22	보	○	○
5	슈비츠		○	○	14	샤프하우젠		○	–	23	발레	○	–
6	반칸톤	옵발덴	○	–	15	반칸톤	아펜첼아우서로덴	○	–	24	뇌샤텔	○	○
7		니트발덴	○	–	16		아펜첼이너로덴	○	–	25	제네바	○	○
8	글라루스		○	–	17	장크트갈렌		○	–	26	쥐라	○	○
9	추크		○	–	18	그라우뷘덴		○	○		합계	26개 칸톤	13개 칸톤

자료: OSCE, 연방내각사무처 자료 참조하여 필자 작성.

상원선거에서 재외국민의 참정권을 허용하는 13개 칸톤 중 아르가우, 취리히 칸톤을 제외한 11개 칸톤이 칸톤 차원의 선거나 투표에서 재외국민의 참정권을 허용한다.[101]

[그림 1] 상원선거와 칸톤 선거에서 재외국민의 참정권 허용 칸톤

자료: 스위스 연방외교부 홈페이지 참조(2022. 3. 10. 최종 확인).

3. 외국인, 국제기구 직원 참정권

외국인은 1970년 1,001,887명, 1980년 913,497명, 1990년 1,127,109명, 2000년 142만 명(인구의 19.8%), 2010년 175만 명(22.3%), 2015년 205만 명(24.6%)이다. 2020년 12월 현재 스위스 인구 867만 명 중 외국인은 221만 명으로 전체 인구의 25.5%를 차지한다.[102]

1910년 14.7%였던 외국인 비율은 1975~1979년, 1983년을 제외하고는 꾸준히 높아지는 추세이다.[103]

[표 13] 인구 대비 외국인 비율(2010~2020)

구분	2000	2010	2011	2012	2013	2014	2015	2016	2017	2018	2019	2020
전체 인구 (명)	7,204,055	7,870,134	7,954,662	8,039,060	8,139,631	8,237,666	8,327,126	8,419,550	8,484,130	8,544,527	8,606,033	8,670,300
외국 인(명)	1,424,370	1,754,358	1,815,994	1,869,969	1,937,447	1,998,459	2,048,667	2,101,146	2,126,392	2,148,275	2,175,375	2,210,788
전체 인구 중 외 국인 비율 (%)	19.8	22.3	22.8	23.3	23.8	24.3	24.6	25.0	25.1	25.2	25.3	25.5

자료: 연방통계청 홈페이지 등 참조해 필자 작성.

2020년 칸톤별 외국인이 차지하는 비율을 살펴보면, 아펜첼이너로덴 칸톤은 외국인 비율이 11.5%로 가장 낮았고, 제네바 칸톤은 40.2%로 가장 높았으며 그 뒤를 이어 바젤슈타트 칸톤(36.9%)이 차지했다.

[표 14] 칸톤별 외국인 현황(2020)

연 번	칸톤 명칭	인구	외국인 (명)	외국인 비율(%)	연 번	칸톤 명칭		인구	외국인(명)	외국인 비율 (%)
1	취리히	1,553,423	423,701	27.3	15	반 칸 톤	아펜첼아 우서로덴	55,309	9,174	16.6
2	베른	1,043,132	173,451	16.6	16		아펜첼이 너로덴	16,293	1,873	11.5

연번	칸톤 명칭		인구	외국인(명)	외국인 비율(%)	연번	칸톤 명칭	인구	외국인(명)	외국인 비율(%)
3	루체른		416,347	79,215	19.0	17	장크트갈렌	514,504	127,106	24.7
4	우리		36,819	4,746	12.9	18	그라우뷘덴	200,096	38,107	19.1
5	슈비츠		162,157	35,930	22.2	19	아르가우	694,072	177,057	25.5
6	반칸톤	옵발덴	38,108	5,633	14.8	20	투르가우	282,909	72,069	25.5
7		니트발덴	43,520	6,524	15.0	21	티치노	350,986	96,877	27.6
8	글라루스		40,851	10,098	24.7	22	보	814,762	270,717	33.2
9	추크		128,794	37,058	28.8	23	발레	348,503	79,523	22.8
10	프리부르		325,496	75,209	23.1	24	뇌샤텔	175,894	44,223	25.1
11	졸로투른		277,462	64,927	23.4	25	제네바	506,343	203,612	40.2
12	반칸톤	바젤슈타트	196,735	72,584	36.9	26	쥐라	73,709	10,969	14.9
13		바젤란트	290,969	68,565	23.6	합계	스위스	8,670,300	2,210,788	25.5
14	샤프하우젠		83,107	21,840	26.3					

자료: 연방통계청 홈페이지(https://www.bfs.admin.ch/bfs/en/home/statistics/catalogues-databases/tables.assetdetail.18344257.html) 참조하여 필자 작성.

스위스 국적을 갖지 못한 채 거주하는 외국인이 25% 내외를 차지하기에 이들에 대한 참정권 문제가 논란이 된다. 연방 이민위원회[104]는 「시민적 및 정치적 권리에 관한 국제규약」 제25조에 따라 외국인에게 칸톤, 코뮌 선거에서 참정권을 도입할 것을 권고했지만,[105] 정치적으로 의견이 대립된다.

현재 외국인은 하원선거에서 선거권을 갖지 못하고, 칸톤이나 코뮌 차원에서 외국인에게 선거권 또는 피선거권을 허용할지는 칸톤이 결정한다. 따라서 외국인 유권자는 연방 차원에서는 참정권이 허용되지 않고, 칸톤·코뮌 차원에서만 참정권을 가진 '절반 주민(half-citizens)', '적극적 외국인이 가지는 소극적인 참정권'으로 간주된다.

몇몇 칸톤에서는 외국인에게 칸톤, 코뮌 사안에 한정해 선거권과 피선거권을 허용한다. 26개 칸톤 중 2개 칸톤(쥐라, 뇌샤텔)은 일정 기간 거주한 외국인에게 상원 선거 등 칸톤 차원의 선거에 투표할 권리를 허용한다.

[표 15] 외국인의 참정권을 허용한 칸톤

구분	하원 선거	칸톤 선거		코뮌 선거	
		선거권	피선거권	선거권	피선거권
쥐라	×	○(1979, 스위스 10년, 쥐라 1년 거주)	×	○(1979)	○(2014)
뇌샤텔	×	○(2000, 뇌샤텔 5년 거주)	×(2016.9. 주민투표 부결)	○(1849, 코뮌 1년 거주)	○(2007)
보	×	×(2011.9. 주민투표 부결)	×	○(2003)	○
프리부르	×	×	×	○(2006)	○
제네바	×	×	×	○(2005)	×
아펜첼아우서로덴	×	×	×	○(1995, 3개 코뮌)	×
그라우뷘덴	×	×	×	○(2003, 18개 코뮌)	×
바젤슈타트	×	×	×	○(2005, 2개 코뮌)	×

자료: 필자 작성[106]

　　쥐라 칸톤은 1979년부터 스위스에서 10년을 거주하고, 쥐라 칸톤에서 1년을 거주한 외국인에게 칸톤 차원의 선거권을 부여했다(정치적 권리에 관한 쥐라 칸톤법률[107] 제3조 제1항).

　　뇌샤텔 칸톤은 2000년 9월 24일 실시된 주민투표에서 외국인에게 칸톤 차원의 선거권을 허용하는 칸톤헌법 개정안을 유권자의 76.6%가 찬성했다.[108] 그 결과 뇌샤텔 칸톤은 5년 이상 거주한 외국인에게 칸톤 차원의 선거권을 부여했다(정치적 권리에 관한 뇌샤텔 칸톤법률[109] 제2조 c항). 쥐라 칸톤에 이어 외국인에게 칸톤차원의 선거권을 허용한 두 번째 칸톤이 된 것이다.[110]

쥐라 칸톤은 73,700명의 인구 중 3,180명의 외국인이 선거권을 가지고(4.3%), 뇌샤텔 칸톤은 176,000명의 인구 중 22,000명의 외국인이 선거권을 가진다 (12.5%).[111]

보 칸톤에서는 상원선거의 선거권을 외국인에게 부여하자는 주민발안이 제기됐으나, 2011년 9월 4일 주민투표에서 부결됐다.

일부 칸톤은 외국인의 선거권과 피선거권 부여에 관한 사항을 소속 코뮌에게 위임했다.[112] 26개 칸톤 중에서 8개 칸톤(쥐라, 뇌샤텔, 보, 프리부르, 제네바, 아펜첼아우서로덴, 그라우뷘덴, 바젤슈타트 칸톤)은 일정한 거주 요건을 충족하는 외국인에게 '코뮌 선거'에서 투표할 수 있도록 했다.[113]

뇌샤텔 칸톤은 1849년, 쥐라 칸톤은 1979년, 보 칸톤은 2003년, 제네바 칸톤은 2005년, 프리부르 칸톤은 2006년부터 각각 코뮌 수준에서 외국인의 선거권을 인정했다. 예컨대 뇌샤텔 칸톤은 소속 코뮌에서 1년 이상 거주한 외국인에게 코뮌 차원의 선거권을 칸톤법률로 인정했다(정치적 권리에 관한 뇌샤텔 칸톤법률 제3조 c항).

아펜첼아우서로덴 칸톤은 1995년 3개 코뮌(Wald, Speicher, Trogen)에, 그라우뷘덴 칸톤은 2003년 18개의 작은 코뮌에, 바젤슈타트 칸톤은 2005년 2개 코뮌(Bettingen, Riehen)에 각각 거주하는 외국인에게 코뮌선거에서 선거권을 인정했다.

한편, 외국인은 4개 칸톤(쥐라, 뇌샤텔, 보, 프리부르)에서 코뮌 차원의 선거에 입후보할 수 있지만, 연방과 칸톤 차원의 선거에는 입후보할 수 없다. 쥐라 칸톤은 2014년부터 스위스에서 10년 이상이고, 쥐라 칸톤에서 1년 이상이며, 해당 코뮌에서 30일 이상 거주한 외국인에 대해 코뮌 차원의 피선거권을 인정했다. 다만, 코뮌집행부의 수장으로 선출될 수 없다(정치적 권리에 관한 쥐라 칸톤법률 제3조 제3항).[114]

뇌샤텔, 보, 프리부르 카톤도 코뮌 차원의 피선거권을 인정했다. 뇌샤텔 칸톤은 2007년 주민투표에서 '코뮌' 차원의 선거에 외국인이 입후보할 수 있는 피선거권을 허용했지만, 칸톤 차원의 선거는 허용하지 않았다(정치적 권리에 관한 뇌샤텔 칸톤법률 제31조 제1항).

2016년 9월 25일 실시된 뇌샤텔 칸톤 주민투표에서 유권자의 54%는 외국인에게 '칸톤' 차원의 피선거권을 인정하는 주민발안을 반대했다. 이 안건은 2015년 좌파 성향의 정당이 제안했고 뇌샤텔 칸톤정부가 찬성했지만, 스위스국민당과 자민당이 반대했다. 당시 뇌샤텔 칸톤에는 칸톤 인구의 25.4%인 45,000명의 외국인이 거주하고 있었고, 투표할 자격이 있는 외국인은 23,700명이었다. 외국인 유권자 중 12.7%인 3,000명이 투표에 참여했다.[115]

뇌샤텔 대학의 연구에 따르면 2007년 이후 뇌샤텔 칸톤에서 피선거권이 부여된 외국인 유권자는 칸톤 인구의 17%이었다. 2016~2017년에 칸톤과 코뮌 차원에서 5번의 국민(주민)투표가 있었고, 스위스 국민의 평균 투표율은 48%였지만, 외국인 유권자의 투표율은 상대적으로 낮은 18%였다. 언어의 한계, 안건의 복잡성, 소득 여부가 외국인 투표율과 관련이 있는데, 저소득 외국인은 상대적으로 낮은 투표율을 보였다.

또한 2012~2016년 실시된 뇌샤텔 칸톤의 코뮌 차원의 선거에 입후보한 외국인은 5% 미만이었고, 선출된 공직자의 4% 미만이 외국인이었다. 이는 뇌샤텔 칸톤에서 외국인 입후보자가 당선될 가능성은 스위스 국민보다 20% 낮다는 것을 의미한다.

아울러 외국인 유권자는 이민 문제에 적극적인 정당을 지지한다. 뇌샤텔 칸톤에서는 좌파 성향 입후보자의 11.3%가 외국인이었지만, 우파성향 입후보자의 3.9%가 외국인이었다.[116]

한편, 국제기구의 도시[117] 제네바 칸톤과 보 칸톤에 거주하는 국제기구 직원은 일정한 요건을 충족하고, 해당 국제기구 규칙에서 금지하지 않는 경우 코뮌차원의 선거에 참여할 수 있다.

제네바 칸톤의 경우 18세 이상이고 스위스에서 8년 이상 거주하며, 제네바 칸톤 주민사무국[118]에 등록된 국제기구 직원을 대상으로 한다. 거주 사실은 임대계약서 등으로 증빙이 되어야 하고, 모든 국제기구 직원이 아닌 연방외교부가 발급한 일정 등급 이상의 국제기구 카드 소지자이어야 한다.[119]

제네바 칸톤에서 요구하는 조건을 충족한 국제기구 직원은 코뮌 차원의 선거나 투표에서 투표권을 행사할 수 있고, 주민발안 요청에 서명인으로 참여할 수 있다. 그러나 연방 또는 칸톤 차원의 선거나 투표에서 참정권을 행사할 수 없다.

보 칸톤의 경우 18세 이상이고, 스위스에서 중단없이 10년 이상 거주하며, 최근 3년간 보 칸톤에 거주한 국제기구 직원을 대상으로 한다. 국제기구 직원은 면책특권이 부여되지 않고 연방외교부에서 인정한 일정 등급 이상의 국제기구 카드를 소지해야 한다.[120]

이와 같은 요건을 충족하고, 참정권 행사가 소속 국제기구의 규칙에 어긋나지 않는 경우, 보 칸톤에 거주하는 국제기구 직원은 코뮌 차원의 선거에 투표할 수 있고, 후보자로 입후보할 수 있다.

4. 장애인 참정권

장애가 있는 유권자의 정치적 권리는 연방헌법 등으로 보장된다. 연방헌법은 누구든지 정신적·육체적·심리적 장애를 이유로 차별받지 않고, 장애인에 대한 불평등을 해소하기 위한 조치를 취하도록 했다(연방헌법 제8조 제2항·제4항).

2002년 제정된 장애인차별금지법[121] 제6조에 따르면 공중에게 서비스를 제공하는 경우 장애를 이유로 차별해서는 안 된다. 또한 장애를 이유로 투표에 필요한 절차를 충족시킬 수 없는 경우 칸톤정부가 필요한 조치를 취해야 한다(정치적 권리에 관한 연방법 제6조).

예컨대 장애인의 정치적 권리를 보장하기 위해 연방정부, 칸톤, 코뮌이 시각장애인지원 단체(SBS)[122]와 협력해 시각장애인에게 선거관련 CD 등을 무료로 배포한다. 선거관련 CD는 아르가우 등 18개 칸톤[123]과 바덴 코뮌 등 9개 코뮌이 제공했다.

[그림 2] 시각장애인에게 제공된 선거관련 CD

자료: SBS 홈페이지 참조, https://www.sbs.ch/abstimmungsunterlagen/ (2022. 3. 10. 최종 확인).

제4절 연방의원 정수 및 칸톤별 의석배분

1. 하원

가. 의원정수

1848~1962년까지 하원의원은 인구비율에 따라 선출했다. 1848년 연방헌법은 하원의원을 인구 20,000명당 1명의 비율로 선출하도록 고정했고, 칸톤별

인구수에 따라 의석수가 결정됐다(1848년 연방헌법 제61조). 그 결과 칸톤별 선거구[124]는 칸톤의 경계를 넘어설 수 없고, 연방의회는 칸톤별 선거구 크기 및 의원정수를 결정했다.

예를 들어 1911년 10월 하원선거에서는 49개 선거구에서 189명의 하원의원을 선출했는데, 인구증가에 따라 베른과 취리히 칸톤의 하원의원이 각각 3명 증가하는 등 의원정수가 종전의 167명에서 189명으로 22명 증가한 것이다. 선거구는 종전과 동일한 49개였고, 선거구별로 선출할 의원수는 1~8명이었다.

8명의 하원의원을 선출하는 선거구가 2개, 7명을 선출하는 선거구가 5개, 6명을 선출하는 선거구가 3개, 5명을 선출하는 선거구가 6개, 4명을 선출하는 선거구가 10개, 3명을 선출하는 선거구가 10개, 2명을 선출하는 선거구가 7개, 1명을 선출하는 선거구가 6개 있었다.[125]

[표 16] 1911년 하원선거의 선거구 규모 및 선출의원 정수

선거구 선출의원(명)	선거구 숫자(개)	의원수(명)	선거구 선출의원(명)	선거구 숫자(개)	의원수(명)
8	2	16	3	10	30
7	5	35	2	7	14
6	3	18	1	6	6
5	6	30	합계	49	189
4	10	40			

자료: 필자 작성

인구증가를 반영해 비례적으로 의석수가 증가하는 당시 연방헌법 제61조에 따라 하원의원 정수가 늘어났다. 하원의원 정수는 1848년 111명, 1872년 135명, 1890년 147명, 1911년 189명, 1922년에 198명까지 증가했다.

인구가 계속해서 증가함에 따라 인구 20,000명당 1명의 비율로 하원의원을 선출하도록 고정한 연방헌법의 개정이 필요했다. 이에 따라 1931년 3월

15일 국민투표에서 22,000명당 1명의 비율로 하원의원을 선출하도록 연방헌법이 개정됐다.[126] 하원의원 정수는 1931년 187명에서 1943년 194명으로 증가했다.

또한 1950년 12월 3일 국민투표에서 24,000명당 1명의 비율로 하원의원을 선출하도록 연방헌법이 개정됐다. 하원의원 정수는 1943년 194명에서 1951년 196명으로 증가했다.[127]

인구 규모에 비례해 의원정수가 변동되지 않도록 하기 위해 1962년 11월 4일 국민투표를 통해 하원의원 정수를 200명으로 고정했다.[128] 하원의원 숫자는 200명으로 고정되지만 인구 비례로 선출되도록 변경됨에 따라 지금은 42,000명당 1명의 비율로 하원의원이 선출된다.[129]

[표 17] 하원 의원정수 변동추이

연도	1848	1851	1863	1872	1881	1890	1902	1911
의원정수(명)	111	120	128	135	145	147	167	189
연도	1922	1931	1943	1951	1963	1971	1983	2019
의원정수(명)	198	187	194	196	200	200	200	200

자료: 필자 작성

나. 칸톤별 의석배분 기준

하원의원은 26개 칸톤을 각각 1개의 선거구로 구성해 선출되고, 칸톤별 하원의석은 칸톤 인구수에 비례해 배정된다(연방헌법 제149조 제3항·4항). 연방의원을 선출하는 기준이 되는 인구수는 나이와 국적을 불문하기 때문에 18세 이상 유권자 외에도 어린이, 청소년, 외국인 등 투표권이 없는 모든 비유권자를 포함한다.

하원의 의석배분 기준이 되는 전체 인구는 인구조사법[130]에 따라 직전 하원의원 '선거 다음 해'에 실시된 인구조사 결과를 기준으로 삼는다(정치적 권리에 관한 연방법 제16조 제1항).

연방내각은 매 4년마다 인구조사법에 따른 인구조사를 실시하되, 하원선거 다음 연도에 인구조사를 실시해 그 결과를 연방공보[131]에 게재한다(인구조사법 제13조). 연방내각은 인구조사 결과를 토대로 차기 하원선거에서 칸톤별로 배정될 의석수를 결정한다(정치적 권리에 관한 연방법 제16조 제2항).

이와 같은 칸톤별 의석배분 기준은 2015년 하원선거부터 적용됐고, 종전에는 다른 기준을 적용했다. 즉, 2011년까지는 '최근에 발표된' 인구조사 결과를 반영한 의석배분을 일정 기간 적용했다. 이에 따라 1979~1982년, 1983~1994년, 1995~2002년, 2003~2011년에는 각각 해당 기간별로 칸톤별 의석수가 일정했다.

예컨대 2003년, 2007년, 2011년 하원선거에 각각 적용된 칸톤별 의석수는 가장 최근인 2000년 12월 5일 인구조사 결과를 반영해 결정한 것이다(종전 하원의원 총선거 의석배분 시행령[132] 제1조).

그러나 2019년 10월 20일 실시된 제51대 하원(2019~2023년) 선거의 기준이 되는 스위스 전체 인구는 가장 최근에 발표된 인구조사 결과가 아니라 직전 선거가 실시된 연도(2015년)의 다음 해인 2016년에 실시된 인구조사 결과를 기준으로 했다. 즉, 2019년 하원선거에 적용된 의석배분 인구기준은 2016년 12월 31일 등록된 인구였다(하원의원 총선거 의석배분 시행령[133] 전문).

다음 표 18의 연도별·칸톤별 의석배분 현황은 이를 잘 보여준다.

[표 18] 연도별 · 칸톤별 하원 의석배분 현황(1979~2019)

(단위: 석)

연번	칸톤 명칭		1979 하원선거	1983, 1987, 1991 하원선거	1995,1999 하원선거	2003, 2007, 2011 하원선거	2015 하원선거	2019 하원선거
1	취리히		35	35	34	34	35	35
2	베른		29	29	27	26	25	24
3	루체른		9	9	10	10	10	9
4	우리		1	1	1	1	1	1
5	슈비츠		3	3	3	4	4	4
6	반칸톤	옵발덴	1	1	1	1	1	1
7		니트발덴	1	1	1	1	1	1
8	글라루스		1	1	1	1	1	1
9	추크		2	2	3	3	3	3
10	프리부르		6	6	6	7	7	7
11	졸로투른		7	7	7	7	6	6
12	반칸톤	바젤슈타트	7	6	6	5	5	5
13		바젤란트	7	7	7	7	7	7
14	샤프하우젠		2	2	2	2	2	2
15	반칸톤	아펜첼아우서로덴	2	2	2	1	1	1
16		아펜첼이너로덴	1	1	1	1	1	1
17	장크트갈렌		12	12	12	12	12	12
18	그라우뷘덴		5	5	5	5	5	5
19	아르가우		14	14	15	15	16	16
20	투르가우		6	6	6	6	6	6
21	티치노		8	8	8	8	8	8
22	보		16	17	17	18	18	19
23	발레		7	7	7	7	8	8
24	뇌샤텔		5	5	5	5	4	4
25	제네바		11	11	11	11	11	12
26	쥐라		2	2	2	2	2	2
	합계		200	200	200	200	200	200

*자료: 연도별 「하원의원 총선거에 있어 의석배분에 관한 시행령」, 위키피디아 검색 참조해 필자 작성

인구가 많은 칸톤은 좀 더 많은 의석이 배분되기 때문에 칸톤별 인구 규모에 따라 하원의원 숫자의 편차가 크다. 예를 들어 인구가 16,300명인 아펜첼이너로덴 칸톤은 1명의 하원의원을 선출하지만, 인구가 155만 명인 취리히칸톤은 35명의 하원의원을 선출한다.

다. 칸톤별 의석배분 절차

하원의석(200석)의 칸톤별 배분은 먼저, 일정한 의석기준 인구에 미치지 못하는 칸톤에는 1석이 할당된다. 그 이후 모든 칸톤이 인구규모에 맞게 의석수를 할당받고, 남은 의석이 있는 경우 분배수의 크기가 큰 순서대로 1석을 더 할당받는다.

이를 구체적으로 살펴보면 먼저, 스위스 전체인구를 의석수(200)로 나누고, 그 결과 산출되는 가장 큰 정수가 '1차 분배수'[134]가 된다(정치적 권리에 관한 연방법 제17조 제a호). 2019년 하원선거의 경우 스위스 전체 인구 842만 명을 의석수(200)로 나누면 분배수는 42,100명이었다.

칸톤 인구가 1차 분배수에 도달하지 못하는 칸톤의 경우 1석을 배분받는다. 예컨대 인구가 42,100명 이하인 칸톤인 우리(36,819명), 글라루스(40,851명), 아펜첼이너로덴(16,293명) 칸톤의 경우 1석을 받는다. 그 이후 남아있는 칸톤의 인구를 미배분 의석수로 나눈다. 그 결과값 중 가장 큰 정수가 '2차 분배수'가 된다. 칸톤의 인구가 분배수에 미달하는 칸톤은 1석을 배분받을 뿐 추가적인 의석배분 절차에서 제외된다. 이를 '선행 의석 배분'이라 한다(정치적 권리에 관한 연방법 제17조 제a호).

의석배분 절차에서 제외되지 않은 칸톤은 최종의석 분배수를 칸톤의 인구수 비율로 나눈 수에 해당하는 의석을 배분받는다. 이를 '주요 의석 배분'이라 한다(정치적 권리에 관한 연방법 제17조 제b호).

주요 의석 배분 후 남는 의석은 가장 높은 나머지 수를 가지는 칸톤에게 나누어진다. 나머지 수가 동일한 칸톤의 경우 각각의 인구를 200으로 나눈 결과가 낮거나 가장 낮은 수를 가진 칸톤은 배제된다. 이를 '최종 의석 배분'이라 한다.[135] 나머지 수가 동일한 칸톤이 여전히 있는 경우 추첨으로 의석을 배분한다(정치적 권리에 관한 연방법 제17조 제c호).

칸톤별 배분된 하원 의석수는 「하원의원 총선거 의석배분 시행령」에서 규정한다. 2019년 하원선거의 칸톤별 의석배분 현황은 표 19와 같다(하원의원 총선거 의석배분 시행령 제1조). 2015년 하원선거와 비교하면 베른 칸톤과 루체른 칸톤은 각각 1석이 감소하고, 보 칸톤 및 제네바 칸톤은 각각 1석이 증가했다. 2019년 하원선거에서는 6개 칸톤이 1인 선거구였고, 14개 칸톤은 2~9석, 6개 칸톤은 10석 이상 선거구였다.

[표 19] 2019년 제51대 하원선거에서 칸톤별 의석배분

칸톤 명칭	의석수	직전 대비 증감	칸톤 명칭	의석수	직전 대비 증감
취리히(Zürich)	35	–	그라우뷘덴(Graubünden)	5	–
베른(Bern)	24	-1	슈비츠(Schwyz)	4	–
보(Vaud)	19	+1	뇌샤텔(Neuchâtel)	4	–
아르가우(Aargau)	16	–	추크(Zug)	3	–
장크트갈렌(St. Gallen)	12	–	쥐라(Jura)	2	–
제네바(Geneva)	12	+1	샤프하우젠(Schaffhausen)	2	–
루체른(Luzern)	9	-1	아펜첼아우서로덴(Appenzell A. Rh)	1	–
티치노(Ticino)	8	–	아펜첼이너로덴(Appenzell I. Rh)	1	–
발레(Valais)	8	–	우리(Uri)	1	–
프리부르(Fribourg)	7	–	옵발덴(Obwalden)	1	–
바젤란트(Basel-Landschaft)	7	–	니트발덴(Nidwalden)	1	–
졸로투른(Solothurn)	6	–	글라루스(Glarus)	1	–
투르가우(Thurgau)	6	–	합 계(26개 칸톤)	200	–
바젤슈타트(Basel-Stadt)	5	–			

자료: 필자 작성

2. 상원

1848년 연방헌법에 따라 상원은 칸톤을 대표하는 44명으로 구성했다. 각 칸톤은 2명의 상원의원을 선출하고, 1개의 칸톤이 분리된 6개의 반 칸톤은 각각 1명의 상원의원을 선출했다(당시 연방헌법 제69조).

1978년 9월 24일 국민투표를 통해 베른 칸톤에서 쥐라 칸톤이 분리·신설되어[136] 연방창설 후 130년 만에 상원의원 2명이 증가해 46명으로 조정됐다.

인구 규모와 관계없이 상원의원을 선출함에 따라 인구수에 비례해 선출하는 하원의원과 다른 성격을 가진다. 예컨대 인구가 16,300명인 아펜첼이너로덴 칸톤은 반 칸톤으로 1명의 상원의원을 선출하지만, 인구가 155만 명인 취리히 칸톤은 2명의 상원의원을 선출한다.

아펜첼이너로덴 칸톤은 상원선거에서 취리히 칸톤보다 더 강한 투표력을 행사함으로써 대표성 차이에 따른 불이익을 상쇄하며, 이는 인구나 면적과 관계없이 칸톤의 권리와 의무가 동등함을 의미한다.

제5절 하원의원 선출방식

1. 비례대표제 선출

선거제도는 국가의 정치구조를 결정짓는 요소이고, 정당의 활동양상을 좌우한다. 하원의원 200명 중 194명은 '비례대표제'[137]로 선출하고, 나머지 하원의원 6명과 상원의원 46명은 '다수대표제'[138]로 선출한다.

비례대표제 선거는 정당별 득표율을 토대로 의석수가 결정되고, 다수대표제선거는 가장 많이 득표한 후보자가 당선된다. 선거결과는 언어권을 토대로 하는 인구구조를 반영하기 때문에 국민과 칸톤의 2/3를 대표하는 독일어권 투표 결과와 일치한다.[139]

스위스는 칸톤별로 언어권이 구분되는데, 연방헌법에서 칸톤의 언어선택권을 인정하기 때문이다(연방헌법 제70조 제2항). 26개 칸톤은 독일어권 17개, 프랑스어권 4개, 이탈리아어권 1개로 구분된다. 또한 3개 칸톤(베른, 프리부르, 발레)은 독일어와 프랑스어를 합한 2개 언어를 공용어로 지정했고, 1개 칸톤(그라우뷘덴)은 독일어, 이탈리아어, 레토로망스어[140]를 합한 3개 언어를 공용어로 지정했다. 이러한 지역별 언어사용 비율은 연방의원이 사용하는 언어비율과 일치한다.[141]

하원의원은 비례대표제 방식에 따라 칸톤 인구수에 비례해 국민이 직접 선출한다(연방헌법 제149조 제2항). 비례대표제 방식은 인구 규모가 중요하지만, 각 칸톤은 하나의 선거구를 구성하기 때문에 최소 1개의 하원의석을 보장받는다(연방헌법 제149조 제3항·제4항).

비례대표제는 정당별 득표율에 따라 당선 여부가 결정되기 때문에 득표율이 가장 중요한 고려 요인이다. 35명의 하원의원을 선출하는 취리히 칸톤에서는 비례대표제로 인해 3%를 득표하면 최소 1석을 얻지만, 2명의 하원의원을 선출하는 작은 칸톤에서는 34% 이상을 얻어야 의석을 확보할 수 있다.[142]

따라서 작은 칸톤의 비례대표 선거는 군소 정당이 배제되기 쉬운 승자독식 시스템에 가깝다.[143] 이처럼 선거구가 중요한 영향을 미치게 돼 선거구 크기가 작을수록 군소 정당이 의석을 얻는 것이 더욱 어렵다.

그러나 인구와 의석수가 많은 칸톤에서는 비례대표제를 통해 군소 정당이 하원에 진출할 기회를 가진다. 이를 통해 형성된 다당제는 특정 정당의 독주를 허용하지 않고, 다양한 사회적·지리적·경제적 균열을 막을 수 있다. 하지만 칸톤의 지역별 이익단체가 특정 후보자를 지지할 수 있기에 특정 이해관계에 함몰될 여지가 있고, 비례대표제는 여야 정권교체를 어렵게 만들 수 있다.

2021년 현재 칸톤별 의석배분의 최소 기준인 42,000명 전후의 인구를 가진 우리(36,819명), 옵발덴(38,108명), 니트발덴(43,520명), 글라루스(40,851명), 아펜첼이너로덴(16,293명), 아펜첼아우서로덴(55,309명)을 합한 6개 칸톤은 각각 1명의 하원의원을 선출한다(연방헌법 제149조 제4항).

1명의 하원의원을 선출하는 6개 칸톤은 가장 많이 득표한 후보자가 당선되는 다수대표제가 적용된다. 득표수가 동일한 경우 추첨으로 결정한다(정치적 권리에 관한 연방법 제47조 제1항). 선거일 30일 전까지 유효한 후보자가 1명만 등록한 경우 투표 없이 당선된다(정치적 권리에 관한 연방법 제47조 제2항).

예컨대 옵발덴 칸톤은 다수대표제로 1명의 하원의원을 선출한다(정치적 권리에 관한 옵발덴 칸톤법률[144] 제35조 제1항).[145] 옵발덴 칸톤에서 2명 이상의 후보자가 동일한 득표를 얻은 경우 칸톤의회에서 추첨으로 당선자를 결정한다(정치적 권리에 관한 옵발덴 칸톤법률 제51조 제4항).

2019년 10월 20일 실시된 제51대 하원선거에서 21개 칸톤은 비례대표제를 적용해 하원의원을 선출했고, 1명을 선출하는 6개 칸톤(우리, 옵발덴, 니트발덴, 글라루스, 아펜첼이너로덴, 아펜첼아우서로덴)은 다수대표제를 적용했다.

2. 연혁: 다수대표제에서 비례대표제로 전환

가. 다수대표제

19세기와 20세기 초에 가장 논란이 됐던 사안 중의 하나는 선거제도의 변화였다. 1848년부터 1869년까지 6개 칸톤(우리, 옵발덴, 니트발덴, 글라루스, 아펜첼아우서로덴, 아펜첼이너로덴)은 란츠게마인데를 통해 하원의원을 선출했다.

1872년 연방선거법이 개정돼 연방선거에서는 비밀투표가 적용되고, 모든 지역에 투표소를 설치했다. 또한 유효표와 무효표를 합산해 득표수로 산정하던 방식을 유효표만 득표수에 포함하도록 변경했다. 그 결과 공개된 장소에서 투표의사가 표시되는 란츠게마인데를 통한 하원의원 선출방식은 폐지됐다.[146]

1979년 쥐라 칸톤이 신설되기 전에 스위스 연방을 구성하는 25개 칸톤 중 란츠게마인데 실시 칸톤(6개)을 제외한 19개 칸톤은 1848년부터 1918년 비례대표제가 도입되기까지 중대선거구 및 결선투표를 적용한 다수대표제 방식을 적용했다.[147]

다수대표제에서 당선되기 위해서는 1차 투표[148]에서 절대 과반수를 얻어야 하고, 1차 투표에서 절대 과반수를 얻지 못한 후보자를 대상으로 2~3주 후에 2차 투표(결선 투표)가 시행됐다. 2차 투표[149]에서는 다른 후보자보다 1표라도 더 많이 득표하면 당선됐다.

다수대표제 방식으로 실시된 1848~1917년 하원선거 결과를 보면 자유주의파(자민당)가 하원의 과반수 이상을 차지했다. 반면 득표율이 높더라도 1표라도 적으면 당선자를 배출하지 못하는 다수대표제 선거구조에 따라 사민당은 하원에서 득표율에 비례하여 의석을 얻을 수 없었다.

나. 1919년 비례대표제 도입

다른 사례와 마찬가지로 비례대표제 역시 칸톤 차원에서 성공적으로 적용된 후 연방 차원으로 확대·도입됐다. 1870년 이후 티치노 칸톤에서 일어난 정치적 대립과 불안으로 몇 차례 연방당국의 개입이 있었고, 이는 1891년 티치노 칸톤선거의 비례대표제 도입으로 해결됐다.[150]

뇌샤텔 칸톤과 추크 칸톤은 1894년, 졸로투른 칸톤은 1895년, 바젤슈타트 칸톤은 1905년, 슈비츠 칸톤은 1907년, 루체른 칸톤은 1909년, 장크트갈렌 칸톤은 1911년, 취리히 칸톤은 1916년에 각각 칸톤 선거에서 비례대표제를 도입했다.[151]

사민당 주도로 1900년과 1910년에 하원선거 방식을 다수대표제에서 비례대표제로 변경하려는 국민발안이 제출됐지만 성공하지 못했다. 1900년 11월

4일 비례대표제 도입에 관한 국민투표에서 유권자 58.8%가 참여해 국민의 40.9%가 찬성하고, 10.5개 칸톤만 찬성해 부결됐다.

10년 후인 1910년 10월 23일 두 번째로, 비례대표제를 도입하려는 국민발안도 투표율 62.3%에 유권자 47.5%의 찬성과 12개 칸톤의 찬성으로 부결됐다.[152] 1910년 10월 국민투표는 국민의 다수 의견(반대)과 칸톤의 다수 의견(찬성)이 엇갈렸다는 점에서 독특한 사례로 간주된다.

1913년에 사민당은 가톨릭보수당[153]과 공동으로 세 번째 비례대표제 국민발안을 제안했다. 스위스를 내전 직전까지 이르게 할 정도로 심각했던 1918년 총파업[154]을 배경으로 1918년 10월 13일 국민투표가 실시돼 투표율 49.5%, 유권자의 66.8% 찬성과 19.5개 칸톤의 찬성으로 가결됐다.[155]

[그림 3] 1918년 10월 13일 비례대표제 관련 국민투표 포스터

자료: 위키피디아, 경향신문: 왼쪽은 다수대표제를 상징한다. 자본가가 식탁을 독점하고, 일반 시민 4명이 그 모습을 식탁 밑에서 지켜본다. 오른쪽은 비례대표제를 상징한다. 1명의 자본가와 4명의 일반 시민이 식탁에 모여 함께 식사한다.[156]

비례대표제 도입 이후 실시된 1919년 하원선거(전체의석 189석)에서 자민당은 종전의 103석에서 60석으로 줄어들어 의석 점유율이 54.5%에서 31.8%로 급락했다. 그러나 1917년 자민당에서 이탈해 창당한 농민·기업·시민당[157]은 4석에서 30석으로 의석점유율이 2.1%에서 15.9%로 높아졌다.

사민당도 20석에서 41석으로 하원의석이 2배 늘어났다. 사민당이 주도한 비례대표제 도입은 스위스 정치체제를 향후 근본적이고 안정적으로 변화시키는 계기가 됐다.

[표 20] 칸톤별 하원선출 방식 변천

연번	칸톤 명칭		2019 하원정수(명)	현재		과거		
				비례 대표 (1919~2022)	다수 대표 (2022)	란츠게마인데 선출 (1848~1869)	다수대표제+결선투표 (1848~1917)	칸톤 선거 비례대표 도입(년)
1	취리히		35	○			○	○(1916)
2	베른		24	○			○	
3	루체른		9	○			○	○(1909)
4	우리		1		○	○		
5	슈비츠		4	○			○	○(1907)
6	반칸톤	옵발덴	1		○	○		
7		니트발덴	1		○	○		
8	글라루스		1		○	○		
9	추크		3	○			○	○(1894)
10	프리부르		7	○			○	
11	졸로투른		6	○			○	○(1895)
12	반칸톤	바젤슈타트	5	○			○	○(1905)
13		바젤란트	7	○			○	
14	샤프하우젠		2	○			○	

연번		칸톤 명칭	2019 하원정수(명)	현재		과거		
				비례 대표 (1919~2022)	다수 대표 (2022)	란츠게마인데 선출 (1848~1869)	다수대표제+결선투표 (1848~1917)	칸톤 선거 비례대표 도입(년)
15	반칸톤	아펜첼아우서로덴	1		○	○		
16		아펜첼이너로덴	1		○	○		
17		장크트갈렌	12	○			○	○(1911)
18		그라우뷘덴	5	○			○	
19		아르가우	16	○			○	
20		투르가우	6	○			○	
21		티치노	8	○			○	○(1891)
22		보	19	○			○	
23		발레	8	○			○	
24		뇌샤텔	4	○			○	○(1894)
25		제네바	12	○			○	
26		쥐라	2	○				
합 계			200	비례대표 20개	다수대표 6개			

자료: 필자 작성

제6절 상원의원 선출방식

1. 칸톤별 선출

1848년 연방창설 시 자유주의 세력(개신교)의 연방정부 장악을 우려한 작은 칸톤(가톨릭)의 이익을 보호하겠다는 취지로 하원과 동등한 권한을 가진 상원이 설치됐다. 상원은 칸톤의 인구나 규모와 무관하게 칸톤별로 1~2명의 의원을 선출하는 '등가대표제 원칙'에 따라 46명의 칸톤대표로 구성된다.

26개 칸톤 중 20개 칸톤은 2명의 상원의원을 선출하고, 6개 반칸톤(옵발덴, 니트발덴, 바젤슈타트, 바젤란트, 아펜첼아우서로덴, 아펜첼이너로덴 칸톤)은 1명의 상원의원을 선출한다(연방헌법 제150조 제2항).

인구 규모를 고려하지 않는 상원의 특성상 인구가 많은 칸톤(9개)의 대표성은 축소되고, 인구가 적은 칸톤(17개)의 대표성은 과도하게 반영된다.[158] 예를 들어 취리히 칸톤은 인구가 1,553,424명이지만 2명의 상원의원을 선출하고, 36,819명의 인구를 가진 우리 칸톤도 2명의 상원의원을 선출한다.

상원선거는 각 칸톤의 소관 사항이기 때문에 칸톤법에 따라 자율적으로 결정된다(연방헌법 제150조 제3항). 상원선거와 관련한 연방헌법의 기준은 1인 1표 원칙을 존중하고, 46명을 선출하는 것뿐이다(연방헌법 제150조 제1항). 그 밖의 상원의원 선출방식, 임기, 선출시기 등 구체적인 선거방법과 절차는 칸톤에서 자율적으로 규정한다(연방헌법 제150조 제2항).

이처럼 상원 선출방식은 칸톤의 권한이기 때문에 각 칸톤별로 선거방식에 큰 차이가 있어 간접 선출이나 주민의 직접선출(다수대표제, 비례대표제, 란츠게마인데)로 다양했다. 지금은 모든 칸톤에서 상원의원을 직접 선출하되, 24개 칸톤은 다수대표제를, 2개 칸톤은 비례대표제를 적용한다.

유럽안보협력기구[159] 산하 민주제도인권사무소[160]는 칸톤별 상원선거 방법과 절차의 차이가 국민의 평등한 정치참여에 영향을 미칠 수 있는지를 검토할 것을 권고했다. 연방내각사무처는 칸톤별 선거의 차이는 연방헌법에 따른 합법적인 것으로 결론을 냈다.[161]

2. 다수대표제 선출

가. 다수대표제

24개 칸톤은 다수대표제를 적용해 상원의원을 선출하고, 2개 칸톤(쥐라,

뇌샤텔)은 비례대표제를 적용해 상원의원을 선출한다. 다수대표제는 유권자로부터 가장 많이 득표한 후보자가 당선되는 방식이다. 예를 들어 글라루스 칸톤은 절대다수대표제로 상원의원을 선출하도록 칸톤헌법에서 규정한다(글라루스 칸톤헌법 제72조, 정치적 권리에 관한 글라루스 칸톤법률[162] 제31조 제1항 b호).

다수대표제에서는 지명도가 높은 후보가 당선되고, 정당보다 인물이 중요하다.[163] 이에 따라 하원은 다양한 정당의 힘을 비례적으로 반영하지만, 상원은 각 정당의 영향력을 편향적으로 반영한다. 보수정당은 정치 연대를 통해 거의 모든 칸톤에서 절대 과반을 확보하지만, 좌파 정당은 대부분의 칸톤에서 20~40% 득표에 그치기 때문에 상원에 진출할 역량이 부족하다.

결국 보수정당은 상원을 장악하고, 좌파 정당은 상원에서 과소 대표된다.[164] 이에 따라 보수주의(현재 기민당)가 우세한 작은 규모의 가톨릭 칸톤에서 좌파 정당 또는 군소 정당의 후보자가 당선될 가능성은 상대적으로 낮다.[165]

다수대표제 선거에서 어느 정도 득표해야 당선되는지는 칸톤마다 자율적으로 결정한다. 종전에 그라우뷘덴 칸톤은 1/3 유효득표제를, 베른, 글라루스, 샤프하우젠 칸톤은 1/4 유효득표제를 채택했다. 제네바 칸톤은 1차 투표에서 절대다수를, 2차 투표에서 유효표의 1/3을 얻으면 당선됐다.

2022년 현재 1명의 상원의원을 선출하는 4개 반 칸톤(옵발덴, 니트발덴, 바젤슈타트, 아펜첼아우서로덴)은 가장 많이 득표한 후보자가 당선되는 '상대다수 대표제'[166]를 채택하고, 결선투표를 실시하지 않는다.

반 칸톤인 아펜첼이너로덴 칸톤은 4월 마지막 일요일에 개최되는 란츠게마인데에서 거수방식에 따른 다수결로 상원의원 1명을 선출한다(아펜첼이너로덴 칸톤헌법 제20조의2).

또한, 바젤란트 칸톤은 1명의 상원의원을 선출하는 반 칸톤임에도 불구하고

'절대다수 대표제'[167]를 적용하고, 2차 투표(결선투표)를 실시한다(정치적 권리에 관한 바젤란트 법률[168] 제27조 제1항 제b호, 제28조 제1항·제2항). 이처럼 바젤란트 칸톤을 포함한 19개 칸톤[169]은 유효표의 과반수 이상을 획득한 후보자가 당선되는 절대다수 대표제를 실시한다.

절대다수 대표제를 적용하는 19개 칸톤은 1차 투표에서 유효표의 과반수를 얻은 후보자가 당선된다(절대 다수결). 1차 투표에서 과반수 득표자가 없는 경우 2차 투표를 실시하고, 2차 투표에서는 상대적으로 많은 득표를 한 후보자가 당선된다(상대 다수결).

예컨대 제네바 칸톤은 1차 투표에서 유효표의 과반수를 얻은 후보자가 당선되고, 과반수 득표자가 없는 경우 2차 투표가 실시돼 다수표를 획득한 후보자가 당선된다고 칸톤헌법에서 명시한다(제네바 칸톤헌법 제55조 제2항·제3항).

또한 2019년 10월 20일 실시된 바젤란트 칸톤의 상원선거에서 과반수 득표자가 없었다. 상원의원을 선출하기 위해 11월 24일 2차 투표가 실시됐고, 다수결로 녹색당 소속 여성 의원(Maya Graf)이 선출됐다.[170]

한편, 쥐라 칸톤과 뇌샤텔 칸톤은 득표율에 따라 당선자를 결정하는 '비례대표제'를 실시해 상원의원을 선출한다(정치적 권리에 관한 뇌샤텔 칸톤법률 제87조 제1항, 정치적 권리에 관한 쥐라 칸톤법률 제73조).[171]

나. 연혁: 간접선거에서 직접선거로

1848년에는 모든 상원의원이 칸톤의회나 란츠게마인데에서 선출됐다. 칸톤의회에서 선출되는 상원의원은 칸톤주민이 직접 선출하지 않는 간접적인 방식이기에 민주적 정당성이 비교적 약했다.

1950~60년대에 4개 칸톤(베른, 프리부르, 장크트갈렌, 뇌샤텔)은 상원의원을 칸톤의회에서 선출했고, 3개 칸톤(옵발덴, 글라루스, 아펜첼이너로덴)은

상원의원을 란츠게마인데에서 선출했으며, 나머지 18개 칸톤은 주민의 직접
투표로 선출했다.[172]

1970년대 대부분의 칸톤에서 상원의원을 직접 선출하는 것으로 변화하면
서 상원의 보수적인 경향은 상당히 약화됐다.[173] 1979년을 마지막으로 베른
칸톤에서 상원의원을 칸톤의회를 통한 간접선거 방식에서 주민의 직접선거
방식으로 변경해 선출했다.

[표 21] 칸톤별 상원선출 방식 변천

연번	칸톤 명칭		상원정수(명)	종전 선출방식		현재 선출방식	
				선출방식	직·간접선거 (1950~1960)	주민직선	결선투표 (2차투표)
1	취리히(Zürich)		2	다수대표제	주민 직선	절대다수대표제	○
2	베른(Bern)		2	다수대표제 (1/4 유효득표)	칸톤의회 선출	절대다수대표제	○
3	루체른(Luzern)		2	다수대표제	주민 직선	절대다수대표제	○
4	우리(Uri)		2	다수대표제	주민 직선	절대다수대표제	○
5	슈비츠(Schwyz)		2	다수대표제	주민 직선	절대다수대표제	○
6	반칸톤	옵발덴 (Obwalden)	1	다수대표제	란츠게마인데	상대다수대표제	-
7		니트발덴 (Nidwalden)	1	다수대표제	주민 직선	상대다수대표제	-
8	글라루스(Glarus)		2	다수대표제 (1/4 유효득표)	란츠게마인데	절대다수대표제	○
9	추크(Zug)		2	다수대표제	주민 직선	절대다수대표제	○
10	프리부르(Fribourg)		2	다수대표제	칸톤의회 선출	절대다수대표제	○
11	졸로투른(Solothurn)		2	다수대표제	주민 직선	절대다수대표제	○
12	반칸톤	바젤슈타트 (Basel-Stadt)	1	다수대표제	주민 직선	상대다수대표제	-
13		바젤란트(Basel-Landschaft)	1	다수대표제	주민 직선	절대다수대표제	○
14	샤프하우젠 (Schaffhausen)		2	다수대표제 (1/4 유효득표)	주민 직선	절대다수대표제	○

연번	칸톤 명칭		상원정수(명)	종전 선출방식		현재 선출방식	
				선출방식	직·간접선거 (1950~1960)	주민직선	결선투표 (2차투표)
15	반칸톤	아펜첼아우서로덴 (Appenzell AusserRhoden)	1	다수대표제	주민 직선	상대다수대표제	–
16		아펜첼이너로덴 (Appenzell InnerRhoden)	1	다수대표제	란츠게마인데	란츠게마인데	–
17	장크트갈렌 (Sankt Gallen)		2	다수대표제	칸톤의회 선출	절대다수대표제	○
18	그라우뷘덴 (Graubünden)		2	다수대표제 (1/3 유효득표)	주민 직선	절대다수대표제	○
19	아르가우(Aargau)		2	다수대표제	주민 직선	절대다수대표제	○
20	투르가우(Thurgau)		2	다수대표제	주민 직선	절대다수대표제	○
21	티치노(Ticino)		2	다수대표제	주민 직선	절대다수대표제	○
22	보(Vaud)		2	다수대표제	주민 직선	절대다수대표제	○
23	발레(Valais)		2	다수대표제	주민 직선	절대다수대표제	○
24	뇌샤텔(Neuchâtel)		2	비례대표제	칸톤의회 선출	비례대표제	–
25	제네바(Geneva)		2	다수대표제 (절대다수득표, 1/3유효득표제)	주민 직선	절대다수대표제	○
26	쥐라(Jura)		2	비례대표제	– *1978년 칸톤창설	비례대표제	–
	스위스		46	다수대표제 44개 비례대표제 2개	주민 직선 18개 칸톤의회 4개 란츠게마인데 3개	절대다수대표제 19개 상대다수대표제 4개 비례대표제 2개 란츠게마인데 1개	결선투표 19개

자료: 필자 작성

연방선거 준비 및 선거운동

제1절 선거일 및 국민투표일

1. 선거일

가. 하원: 10월 마지막에서 두 번째 일요일

하원선거는 4년에 한 번씩 실시한다(연방헌법 제149조 제2항). 연방내각은 유권자, 연방의회, 칸톤 및 정당의 입장과 선거 관련 기관의 상황을 고려해 선거일 결정에 관한 규칙을 결정하고, 일반력과 교회력의 차이로 발생할 수 있는 선거일의 충돌을 피한다(정치적 권리에 관한 연방법 제10조 제1항).

하원선거는 10월의 '마지막에서 두 번째 일요일'[1]에 실시한다(정치적 권리에 관한 연방법 제19조 제1항). 가장 최근인 제51대 하원선거가 2019년 10월 20일 실시됐고, 제50대 하원선거는 2015년 10월 18일, 제49대 하원선거는 10월 23일, 제48대 하원선거는 2007년 10월 21일에 각각 실시됐다.

하원선거는 국민투표와 같은 날에 실시하지 않지만, 칸톤 선거나 코뮌 선거와 같은 날에 실시할 수 있다.[2]

나. 상원: 하원 선거일과 같은 날 실시

예전에는 상원의 선거일이 칸톤마다 달랐다. 1990년대 중반까지 3개 반칸톤(옵발덴, 니트발덴, 아펜첼이너로덴)은 하원선거가 있는 연도의 다른 일자에 상원의원 3명을 선출했다. 그리고 3개 칸톤(글라루스, 추크, 그라우뷘덴)은 하원선거 전년도에 6명의 상원의원을 선출했다. 추크 칸톤은 2007년부터, 그라우뷘덴 칸톤은 2011년부터 상원의 선거일을 하원의 선거일로 맞췄다.[3]

지금은 하원선거 6개월 전인 4월 마지막 일요일에 개최되는 란츠게마인데를 통해 상원의원을 선출하는 아펜첼이너로덴 칸톤을 제외한 모든 칸톤이 하원 선거일에 맞추어 상원선거를 실시한다. 예컨대 제네바 칸톤은 상원선거를 하원선거와 같은 날 실시한다고 칸톤법령에 명시했다(제네바 칸톤헌법 제52조 제2항, 정치적 권리행사에 관한 제네바 칸톤법률[4] 제101조).

[표 22] 칸톤별 상원선거일 변천

연번	칸톤 명칭		상원정수(명)	상원선거일		현재 선출방식
				1990년대 중반	현재	
1	취리히(Zürich)		2	–	하원선거일	절대다수대표제(결선투표)
2	베른(Bern)		2	–	하원선거일	절대다수대표제(결선투표)
3	루체른(Luzern)		2	–	하원선거일	절대다수대표제(결선투표)
4	우리(Uri)		2	–	하원선거일	절대다수대표제(결선투표)
5	슈비츠(Schwyz)		2	–	하원선거일	절대다수대표제(결선투표)
6	반칸톤	옵발덴 (Obwalden)	1	하원선거 연도의 다른 일자	하원선거일	상대다수대표제
7		니트발덴 (Nidwalden)	1	하원선거 연도의 다른 일자	하원선거일	상대다수대표제
8	글라루스(Glarus)		2	하원선거 전년도	하원선거일	절대다수대표제(결선투표)
9	추크(Zug)		2	하원선거 전년도	하원선거일('07년부터)	절대다수대표제(결선투표)
10	프리부르(Fribourg)		2	–	하원선거일	절대다수대표제(결선투표)
11	졸로투른(Solothurn)		2	–	하원선거일	절대다수대표제(결선투표)
12	반칸톤	바젤슈타트 (Basel-Stadt)	1	–	하원선거일	상대다수대표제
13		바젤란트(Basel-Landschaft)	1	–	하원선거일	절대다수대표제(결선투표)
14	샤프하우젠 (Schaffhausen)		2	–	하원선거일	절대다수대표제(결선투표)
15	반칸톤	아펜첼 아우서로덴 (Appenzell AusserRhoden)	1	–	하원선거일	상대다수대표제
16		아펜첼이너로덴 (Appenzell InnerRhoden)	1	하원선거 연도의 다른 일자	하원선거 연도의 4월 마지막 일요일	란츠게마인데
17	장크트갈렌 (Sankt Gallen)		2	–	하원선거일	절대다수대표제(결선투표)

연번	칸톤 명칭	상원정수(명)	상원선거일		현재 선출방식
			1990년대 중반	현재	
18	그라우뷘덴 (Graubünden)	2	하원선거 전년도	하원선거일('11년부터)	절대다수대표제(결선투표)
19	아르가우(Aargau)	2	–	하원선거일	절대다수대표제(결선투표)
20	투르가우(Thurgau)	2	–	하원선거일	절대다수대표제(결선투표)
21	티치노(Ticino)	2	–	하원선거일	절대다수대표제(결선투표)
22	보(Vaud)	2	–	하원선거일	절대다수대표제(결선투표)
23	발레(Valais)	2	–	하원선거일	절대다수대표제(결선투표)
24	뇌사텔(Neuchâtel)	2	–	하원선거일	비례대표제
25	제네바(Geneva)	2	–	하원선거일	절대다수대표제(결선투표)
26	쥐라(Jura)	2	–	하원선거일	비례대표제
	스위스	46		25개 칸톤: 하원선거일과 동일 1개 칸톤: 4월 말	19개 칸톤: 절대다수대표제 (결선투표) 4개 칸톤: 상대다수대표제 2개 칸톤: 비례대표제 1개 칸톤: 란츠게마인데

자료: 필자 작성

19개 칸톤에서는 상원선거일에 유효표의 과반수를 얻지 못하는 경우 2차 투표(결선투표)를 실시한다. 2차 투표는 하원선거일(1차 투표) 2~5주 후에 칸톤별로 실시한다.[5]

예를 들어 2019년 10월 20일 실시된 상원선거에서는 절대과반수 득표로 24명의 상원의원이 선출됐고, 22명은 11월에 실시된 2차 투표에서 선출됐다.[6] 2차 투표일은 칸톤별로 2019년 11월 3일~24일로 지정됐다.

2015년에는 10월 18일 하원선거일에 맞추어 실시한 상원선거에서 과반수를 얻지 못한 상원의원 19명을 선출하기 위해 11월 15일까지 2차 투표가 실시됐다.[7]

[표 23] 2019년 상원선거일

연번	칸톤 명칭	선거일(1차)	결선투표일(2차)	연번	칸톤 명칭	선거일(1차)	결선투표일(2차)
1	취리히 (Zürich)	2019.10.20	2019.11.17.	14	샤프하우젠 (Schaffhausen)	2019.10.20	–
2	베른(Bern)	2019.10.20	2019.11.17.	15	아펜첼아우서로덴(Appenzell AusserRhoden)	2019.10.20	2차 투표 없음
3	루체른 (Luzern)	2019.10.20	2019.11.17.	16	아펜첼이너로덴(Appenzell InnerRhoden)	2019.4.28.	2차 투표 없음
4	우리(Uri)	2019.10.20	–	17	장크트갈렌 (Sankt Gallen)	2019.10.20	2019.11.17.
5	슈비츠 (Schwyz)	2019.10.20	2019.11.24	18	그라우뷘덴 (Graubünden)	2019.10.20	–
6	옵발덴 (Obwalden)	2019.10.20	2차 투표 없음	19	아르가우(Aargau)	2019.10.20	2019.11.24.
7	니트발덴 (Nidwalden)	2019.10.20	2차 투표 없음	20	투르가우 (Thurgau)	2019.10.20	–
8	글라루스 (Glarus)	2019.10.20	–	21	티치노(Ticino)	2019.10.20	2019.11.17.
9	추크(Zug)	2019.10.20	2019.11.17.	22	보(Vaud)	2019.10.20	2019.11.10.
10	프리부르 (Fribourg)	2019.10.20	2019.11.10.	23	발레(Valais)	2019.10.20	2019.11.3.
11	졸로투른 (Solothurn)	2019.10.20	2019.11.17.	24	뇌샤텔 (Neuchâtel)	2019.10.20	2차 투표 없음
12	바젤슈타트(Basel-Stadt)	2019.10.20	2차 투표 없음	25	제네바(Geneva)	2019.10.20	2019.11.10.
13	바젤란트 (Basel-Landschaft)	2019.10.20	2019.11.24.	26	쥐라(Jura)	2019.10.20	2차 투표 없음

자료: 위키피디아 검색 등 참조, https://en.wikipedia.org/wiki/2019_Swiss_federal_election#Canton_of_Basel-Landschaft (2022. 3. 10. 최종 확인).

2. 국민투표일

1년에 4번 실시되는 연방 차원의 국민투표일은 정치적 권리에 관한 연방법 시행령에 규정돼 있다. 연도마다 다르지만 2~3월, 5~6월, 9~10월, 11~12월의 일요일에 국민투표가 실시된다. 몇 째주 일요일에 국민투표가 실시될 지는 매번 달라지고, 국민투표에 회부될 안건이 없는 경우 국민투표가 실시되지 않는다.

1분기에는 부활절인 일요일이 4월 10일 이후에 있는 연도에는 2월의 두 번째 일요일, 그렇지 않은 연도에는 부활절의 4주 전 일요일에 국민투표가 실시된다. 2분기에는 성령강림절[8]인 일요일이 5월 28일 이후에 해당하는 연도에는 5월의 세 번째 일요일, 그렇지 않은 연도에는 성령강림절 이후의 세 번째 일요일에 실시된다.

3분기에는 속죄의 날[9] 이후의 일요일, 4분기에는 11월의 마지막 일요일에 실시된다(정치적 권리에 관한 연방법 시행령 제2조의a 제1항). 이는 일반력과 교회력의 차이로 발생하는 충돌을 피하기 위함이다(정치적 권리에 관한 연방법 제10조 제1항).

하원선거가 4년마다 10월 마지막에서 두 번째 주 일요일에 실시되기 때문에 하원선거가 있는 연도의 3분기(9월)에는 국민투표를 실시하지 않는다(정치적 권리에 관한 연방법 시행령 제2조의a 제3항).

연방내각사무처는 전년도 6월에 예정된 국민투표일을 공고한다(정치적 권리에 관한 연방법 시행령 제2조의a 제4항). 연방내각사무처는 필요한 경우 칸톤과 협의해 연방내각에 투표일 연기를 요청할 수 있다(정치적 권리에 관한 연방법 시행령 제2조의a 제2항).

2041년까지의 국민투표일은 연방내각사무처 홈페이지 등에서 확인할 수 있다. 아래의 표는 2021년 이후 국민투표일과 하원선거일을 보여준다.[10]

[표 24] 국민투표일 및 하원선거일(2021~2041)

연도	1분기	2분기	3분기	4분기	하원선거일
2021년	3.7.	6.13.	9.26.	11.28	
2022년	2.13.	5.15.	9.25.	11.27	
2023년	3.12.	6.18.	–	11.26.	10.22.
2024년	3.3.	6.9.	9.22.	11.24.	
2025년	2.9.	5.18.	9.28.	11.30.	
2026년	3.8.	6.14.	9.27.	11.29.	
2027년	2.28.	6.6.	–	11.28.	10.24.
2028년	2.13.	5.21.	9.24.	11.26.	
2029년	3.4.	6.10.	9.23.	11.25.	
2030년	2.10.	5.19.	9.22.	11.24.	
2031년	2.9.	5.18.	–	11.30.	10.19.
2032년	2.9.	6.6.	9.26.	11.28.	
2033년	2.13.	5.15.	9.25.	11.27.	
2034년	3.12.	6.18.	9.24.	11.26.	
2035년	2.25.	6.3.	–	11.25.	10.21.
2036년	2.10.	5.18.	9.28.	11.30.	
2037년	3.8.	6.14.	9.27.	11.29.	
2038년	2.14.	5.16.	9.26.	11.28.	
2039년	3.13.	5.15.	–	11.27.	10.23.
2040년	3.4.	6.10.	9.23.	11.25.	
2041년	2.10.	5.19.	9.22.	11.24.	

자료: 연방내각사무처 홈페이지 참조해 필자 작성.

제2절 선거인명부 및 후보자명부

1. 선거인명부

유권자가 선거나 투표에 참여하기 위해서는 선거(투표)일 5일 전까지 선거인명부[11]에 등록돼야 한다(정치적 권리에 관한 연방법 제4조 제2항).[12] 이는 선거인명부를 선거일 5일 전까지 수정할 수 있고, 선거인명부가 선거일 5일 전에 확정된다는 것을 뜻한다.

선거인명부는 유권자가 직접 등록하지 않고, 칸톤 행정기관이 직권으로 작성한다는 특징을 가진다(정치적 권리에 관한 연방법 제4조 제1항). 따라서 각 칸톤과 코뮌은 주민등록부를 정기적으로 갱신하고, 주민등록부를 기반으로 선거인명부를 작성·관리한다.

거주지 변동이 발생하면 칸톤 또는 코뮌의 시스템을 통해 해당 주민은 자동으로 거주지 선거인명부에 등록되고 종전 선거인명부에서는 삭제된다.[13] 선거인명부를 실제로 확인하는 유권자는 거의 없지만, 코뮌 주민등록사무소[14]에서 선거인명부를 열람할 수 있다(정치적 권리에 관한 연방법 제4조 제3항).

하원선거에 투표하려는 재외국민은 주재국 관할 대사관에 재외국민으로 등록해야 한다는 점에서 능동적이다(스위스 재외국민 및 기관에 관한 연방법 제11조 제1항). 선거권을 행사하거나 포기하려는 재외국민은 그 사실을 주재국 관할 대사관을 통해 자신의 선거구(코뮌)에 통보하고, 코뮌은 이를 선거인명부에 기재한다(스위스 재외국민 및 기관에 관한 연방법 제19조 제1항, 동법 시행령 제9조).

재외국민으로 등록하기 위해서는 성명, 성별, 생년월일, 출생지, 거주지 주소, 마지막 거주지 코뮌, 출생지 칸톤 및 코뮌을 신고한다(스위스 재외국민 및 기관에 관한 연방법 시행령 제7조 제3항). 재외국민은 마지막 거주지 코뮌에서 투표하되, 스위스에 거주지가 없는 경우 출생지 코뮌에서 투표한다. 출생지 코뮌이 여러 곳인 경우 재외국민 등록 시 선택한 1개의 코뮌에서 투표한다(스위스 재외국민 및 기관에 관한 연방법 제18조, 동법 시행령 제8조). 재외국민 등록이 이루어지면 선거마다 등록할 필요가 없다.

2015년 11월부터 재외국민이 ① 재외국민등록부에서 삭제되거나,[15] ② 선거권을 상실하거나, ③ 관할 대사관에 참정권 행사를 포기한다고 밝히거나, ④ 선거자료가 송달불능으로 3회 연속 반송되는 경우 선거인명부에서 삭제된다(스위스 재외국민 및 기관에 관한 연방법 제19조 제3항, 동법 시행령 제11조).

2. 후보자 등록 및 후보자명부

가. 개요

비례대표제를 채택하는 하원선거에서는 정당별 후보자를 선택하는 것이 아니라 각 정당이 작성한 후보자명부[16]에 투표를 한다. 하원선거에 출마하려는 후보자는 먼저 소속 정당의 후보자명부에 등록된다.

후보자명부에는 후보자의 성명, 성별, 생년월일, 직업, 주소 및 출생지가 기재된다. 서면으로 후보자 등록에 동의한다는 의사를 표시하기 때문에 후보자 등록에 동의하지 않는 후보자는 후보자명부에서 삭제된다(정치적 권리에 관한 연방법 제22조 제2항·제3항).

연구결과에 따르면 후보자의 성명이 스위스인이 아닌 외국인처럼 보이는 경우 당선가능성이 낮은 것으로 나타났다. 유권자들이 투표용지(후보자명부)를 수정할 때 스위스식이 아닌 후보자의 이름을 삭제하는 것으로 나타났다(삭선투표). 이를 통해 이민배경을 가진 후보자를 선택하지 않고, 이민자 숫자에 비해 이민자의 정치적 권리가 과소대표될 수밖에 없음을 보여준다.[17]

후보자명부에는 정당 명칭 등 고유한 '지정된 표시와 번호'[18]가 있어야 하고, 다른 명부와 구분돼야 한다(정치적 권리에 관한 연방법 제23조). 칸톤관보[19]를 통해 후보자명부의 지정된 표시와 번호가 공표된다(정치적 권리에 관한 연방법 제32조 제2항). 동일한 이름을 가진 후보자가 여러 개의 후보자명부에 등록되더라도 서로 간에 구별되는 특징이 있는 경우 후보자명부에 등록될 수 있다.

후보자명부에 등재될 후보자 수는 그 선거구에 배정된 의석수까지 제한되기 때문에 후보자명부에는 칸톤에 할당된 의석수보다 더 많은 후보자가 기재되지 않는다. 또한 1개의 후보자명부에 동일 후보자의 이중등록이 가능한데, 이를 통해 2표를 얻을 수 있고 당선 가능성을 높인다.

그러나 1명의 후보자가 2개 이상의 후보자명부에 등록된 경우 해당 칸톤이 모든 후보자명부에서 그 후보자의 이름을 즉시 삭제한다(정치적 권리에 관한 연방법 제22조 제1항). 또한 연방내각사무처도 후보자명부에 등록된 후보자 이름을 즉시 삭제하고, 삭제 사실을 해당 칸톤에 알린다(정치적 권리에 관한 연방법 제27조).

이처럼 2개 이상의 후보자명부에 중복으로 등록된 후보자는 모든 후보자명부에서 자격이 박탈되고, 박탈된 후보자의 이름은 삭제된다. 후보자명부가 이미 공표된 경우 후보자 박탈 사실, 박탈 사유를 온라인, 칸톤관보, 연방공보로 공개한다(정치적 권리에 관한 연방법 제32조의a).

나. 유권자 서명

후보자명부에는 칸톤 선거구에 주소지를 두고, 투표권이 있는 유권자 100~400명의 자필서명이 필요하다. 하원의석이 2~10석인 칸톤은 100명, 11~20석인 칸톤은 200명, 21석 이상인 칸톤은 400명의 유권자 서명을 각각 필요로 한다(정치적 권리에 관한 연방법 제24조 제1항).[20] 예컨대 하원에서 4석을 가진 뇌샤텔 칸톤의 경우 유권자 100명의 서명이 필요하다.[21]

유권자는 2개 이상의 후보자명부에 서명할 수 없고, 후보자명부 제출 후에는 그 서명을 철회할 수 없다(정치적 권리에 관한 연방법 제24조 제2항). 유권자가 다수의 후보자명부에 서명한 경우 칸톤은 해당 유권자의 이름을 모든 후보자명부에서 삭제한다(정치적 권리에 관한 연방법 시행령 제8조의b 제2항·제3항).

그러나 ① 선거가 있는 해의 전년도 말까지 연방내각사무처에 등록된 정당,[22] ② 하원 선거에서 3% 이상 득표한 정당, ③ 하원에 의석이 있는 정당은 후보자명부 제출 시 유권자 서명을 요구하지 않고, 정당 대표·사무총장의 서명과 모든 후보자의 서명만을 제출하면 된다(정치적 권리에 관한 연방법 제24조 제3항·제4항).

[그림 4] 유권자 서명명부 유의사항, 형식 등(국민발안)

서명시 유의사항 등   국민발안 요구서   서명명부 형식

한편 후보자명부에 서명한 유권자들은 후보자명부의 대리인과 부대리인[23]을 지명할 수 있다. 별도로 대리인(부대리인)을 지명하지 않을 경우 후보자명부의 첫 번째와 두 번째로 등록된 서명인이 각각 대리인과 부대리인으로 간주된다. 부대리인은 대리인이 직무를 수행할 수 없거나 무능력자인 경우에 대리인의 직무를 수행한다. 대리인(부대리인)은 서명자를 대표해 이의를 제기할 수 있다(정치적 권리에 관한 연방법 제25조 제2항).

다. 제출

각 칸톤은 선거가 있는 해의 8월 1일~8월 31일 사이에 있는 특정 '월요일'을 후보자명부 제출기한으로 설정한다(정치적 권리에 관한 연방법 제21조 제1항).

처음에는 후보자명부 제출기한을 선거가 있는 해의 8월 중 월요일 하루로 규정했다. 그러나, 2015년 3월 1일 개정된 정치적 권리에 관한 연방법에는 후보자명부 제출기한을 선거가 있는 해의 8월 1일~9월 30일까지 1개월 더 연장했다. 예컨대 베른 칸톤은 후보자명부 제출기한이 8월 첫째 주 월요일이다.[24]

하지만 2015년 11월 1일 개정된 정치적 권리에 관한 연방법에는 종전처럼 8월 중 월요일로 규정해 제출기한을 1개월로 한정했다. 또한 칸톤 당국은 후보자명부를 수정할 수 있는 기간을 7일 또는 14일 중 하나를 선택해 통지한다 (정치적 권리에 관한 연방법 시행령 제8조의a 제1항).

아래의 표는 2019년 하원선거에서 칸톤별 후보자명부 제출일 및 수정일을 보여준다. 대체로 후보자명부 제출일은 2019년 8월 중으로, 후보자명부 수정일은 1주일 또는 2주일의 시차를 둔 2019년 8~9월 중으로 정해졌다.

[표 25] 칸톤별 후보자명부 제출일 및 수정일(2019 하원선거)

연번	칸톤 명칭	후보자명부 제출일	후보자명부 수정일	연번	칸톤 명칭		후보자명부 제출일	후보자명부 수정일
1	취리히	2019.8.8.(목), 16시	2019.8.26.(월), 16시	14	샤프하우젠		2019.8.19.(월), 17시	2019.9.2.(목), 17시
2	베른	2019.8.5.(월), 12시	2019.8.12.(월), 12시	15	반칸톤	아펜첼아우서로덴	*다수대표제	-
3	루체른	2019.8.26.(월), 12시	2019.9.2.(월), 12시	16		아펜첼이너로덴	*다수대표제	-
4	우리	*다수대표제	-	17	장크트갈렌		2019.8.19.(월), 17시	2019.8.26.(월), 17시
5	슈비츠	2019.8.12.(월), 17시	2019.8.19.(월), 17시	18	그라우뷘덴		2019.8.5.(월), 18시	2019.8.12.(월)

연번	칸톤 명칭		후보자명부 제출일	후보자명부 수정일	연번	칸톤 명칭	후보자명부 제출일	후보자명부 수정일
6	반칸톤	옵발덴	*다수대표제	–	19	아르가우	2019.8.5.(월), 12시	2019.8.12.(월)
7		니트발덴	*다수대표제	–	20	투르가우	2019.8.12.(월), 16시 30분	2019.8.19.(월), 16시 30분
8	글라루스		*다수대표제	–	21	티치노	2019.8.12.(월), 18시	2019.8.19.(월), 18시
9	추크		2019.8.12.(월), 17시	2019.8.19.(월), 17시	22	보	2019.8.12.(월), 12시	2019.8.19.(월), 12시
10	프리부르		2019.8.26.(월), 12시	2019.9.2.(월), 12시	23	발레	2019.8.12.(월), 12시	2019.8.19.(월)
11	졸로투른		2019.8.12.(월), 17시	2019.8.19.(월), 17시	24	뇌샤텔	2019.8.26.(월), 17시	2019.9.9.(월), 17시
12	반칸톤	바젤슈타트	2019.8.19.(월), 9시	2019.9.2.(월)	25	제네바	2019.8.5.(월), 12시	2019.8.12.(월)
13		바젤란트	2019.8.19.(월), 17시	2019.9.2.(월), 17시	26	쥐라	2019.8.26.(월), 12시	2019.9.2.(월)

자료: 연방내각사무처 홈페이지 참조, https://www.bk.admin.ch/bk/de/home/politische-rechte/nationalratswahlen/ nationalratswahlen-2019.html (2022. 3. 10. 최종 확인).

칸톤 당국은 후보자명부 제출일과 후보자명부 수정일을 연방내각사무처에 3월 1일까지 통지한다. 칸톤 당국은 후보자명부를 검토해 오류가 발견된 경우 대표자에게 오류의 수정을 권한다(정치적 권리에 관한 연방법 제29조 제1항).

칸톤은 오류가 있는 후보자명부에서 삭제된 후보자를 대신할 대체후보자[25]를 등록할 수 있는 유예기간을 부여한다(정치적 권리에 관한 연방법 제29조 제1항). 유예기간 내에 후보자명부의 오류를 수정하지 않는 경우 해당 후보자명부는 무효로 간주되지만, 특정 후보자에게만 오류가 있는 경우 해당 후보자 이름만 삭제된다(정치적 권리에 관한 연방법 제29조 제3항).

유예기간 내에 대체후보자가 선정된 경우 대체후보자가 서면으로 수락의사를 밝힌다. 대체후보자가 수락의사를 밝히지 않거나, 무자격자이거나, 다른 후보자명부에 등록된 경우 후보자명부에서 삭제된다(정치적 권리에 관한 연방법 제29조 제2항). 대체후보자는 특별한 요구가 없는 한 후보자명부의 맨 하단에 등록된다(정치적 권리에 관한 연방법 제29조 제2항).

후보자명부 제출일 이후 둘째 주 월요일부터는 후보자명부를 수정할 수 없지만, 칸톤법으로 후보자명부를 수정할 수 있는 기한(제출일 이후 7일 또는 14일)을 일주일로 단축할 수 있다(정치적 권리에 관한 연방법 제29조 제4항). 칸톤은 후보자명부 수정기한 종료 후 24시간 내에 연방내각사무처에 수정된 후보자명부의 사본을 제출한다(정치적 권리에 관한 연방법 시행령 제8조의d 제4항).

각 칸톤은 후보자명부 제출일 다음날까지 후보자명부의 사본을 연방내각사무처에 제출한다(정치적 권리에 관한 연방법 시행령 제8조의d 제1항). 연방내각사무처는 72시간 내에 오류가 있는 후보자명부의 수정을 고지한다(정치적 권리에 관한 연방법 시행령 제8조의d 제3항).

칸톤의 검토나 수정이 완료된 후보자명부에는 '지정된 번호'[26]가 부여된다(정치적 권리에 관한 연방법 제30조). 유권자는 후보자명부를 열람할 수 있다(정치적 권리에 관한 연방법 제26조).

3. 후보자 통합(결합)명부

정당별 득표율 제고를 위해 서로 다른 정당이 뜻을 모아 후보자명부를 통합(연합)하는 것이 가능하다. 이를 정당 간 연합 또는 무소속 연합이라 한다. 이처럼 2개 이상의 후보자명부는 통합(결합)될 수 있는데, 이를 '후보자 통합명부'[27] 또는 '후보자 결합명부'라고 한다(정치적 권리에 관한 연방법 제31조 제1항).

후보자 통합명부는 의석배분 시 1개의 후보자명부로 간주된다(정치적 권리에 관한 연방법 제42조). 후보자명부의 통합은 후보자명부 수정기한, 즉 후보자명부 제출일 이후 둘째 주 월요일까지 할 수 있다.

군소 정당이 연합해 통합명부를 활용할 경우 개별 정당이 후보자를 내세울 때보다 선거에서 보다 많은 의석을 얻을 수 있다. 군소 정당이 의석을 얻기에 충분한 표를 얻지 못하더라도 해당 정당의 득표는 사표(死票)가 되지 않고 합산되기 때문에 의석배분에 유리하기 때문이다.

규모가 큰 칸톤에서는 군소 정당이 주요 정당에 대항해 선거연합이나 후보자 통합명부를 이용하는 등 점점 더 많은 칸톤에서 후보자 통합명부가 사용되고 있다. 하지만, 후보자 통합명부에 참여한 정당이 함께 선거운동을 하는 것은 아니다.[28]

한편, 후보자 통합명부는 성별, 연령, 정당의 성향 또는 지역에 따라 서로 구별되는 특성이 있는 경우 여성 명부, 청소년 명부와 같은 하위통합명부[29]를 만들 수 있다(정치적 권리에 관한 연방법 제31조 제1항, 정치적 권리에 관한 연방법 시행령제8조의c 제1항·제2항).

하위통합명부는 원래의 후보자 통합명부와 구분하기 위해 성별, 지역, 연령, 정당(당파)에 기반한 구별이 있어야 한다(정치적 권리에 관한 연방법 제31조 제1의1항). 대부분의 정당은 여성후보자가 많다고 해서 여성 명부를 별도로 작성하지 않는다.

후보자명부와 하위통합명부에 대한 설명서는 그림 5와 같은 양식을 갖추어 칸톤 행정기관에 제출된다(정치적 권리에 관한 연방법 시행령 제8조의e). 통합명부와 하위통합명부에 관한 사항은 미리 인쇄된 투표용지에 표시된다(정치적 권리에 관한 연방법 제31조 제2항).

[그림 5] 후보자명부와 하위통합명부 설명서 양식

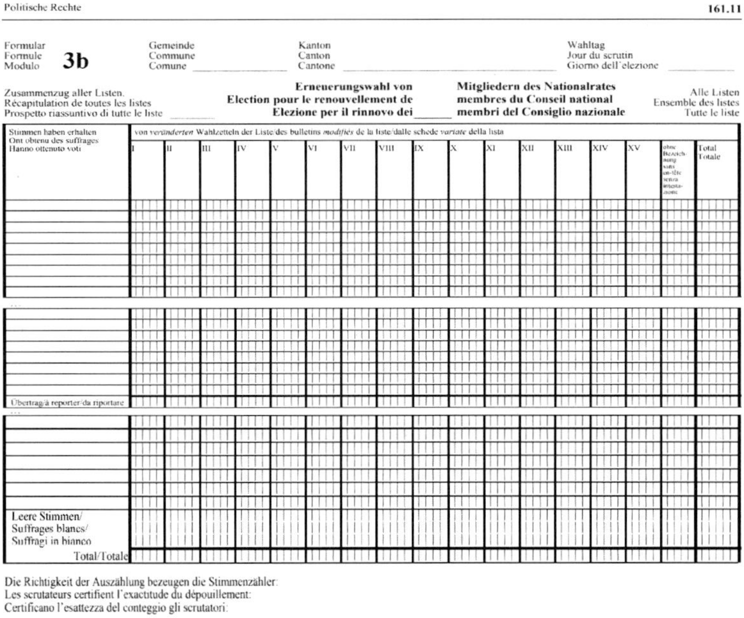
Politische Rechte 161.11

Formular / Formule / Modulo **3b**
Gemeinde / Commune / Comune ______
Kanton / Canton / Cantone ______
Wahltag / Jour du scrutin / Giorno dell'elezione ______

Zusammenzug aller Listen. / Récapitulation de toutes les listes / Prospetto riassuntivo di tutte le liste ______
Erneuerungswahl von / Election pour le renouvellement de / Elezione per il rinnovo dei ______ Mitgliedern des Nationalrates / membres du Conseil national / membri del Consiglio nazionale
Alle Listen / Ensemble des listes / Tutte le liste

Stimmen haben erhalten / Ont obtenu des suffrages / Hanno ottenuto voti	von *veränderten* Wahlzetteln der Liste/des bulletins *modifiés* de la liste/dalle schede *variate* della lista															
	I	II	III	IV	V	VI	VII	VIII	IX	X	XI	XII	XIII	XIV	XV	ohne Bezeichnung / sans en-tête / senza intestazione	Total / Totale
Übertrag/à reporter/da riportare																	
Leere Stimmen/ Suffrages blancs/ Suffragi in bianco																	
Total/Totale																	

Die Richtigkeit der Auszählung bezeugen die Stimmenzähler:
Les scrutateurs certifient l'exactitude du dépouillement:
Certificano l'esattezza del conteggio gli scrutatori:

칸톤은 칸톤관보에 후보자명부, 후보자 통합명부 또는 하위통합명부에 관한 사항을 공고한다(정치적 권리에 관한 연방법 제32조 제1항). 연방내각사무처는 후보자의 성명, 생년월일, 직업, 주소지 및 출생지가 담긴 디지털 형태의 후보자명부[30]를 공고한다(정치적 권리에 관한 연방법 제32조 제2항).

2019년 하원선거에서 청소년 명부, 장년층 명부 등 연령별 하위통합명부는 166개가 있을 정도로 일반화됐다. 특히 청소년 명부는 2015년 대비 13% 증가했고, 연령별 명부의 대부분을 차지했다. 장년층 명부는 많지 않았지만 2015년 12개에서 2019년 23개로 2배 증가했다.

또한 비대표제를 적용하는 20개 칸톤 중 19개 칸톤에서 사민당은 녹색당, 노동당(PdA), 결속당[31]과 함께 후보자 통합명부를 만들었다. 기민당은 녹색자유당, 보수민주당, 복음인민당과 함께 후보자 통합명부를 만들었다. 20개 칸톤 중

10개 칸톤에서 자민당과 스위스국민당은 통합명부 없이 선거에 임했다. 자민당이 통합명부를 만들 경우 주로 기민당과, 드물게는 스위스국민당과 연대했다.[32]

4. 칸톤별 의석수와 후보자 숫자 관계

1960년대까지 칸톤별 의석수는 후보자 숫자, 후보자명부와 뚜렷한 관련성을 갖는다. 즉 칸톤별 의석수가 많을수록 후보자 숫자, 후보자명부가 많아진다.

1935~1963년에 실시된 하원선거에서 187~200개의 하원의석을 놓고 100개의 후보자명부에 약 1,000여 명의 후보가 입후보한 것처럼 후보자명부와 후보자 숫자의 관계가 비교적 일정했다. 또한 1935~1963년 하원선거에는 1개의 의석을 두고 5~6명의 후보자가 경쟁했다.

그러나 1970년대 이후 새로운 정당이 많이 설립됨에 따라 1987~1995년 하원선거에 후보자 숫자와 후보자명부가 크게 증가했다. 2011년 하원선거에서는 370개의 후보자명부에 3,463명의 후보자가 입후보했고, 1개의 의석을 두고 17~18명이 경쟁했다. 또한 2011년 상원선거에서 2명의 상원의원을 선출하는 칸톤에서는 2~13명의 후보자가, 1명의 상원의원을 선출하는 반칸톤에서는 1~4명의 후보자가 출마했다.[33]

또한 출마한 후보자 중 여성의 비율을 살펴보면, 2011년 하원선거의 경우 후보자 3,463명 중에서 32.7%인 1,133명이 여성이고, 2015년 하원선거의 경우 후보자 3,792명 중에서 34.5%인 1,308명이 여성이었다.

2011년 연방선거에서 주요 4개 정당은 모든 칸톤에 후보자명부를 제출했고, 녹색당은 샤프하우젠 칸톤에서만 후보자명부를 제출하지 않았다.[34] 이처럼 후보자 숫자와 후보자명부가 증가한 이유는 모든 칸톤에서 주요 정당이 1개 이상의 후보자명부를 제출했고, 2007년 녹색자유당이, 2008년 보수민주당이 각각 창당됐기 때문이다.

2015년 하원선거에는 후보자명부 426개, 후보자 통합명부 71개, 하위 통합명부 104개가 제출됐다. 2011년 하원선거에 비해 후보자명부와 하위 통합명부는 증가했고, 후보자 통합명부는 감소했다.[35]

[표 26] 칸톤별 후보자 및 후보자명부 숫자(2011년 · 2015년 하원선거)

연번	칸톤 명칭		후보자(명)		여성 후보자(명)		후보자명부(개)		후보자통합명부(개)		하위 통합명부(개)	
			2015	2011	2015	2011	2015	2011	2015	2011	2015	2011
1	취리히(Zürich)		873	802	304	275	35	30	4	5	8	8
2	베른(Bern)		567	545	212	184	26	28	5	5	8	5
3	루체른(Luzern)		159	129	54	40	21	18	3	5	6	2
4	우리(Uri)		–	–	–	–	–	–	–	–	–	–
5	슈비츠(Schwyz)		50	64	18	21	13	17	4	4	2	0
6	반칸톤	옵발덴(Obwalden)	2	2	0	0	2	2	–	–	–	–
7		니트발덴(Nidwalden)	2	3	0	0	2	3	–	–	–	–
8	글라루스(Glarus)		–	–	–	–	–	–	–	–	–	–
9	추크(Zug)		50	35	20	12	17	12	3	4	4	3
10	프리부르(Fribourg)		131	99	39	24	20	18	4	5	7	3
11	졸로투른(Solothurn)		147	141	46	48	27	22	4	4	5	4
12	반칸톤	바젤슈타트(Basel-Stadt)	122	114	54	38	26	25	4	4	7	5
13		바젤란트(Basel-Landschaft)	112	97	43	29	16	14	4	3	5	4
14	샤프하우젠(Schaffhausen)		21	21	5	5	11	11	2	3	2	0
15	반칸톤	아펜첼아우서로덴(Appenzell AusserRhoden)	–	–	–	–	–	–	–	–	–	–
16		아펜첼이너로덴(Appenzell InnerRhoden)	–	–	–	–	–	–	–	–	–	–
17	장크트갈렌(Sankt Gallen)		198	176	64	59	23	15	5	5	5	4
18	그라우뷘덴(Graubünden)		70	69	23	17	15	15	3	5	5	2

연번	칸톤 명칭	후보자(명)		여성 후보자(명)		후보자명부(개)		후보자통합명부(개)		하위 통합명부(개)	
		2015	2011	2015	2011	2015	2011	2015	2011	2015	2011
19	아르가우(Aargau)	288	280	105	95	23	22	3	5	8	5
20	투르가우(Thurgau)	123	102	41	36	22	17	3	5	8	5
21	티치노(Ticino)	122	68	34	18	18	11	3	2	2	0
22	보(Vaud)	326	334	113	108	23	22	4	3	4	6
23	발레(Valais)	173	151	45	40	33	29	4	4	5	5
24	뇌샤텔(Neuchâtel)	54	45	13	14	15	9	3	2	4	2
25	제네바(Geneva)	178	170	66	64	26	22	3	3	7	5
26	쥐라(Jura)	24	16	9	5	12	8	3	3	2	1
	합계	3,792	3,463	1,308 (34.5%)	1,133 (32.7%)	426	370	71	79	104	71

자료: 빈칸(-)은 비례대표제가 아닌 상대다수대표제를 실시해 후보자명부 등이 없음: 연방내각사무처 홈페이지 참조, https://www.bk.admin.ch/ch/d/nrw/nrw15/list/stat/stat2015.html (2022. 3. 10. 최종 확인).

2019년 하원선거에는 511개의 후보자명부가 제출됐는데, 이는 2015년 하원선거 422개에 비해 21% 증가한 수치이다. 기민당은 2015년의 55개보다 40% 증가한 77개의 후보자명부를 제출해 정당 중에서 가장 많았고, 사민당은 76개, 스위스국민당은 67개, 자민당은 64개, 녹색당은 49개의 후보자명부를 제출했다.

칸톤별 후보자명부를 살펴보면, 뇌샤텔과 취리히 칸톤을 제외한 모든 칸톤에서 4년 전보다 더 많은 후보자명부가 제출됐고, 특히 슈비츠, 루체른, 아르가우 칸톤에서 큰 폭의 증가를 보였다. 1970년대 말부터 후보자명부가 많았던 취리히 칸톤을 제치고 발레 칸톤에서 가장 많은 40개의 후보자명부가 제출됐다.[36]

2019년 하원선거에 출마한 후보는 4,645명으로 이전 선거보다 22.6%인 857명이 증가했다. 아래의 표를 살펴보면, 후보자와 후보자명부의 50%이상은 4개 주요 정당(스위스국민당, 사민당, 자민당, 기민당)과 녹색당이차지한다.

[표 27] 정당별 후보자 및 후보자명부(1991~2019 하원선거)

구분		스위스국민당 (SVP)	사민당 (SP)	자민당 (FDP)	기민당 (CVP)	녹색당 (GPS)	녹색자유당 (GLP)	보수민주당(BDP)	그 밖의 정당 (비율)	계
1991 하원선거	후보자(명)	237	267	267	303	237	–	–	1,250 (48.8%)	2,561
	후보자명부(개)	18	25	25	36	17	–	–	127 (51.2%)	248
1995 하원선거	후보자(명)	294	240	305	338	256	–	–	1,401 (49.4%)	2,834
	후보자명부(개)	24	30	29	34	22	–	–	139 (50.0%)	278
1999 하원선거	후보자(명)	332	368	355	329	194	–	–	1,267 (44.5%)	2,845
	후보자명부(개)	30	39	38	36	16	–	–	109 (40.7%)	268
2003 하원선거	후보자(명)	383	350	420	315	281	–	–	1,087 (38.3%)	2,836
	후보자명부(개)	39	35	41	35	22	–	–	90 (34.3%)	262
2007 하원선거	후보자(명)	404	402	432	359	424	46	–	1,022 (33.1%)	3,089
	후보자명부(개)	45	44	48	40	34	2	–	98 (31.5%)	311
2011 하원선거	후보자(명)	390	433	445	396	391	241	151	1,011 (29.2%)	3,458
	후보자명부(개)	47	49	49	46	40	21	16	97 (26.6%)	365
2015 하원선거	후보자(명)	433	482	463	442	401	362	227	978 (25.8%)	3,788
	후보자명부(개)	53	57	56	55	41	30	21	109 (25.8%)	422
2019 하원선거	후보자(명)	569	604	523	702	455	477	207	1,108 (23.9%)	4,645
	후보자명부(개)	67	76	64	77	49	43	20	115 (22.5%)	511

자료: 연방통계청 홈페이지 참조해 필자작성, https://www.bfs.admin.ch/bfs/de/home/statistiken/politik/wahlen/nationalratswahlen/listen-kandidaturen.html (2022. 3. 10. 최종 확인).

제3절 연방선거 운동

1. 개요

연방헌법은 의사형성의 자유와 의사표현의 자유를 참정권으로 보호한다 (연방헌법 제34조 제2항). 그러나 연방법률로 선거운동 방법 등을 자세히 규정하지 않는다. 오랫동안 선거운동은 칸톤에서 실시되는 활동으로 보았기 때문이다. 연방선거는 26개 칸톤별로 독립적으로 동시에 실시되는 칸톤선거라고 간주된다. 이는 역사적으로 각 정당이 칸톤을 기반으로 활동한 것과 관련이 있다.

하지만 지난 몇 년간 선거운동이 연방 차원으로 수렴하는 방식으로 변화됐다. 그와 동시에 정당은 점점 더 연방 중심의 통일된 선거운동을 도모하고 있다.[37] 즉, 정당이 모든 칸톤에서 일관되게 정치활동을 하고, 선거운동이 중앙당 차원에서 조정되고 있다.

후보자와 정당은 선거벽보, 선거자료, 신문광고 등을 통한 선거운동을 실시한다. 인쇄매체를 통한 정치광고는 당선에 가장 중요한 후보자의 인지도를 높이는 데 상당한 역할을 한 것으로 나타났다. 정치신인의 경우 정치광고가 효과적이지만, 현직 의원은 정치광고와 당선 간 관련성이 낮은 것으로 나타났다.

2. 라디오·TV, 신문광고 등을 이용한 선거운동

라디오 및 텔레비전에 관한 연방법에서는 라디오나 텔레비전 프로그램은 인권을 존중하고, 공정하며 다양한 의견을 표현한다는 최소한의 원칙을 제시한다(다양성, 공정성, 객관성). 또한 선거기간 중 미디어의 역할과 의무를 규정하지 않지만, 선거기사는 다양한 사건과 의견을 제시하도록 규정한다(라디오 및 텔레비전에 관한 연방법 제5조의a).

그러나, 라디오와 텔레비전을 통한 정당, 후보자, 국민투표 안건과 관련된 정치광고는 금지된다(라디오 및 텔레비전에 관한 연방법 제10조 제1항 d호). 또한 정치적 신념을 폄하하는 광고도 금지된다(라디오 및 텔레비전에 관한 연방법 제10조 제4항 a호). 이는 정당의 독립성과 정당 간 기회균등을 최소한 보장하기 위한 조치이다.

공영 방송사인 스위스방송공사[38]는 유일한 전국 방송사이고, 4개 국어로 방송하는 8개의 텔레비전 방송국과 18개의 라디오 방송국을 운영한다.[39] 스위스방송공사는 공정하고 균형잡힌 보도를 하기 위해 선거보도에 대한 상세한 내부지침을 만들었고, 정당과 후보자에 대한 보도, 정치문제에 관한 다양한 토론회 등 선거에 관한 정보 프로그램을 제작한다.[40]

인쇄매체를 통한 정치광고는 허용된다.[41] 스위스의 인쇄매체로는 주요 일간지, 주간지, 3개 공용어(독일어, 프랑스어, 이탈리아어)로 된 지역 신문 등이 있다. 신문광고 등 인쇄매체를 이용한 선거운동과 관련해 특별한 제한 규정은 없기 때문에 기사, 설문조사뿐만 아니라 정기적인 보도를 통해 선거운동과 정당을 적극적으로 다룬다. 또한 선거벽보, 간행물을 통한 선거운동이 허용된다.

[그림 6] 제네바 칸톤선거 정당 간행물(2018.4.)

정당간행물 표지   칸톤정부 후보자 소개   정당 공약

| 제네바 칸톤의회선거 후보자 | 제네바 칸톤의회선거 후보자 | 제네바 칸톤의회선거 후보자 |

    정당은 신문·잡지광고나 선거벽보, 옥외광고판, 인쇄물과 같은 전통적인 방법을 이용해 선거운동을 실시하지만, 유권자가 선거관련 정보를 얻는 주요한 원천은 여전히 라디오와 텔레비전이다.[42]

    연방 차원의 디지털 미디어와 인쇄매체는 연방 차원이나 정당의 선거운동에 초점을 맞춘다. 예를 들어 1999년 하원선거에서 취리히, 루체른, 제네바 칸톤의 일간지 기사의 50% 이상이 해당 칸톤과 관련되지 않은 연방차원의 기사를 다루었고, 이 비율은 계속 상승했다.[43]

    선거벽보가 게재된 옥외광고판은 철도, 버스, 트램 정류장 등 도로변에 집중적으로 설치되고, 볼펜 등의 교부, 홍보물 발송, 전화 등도 선거운동 방법으로 활용된다.[44] 옥외광고판을 통한 선거운동은 허용되지만 운전자의 부주의를 유발하지 않아야 하고, 칸톤 당국의 허가를 필요로 한다(교통표지법 시행령[45] 제95조). 또한 오토바이 등을 이용한 정치광고나 주요 도로의 정치광고는 금지되고, 지역별 규제를 따른다(교통표지법 시행령 제98조).

[그림 7] 제네바 칸톤선거의 신문광고, 버스광고, 선거벽보(2018.4.)

제네바 칸톤정부 입후보자 신문광고　　제네바 칸톤정부 입후보자 신문광고　　트램을 이용한 칸톤정부 선거 광고

제네바 칸톤선거 벽보　　　　　제네바 칸톤선거 벽보　　　　버스를 이용한 국민투표 광고

3. 인터넷 및 집회를 통한 선거운동

　인터넷을 이용한 선거운동과 관련해 특별한 규제나 법령은 없다. 인터넷, 블로그, 트위터, 유튜브와 같은 소셜미디어 등을 통한 정치광고는 금지되지 않는다. 인터넷을 이용한 선거운동은 주로 젊은 후보자들이 개별적으로 사용했다.

　일부 유권자는 정치적 견해를 같이하는 후보자와 정당을 찾기 위해 '스마트보트'[146] '비멘티스'[147]같은 인터넷 플랫폼을 사용했다. 주요 정당은 인터넷 플랫폼을 이용한 선거운동에 대해 유보적이지만, 군소 정당은 이를 적극적으로 활용한다.

집회의 자유는 보장되며, 누구든지 집회에 참여할 수 있다(연방헌법 제22조). 연방법률에 집회를 통한 선거운동을 구체적으로 규정하지 않기에 정당은 소규모 집회 등을 통해 선거운동을 할 수 있다.

다만, 제네바 칸톤은 2016년부터 집회의 안전과 관련된 경찰의 배치 등을 위해 집회 3개월 전에 집회신청서를 제출하도록 했다. 집회신청서에는 집회의 안전을 책임질 회사(담당자)의 명칭이 기재된다. 칸톤당국의 허가 없이 집회가 개최되는 경우 최대 10만 프랑(1억 2,800만원)의 벌금이 부과된다.[48]

4. 선거운동 이의제기 및 처벌

선거운동 중에 이슬람교, 유대인 등에 반대하는 혐오행동이나 혐오표현 등의 차별적인 정치광고 등이 송출될 수 있다. 라디오와 텔레비전 등 방송미디어에 대한 문제는 방송사 옴부즈맨, 독립민원기관(ICA)[49], 연방대법원에 제기할 수 있다. 연방통신국[50]은 방송미디어를 감독하고, 언론협의회[51]는 언론 매체에 대한 민원을 담당한다.[52]

프로그램 내용과 관련해 분쟁이 발생하면 옴부즈맨이 40일 이내에 이의제기 사항을 처리한다(1심). 옴부즈맨의 중재가 실패하면 ICA를 거쳐(2심), 대법원에 이의를 제기할 수 있다(3심). ICA와 연방대법원은 선거와 관련된 이의제기 사항을 신속하게 처리한다.[53]

방송미디어(라디오, TV)는 옴부즈맨과 ICA를 통한 3단계 이의제기 체계가 마련돼 있지만, 대부분의 이의제기는 공식절차보다는 불만을 제기한 당사자와 방송사 간에 직접적으로 해결된다.

2011년 하원선거에서 1건의 언론 매체에 대한 이의제기가 있었다. 이는 언론 매체가 후보자 자신을 충분히 보도하지 않았다면서 제기한 것이다.

또한 옴부즈맨이 15건의 방송미디어에 대한 불만을 접수했는데, 대부분 후보자의 방송시간 배분이 공정하지 못한 점을 지적했다. 특히 군소 정당이 프랑스어로 방송하는 라디오와 TV에서 '동등한' 방송 시간을 보장받지 못했다고 주장했는데, ICA는 방송사가 모든 후보자에게 정확히 같은 방송 시간을 제공할 의무는 없다고 결정했고, 해당 이의제기는 철회됐다.[54]

국민의 정치적 의사 표현을 침해하는 경우 연방형법에 따라 처벌된다. 선거에서 폭력을 행사하거나 유권자의 권리를 침해하는 경우 3년 이하의 징역 또는 벌금에 처한다(연방형법 제279조, 제280조). 선거에서 유권자에게 금품이나 이익을 제공하거나 정당한 권한 없이 투표용지, 유권자명부를 위·변조하는 경우 3년 이하의 징역 또는 벌금에 처한다(연방형법 제281조, 제282조).

위법한 수단으로 투표의 비밀을 침해한 자는 3년 이하의 징역 또는 벌금에 처한다(연방형법 제283조). 2017년 스위스국민당 소속 의원이 보 칸톤선거에서 불법 선거운동을 이유로 연방법원에 제소되는 등 칸톤 별로 선거운동 위반사례가 존재한다.[55]

제4절 재·보궐선거

1. 하원

하원의원 사망, 사직 등에 따라 재·보궐선거[56]가 실시된다. 재·보궐선거에 따른 선거일은 해당 칸톤에서 가능한 빠른 날짜로 결정한다(정치적 권리에 관한 연방법 제19조 제1항 후단).

비례대표제를 적용하는 하원선거는 사직한 의원이 속한 정당에서 차순위 득표자를 당선자로 결정하기 때문에 별도의 보궐선거[57]가 실시되지 않는다. 따라서 하원의원이 사직한 경우 칸톤정부는 같은 정당의 후보자명부에서 사직한 의원 다음으로 많은 표를 얻은 차순위 득표자를 당선자로 선언한다. 만약 차순위 득표자가 하원의원직을 원하지 않는다면 그 다음 득표자가 당선된다(정치적 권리에 관한 연방법 제55조).

공석이 된 하원의원을 승계할 후임자가 없는 경우 칸톤정당에서 후보자를 추천할 수 있다. 또는 사직한 하원의원이 제출한 '유권자 서명명부'[58]에 있는 유권자 3/5의 서명을 얻어 후보자를 추천할 수 있다(정치적 권리에 관한 연방법 제56조 제1항). 추천된 후보자를 후보자명부에 기재하면 별도의 투표 없이 후보자가 선출된 것으로 칸톤정부가 선언한다(정치적 권리에 관한 연방법 제56조 제2항).

사직한 하원의원이 속한 정당에서 후보자 추천을 하지 않을 경우 보궐선거가 실시된다. 동일 지역에서 2석 이상에 대한 보궐선거가 실시될 경우 비례대표제가 적용되지만, 1석에 대한 보궐선거는 다수대표제 원칙이 적용된다(정치적 권리에 관한 연방법 제56조 제3항).

보궐선거 결과는 연방공보에 공고된다(정치적 권리에 관한 연방법 제52조 제3항). 보궐선거를 통해 하원에 진출한 의원은 본인의 당선이 유효한 것으로 연방의회에서 선언된 이후에 연방의회에 참석할 수 있다(정치적 권리에 관한 연방법 제53조 제3항).

2. 상원

상원의원이 연방각료로 임명되거나 건강상의 이유 등으로 사직하는 경우 보궐선거가 실시된다. 상원의원의 선거에 관한 사항은 칸톤 자율로 정하기 때문에 보궐선거 절차는 칸톤법으로 규정한다. 상원 보궐선거에서 절대다수 대표제를 적용하는 경우 1차 투표에서 유효표의 과반수를 얻지 못한 경우 2차 투표(결선 투표)를 실시한다.

예컨대 장크트갈렌 칸톤 출신의 자민당 소속 Karin Keller-Sutter 상원의원이 2018년 12월 5일(수) 연방 법무·경찰부 장관으로 선출되자 겸직불가 규정(연방헌법 제144조 제1항)에 따라 상원의원의 공석이 발생했다. 해당 보궐선거는 상원의석의 공석이 발생한 장크트갈렌 칸톤에서 2019년 3월 10일 실시됐다.

장크트갈렌 칸톤의 1차 투표에서 어느 후보도 득표율 50%를 얻지 못해 2019년 5월 19일 2차 투표(결선투표)가 실시됐다(투표율 39.6%). 투표결과 기민당 소속 뷰르스(Benedikt Würth)가 41%의 득표율로 50,669표를 얻어 당선됐고, 2019년 여름 정기회부터 임기를 시작했다.[59]

3. 연방헌법 전부 개정에 따른 연방의원 선거

연방의회는 연방헌법 전부 개정에 따른 선거를 제외하고는 연방내각에 의해 해산되거나 스스로 해산할 수 없다.

연방헌법의 전부 개정을 위한 국민발안은 10만 명의 서명으로 시작된다(연방헌법 제138조 제1항). 연방헌법의 전부 개정에 관한 국민발안 요건이 충족된 경우 연방의회는 이를 국민투표에 회부해 연방헌법의 전부 개정 여부에 대한 국민의 찬·반 의견을 묻는다(연방헌법 제138조 제2항, 의회법 제96조).[60]

국민투표에서 국민 과반수가 찬성해 연방헌법의 전부 개정이 결정되면 연방의회가 해산되고, 연방헌법 전부 개정안을 마련하기 위해 연방의회가 새롭게 구성된다(연방헌법 제139조 제2항·제3항).

한편, 연방기관(연방내각, 연방의회, 칸톤)이 제출한 연방헌법 전부 개정안에 대해 상원과 하원의 의견이 일치하지 않을 경우 연방헌법 전부 개정 여부에 대한 국민의 의사를 묻는 국민투표가 이루어진다(연방헌법 제193조 제2항). 이 경우 국민의 의사만 확인하고 칸톤의 의사는 묻지 않는 단순 다수결로 결정한다.

국민투표에서 연방헌법을 전부 개정하는 것으로 결론이 나면 연방의회가 해산되며, 상원과 하원을 새로 구성하기 위한 연방의회 선거가 실시된다(연방헌법 제193조 제3항·제4항). 이처럼 국민투표에서 연방헌법의 전부 개정이 결정되고, 새로운 양원 구성을 위한 총선거[61]가 실시될 경우 연방내각이 새로운 선거일을 결정한다(정치적 권리에 관한 연방법 제19조 제2항).

연방의회가 해산되고 새로운 연방의회가 구성된 경우 연방각료가 연방의회에서 선출되는 구조(연방헌법 제168조 제1항)에 따라 연방내각도 전면 개편된다. 새로 구성된 연방의회(상·하원)는 전면 개편된 연방내각이 작성한 연방헌법 전부 개정안을 심의한다. 연방의회의 심의를 거친 연방헌법 전부 개정안은 국민 및 칸톤 투표에 회부된다(연방헌법 제195조).

투표제도

제1절 의의

유권자는 투표소 투표, 우편투표, 전자투표 중 1가지를 선택해 투표할 수 있다(정치적 권리에 관한 연방법 제5조 제3항). 칸톤별로 구체적인 투표 절차와 방법이 다르지만, 유권자는 투표소 투표보다는 투표율을 높이기 위해 1967년부터 제한적으로 도입한 우편투표를 많이 활용한다.

한편 2000년부터 인터넷을 이용한 전자투표의 도입을 준비하면서 2004년 이후 15개 칸톤에서 300회 이상 시범사업을 실시했다. 하지만, 2019년 7월 이후 현재까지 보안 및 경제성 문제로 전자투표가 중단된 상태다.

1. 투표관리 기관

스위스는 선거를 관리하는 독립적인 선거관리위원회가 없고, 연방내각사무처가 연방선거에 대한 감독을 하며, 실질적인 연방선거는 각 칸톤에서 주관한다. 따라서 연방선거와 관련된 조직 및 운영 방식은 칸톤과 코뮌마다 다르다. 연방내각사무처는 연방선거를 감독하고, 선거결과를 최종적으로 발표한다. 또한 연방내각사무처는 유권자에게 정당이나 후보자를 설명하는 선거안내문(선거공보)[1]을 작성하고, 후보자 자격 유무를 확인한다.

칸톤정부는 선거사무를 실질적으로 준비하고 집행하는데, 일반적으로 칸톤 공무원이 담당한다. 연방법에 따라 칸톤정부는 투표용지[2]를 준비하고, 후보자 명부를 관리하며, 칸톤의 선거관리기관[3]을 지정한다(정치적 권리에 관한 연방법 시행령 제7조의a). 2011년 연방선거에서는 2개 칸톤(제네바, 취리히 칸톤)에서 선거관리기관으로 선거관리위원회가 운영됐다.[4]

칸톤정부는 코뮌에 선거관리기관을 설치하는데, 코뮌 선거관리기관[5]은 코뮌에 선거구별로 투표소를 설치하고 관리할 책임이 있다. 칸톤의 위임에 따라 코뮌이 유권자에게 투표용지를 발송하고, 사전투표를 관리하며, 투표소를 운영한다. 일부 칸톤과 코뮌에서는 정당 대표가 선거관리에 참여하거나 무작위로 선정된 유권자(유·무급 봉사자)가 투표, 개표 및 집계과정에 참여한다.

2. 투표자료 발송

칸톤은 유권자에게 늦어도 선거일 10일 전까지 투표용지, 투표봉투,[6] 투표카드,[7] 우편투표용 우편봉투[8] 등을 합한 투표자료[9]를 발송한다(정치적 권리에 관한 연방법 제33조 제2항). 투표자료에는 연방내각사무처가 제작한 선거안내문(선거공보)이 함께 포함되어 발송된다(정치적 권리에 관한 연방법 제34조).

[그림 8] 투표에 필요한 자료

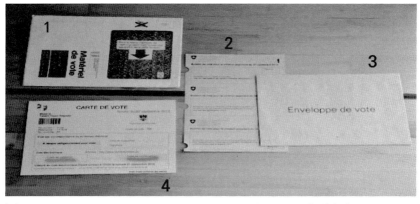

* 자료: https://commons.wikimedia.org/wiki/File:Swiss_voting_material.jpg (2021. 12. 23. 최종 확인) 참조
* 1. 우편투표용 우편봉투, 2. 투표용지(국민투표용), 3. 투표봉투, 4. 투표카드

유권자는 투표자료가 담긴 우편봉투의 절취선을 따라 아래쪽으로 조심스럽게 개봉한다. 우편봉투가 손상되지 않은 경우 이를 우편투표시 칸톤당국에 보내는 우편봉투로 재사용할 수 있다. 우편봉투가 개봉도중 훼손된 경우 유권자가 가진 임의의 봉투를 사용해 우편투표 시 활용할 수 있다.[10]

[그림 9] 2017년 5월 21일 국민투표 안내책자(투표공보)

유권자 거주지에 발송된 우편봉투   유권자가 우편봉투의 절취선을 따라 개봉   우편봉투에서 투표자료 등을 꺼냄

국민투표 안내문(투표공보)은 1977년 처음 제작됐다. 연방내각사무처가 제작하는 국민투표 안내문은 국민발안이나 국민투표 안건이 무엇인지 간략하고 이해하기 쉽게 설명한다. 국민투표 안건에 대한 투표공보는 A4 용지를 반으로 접은 크기이고, 표지는 빨간색으로 스위스 여권표지와 유사하다. 본문의 내용은 흰색 문자로 작성되고, 하단에는 스위스 국기가 있다. 이는 공식 문서임을 보여주기 위한 것이다.

투표공보의 분량은 국민투표에 회부된 안건에 따라 달라지지만 수록할 내용은 동일하다. 먼저 유권자가 결정할 국민투표 안건과 이에 대한 연방정부·연방의회의 권고안이 제시된다. 다음으로 국민투표 안건에 대한 상세한 설명과 핵심쟁점이 제시되고, 국민투표에 회부된 실제 국민투표 문안, 연방내각, 연방의회 및 정당의 찬반의견이 제시된다. 투표공보에는 연방정부의 의견뿐만 아니라 국민투표 추진단체(국민투표발안위원회)의 주장도 게재된다.

[그림 10] 2017년 5월 21일 실시된 에너지법 관련 국민투표의 투표공보

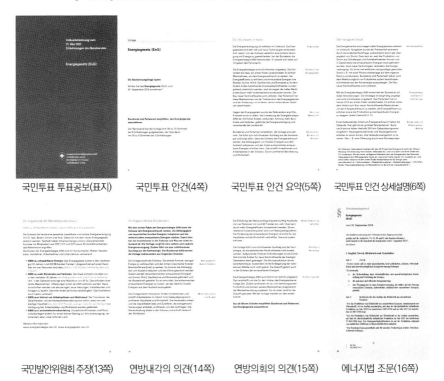

| 국민투표 투표공보(표지) | 국민투표 안건(4쪽) | 국민투표 안건 요약(5쪽) | 국민투표 안건 상세설명(6쪽) |

| 국민발안위원회 주장(13쪽) | 연방내각의 의견(14쪽) | 연방의회의 의견(15쪽) | 에너지법 조문(16쪽) |

투표공보 제작은 국민투표 6개월 전부터 시작되고, 관련 부처의 대표, 연방 내각사무처 직원 등이 여러 차례 모임을 가진다. 투표공보는 투표안건에 대해 중립적인 입장을 전달하되, 교육 수준과 관계없이 모든 유권자에게 정확하고, 명확하며, 간결하게 제공하는 것을 목표로 한다.

연방내각의 승인을 받아 인쇄되는 투표공보는 약 540만 부가 제작되고, 제작비용은 507,000프랑(6억 4,800만 원)이며 1부당 0.94프랑(1,200원)이 소요된다.

투표공보 제작 후 내용이 명확하지 않거나 번역이 부정확한 사례가 발생할 수 있다.[11] 이 경우 연방내각사무처는 즉각 해당 내용을 공개적으로 알린 후 수정하되, 재인쇄가 어려운 경우 온라인판을 수정한다.[12]

재외국민의 경우 칸톤(코뮌)은 연방내각이 작성한 투표자료를 국내 발송 1주일 전에 재외국민에게 발송한다. 투표자료가 재외국민에게 늦게 도착하거나, 투표용지가 선거구에 늦게 도착하는 경우 재외국민은 이의를 제기할 수 없다(스위스 재외국민 및 기관에 관한 연방법 시행령 제12조).

재외국민의 선거권, 주소지 변경은 투표개시 6주 전에 통지하므로(스위스 재외국민 및 기관에 관한 연방법 시행령 제13조) 국내에서 투표를 하고 투표자료를 받으려는 재외국민은 이를 6주 전까지 알려야 한다.

종전에는 칸톤이 재외국민 선거인명부를 관리하는 경우 재외국민에 대한 투표자료 발송비용은 칸톤이 부담하고 그 밖의 경우에는 코뮌에서 부담하되, 재외국민의 국내로의 투표용지 발송비용은 재외국민이 부담하도록 규정했다(종전 스위스 재외국민 및 기관에 관한 연방법 시행령 제12조). 현재는 이와 같은 규정이 삭제된 것 같다.

연방정부는 재외국민의 참정권 행사를 위한 전산시스템 개발 등 칸톤 사업비의 40%까지 지원할 수 있다. 이 경우 칸톤은 사업설명서, 사업비, 추진일정 등이 기재된 보조금 신청서를 연방내각사무처에 제출한다(스위스 재외국민 및 기관에 관한 연방법 시행령 제15조).

3. 사전투표, 대리투표, 백지투표

연방법에는 사전투표[13]에 관한 일반적인 사항을 규정하고, 구체적인 시행절차는 칸톤법에서 규정한다. 칸톤은 유권자가 선거일 전 4일부터 최소 2일 동안 사전투표를 실시할 수 있도록 조치한다(정치적 권리에 관한 연방법 제7조 제1항). 사전투표를 실시하는 칸톤은 사전투표를 위해 투표소가 일정 시간대에 운영되고, 유권자가 투표용지를 넣은 투표봉투를 선거관리기관에 제출할 수 있다는 내용을 공지한다(정치적 권리에 관한 연방법 제7조 제2항).

칸톤은 사전투표의 검표, 비밀투표 보장, 투표권 남용 금지에 관한 규정을 제정한다. 칸톤이 사전투표에 대한 보다 확대된 방식을 규정하는 경우 그 규정은 연방선거에도 적용된다(정치적 권리에 관한 연방법 제7조 제3항).

대리투표[14]는 칸톤 차원의 선거(투표)에서 칸톤법이 인정하는 범위 내에서 가능하다. 글을 쓸 수 없는 유권자는 본인의 지시에 따라 기표할 대리인을 통해 투표할 수 있다(정치적 권리에 관한 연방법 제5조 제6항).

한편, 투표용지에 아무것도 기재되지 않아 의사표시가 전혀 없는 투표 또는 공란으로 된 비어있는 투표를 '백지투표' 또는 '공란투표'[15]라고 한다. 이 경우 투표율에만 반영되고, 경우에 따라 유효한 득표로 인정되지 않는다(정치적 권리에 관한 연방법 제13조 제1항). 백지투표(공란투표)는 전체 투표율에만 반영되고, 유효표, 무효표와 다른 제3의 형태로 구분되어 계산된다(정치적 권리에 관한 연방법 제39조).

제네바 칸톤의 경우 절대다수대표제인지 또는 비례대표제 선거인지에 따라 백지투표를 유효 또는 무효로 본다. 절대다수대표제로 선출하는 칸톤정부 선거에서 백지투표는 1차 투표에 한정해 유효한 것으로 보고, 백지투표를 투표율과 절대다수를 계산하기 위한 과반수 계산에 포함한다(제네바 칸톤헌법 제55조 제2항[16]).

그러나, 비례대표제로 선출하는 제네바 칸톤의원 선거나 절대다수대표제의 2차 선거에서는 백지투표를 무효로 보고 다수표 계산으로 포함하지 않는다.[17]

투표용지에 의석수 보다 적은 후보자를 기재해 공란이 발생할 수 있고, 공란으로 둔 빈칸은 투표용지(후보자명부)에 기재된 정당에 대한 '추가투표'[18]로 인정된다. 이 경우 투표용지에 후보자명부 표시와 번호가 기재되어 있어야 한다(정치적 권리에 관한 연방법 제13조 제1항, 제37조 제1항).

제2절 기표 방법

1. 투표용지별 기표 방법

공식적인 투표용지는 후보자 성명 등이 사전에 인쇄된 투표용지[19]와 후보자 성명 등이 사전에 인쇄되지 않은 투표용지를 합해 두 종류가 있다. 유권자는 사전에 인쇄된 투표용지 또는 인쇄되지 않은 투표용지 중 1개를 선택해 투표한다(정치적 권리에 관한 연방법 제5조 제1항). 사전에 인쇄되지 않은 투표용지는 손으로 작성(手記)한다(정치적 권리에 관한 연방법 제5조 제2항).

베른 칸톤의 2015년 10월 하원선거에 필요한 투표용지 제작과정을 살펴보면, 24명의 하원의원을 선출하는데 필요한 투표용지, 투표안내문 등 투표자료는 칸톤 당국, 정당, 인쇄소, 스위스우정국[20]의 협력하에 준비된다. 베른 칸톤에서는 780,000장의 투표용지가 필요하다.

베른 칸톤 당국이 투표용지에 기재될 정보를 정당과 함께 확인한 후 인쇄소에 보낸다. 일정한 형식(A2 또는 A5)의 투표용지(후보자명부)는 32페이지로 구성되고, 780,000장의 투표용지가 48시간 동안 인쇄된다. 투표용지는 투표안내문과 함께 투표자료에 포함돼 발송된다. 투표자료는 스위스우정국을 통해 베른 칸톤의 75,000가구에 선거일 15~20일 전에 도착한다.[21]

전자투표를 위한 칸톤의 투표기록용지[22]는 공식적인 투표용지와 동일한 것으로 간주된다(정치적 권리에 관한 연방법 제5조 제1항). 칸톤이 투표용지를 사용하지 않고 투표기록용지를 준비한다면 유권자에게 후보자명부 명칭, 후보자 통합명부 또는 하위통합명부에 관한 요약본, 각 후보자의 세부사항을 추가로 제공한다(정치적 권리에 관한 연방법 제33조 제1항의2).

가. 사전에 인쇄된 투표용지

사전에 인쇄된 투표용지에는 후보자명부 명칭(표시), 후보자명부 번호, 후보자 통합명부, 후보자 성명이 기재된다(정치적 권리에 관한 연방법 제33조 제1항). 사전에 인쇄된 투표용지에는 유권자가 투표용지의 내용을 쉽게 읽을 수 있도록 충분한 공간을 둔다(정치적 권리에 관한 연방법 시행령 제7조).

유권자는 사전에 인쇄된 투표용지를 수정하거나 수정하지 않은 채 투표할 수 있다. 먼저 유권자는 사전에 인쇄된 투표용지에 기재된 정당과 후보자를 수정하지 않고 투표할 수 있다.[23] 이 경우 투표용지 상단에 인쇄된 정당과 후보자의 득표로 각각 계산된다.

투표용지를 수정해 투표하는 방법[24]은 세 가지가 있다. 즉, 인쇄된 후보자 이름에 줄을 그어 삭제하거나(삭선투표), 1명의 후보자에게 2개의 표를 주거나(누적투표), 다른 후보자명부에 있는 후보자 이름을 기입하는 방법(분할투표)이 있다(정치적 권리에 관한 연방법 제35조 제2항·제3항).

사전에 인쇄된 투표용지에 비어있는 줄(칸)이 있는 경우 투표용지 상단에 기재된 정당에 대한 추가 득표로 인정되고, 비어있는 줄은 누적 또는 분할투표를 위해 사용할 수 있다.

[그림 11] 사전에 인쇄된 투표용지의 투표방법

| 사전에 인쇄된 투표용지를 수정하지 않고 투표 | 사전에 인쇄된 투표용지 일부 삭선수정(삭선 투표) | 사전에 인쇄된 투표용지 일부 누적수정(누적투표) | 사전에 인쇄된 투표용지 일부 추가수정(분할투표) |

자료: Bundeskanzlei BK(2019: 6-7).

'삭선투표'[25]는 인쇄된 후보자의 이름에 선을 그어 삭제하는 방식이다. 선을 그어 삭제된 후보자는 후보자 득표를 얻지 못하고, 빈 줄은 정당에 대한 투표로만 인정된다. 삭선투표는 정당은 지지하되, 해당 후보자를 지지하지 않을 때 사용하는 방식이다.[26] 그러나 투표용지에는 적어도 1명의 후보자 이름은 완전한 형식으로 남아있어야 한다.

예를 들어 유권자가 5명의 의원을 선출하는 선거구에서 투표용지의 정당명부에 기재된 5명 중 1명의 이름을 지우고, 지워진 이름 칸을 공란으로 두거나 적합하지 않은 사람의 이름을 기재한 경우, 정당의 득표는 5표이지만, 후보자는 4표를 얻는다.[27]

'누적투표'[28]는 인쇄된 투표용지에 1명 이상의 후보자 이름을 직접 기재하는 방식이다. 동일한 후보자 이름은 최대 2번 기재할 수 있다. 이는 유권자가 특정후보자의 당선가능성을 높이기 위해 후보자 1명에게 최대 2표를 몰아주고, 다른 1명은 표를 주지 않는 방식이다. 투표용지에 기재된 후보자 수는 의석수를 초과하지 않아야 한다.

'분할투표'[29]는 후보자명부에 기재된 후보자 대신에 다른 후보자명부에 있는 후보자 이름을 기재하는 방식이다. 이는 다른 정당에 소속된 후보자를 지지하는 경우 지지하지 않는 후보자 이름을 지우고 다른 정당의 후보자 이름을 지워진 선 위에 기재한다. 후보자명부에 새롭게 기재된 후보자는 자신의 후보자 득표를, 소속 정당은 정당 득표를 각각 얻는다.

누적투표와 분할투표는 유권자의 자유로운 선택이 가능하기 때문에 '사람에 대한 선거'가 정당과 독립적으로 발현될 수 있다.[30] 예를 들어 유권자는 34명의 후보자가 기재된 후보자명부를 수정해 투표하되, 그 중 4명의 후보자 이름을 지우고, 다른 정당 후보자 4명의 이름을 추가한 경우(삭선 및 분할투표), 30표만 해당 정당의 득표로 계산되고, 나머지 4표는 기재된 후보자가 속한 정당의 득표로 계산된다.

[그림 12] 사전에 인쇄된 투표용지를 수정해 투표하는 3가지 방법

삭선투표 ......

누적투표 ......

분할투표 ......

사전에 인쇄된 투표용지

자료: Bundeskanzlei BK(2015: 8).

나. 사전에 인쇄되지 않은 투표용지

유권자는 후보자의 이름, 정당의 명칭, 후보자명부 번호가 사전에 인쇄되지 않은 투표용지로 투표할 수 있다. 이 경우 유권자의 의사에 따라 사전에 인쇄되지 않은 투표용지를 수정하거나 수정하지 않은채 투표할 수 있다.

유권자는 사전에 인쇄되지 않은 투표용지, 즉 비어있는 투표용지(백지투표용지[31])에 아무런 의사표시 없이 투표할 수 있다. 백지투표용지에는 정당이나 후보자의 명칭이 나타나지 않아 정당과 후보자의 득표에 산입되지 않지만, 투표수와 투표율에만 산입된다.

또한 유권자는 사전에 인쇄되지 않아 비어있는 투표용지에 본인의 의사를 기재하여 투표할 수 있다. 즉, 유권자는 사전에 인쇄되지 않은 투표용지에 지지하는 후보자의 이름, 정당의 명칭, 후보자명부 번호를 기재할 수 있다(정치적 권리에 관한 연방법 제35조). 이 경우 정당의 명칭, 후보자의 이름, 후보자명부의 번호를 모두 기재하거나 일부만 선택적으로 기재하는 등 자유롭게 투표할 수 있고, 비어있는 투표용지에 누적 또는 분할하여 투표할 수 있다.

투표용지에 후보자명부 표시와 번호가 전혀 기재되지 않거나, 또는 2개 이상의 후보자명부 표시와 번호가 기재된 경우 정당에 대한 득표 등 유효한 득표로 인정되지 않는다(정치적 권리에 관한 연방법 제37조 제1항). 후보자명부 표시와 번호가 일치하지 않을 경우 후보자명부 표시가 우선한다(정치적 권리에 관한 연방법 제37조 제4항).

예를 들어 유권자는 사전에 인쇄되지 않아 비어있는 투표용지에 정당의 명칭이나 후보자명부의 번호를 기재하되, 후보자의 이름을 기재하지 않아 투표용지에 빈 줄을 둔 채 투표할 수 있다. 이 경우 투표용지 상단에 기재된 정당의 득표로 계산된다.

또한 사전에 인쇄되지 않아 비어있는 투표용지에 정당의 명칭이나 후보자명부의 번호를 기재하지 않았지만, 후보자의 이름을 기재한 경우 정당이 특정되지 않기 때문에 정당의 득표로 인정되지 않지만 무효표가 아닌 유효표로 계산된다. 이는 정당의 명칭이 기재되지 않은 투표, 즉 정당명칭이 없는 투표[32]로 관리된다.[33]

[그림 13] 사전에 인쇄되지 않아 비어있는 투표용지로 투표하는 방법

| 사전에 인쇄되지 않아 비어 있는 투표용지에 본인의 의사를 반영해 투표 | 사전에 인쇄되지 않은 투표용지에 본인 의사 반영해 투표(정당명, 후보자명부 번호, 후보자 이름을 기재) | 사전에 인쇄되지 않은 투표용지에 본인 의사 반영해 투표(후보자 이름만 기재, 정당명, 후보자명부 번호 미기재) |

자료: Bundeskanzlei BK(2015: 10, 2019: 8).

종전에는 유권자의 대부분이 투표용지를 수정하지 않고 투표했다. 1935년 하원선거에는 70.8%의 유권자가 투표용지를 수정하지 않았고, 1955년 하원선거에는 60.6%의 유권자가 투표용지를 수정하지 않고 투표했다.[34]

그러나 1970년대 이후 2003년까지 유권자의 50% 이상이 투표용지를 수정해 투표했다. 그러나 투표용지 수정비율은 2007년 48.6%, 2011년 46.3%, 2015년 48.5%, 2019년 43.5%로 나타나 40%대 수정비율을 보였다.

2019년 하원선거에서는 유권자의 43.5%가 투표용지를 수정했고, 45.0%는 투표용지를 수정하지 않은 채 투표했으며, 정당명칭이 없는 투표는 8.5%를 차지했다. 즉, 유권자 10명 중 4~5명은 본인의 의사를 반영해 투표용지를 수정해 투표한 것이다.

[표 28] 연도별 투표용지 수정 현황(1975~2019 하원선거)

연번	하원선거(년)	총투표(a)	백지투표(b)	무효표(c)	유효표(d=a-b-c)	유효표(d) 투표용지 수정(e)	유효표(d) 투표용지 미수정(f)	유효표(d) 정당명칭 없는투표(g)	유효표 비율 투표용지 수정 비율(e÷d)	유효표 비율 미수정 비율(f÷d)	유효표 비율 정당명칭없는 투표 비율(g÷d)
1	2019	2,462,641	9,366	29,015	2,424,260	1,053,918	1,090,232	207,198	43.5	45.0	8.5
2	2015	2,563,052	10,885	30,665	2,521,502	1,223,518	1,116,591	181,393	48.5	44.3	7.2
3	2011	2,485,403	9,116	33,639	2,442,648	1,130,778	1,102,385	209,485	46.3	45.1	8.6
4	2007	2,373,071	11,059	31,630	2,330,382	1,132,445	1,023,508	174,429	48.6	43.9	7.5
5	2003	2,161,921	14,907	22,973	2,124,041	1,132,161	845,095	146,785	53.3	39.8	6.9
6	1999	2,004,408	14,330	19,767	1,970,311	1,112,227	719,934	135,438	56.4	36.5	6.9
7	1995	1,940,622	15,619	19,678	1,905,325	1,058,097	694,780	145,382	55.5	36.5	7.6
8	1991	2,076,901	16,224	16,577	2,044,100	1,158,471	744,678	138,215	56.7	36.4	6.8
9	1987	1,958,456	11,839	12,169	1,934,448	1,112,087	718,515	103,846	57.5	37.1	5.4
10	1983	1,989,960	17,183	12,936	1,959,841	1,077,950	784,168	95,740	55.0	40.0	4.9
11	1979	1,856,651	11,913	11,547	1,833,191	996,158	748,082	88,951	54.3	40.8	4.9
12	1975	1,955,740	12,569	11,784	1,931,387	1,046,709	811,826	69,018	54.2	42.0	3.6

자료: 연방통계청 홈페이지 참조, https://www.bfs.admin.ch/bfs/de/home/aktuell/neue-veroeffentlichungen. assetdetail.12047666.html (2022. 3. 10. 최종 확인).

투표용지 수정비율은 칸톤별로 상이했다. 예를 들어 2011년 하원선거에서 스위스 유권자의 46.3%가 투표용지를 수정했지만, 발레 칸톤은 유권자의 68.3%가 투표용지를 수정했고, 뇌샤텔 칸톤은 유권자의 22.9%만 수정했다.[35]

[표 29] 칸톤별 투표용지 수정률(2011 하원선거)

연번	칸톤명칭	투표용지 수정률(%)	연번	칸톤명칭	투표용지 수정률(%)	연번	칸톤명칭	투표용지 수정률(%)
1	취리히	45.3	10	프리부르	43.2	19	아르가우	52.7
2	베른	49.5	11	졸로투른	54.1	20	투르가우	52.3
3	루체른	56.9	12	바젤슈타트	42.2	21	티치노	59.6
4	우리	*다수대표제	13	바젤란트	46.2	22	보	28.9
5	슈비츠	48.1	14	샤프하우젠	25.3	23	발레	68.3
6	옵발덴	*다수대표제	15	아펜첼아우서로덴	*다수대표제	24	뇌샤텔	22.9
7	니트발덴	*다수대표제	16	아펜첼이너로덴	*다수대표제	25	제네바	25.5
8	글라루스	*다수대표제	17	장크트갈렌	53.0	26	쥐라	31.7
9	추크	55.6	18	그라우뷘덴	62.5	스위스 합계		46.3

자료: Georg Lutz/Peter Selb, Wahlen(2014: 469) 참조해 필자 작성.

2019년 10월 20일 하원선거에서는 유권자의 43.5%가 투표용지를 수정했다. 그라우뷘덴 칸톤 유권자의 투표용지 수정비율이 66.5%로 가장 높았고, 24.2%의 제네바 칸톤이 가장 낮았다.

[표 30] 칸톤별 투표 및 수정 현황(2019 하원선거)

연번	칸톤 명칭	총투표 (a)	백지투표 (b)	무효표 (c)	유효표 (d=a-b-c)	유효표(d) 투표용지 수정(e)	유효표(d) 투표용지 미수정 (f)	유효표(d) 정당명칭 없는 투표 (g)	유효표 비율 투표용지 수정 비율 (e+d)	유효표 비율 미수정 비율 (f+d)	유효표 비율 정당명 칭없는 투표 비율 (g+d)
1	취리히	419,847	172	302	419,373	177,651	233,966	7,756	42.4	55.8	1.8
2	베른	350,733	313	2,706	347,714	167,795	157,567	22,352	48.3	45.3	6.4
3	루체른	135,114	217	1,767	133,130	66,944	54,878	11,308	50.3	41.2	8.5
4	우리	12,282	228	104	11,950	–	*다수대표제	–	–	100	–
5	슈비츠	51,375	44	230	51,101	23,845	23,326	3,930	46.7	45.6	7.7
6	반칸톤 옵발덴	14,920	116	285	14,519	–	*다수대표제	–	–	100	–
7	반칸톤 니트발덴	15,804	618	148	15,038	–	*다수대표제	–	–	100	–
8	글라루스	10,578	324	106	10,148	–	*다수대표제	–	–	100	–
9	추크	40,374	34	1,050	39,290	22,605	11,660	5,025	57.5	29.7	12.8
10	프리부르	88,639	400	678	87,561	36,933	40,582	10,046	42.2	46.3	11.5
11	졸로투른	80,979	150	1,372	79,457	42,887	27,712	8,858	54.0	34.9	11.1
12	반칸톤 바젤슈타트	54,485	78	701	53,706	26,527	23,729	3,450	49.4	44.2	6.4
13	반칸톤 바젤란트	80,843	94	1,508	79,241	31,185	33,449	14,607	39.4	42.2	18.4
14	샤프하우젠	31,242	527	331	30,384	8,138	18,301	3,945	26.8	60.2	13.0
15	반칸톤 아펜첼아우서로덴	16,126	451	65	15,610	–	*다수대표제	–	–	100	–
16	반칸톤 아펜첼이너로덴	5,820	26	147	5,647	–	*다수대표제	–	–	100	–
17	장크트갈렌	136,112	146	1,792	134,174	66,037	52,255	15,882	49.2	38.9	11.8
18	그라우뷘덴	59,990	118	1,530	58,342	38,794	11,521	8,027	66.5	19.7	13.8
19	아르가우	192,123	163	2,339	189,621	94,719	76,222	18,680	50.0	40.2	9.9
20	투르가우	73,939	116	1,582	72,241	35,783	26,335	10,123	49.5	36.5	14.0
21	티치노	110,775	1796	1,479	107,500	44,576	53,524	9,400	41.5	49.8	8.7
22	보	187,644	1206	2,890	183,548	49,546	111,157	22845	27.0	60.6	12.4
23	발레	122,351	1030	2,405	118,916	74,968	30,532	13,416	63.0	25.7	11.3
24	뇌샤텔	45,275	250	774	44,251	12,808	23,613	7,830	28.9	53.4	17.7
25	제네바	102,496	554	2,636	99,306	24,080	68,562	6,664	24.2	69.0	6.7
26	쥐라	22,775	195	88	22,492	8,097	11,341	3054	36.0	50.4	13.6
	스위스 합계	2,462,641	9,366	29,015	2,424,260	1,053,918	1,090,232	207,198	43.5	45.0	8.5

자료: 연방통계청 홈페이지 참조, https://www.bfs.admin.ch/bfs/de/home/aktuell/neue-veroeffentlichungen.
assetdetail.12047666.html (2022. 3. 10. 최종 확인).

2. 무효표

유권자가 하나의 투표용지를 수정해 투표할 경우 투표용지를 명확히 읽을 수 있도록 자필로 기재하되, 인용부호, 기타 유사한 표시는 허용되지 않는다. 투표용지에 ① 후보자 이름이 기재되지 않거나, ② 공식적인 투표용지가 아니거나, ③ 투표용지가 수기(手記)로 작성되지 않거나, ④ 투표용지에 명예를 훼손하는 내용이 기재되거나, ⑤ 명백하게 선거와 관련 없는 표시가 있는 경우 무효로 보아 무효표[36]가 된다(정치적 권리에 관한 연방법 제38조 제1항).

후보자 이름과 동일하게 한 번 더 후보자 이름을 기재할 경우 그 후보자에게 2표를 투표한 것이 된다. 그러나, 투표용지에 후보자 이름이 3회 이상 기재된 경우 2표를 투표한 것으로 본다(정치적 권리에 관한 연방법 제38조 제2항). 투표용지에 의석수보다 많은 후보자가 기재되면 의석수를 초과한 후보자의 이름은 삭제되고, 득표수에 포함되지 않는다(정치적 권리에 관한 연방법 제38조 제3항).

제3절 투표소 투표

유권자는 투표서류를 우편으로 받고, 유권자 선택에 따라 투표소 투표, 우편투표, 전자투표 중 1개의 투표방식을 사용할 수 있다. 투표소 투표[37]를 원하는 유권자는 신분증을 제시하고, 거주지 인근에 설치된 투표소에서 투표할 수 있다. 최근 몇 년 동안 투표소에서 직접 투표하는 유권자가 2%에 불과함에 따라 투표소 수가 줄었다.[38]

유권자에게 발송하는 투표(선거)안내문에는 코뮌별 투표소 위치와 투표시간이 나와 있다.[39] 예를 들어 제네바 칸톤의 경우 제네바시에 17개 투표소, 45개 코뮌에 51개 투표소를 합해 모두 68개의 투표소를 설치했다. 68개 투표소 위치는 칸톤선거 안내문(선거공보)에서 확인할 수 있다.

[그림 14] 제네바 칸톤 선거 공보에 기재된 투표소

Adresses des locaux de vote

Ville de Genève

- 21-01 **Cité-Rive** Rue Ferdinand-Hodler 4
- 21-02 **Pâquis** Rue de Berne 50
- 21-03 **Saint-Gervais** Ecole primaire James-Fazy, entrée rue Bautte 10
- 21-04 **Prairie-Délices** Rue Voltaire 21
- 21-05 **Eaux-Vives-Lac** Rue des Eaux-Vives 86
- 21-06 **Eaux-Vives-Frontenex** Rue du 31-Décembre 63
- 21-07 **Florissant-Malagnou** Rue Crespin 5 et rue Michel-Chauvet 24
- 21-08 **Cluse-Roseraie** Boulevard de la Cluse 24
- 21-09 **Acacias** Rue Rodo 5
- 21-10 **Mail-Jonction** Rue Gourgas 20
- 21-11 **Servette-Grand-Pré** Rue de Lyon 56
- 21-12 **Prieuré-Sécheron** Avenue de France 15
- 21-13 **Saint-Jean** Rue de Saint-Jean 12
- 21-14 **Les Crêts** Chemin Colladon 1
- 21-15 **Cropettes-Vidollet** Rue Baulacre 4
- 21-16 **Vieusseux** Rue Jean-Etienne-Liotard 66
- 21-17 **Champel** Chemin des Crêts-de-Champel 42

Communes

- 01 **Aire-la-Ville** Hall d'entrée de la nouvelle école
- 02 **Anières** Salle communale
- 03 **Avully** Mairie, chemin des Tanquons 40
- 04 **Avusy** Salle communale de Sézegnin
- 05 **Bardonnex** Ecole de Compesières
- 06 **Bellevue** Parc des Aiglettes 2
- 07 **Bernex** Rue de Bernex 313
- 08 **Carouge** Boulevard des Promenades 24
- 09 **Cartigny** Rue du Pré-de-la-Reine 7
- 10 **Céligny** Salle communale
- 11 **Chancy** Ecole, chemin de la Ruette 10
- 12-01 **Chêne-Bougeries-Centre** Route de Chêne 149
- 12-02 **Conches** Chemin de la Colombe 7
- 13 **Chêne-Bourg** Avenue François-Adolphe-Grison 1
- 14 **Choulex** Salle communale
- 15 **Collex-Bossy** Route de Collex 197
- 16 **Collonge-Bellerive** Ecole élémentaire de Collonge, route d'Hermance 110
- 17 **Cologny** Salle communale
- 18 **Confignon** Chemin de Sous-le-Clos 32
- 19 **Corsier** Nouveau groupe scolaire
- 20 **Dardagny** Ecole communale de La Plaine
- 22 **Genthod** Centre communal, chemin de la Pralay 4
- 23 **Grand-Saconnex** Ferme Sarasin (restaurant scolaire)
- 24 **Gy** Salle GYVI
- 25 **Hermance** Salle communale
- 26 **Jussy** Mairie, route de Jussy 312
- 27 **Laconnex** Mairie
- 28-01 **Grand-Lancy** Avenue des Communes-Réunies 60
- 28-02 **Petit-Lancy** Avenue Louis-Bertrand 5-7
- 29 **Meinier** Route de La-Repentance 86
- 30 **Meyrin** Avenue de Feuillasse 25
- 31 **Onex** Rue des Bossons 7
- 32 **Perly-Certoux** Mairie (ancienne salle communale)
- 33 **Plan-les-Ouates** Route des Chevaliers-de-Malte 3
- 34 **Pregny-Chambésy** Chemin de la Fontaine 77
- 35 **Presinge** Ecole, route de La Louvière 4
- 36 **Puplinge** Salle communale, rue de Graman 66
- 37 **Russin** Mairie
- 38 **Satigny** Salle annexe à la salle communale
- 39 **Soral** Chemin du Creux-de-Boisset 23
- 40 **Thônex** Chemin du Bois-des-Arts 56
- 41 **Troinex** Ècole primaire
- 42 **Vandœuvres** Centre communal
- 43-01 **Vernier village** Route de Vernier 200
- 43-02 **Châtelaine** Avenue de Châtelaine 84
- 43-03 **Aïre-Le Lignon** Chemin du Grand-Champ 11
- 43-04 **Les Avanchets** Rue du Grand-Bay 13
- 44 **Versoix** Route de Saint-Loup 10
- 45 **Veyrier** Route de Veyrier 208
- 46 **Suisses de l'étranger** Service des votations et élections, route des Acacias 25

자료: Republique et Canton de Geneve(Chancellerie d'Etat Service des votations et élections), Second Tour de l'élections du Conseil d'Etat 6 mai 2018 (2018), 12-13.

유권자는 거주하고 투표할 것으로 등록된 코뮌인 '정치적 주소지'[40]에서 투표권을 행사한다. 거주지가 일정하지 않은 유권자는 '출생지 코뮌'[41]에서 투표한다(정치적 권리에 관한 연방법 제3조 제1항).[42] 대학생처럼 주중에만 거주하는 사람, 재판 또는 법적 처분에 따라 장기간 주소지를 벗어난 사람은 민법상 주소지와 동일하지 않은 정치적 주소지를 가질 수 있다(정치적 권리에 관한 연방법 시행령 제1조).

임시거주 증명서 등을 갖고 있고, 선거일 4주 전까지 정치적 주소지를 변경하려는 유권자는 중복투표를 방지하기 위해 종전의 정치적 주소지에서 투표하지 않은 사실이 증명된 경우에만 정치적 주소지를 변경하고, 새로운 정치적 주소지에서 투표할 수 있다(정치적 권리에 관한 연방법 제3조 제2항, 정치적 권리에 관한 연방법 시행령 제2조).

[그림 15] 주민증에 기재된 출생지 코뮌

자료: Republique et Canton de Geneve(2014: 35): 그라우뷘덴(GR) 칸톤의 쿠어(Chur) 코뮌이 출생지 코뮌임

투표소의 투표가능 시간은 지역별로 상이하다. 대체로 선거 당일(일요일) 오전 10시부터 12시(정오)까지 투표소가 운영되지만, 일부 투표소는 30분만 열기도 하고, 2시간 30분 동안 운영되기도 한다. 예컨대 제네바 칸톤은 선거일인 일요일 오전 10~12시까지 투표소를 운영한다. 그러나 바젤슈타트 칸톤은 토요일 오후 2~5시, 일요일 오전 9시~12시까지 투표소를 운영한다.[43]

유권자는 신분증, 투표카드, 투표용지 등을 지참해 투표소를 찾는다. 유권자가 투표소에서 투표하는 동안 투표사무원[44] 1명은 투표카드를 받고, 투표카드를 봉인된 상자에 보관한다.

취리히 등 일부 칸톤은 투표카드의 서명이 필요하고, 투표카드의 서명이 없는 경우 무효로 한다. 일부 칸톤은 유권자가 투표용지에 기표한 뒤 투표사무원에게 제출하면 투표용지 반대면에 확인도장을 찍는다. 확인도장을 찍을 때 투표용지 앞면이 나타나 유권자의 투표성향이 보여지는 경우도 있었다. 유권자는 확인도장이 찍힌 투표용지를 투표함에 넣는다.

[그림 16] 제네바 칸톤의 투표소 투표(기표소, 투표함 등)

기표소

기표소 밖에서 대기하는 유권자

투표사무원의 유권자 확인

투표사무원의 유권자 카드 점검

투표함에 투표하는 모습

투표함 봉인

프리부르 칸톤은 투표의 기밀성을 높이기 위해 투표용지를 각기 다른 투표 봉투에 넣어 투표사무원에게 제출한다. 샤프하우젠 칸톤은 투표사무원이 유권자의 신원을 확인할 수 있도록 유권자명부가 비치돼 있다. 베른시에서는 투표함에 번호를 매겨 봉인한다.

일부 칸톤은 유권자 확인을 하지 않기에 이중투표가 발생할 가능성도 있고, 일부 투표소는 기표소나 투표비밀을 보장할 공간이 없기도 했다. 또한 투표함에 투표용지를 투입하기 전에 투표용지를 접거나 투표봉투에 투표용지를 넣어야 한다는 요구 사항이 없어 투표의 비밀이 훼손될 수 있다.[45]

연방법률에는 명시적인 투표참관 규정은 없지만, 몇몇 칸톤법률은 투표와 집계 과정에서 정당대표가 입회하거나 유권자의 참관을 규정한다. 바젤슈타트 칸톤은 칸톤정부가 투표와 집계과정을 참관하는 유권자를 선출하도록 하지만 (선거와 투표에 관한 바젤슈타트 칸톤법[46] 제13조 제1항), 실제로는 국내 참관인은 없었다. 보 칸톤에서는 칸톤법에 따라 유권자가 선거를 참관할 수 있다.[47]

2011년 연방선거를 검토한 유럽안보협력기구 산하 민주제도인권사무소는 참관에 관한 내용을 규율할 것을 권고했다. 연방내각은 선거참관에 관한 명시적 근거를 규정한 정치적 권리에 관한 연방법 개정안을 연방의회에 제출했다. 하원은 국제규범이 직접적으로 국내법 질서에 적용될 수 있다는 이유를 들어 찬성 58명, 반대 128명으로 연방내각의 개정안을 부결시켰다.[48]

제4절 우편투표

1. 도입 연혁

하원선거에서 투표율은 1940~1950년대 68~72%, 1960년대 66%, 1970년대 50%대였다. 1979년 48%의 투표율을 보인 이래 현재까지 50%의 투표율을 넘지 못했다. 1980년대 이후 투표율이 평균 40%대에 머무르는 투표율 문제를 해결하고 투표에 필요한 비용을 낮추기 위해 칸톤 차원부터 우편투표[49]가 도입됐다.

우편투표는 유권자가 투표소에 가지 않고, 투표용지를 우편으로 보내 투표하는 방법이다. 칸톤은 우편투표에 대한 절차를 규정한다(정치적 권리에 관한 연방법 제5조 제3항, 제8조). 투표소 투표는 점점 적어지고 우편투표가 보편적인 투표방법이자 가장 선호하는 투표방식으로 자리 잡았다.

스위스우정국 통계에 따르면 투표권을 행사한 유권자의 90%가 우편투표 방식을 이용한 것으로 나타났다. 200만 명 이상의 유권자가 우편투표를 활용하는 것이다.

우편투표 도입연혁을 살펴보면 우편투표를 도입하자는 연방내각의 제안이 두 차례 있었으나, 투표조작 가능성을 이유로 연방의회에 의해 1936년과 1947년 각각 부결됐다.

연방차원의 우편투표 도입이 어렵게 되자 제네바와 취리히 칸톤은 1950년대에 신청에 의한 '제한적인 우편투표제도'를 칸톤 차원에서 도입했다. 우편투표를 실시할 수 있는 유권자는 한정됐고, 우편투표를 위해서는 '신청'을 필요로 했기에 더욱 '제한적'이었다.

즉, 우편투표를 활용할 수 있는 사람은 치료를 받는 유권자, 거주지를 벗어나 직업훈련을 받거나 요양이 필요한 유권자, 직무상 이유로 거주지가 아닌 곳에 있는 유권자, 불가항력적인 사유로 투표소에 갈 수 없는 유권자로 한정됐고, 우편투표를 실시하기 위한 유권자의 신청이 필요했다.

1960년대 14개 칸톤이 '제한적인 우편투표제도'[50]를 도입했는데, 10개 칸톤이 우편투표를 모든 시민으로 확대했지만 '신청'을 통해 우편투표를 할 수 있도록 제한을 두었다.[51]

연방의회는 투표율 제고를 위해 1967년 정치적 권리에 관한 연방법에 '제한적인 우편투표'에 관한 법적 근거를 마련했다. 1998년에 제한적인 우편투표를 허용한 티치노 칸톤을 제외한 모든 칸톤이 1960년대 말부터 1970년대에 연방법에 따른 제한적인 우편투표를 도입했다.[52]

모든 유권자가 특별한 신청 없이 우편으로 투표할 수 있는 '일반적인 우편투표'[53]는 1978년 바젤란트 칸톤이 처음으로 도입했다. 이후 장크트갈렌 칸톤, 아펜첼이너로덴 칸톤도 1979년에 일반적인 우편투표를 허용했다.[54] 그 당시 프리부르, 옵발덴, 루체른, 니트발덴 칸톤은 각각 모든 유권자의 '신청'을 필요로 하는 일반적인 우편투표 제도를 허용했었다.

연방차원에서는 1994년 일반적인 우편투표 제도가 도입됐고, 2005년까지 모든 칸톤에 점진적으로 확산됐다. 1994년 3월 8일 연방 차원에서 우편투표를 모든 유권자에게 허용하는 일반적인 우편투표 규정을 도입했고, 그와 동시에 모든 칸톤은 동일한 조치를 취해야 했다(정치적 권리에 관한 연방법 제5조 제3항).

이와 같은 하향식 입법조치 이후 다수의 칸톤이 칸톤법률로 이를 수용했다. 그러나 일부 칸톤은 지역별 여건, 정치적 상황, 구체적 실행문제 등의 이유로 서로 다른 시기에 우편투표제도를 도입했다.

프랑스어권에서는 제네바 칸톤이 일반적인 우편투표를 가장 늦게 도입했고(1995. 1. 1.), 독일어권에서는 슈비츠 칸톤이 가장 늦게 도입했다(2000. 1. 1.). 이탈리아어권에서는 2005년 4월 티치노 칸톤이 일반적인 우편투표를 도입하기 위해 칸톤법률을 개정했다. 다만, 가장 늦게 일반적인 우편투표를 칸톤법률에 수용한 칸톤도 신청에 의한 제한적 우편투표를 운용하고 있었다.[55]

1978년 7월 바젤란트 칸톤이 신청이 필요하지 않은 일반적인 우편투표를 가장 먼저 도입한 이후 연방 차원에서 1994년 일반적인 우편투표를 도입했다. 하지만 2개 칸톤(발레, 티치노)이 마지막으로 일반적인 우편투표를 도입한 연도가 2005년이라는 점을 감안하면 일반적인 우편투표 제도가 모든 칸톤에 도입되기까지 27년이 소요된 것이다.

[표 31] 칸톤별 우편투표 도입 시기

연번	구분		약칭	제한적 우편투표		일반적 우편투표	
				신청 필요	신청 불필요	신청 필요	신청 불필요
1	취리히		ZH	1955.12.17		1985.1.1	1994.10.1
2	베른		BE	1967.1.1	1970.5.1		1991.7.1
3	루체른		LU	1967.1.1		1978.12.1	1994.10.1
4	우리		UR	1967.6.4			1995.1.1
5	슈비츠		SZ	1971.10.8		1992.3.1	2000.1.1
6	반칸톤	옵발덴	OW	1974.4.1		1978.7.1	1995.12.1
7		니트발덴	NW			1979.12.20	1994.6.29
8	글라루스		GL	1967.1.1			1995.7.1
9	추크		ZG	1969.7.1			1997.4.1
10	프리부르		FR	1966.9.19		1976.9.1	1995.5.23
11	졸로투른		SO			1981.1.1	1985.1.1
12	반칸톤	바젤슈타트	BS	1976.6.13			1994.12.30
13		바젤란트	BL	1962.5.1			1978.7.1
14	샤프하우젠		SH	1968.3.22			1995.8.1
15	반칸톤	아펜첼아우서로덴	AR	1967.1.1			1988.5.24
16		아펜첼이너로덴	AI				1979.6.11
17	장크트갈렌		SG	1967.6.1			1979.5.1
18	그라우뷘덴		GR	1967.1.1			1995.1.1
19	아르가우		AG	1967.1.1			1993.1.1
20	투르가우		TG	1967.1.1	1978.9.1		1985.8.1
21	티치노		TI	1998.12.1			2005.4.15
22	보		VA	1979.2.7		1990.1.1	2002.3.25
23	발레		VS	1972.10.1		1996.10.1	2005.1.1
24	뇌샤텔		NE	1967.1.1		1995.4.26	2001.1.1
25	제네바		GE	1950.6.25			1995.1.1
26	주라		JU	1979.1.1			1999.5.1
	스위스 연방			1967.1.1			1994.12.15

자료: 칸톤법령, 연방내각사무처(1998) 등을 참조해 필자 작성

2. 투표 절차 및 비용

칸톤 당국이 준비한 투표용지 등 투표자료는 칸톤마다 발송시기가 다르지만, 대체로 선거일 3~4주 전에 발송된다. 실제로는 투표자료가 더 빨리 발송된다. 연방내각사무처는 스위스우정국과 긴밀히 협조해 투표자료가 적시에 도착할 수 있도록 절차를 개선했고, 투표자료의 배송지연이 최소화됐다.[56]

투표자료에는 투표카드, 투표용지, 투표카드와 투표용지를 넣을 투표봉투, 투표봉투를 넣을 우편봉투, 투표안내문(투표공보) 등이 포함되고, 칸톤의 공식언어로 발행된다.

[그림 17] 2017년 국민(주민)투표에 필요한 투표자료

투표카드   투표용지

투표카드와 투표용지를 넣을 투표봉투

투표봉투를 넣을 우편봉투

우편투표를 하기 위해서는 투표카드, 투표용지, 투표봉투, 우편봉투 등 공식 봉투만 사용한다. 하원 투표용지는 경우에 따라 상원 투표용지와 함께 투표봉투에 넣은 후 밀봉한다.[57]

투표용지에는 서명을 해서는 안 되고, 투표카드에 서명을 한다(예외: 바젤슈타트 칸톤). 이를 기재하지 않으면 무효표가 될 수 있다. 서명한 투표카드와 투표용지를 넣어 투표봉투를 밀봉하고, 투표봉투를 다시 우편봉투에 넣어 발송한다. 이때 우편투표 접수 기한과 우표를 붙였는지 확인한다.

2015년 10월 18일(일) 하원선거에서 우편투표를 유효하게 하기 위해서는 10월 17일(토) 12시까지 우편봉투가 도착해야 한다. 일반 우편(B 우편)을 사용하는 경우 10월 13일(화)일까지, 빠른 우편(A 우편)을 사용하는 경우 늦어도 10월 14일(수)까지 우편봉투를 발송할 필요가 있다.[58]

취리히 칸톤은 우편투표 시 일반 우편(B 우편)만 사용하기 때문에 늦어도 투표일이 있는 주의 화요일까지 우편봉투를 발송한다. 다른 칸톤이나 코뮌은 빠른 우편(A 우편)을 사용할 수 있기에 수요일까지 우편봉투를 발송할 수 있다.

[그림 18] 우편투표 발송시한(2015년 하원선거)

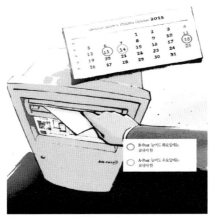

자료: Bundeskanzlei BK(2015: 14).

우편투표를 접수한 코뮌 투표소 직원은 우편봉투의 유효성을 검사한다. 즉, 투표카드가 있는지, 투표카드에 유권자 서명이 있는지, 일부 칸톤은 생년월일이 기재됐는지를 검사한다. 투표카드에 기재된 서명을 기존의 서명과 비교하거나 누구로부터 투표용지를 받았는지 확인하기 위해 선거인명부에 표시하지 않는다. 루체른 칸톤에서는 투표카드에 서명이 없는 경우 공무원이 투표자료를 다시 유권자에게 반송하거나 방문해서 서명하도록 요청하는 등 무효표를 방지하기 위해 노력한다.[59]

한편, 연방 차원에서 우편투표를 실시하는데 소요되는 비용은 약 100만 프랑(13억 원)이다. 우표비용, 우편요금 등 우편투표를 실시하는데 필요한 비용을 어디에서 부담할지도 논란이 된다. 우편투표에 소요되는 비용을 칸톤이 부담하는 곳도 있고 유권자가 부담하는 칸톤도 있다. 26개 칸톤 중 9개 칸톤(옵발덴, 글라루스, 추크, 바젤슈타트, 아펜첼이너로덴, 장크트갈렌, 아르가우, 제네바, 취리히)은 유권자에게 우편투표 비용을 부담시키지 않는다.[60]

연구결과에 따르면 우편요금을 부담하지 않은 지역은 그렇지 않은 지역보다 투표율이 2% 낮은 것으로 나타났다. 이는 우표요금(0.85프랑, 1,090원) 문제라기보다는 가정에서 우표를 보관하지 않는 점에 기인한다.[61] 이에 비해 우편투표 비용을 무료로 하는 것과 투표율 제고와는 관련이 없고, 언론의 관심이나 안건의 중요성에 따라 투표율이 좌우된다는 견해도 있다.[62]

2013년에 모든 우편투표를 무상으로 하자는 대정부질문[63]이 제출됐다(의안번호 13.3444). 연방내각은 연방이 해당 재원을 부담하지 않는 한 이를 법률로써 칸톤에 강제하는 것은 칸톤 및 코뮌의 자주성을 침해한다고 답변했다.[64]

2018년 3월 7일 하원은 연방당국이 유권자에게 우편요금이 지불된 우편봉투를 보내자는 법안제출요구안을 의결했다. 이 제안은 우파 스위스국민당

소속 하원의원이 좌파 사민당과 녹색당 의원을 포함해 108명의 찬성을 얻어 2017년 9월 하원에 제출한 것이다.

그러나 선거사무를 관장하는 연방내각사무처장은 유권자의 우표구매 여부는 유권자의 판단사항이고, 우편요금 부담 문제는 칸톤이나 코뮌의 사안으로 연방정부가 우편요금을 지불할 필요가 없다고 보았다.[65] 상원으로 회부된 법안제출요구안은 2018년 6월 12일 상원에서 채택되지 않았다.[66]

3. 투표 효과 및 한계

우편투표는 투표율 저하를 막았고, 투표율에 긍정적인 효과를 가져왔다. 우편투표 도입 이후 4년이 지난 후에 유권자의 44%가 우편으로 투표한 것으로 나타났다.

연구에 따르면 1970~2005년의 평균 투표율은 43%이었지만, 우편투표로 인해 투표율이 4.1% 포인트 상승했다. 우편투표 도입으로 투표율이 3~4% 포인트 상승했지만, 좀 더 장기간의 투표율 추이와 칸톤 간 추세를 살펴보면 약 10% 포인트 상승한 것으로 나타났다.[67] 1992년 평균 16%였던 우편투표 비율은 2003년 69%로 상승했다.[68]

인구가 많은 제네바 칸톤과 바젤슈타트 칸톤은 농촌인 아펜첼이너로덴 칸톤이나 글라루스 칸톤보다 우편투표 활용률이 매우 높았다. 제네바와 바젤 등 도시지역 칸톤은 우편투표 활용률이 80%를 상회했다. 특히 낮은 투표율을 보였던 제네바 칸톤은 우편투표가 도입된 이후 평균 이상의 투표율을 나타냈다.

2016~2018년 제네바 칸톤에서 실시된 국민(주민)투표에서 제네바 유권자가 투표한 방법을 살펴보면, 우편투표 비율은 평균 80.5%이었고, 투표소 투표비율은 6.2%에 불과했다.[69]

[표 32] 국민(주민)투표에서 제네바 칸톤의 투표방법(2016~2018년)

국민투표일	우편투표 (표)	우편투표 비율	전자 투표 (표)	전자투표 비율	투표소 투표(표)	투표소 투표 비율	합계(표)
2018.11.25	86,041	79.7%	16,210	15.0%	5,702	5.2%	107,953
2018.09.23	76,902	79.1%	14,624	15.1%	5,602	5.7%	97,128
2018.06.10	72,256	80.0%	12,991	14.4%	5,008	5.5%	90,255
2018.03.04	105,305	80.8%	17,978	13.8%	6,967	5.3%	130,250
2017.09.24	87,095	78.7%	15,094	13.7%	8,348	7.5%	110,537
2017.05.21	82,339	70.8%	14,024	13.6%	6,707	6.5%	103,070
2017.02.12	96,566	82.2%	14,987	13.8%	5,796	4.9%	117,349
2016.11.27	92,866	80.1%	15,629	13.5%	7,352	6.3%	115,847
2016.09.26	95,810	82.5%	11,975	10.3%	8,209	7.0%	115,994
2016.06.05	107,589	82.3%	12,449	9.5%	10,675	8.1%	130,713

자료: 제네바 칸톤 홈페이지, https://www.ge.ch/statistique/domaines/17/17_02/tableaux.asp#23 (2022. 3. 10. 최종 확인); 이혜승(2019:15) 참조

2020년 초에 발생한 코로나19는 우편투표를 더 많이 활용토록 하는 계기가 됐다. 코로나19에 따른 행정당국의 권유에 따라 대부분의 칸톤에서 유권자의 90% 이상이 우편투표를 활용했고, 아르가우 칸톤의 경우 97%가 우편투표를 활용했다.

2020년 칸톤별 우편투표 실시 비율을 살펴보면, 베른칸톤은 2020년 2월 9일(국민투표) 87.7%에서 9월 27일(국민투표) 93.3%로 상승했다. 취리히 칸톤은 90%에서 92.6%로, 티치노칸톤은 93%에서 93.5%로, 바젤란트 칸톤은 95%에서 96%로 상승했다. 이러한 우편투표의 높은 활용율은 전반적인 투표율 상승을 초래했는데, 2020년 2월 41.7%인 국민투표율은 2020년 9월 59.4%를 기록했다.

우편투표의 단점으로는 비밀투표가 훼손될 수 있고, 가족투표나 대리투표가 발생할 수 있으며, 투표자가 협박을 당하거나 투표매매가 가능하고, 허가받지 않은 개인이 투표할 수 있다는 점 등이 제기된다. 예컨대 2019년 경찰은

투표용지 일부를 훼손하고 다른 투표용지를 추가한 혐의로 제네바 칸톤의 선거담당 직원을 조사했다. 2016년 베른 칸톤의 코뮌 선거에서는 300표가 모두 동일한 필체임을 확인하고 무효로 처리했다.[70]

한편, 우편투표의 적극적인 활용으로 투표소 투표비율이 낮아 국민발안 등에 필요한 서명을 받는 일이 어려워졌고, 서명수집 비용도 증가한 측면이 있다. 우편투표가 도입되기 전에는 국민투표 추진 단체가 투표소에서 비교적 쉽게 서명을 받을 수 있었기 때문이다.[71] 그럼에도 불구하고 우편투표는 국민들로부터 상당한 신뢰를 받고 있다.

제5절 전자투표(인터넷 투표)

1. 전자투표 일반론

가. 찬반론

전자투표[72]는 투표방식에 전자적 요소를 가한 것으로 유권자 등록, 투표, 개표 등 선거과정의 전부 또는 일부를 디지털화해 컴퓨터를 활용한 투표를 말한다.[73] 인터넷과 연결된 컴퓨터나 핸드폰을 이용해 투표하기 때문에 전자투표를 인터넷 투표라고 부른다.

전자투표는 많은 논쟁을 야기한다. 전자투표를 찬성하는 측은 새롭고 매력적인 형태의 참가방식을 더함으로써 국민참여를 쉽게 할 수 있다고 본다. 이를 통해 투표율을 제고하고, 1인 1표제라는 민주주의 원칙을 보호하며, 새로운 환경변화에 걸맞게 투표과정을 쇄신하려는 의지가 담겨있다는 것이다.[74] 또한 전자투표는 젊은 층의 참여를 촉진시키고, 개표의 신속성 및 정확성을 증가시켜 투표의 효율성을 높인다고 강조한다.[75]

한편으로는 전자투표의 조작가능성과 신뢰성 문제에 대해 우려를 제기하는 의견도 있다. 전자투표의 보안성은 사용자 편의성과 상충관계에 있고,[76] 특히 전자투표를 실시할 때 유권자를 대신해 제3자가 투표할 수 있기 때문이다.[77] 우편투표와 마찬가지로 통제되지 않은 환경에서 전자투표가 진행되고, 유권자가 자신이 선택한 후보자를 공개할 수 있으므로 투표의 기밀성이 훼손될 수 있다는 점을 지적한다.

또한 전자투표가 강요로 이루어졌는지, 가족 투표 또는 투표 매매와 같은 수단으로 실시됐는지 등을 확인할 수 없다는 점도 지적한다.[78] 아울러 초기 투자비용이 많이 들어가고, 전자투표와 투표율 제고 간 유의미한 관계가 없다는 연구결과를 제시한다.[79]

나. 3가지 방식

전자투표는 터치스크린 방식, 키오스크 방식, 온라인 방식을 합해 3가지가 있다.[80] 첫째, '터치스크린' 방식인 투표소 전자투표(Poll Site E-Voting, PSEV)는 유권자가 투표소에 설치된 ATM과 같은 투표기기의 터치스크린 화면을 보고 투표하거나 버튼식으로 투표하는 것이다.

유권자는 전국적으로 연결된 온라인 유권자명부를 통해 유권자 여부를 확인한 이후 유권자의 선거지역과 후보자 정보가 내장된 스마트 카드를 발급받고, 스마트카드를 전자투표기에 넣어 화면에 나오는 후보자를 선택하는 방식이다. 유권자는 투표결과를 화면에서 확인할 수 있다. 투표시스템과 개표시스템이 분리되고, 투표결과를 디지털 저장매체에 저장해 개표소로 가져와 집계한다. 우리나라에서도 개발이 완료됐으나 현재 사용되지 않는다.[81]

둘째, 키오스크 방식(Kiosk E-Voting)은 유권자가 도서관, 백화점 등 다중이 모이는 특정장소에 설치된 키오스크 투표기를 이용해 투표하는 방식이다.

투표기에 사용되는 디지털 서명, 지문인식 등에 특별히 전자인증 장치를 부착해 인증문제를 해결한다. 터치스크린 방식과 달리 무인투표기에서 투표하고, 투표소와 개표소를 온라인으로 연결해 투표결과를 전송한다.

셋째, 온라인 방식(Remote Internet E-Voting)은 유권자가 인터넷이나 모바일 문자메시지(SMS)를 이용해 어느 곳에서든 투표하는 방식이다. 온라인 방식은 어느 장소에서나 투표할 수 있다는 점에서 가장 큰 장점이 있지만 정보의 노출·해킹·위조 등의 위험성이 제기된다. 향후 블록체인과 생체인증 기술·암호 기술 등의 발달이 이러한 문제를 해소할 것이다. 온라인 방식은 에스토니아 등 작은 국가의 선거에서 주로 사용한다.[82]

2. 스위스 전자투표 도입 연혁

가. 도입 대상

연방내각은 일부 칸톤에서 전자투표에 대한 시범사업을 통해 실시하되, 적용대상을 국내 유권자부터 시작해 재외국민, 장애인 그룹으로 분류해 점진적으로 확대·추진했다.[83] 특히 재외국민, 장애인이 좀 더 쉽게 투표할 수 있고, 국민투표를 많이 실시하는 스위스에서 개표에 이점이 있다는 점이 매력적이었다.[84]

전자투표 도입대상은 애초에 국내 유권자였지만, 연방내각과 연방의회가 2006년 전자투표 시범사업 대상을 재외국민으로 확대하면서 변화됐다. 재외국민은 투표소 투표 또는 우편투표가 쉽지 않고, 유권자의 10% 남짓을 차지하는 그룹이기에 시범사업 대상으로 적합했기 때문이다.[85] 재외국민을 대표하는 재외스위스인연합회[86]는 전자투표를 적극 지지했다. 이는 전자투표를 전국적으로 도입하려는 국내의 논쟁에 긍정적인 파급효과를 미쳤다.

뇌샤텔 칸톤은 2008년 6월 1일 국민투표에서 처음으로 재외국민의 전자투표를 허용했다. 2009년에는 제네바 칸톤과 바젤슈타트 칸톤이 재외국민의 전자투표를 도입했다.[87] 2년이 채 지나지 않아서 11개 칸톤(루체른, 프리부르, 졸로투른, 바젤슈타트, 샤프하우젠, 장크트갈렌, 그라우뷘덴, 아르가우, 투르가우, 뇌샤텔, 제네바)에서 재외국민의 전자투표를 도입했고, 제네바 칸톤이 개발한 전자투표 시스템을 사용했다.[88]

2011년 10월 하원선거에서 4개 칸톤(바젤슈타트, 그라우뷘덴, 장크트갈렌, 아르가우)이 재외국민에 대한 전자투표를 처음 실시했다.

2015년 10월 하원선거에서 4개 칸톤(뇌샤텔, 제네바, 바젤슈타트, 루체른)은 재외국민(34,293명)의 전자투표를 두 번째로 허용했다. 실제 전자투표율은 바젤슈타트 칸톤 15%(1,120명), 루체른 칸톤 18%(745명)에 불과했다.[89]

[표 33] 전자투표 재외국민 적용(2008~2015)

투표일	적용 칸톤	유권자	투표단위
2008.6.1.	뇌샤텔	재외국민	연방
2009.9.27. 2009.11.29.	제네바(9월), 바젤슈타트(11월)	재외국민	연방, 칸톤
2011.2.13.	루체른, 프리부르, 졸로투른, 바젤슈타트, 샤프하우젠, 장크트갈렌, 그라우뷘덴, 아르가우, 투르가우, 뇌샤텔, 제네바(11개)	재외국민(177,500명) 중 25,600명 전자투표(전자투표율 14.4%)	연방
2011.10.23. (하원선거)	바젤슈타트, 아르가우, 장크트갈렌, 그라우뷘덴	재외국민(22,000명) 중 16.7% 전자투표	연방
2015.10.18. (하원선거)	바젤슈타트, 루체른, 뇌샤텔, 제네바	재외국민(34,293명) 중 13,370명 전자투표(전자투표율 10.1%)	연방

자료: 필자 작성

한편 전자투표는 장애인 유권자 일부에게 허용된다. 이는 시각장애 유권자들은 별도의 유권자명부로 확인되지 않으므로 식별 가능한 그룹으로 구성되지 않기 때문이다. 연방내각사무처는 전자투표를 승인할 때 장애인 유권자의 참여가 보장되도록 요건을 변경할 수 있지만, 시스템 보안에 문제가 없어야 한다(정치적 권리에 관한 연방법 시행령 제27조의g 제2항). 장애인단체는 재외국민뿐만 아니라 시각장애인을 최우선 순위로 다룰 것을 연방에 촉구했다.

나. 4가지 유형

2004년 이래 15개 칸톤이 전자투표의 적용 범위와 대상을 한정해 300회 이상 전자투표 시범사업을 실시해왔다.[90] 전자투표 시스템은 ① 제네바 시스템, ② 취리히 시스템, ③ 뇌샤텔 시스템, ④ 우정포털 시스템으로 분류된다.

제네바 시스템은 전자투표시스템을 몇몇 코뮌을 대상으로 시범사업을 진행하되, 칸톤정부가 관리하는 집중화된 시스템을 구축했다(4개 칸톤 참여). 반면, 취리히 시스템은 코뮌별로 유권자 등록시스템을 구축한 후 전자투표를 적용해 9개 칸톤이 참여했고,[91] 뇌샤텔 시스템은 칸톤정부 포털을 이용한다는 점에서 차이가 있다(1개 칸톤). 또한 스위스우정국에서 개발·운용한 우정포털 시스템이 있다.[92]

전자투표와 관련한 비용은 원칙적으로 칸톤이 부담한다. 그러나 전자투표가 연방과 칸톤의 공동사업이고, 연방이 전자정부 전략의 일환으로 전자투표 방식을 추진했기에 칸톤은 연방내각에 비용부담을 요청했다.

첫 번째 단계의 전자투표 시스템 준비에 필요한 비용은 170만 프랑(22억 원)이었고, 관리비용은 최대 55만 프랑(7억 원)이었다. 2세대 시스템을 도입하기 위한 추가 비용은 390만 프랑(50억 원)이고, 관리비용은 70만 프랑(9억 원)이며, 경상비는 매년 44,000프랑(5,600만 원)이었다.[93]

2022년 3월 현재 전자투표 시스템의 보안 문제 및 경제적 이유로 인해 모든 전자투표 시스템이 중단된 상태이다.

(1) 제네바 시스템: 중단

제네바 시스템[94]은 민간기업과 제네바 칸톤이 참여해 개발됐다. 2000년 3월 제네바 칸톤은 제네바를 유럽의 전자수도로 만들겠다는 목표를 세우고, 3년 내에 전자투표 시스템을 도입하겠다는 계획을 수립했다. 2000년 가을 시스템 설계와 소프트웨어 개발을 위해 HP와 Wisekey of Geneva[95]가 선정됐다. 제네바 칸톤이 전자투표 구축에 있어 선구적이었던 이유는 다음과 같다.[96]

첫째, 제네바 칸톤은 중앙집중적인 유권자 등록시스템이 전자적으로 구축돼 있었다. 둘째, 정치적 권리행사에 관한 제네바 칸톤법률에 따르면 칸톤 당국은 새로운 기술발달에 발맞추어 새로운 투표수단을 도입함에 있어 코뮌당국과 긴밀하게 협력하도록 규정했다. 이로 인해 법적 근거를 새롭게 규율할 필요 없이 곧바로 시범사업을 실시했다. 셋째, 제네바 칸톤에 우편투표가 도입되고 8년이 지난 후에 제네바 주민의 90% 이상이 우편투표를 활용했다. 우편투표제도의 성공이 전자투표의 개발을 촉진한 것이다.[97]

제네바 시스템은 투표카드의 정보를 활용하는데, 개인별 식별번호는 투표카드 표면을 긁어서 확인할 수 있다. 긁혀진 투표카드는 투표소 투표나 우편투표에서 사용할 수 없으며, 전자투표에서만 사용할 수 있다. 유권자는 유권자의 생년월일, 출생지 코뮌 등을 입력한 이후 투표할 수 있고, 잘못 입력한 정보를 수정할 수 있다.

바젤슈타트 칸톤의 전자투표는 2009년부터 제네바 시스템을 사용함에 따라 제네바 칸톤이 원격으로 관리했다.[98] 그 이후 루체른(2010년)과 베른(2012년) 칸톤도 제네바 시스템을 도입했다.[99]

제네바 칸톤 선거관리위원회는 제네바, 루체른, 바젤슈타트 칸톤에서 실시되는 연방차원의 투표와 개표를 담당했고, 루체른과 바젤슈타트 칸톤의 선거관리위원은 실시간 웹캠을 통해 전자투표 개표과정을 확인했다.[100] 유권자

정보와 투표결과는 서로 다른 파일에 보관되어 확인되기 때문에 중복적으로 우편투표나 투표소 투표를 할 수 없다.

전자투표는 3주간 지속되고, 투표일 전날(토) 정오에 만료된다.[101] 2019년 부터 제네바 칸톤은 투표카드에 다음 선거부터 전자투표로 하겠다는 의사를 표시하면 전자투표 의사를 밝힌 유권자로 등록된다(그림 19 우측 참조).

[그림 19] 제네바 전자투표시스템 개요도, 투표카드의 전자투표 의사표시

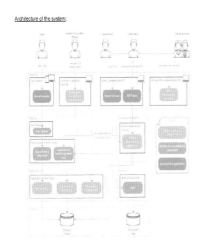 

자료: Republique et Canton de Geneve (2017), 9; 이혜승(2019: 2).

그러나 2018년 11월 28일 제네바 칸톤은 전자투표 시스템의 보안 문제가 아닌 재정부담을 이유로 제네바 시스템 개발 및 사용을 중단하기로 결정했다. 연방내각이 요구하는 전자투표 시스템의 요건(개별적 검증 가능성, 일반적 검증 가능성)을 충족하기 위해서는 2014년 이후 투입한 470만 프랑(60억원) 외에 260만 프랑(33억 원)이 추가로 소요되기 때문이었다.[102] 2019년 이후 2022년 3월 현재까지 제네바 시스템은 중단된 상태이다.

(2) 취리히 시스템: 중단

미국의 민간 기업(Unisys)[103]이 개발한 취리히 시스템[104]은 취리히를 비롯해 9개 칸톤(취리히, 프리부르, 졸로투른, 아르가우, 샤프하우젠, 투르가우, 장크트갈렌, 그라우뷘덴, 글라루스)이 참여했다. 독일어를 사용하는 9개 칸톤이 컨소시엄을 구성해 전자투표 시스템을 개발해서 '컨소시엄 시스템'이라고 한다. 유권자는 유권자 아이디와 인증번호가 기재된 투표카드를 받고, 인터넷을 통해 투표사이트에 접속해 관련 정보를 입력한 후 투표한다.

취리히 시스템의 초기형태는 인터넷 이외에 핸드폰 문자메시지(SMS)를 이용하는 방안이었다. 2009년 기준 700만 개 이상의 핸드폰 번호가 사용되고 있어 핸드폰을 통한 투표의 편의성이 높고, 인터넷을 이용한 전자투표에서 소외되는 유권자 참여를 촉진한다는 장점이 있었다. 이 방식은 유권자가 투표용지, 고유번호와 인증번호 등이 기재된 투표카드 등을 받은 때부터 적용할 수 있다. 휴대폰을 이용한 주민투표의 문자메시지 송신요금은 칸톤정부가 부담했고, 재외국민은 본인 부담이었다.

투표카드에는 유권자에게 부여된 인증번호가 바코드로 인쇄돼 있어 시스템에 접속할 수 있다. 유권자가 안건에 찬성, 반대, 기권을 표시하는 숫자들을 고른 다음 접속번호로 문자를 보낸다. 본인 확인을 요구하는 회답 문자가 오면 생년월일을 누르고 다시 투표 완료 문자가 도착하는 방식이다.[105] 그러나 2006년 4월 뷜락(Bülach) 코뮌에서 유권자의 0.8%만이 SMS 방식을 선택했을 정도로 대중적이지 못해 2007년 이후 SMS 방식은 중단됐다.[106]

취리히 칸톤은 162개 코뮌별로 상이한 유권자 등록시스템을 가지기 때문에 취리히 칸톤의 162개 코뮌이 독자적으로 유권자 등록시스템을 관리해왔다.[107] 이처럼 표준화된 유권자 등록시스템이 없음에 따라 취리히 시스템은 조직적·기술적 측면에서 구축하기가 어려운 시스템이었다. 따라서 오랜 시간이 소요되는 집중화된 데이터베이스를 구축하지 않고, 선거에 앞서 유권자명부를 다운로드하는 방식을 채택했다.

취리히 칸톤은 2008~2011년까지 국민투표에서 전자투표를 활용했으나, 전자투표 시범사업에 대한 평가를 거쳐 2011년 말부터 2014년까지 전자투표를 중단했다. 취리히 칸톤의 전자투표 중단 이후 아르가우 칸톤이 취리히 시스템 운영책임을 맡았고, 2014년 1월 취리히 칸톤이 컨소시엄에 다시 합류했다.[108]

취리히 시스템에 참여한 9개 칸톤은 개별적 검증가능성이 포함된 전자투표 시스템을 통해 재외국민에 대한 전자투표를 제안했다. 그러나 2015년 10월 하원선거에 적용하려던 취리히 시스템이 보안상의 이유로 연방내각의 사용승인을 얻지 못함에 따라 시스템의 신뢰성에 문제가 생겼다.

취리히 시스템에 컨소시엄으로 참여했던 9개 칸톤은 2015년 가을, 시스템 보완에 필요한 추가비용 등을 고려해 시스템을 더 이상 개발하지 않고 해산하기로 결정하면서 취리히 시스템은 중단됐다.[109]

(3) 뇌샤텔 시스템: 중단

스페인의 민간기업(Scytl)[110]에서 개발한 뇌샤텔 시스템[111]은 뇌샤텔 칸톤에서만 사용됐다. 이는 뇌샤텔 칸톤이 전자정부의 일환으로 구축한 온라인 포털을 이용해 전자투표 시스템을 구축했기 때문이다. 뇌샤텔 칸톤의 전자정부 포털사이트(www.guichetunique.ch)를 통해 세금납부, 출생등록, 주소변경, 증명서 신청, 자동차 등록 등 다양한 업무를 처리할 수 있고, 유권자의 전자투표도 전자정부 포털사이트에서 실시할 수 있다.[112]

유권자가 '전자정부 포털'에 접속해 전자투표를 하기 위해서는 사전에 회원으로 가입돼야 하고, 인증번호와 홀로그램이 내장된 투표카드가 필요하다. 칸톤 당국의 인증절차가 완료되면 유권자는 개인용 식별 아이디와 인증번호를 받고,

이를 통해 투표사이트에 접속할 수 있다.[113] 전자투표를 위해서는 우편으로 받은 비밀번호를 입력하고, 투표결과는 암호화돼 전자투표함에 저장된다.

2년 동안의 개발기간을 거쳐 2005년 1월부터 5월까지 몇 차례 시험적용을 거친 후 2005년 9월 25일 뇌샤텔 칸톤에서 첫 번째 전자투표를 연방과 코뮌 차원의 국민(주민)투표에 적용했다. 전자투표를 신청한 유권자 중 1,178명이 참여해 전자투표율은 68.0%로 나타났다.

2005년 11월 27일 두 번째로 연방 차원의 국민투표를 전자투표 방식으로 실시했다. 전자투표 신청 유권자 24,000여 명 중 1,345명이 참여해 전자투표율은 54.6%로 나타났다. 이러한 수치는 제네바 칸톤의 전자투표율 20.3%, 취리히 칸톤의 전자투표율 8.3%에 비해 상당히 높았다.

뇌샤텔 칸톤의 전자투표 시범사업에 참여 가능한 유권자는 2006년 4,000명에서 2009년 12,000명으로 확대되는 등 매년 3~4 차례 실시되는 국민투표에서 전자투표를 활용했다.[114] 그러나, 뇌샤텔 시스템은 투표에만 적용되고 선거에는 적용되지 않았기 때문에 2011년 10월 하원선거에서 활용되지 못했다.

뇌샤텔 칸톤은 2011년 10월 하원선거를 제외하고는 그 이후 국민투표와 2015년 10월 하원선거까지 전자투표를 꾸준하게 실시했다. 뇌샤텔 칸톤은 2016년까지 뇌샤텔 시스템을 사용했으나, 2017년부터 우정포털 시스템을 적용해 전자투표를 실시했다.

(4) 우정포털 시스템: 중단

우정포털 시스템[115]은 스위스우정국 전자시스템과 서버를 활용한 전자투표 방식이다. 우정포털 시스템은 뇌샤텔 칸톤에서 스위스우정국과 민간기업(Scytly)이 공동 개발한 시스템이다. 우정포털 시스템은 유권자가 생년월일과 우편으로 받은 인증코드를 사용해 전자투표 사이트에 접속해 전자투표를

실시하면 전자투표는 암호화돼 스위스우정국 서버로 저장되고, 개표과정에서
해독된다.

2016년 처음으로 활용된 우정포털 시스템은 뇌샤텔, 프리부르, 바젤슈타
트, 투르가우 칸톤에서 사용됐다.

[그림 20] 우정포털 시스템 화면

자료: 스위스 우정포털 시스템(https://evoting.ch/en) 참조.

우정포털 시스템은 조악한 디자인, 복잡성, 개표결과의 조작 등 보안과 신뢰
성 문제 등을 이유로 비판의 대상이 됐다. 이에 우정포털 시스템은 2019년 2월
소스코드를 공개하고 2월 25일부터 3월 24일까지 공개적인 침입테스트를 실시
했다. 137개 국가에서 3,200명이 침입테스트에 참여했고, 16건의 문제점이 드
러났다. 특히 일반적 검증가능성과 개별적 검증가능성(개인별 식별가능성) 측
면에서 심각한 문제가 드러났고, 투표수와 개표수가 일치하지 않았다.

이로 인해 2019년 5월 19일 연방차원의 국민투표와 10월 20일 하원선거에
우정포털 시스템을 적용하지 않고, 일반적 검증가능성과 보안이 강화된 시스템을

새롭게 개발하기로 했다.[116] 2022년 3월 현재 우정포털 시스템의 사용이 중단된 상태이다.

(5) 블록체인을 이용한 전자투표 시스템: 추크 칸톤

추크 칸톤은 2017년 11월 보급된 디지털 신분증(eID)과 블록체인 기법을 이용한 전자투표 시스템을 개발했다. 2018년 6월 25~26일 디지털 신분증을 가진 추크 칸톤 주민 240명 중 72명이 스마트폰으로 앱을 다운받아 전자투표를 시범적으로 실시했다.[117]

블록체인 기법을 활용한 전자투표 시스템은 유권자의 투표정보가 담긴 '블록'을 엮어 체인형태로 만든 블록체인을 기반으로 한다. 각 블록의 정보수정이 불가능하도록 암호를 내포하고 있고, 체인으로 엮이기 직전의 블록이 원래 그대로라는 것을 확인해주는 암호키를 가지고 있다. 이후 체인으로 엮인 블록들이 순서대로 바로 앞선 내용을 보증하기 때문에 모든 블록의 내용을 검증할 수 있는 특징을 가진다.

블록체인을 활용한 전자투표 시스템은 투표의 비밀과 무기명이 보장되고, 투표 결과를 왜곡하지 않으며, 투표 참여자가 투표 결과를 검증할 수 있다는 장점이 있다.[118] 집중된 서버가 아닌 분산처리라는 블록체인 개념을 응용해 전자투표 결과나 개인정보가 왜곡 없이 전달되는 추크 시스템을 새로운 전자투표 방식으로 기대할 수 있다.[119]

[그림 21] 추크 칸톤의 블록체인 전자투표 시스템 개요

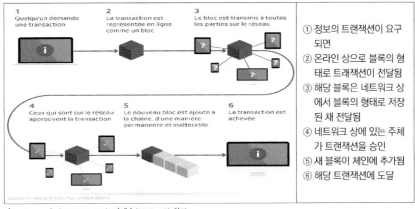

자료: Swiss info (2018. 11. 30.), 이혜승(2019: 17) 참조

다. 도입 연혁

(1) 시범사업 단계

스위스의 전자투표는 3단계로 구분할 수 있다. 즉 3개 칸톤(제네바, 취리히, 뇌샤텔)의 시범사업 단계(2003~2007년), 재외국민으로 확대 단계(2008년), 그 밖의 지역으로 사업확대 단계이다. 제네바, 취리히, 뇌샤텔 칸톤이 선도적으로 시범사업을 진행하고, 그 밖의 칸톤은 제네바나 취리히 칸톤에서 개발한 시스템을 활용하는 방식으로 확대됐다.[120]

연방내각은 오래전부터 전자투표를 전통적인 투표방법을 대신하는 것이 아니라 투표소 투표, 우편투표 외에 제3의 추가적인 투표수단으로 고려했다. 전자투표는 유권자가 시간과 장소에 구애받지 않고 선거에 참여할 수 있게 만들어 투표율을 높일 수 있다는 것이다.[121]

1998년 2월 연방내각은 '정보화 사회 전략'(Strategy for an Information Society)을 발표했고,[122] 여기에 투표율을 제고시키기 위한 전자투표 프로젝트가 포함됐다. 연방의회에도 전자정부와 전자투표에 관련한 최초의 법안제출

요구안이 제출됐다.[123] 2000년 6월 전자투표 시범사업을 위한 실무그룹이 연방정부와 칸톤 간 협력 하에 만들어지는 등 전자투표는 연방과 칸톤정부의 협력사업이자 전자정부의 일환으로 추진됐다.

2001~2002년에 제네바(프랑스어권), 뇌샤텔(프랑스어권), 취리히 칸톤(독일어권)이 자발적으로 전자투표 시범사업에 참여하기로 연방정부와 협약을 체결했다. 협약에는 전자투표에 관한 원칙 등이 제시됐고, 연방정부가 시범사업 비용의 80%를 2001~2006년까지 부담하기로 했다. 3개 칸톤은 각각의 전자투표시스템을 개발해 2006년까지 새로운 투표 방식을 적용하도록 했다.

2002년 연방내각은 전자투표의 실행 가능성 및 위험성에 관한 첫 번째 보고서를 발표했다.[124] 또한 전자투표를 시범적으로 실시하기 위한 법적 근거를 마련하기 위해 정치적 권리행사에 관한 연방법과 시행령을 개정했다.

2003년 1월 19일 제네바 칸톤의 아니에흐 코뮌의 유권자들이 코뮌의 자치규정을 근거로 인터넷을 이용해 코뮌차원의 주민투표를 실시했다. 주민들은 코뮌 건물의 재건축 공사 비용 310만 달러를 승인할 것인지에 대해 투표를 실시했는데, 인터넷으로 투표권을 행사하기는 세계에서 처음이었다. 전자투표 부정을 방지하기 위해 16자리로 된 인터넷 접속 비밀번호를 부여하고, 출생지와 출생일 그리고 우편을 통해 전달한 암호를 입력해야 전자투표를 할 수 있었다.[125]

아니에흐 코뮌 주민투표에는 전체 유권자 1,150명 중 720명이 투표권을 행사했는데(62.6%), 투표방법은 전자투표 323명(44.9%), 우편투표 349명(48.5%), 투표소 투표 48명(6.7%)이었다.[126] 2003년 11월 30일 제네바 칸톤의 콜로니 코뮌에서 두 번째로 전자투표방식을 이용한 주민투표가 실시됐다(전자투표율 29%).

2004년 이후 약 20차례의 전자투표가 연방 차원에서 시범적으로 실시됐고, 칸톤과 코뮌 차원에서도 더 많은 전자투표가 실시됐다.[127] 2004년 4월 18일 제네바 칸톤의 캬후쥐 코뮌에서 코뮌차원의 전자투표가 실시됐고(전자투표율 25.9%), 5월 28일에는 메이헝 코뮌에서 전자투표가 실시됐다(전자투표율 22%).

2004년 9월 26일 제네바 칸톤의 4개 코뮌(아니에흐Anieres, 꼴로늬 Cologny, 캬후쥐Carouge, 메이헝Meyrin)에서 연방내각의 승인을 받아 처음으로 '연방' 차원의 국민투표와 칸톤 차원의 주민투표를 전자투표 방식으로 실시했다. 스위스 전체 유권자(450만 명)의 1%에도 못 미치는 2,723명이 참가했지만 연방 차원의 첫 번째 전자투표였다(전자투표율 12.3%).[128]

2004년 11월 28일 연방 차원의 국민투표와 칸톤 차원의 주민투표를 제네바 칸톤의 8개 코뮌(아니에흐, 캬후쥐, 꼴로늬, 메이헝, 오넥스, 벡수아, 꼴롱쥐-벨르히브Collnge-Bellerive, 병두브흐Vandoeuvres)에서 두 번째 전자투표 방식으로 실시했다(전자투표율 9.06%).[129] 2005년 4월 8일 제네바 칸톤의 14개의 코뮌이 칸톤과 코뮌 차원의 주민투표를 전자투표 방식으로 실시했다(전자투표율 20.35%).

취리히 칸톤은 2001년 5월 전자투표 프로젝트를 시작해서 2003년과 2004년 가을 취리히 대학의 학생회 투표에서 시범적으로 전자투표 방식을 적용했다. 2005년 10월 30일 취리히 칸톤의 뷜락(Büllach) 코뮌에서 사전에 신청한 1만 6,700명의 유권자가 전자투표 방식으로 주민투표를 실시했다. 2005년 11월 27일에는 취리히 칸톤의 3개 코뮌(Bertschikon, Bülach, Schlieren)에서 연방, 칸톤, 코뮌 차원의 국민(주민)투표를 전자투표 방식으로 실시했다(전자투표율 8.35%).

취리히 칸톤의 3개 코뮌(Bertschikon, Bülach, Schlieren)에서 2006년 11월과 2007년 6월에 연방과 칸톤 차원의 국민(주민)투표 안건을 대상으로 전자투표를 실시했다. 2006년 11월 26일에는 17,344명의 전자투표 신청자 중 1,309명이 투표했다(전자투표율 7.55%). 2007년 6월 17일에는 17,292명의 전자투표 신청자 중 932명이 전자투표를 실시했다(전자투표율 5.39%).[130]

뇌샤텔 칸톤은 2005년 9월 25일 연방과 코뮌 차원의 국민(주민) 투표를 대상으로 시범적으로 전자투표를 실시했고(전자투표율 68.01%), 11월 27일 연방 차원의 국민투표를 전자투표 방식으로 실시했다(전자투표율 54.63%).[131]

또한 2006년 11월 26일과 2007년 3월 11일 연방과 코뮌 차원의 국민(주민) 투표에서 전자투표 방식을 적용했다. 전자투표율은 37%와 41%를 기록했다. 2007년 6월 17일 실시된 연방, 칸톤, 코뮌 차원의 국민(주민)투표에서 전자투표를 신청한 유권자 4,151명 중 36%인 1,494명이 전자투표로 투표했다. 뇌샤텔 칸톤정부의 포털사이트를 이용하는 뇌샤텔 시스템의 특성 상 전자투표율이 다른 칸톤에 비해 높은 편이다.

[표 34] 3개 칸톤에서 실시한 전자투표 시범사업 지역 및 결과(2003~2005)

투표일	전자투표 실시지역		전자투표 실시 유권자 (신청자 대비 전자투표율)	전체 투표율	투표 단위
	칸톤	코뮌			
2003.1.19	제네바	아니에흐(Anieres)	323명(44.9%)	62.6%	코뮌
2003.11.30		콜로니(Cologny)	432명(29%)	59%	코뮌
2004.4.18		캬후쥐(Carouge)	1,024명(25.9%)	44%	코뮌
2004.5.28		메이헝(Meyrin)	788명(22%)	39%	코뮌
2004.9.26		4개 코뮌(Anieres, Cologny, Carouge, Meyrin)	22,137명 중 2,723명(12.3%)	57.1%	연방, 칸톤
2004.10.8		벙두부흐(Vanoeuvres)	240명(32%)	59.5%	칸톤
2004.11.28		Anieres 등 8개 코뮌	41,431명 중 3,755명(9.06%)	41.04%	연방, 칸톤
2005.4.8		Anieres 등 14개 코뮌	7,911명(20.35%)	44.15%	칸톤, 코뮌

투표일	전자투표 실시지역		전자투표 실시 유권자 (신청자 대비 전자투표율)	전체 투표율	투표 단위
	칸톤	코뮌			
2005.11.27	취리히	3개 코뮌 (Bertschichkon, Bülach, Schlieren)	16,726명 중 1,397명(8.35%)	43.7%	연방, 칸톤, 코뮌
2006.11.26			17,344명 중 1,309명(7.55%)	46.4%	연방, 칸톤
2007.6.17			17,292명 중 932명(5.39%)	34.9%	연방, 칸톤
2005.9.25	뇌샤텔	전자투표 실시하기로 계약한 모든 코뮌	1,732명 중 1,178명(68.01%)	60.31%	연방, 코뮌
2005.11.27			2,442명 중 1,334명(54.63%)	50.53%	연방
2006.11.26			3,554명 중 1,311명(36.89%)	45.0%	연방, 코뮌
2007.3.11			3,757명 중 1,538명(40.94%)	46.0%	연방, 코뮌
2007.6.17			4,151명 중 1,494명(35.99%)	36.2%	연방, 칸톤, 코뮌

자료: 연방내각사무처 홈페이지, 유석진 외(2009: 106) 참조해 필자 작성.

제네바 칸톤은 2003~2005년에 다른 2개의 칸톤보다 훨씬 많은 8차례에 걸쳐 전자투표를 시범적으로 실시했으나, 보안 문제와 정치적 논의로 인해 2005년부터 2008년까지 전자투표를 중지했다.

2006년을 기점으로 연방정부 지원을 통해 실시된 3개 칸톤의 시범사업이 종료됐고, 5년간의 재정지원이 종료됐지만 개별 칸톤은 자체적으로 전자투표를 계속해서 실시했다.[132] 2006년 연방내각의 두 번째 보고서에서 2001~2005년에 실시된 1차 시범사업을 성공적으로 평가했다.

2006년과 2007년에 연방내각과 연방의회는 전자투표의 단계적인 확대를 추진하기로 결정했다.[133] 전자투표는 국가전략에 있어서 중요 프로젝트가 됐고, 연방내각과 연방의회는 재외국민의 전자투표 가능성을 검토했다.

2007년 연방정부는 전자투표를 투표방법의 하나로 인정하는 내용의 정치적 권리에 관한 연방법 일부개정안을 제출했다. 연방의회가 개정안을 심의하는 동안 전자투표방식은 일시 중단됐다.[134] 2007년 3월 23일 연방의회가 가결하고, 2007년 9월 21일 연방내각이 공포한 정치적 권리에 관한 연방법 일부 개정안은 2008년 1월 1일부터 시행됐다.[135]

연방의회는 2007년 9월 전자투표의 위험, 비용, 정보격차 등을 이유로 2011년까지 연방 차원은 전체 유권자의 10% 이내, 칸톤 차원은 칸톤 유권자의 20% 이내로 전자투표 참여범위를 한정하는 내용의 전자투표에 관한 결의안을 통과시켰다.[136]

(2) 2008년 이후: 재외국민 및 하원선거 일부 적용 단계

3개 코뮌에서 시범사업을 실시한 취리히 칸톤은 2007년 시범사업 지역을 취리히와 빈터투르시의 11개 코뮌과 1개 시로 확대했다.[137] 취리히 칸톤은 2008년 11월부터 2011년 2월까지 전자투표 방식을 적용해 약 86,000명의 유권자가 참여한 가운데 연방, 칸톤, 코뮌 차원의 국민(주민)투표를 실시했다.[138]

시범사업이 성공적으로 완료됐지만 유권자 투표율이 높아지지 않았고, 전자투표가 우편투표를 보완하지 않고 대체하는 경쟁수단으로 여겨졌다. 또한 전자투표 시스템 운영에 많은 비용이 소요되기에 2011년 11월 취리히 칸톤 정부는 중앙집권적 유권자등록 시스템 구축 등을 검토하기로 했다. 전자투표 시스템 운영이 중단됨에 따라 2012~2014년에 취리히 칸톤에서 전자투표가 실시되지 않았다.[139]

뇌샤텔 칸톤은 2008년 6월 1일 연방 차원에서 실시된 국민투표에서 재외국민의 전자투표를 처음으로 허용했다. 제네바 칸톤은 2008년 11월 30일 실시된 국민투표에서 6.1%의 전자투표율을 나타냈는데, 이는 2005년 중단 이후 4년 만에 재개된 전자투표였다.[140]

2009년 9월 27일 제네바 칸톤은 연방과 칸톤 차원의 국민(주민)투표에서 재외국민의 전자투표를 허용했다.[141] 제네바 칸톤과 바젤슈타트, 루체른, 베른 칸톤은 재외국민의 전자투표 허용에 관한 협의를 했다.

바젤슈타트 칸톤은 2009년 11월 29일 연방 차원의 국민투표에서 재외국민의 전자투표를 허용했다. 바젤슈타트 칸톤은 제네바 칸톤이 개발한 전자투표 시스템을 활용했다. 몇몇 칸톤이 바젤슈타트 칸톤처럼 제네바 시스템을 활용했다.[142]

2010년 이후 13개 칸톤이 전자투표 시범사업에 참여했다. 제네바 시스템(제네바, 바젤슈타트, 루체른, 베른 칸톤), 취리히 시스템(취리히, 아르가우, 프리부르, 그라우뷘덴, 샤프하우젠, 졸로투른, 투르가우, 장크트갈렌 칸톤), 뇌샤텔 시스템(뇌샤텔 칸톤)이 각각 사용됐다.

2011년부터 연방내각사무처와 칸톤이 공동으로 '전자투표 로드맵'[143]을 마련했고, 전자투표 적용선거를 확대하기로 했다. 2011년 2월 13일 국민투표에는 177,500명의 재외국민이 전자투표 참가를 허가받았고, 이 중 25,600명이 전자투표 방식으로 투표권을 행사해 14.4%의 전자투표율을 보였다.[144]

2011년 10월 23일 하원선거에는 4개 칸톤(바젤슈타트, 장크트갈렌, 그라우뷘덴, 아르가우)에서 재외국민 22,000명을 대상으로 전자투표가 시범적으로 실시됐다. 재외국민을 대상으로 하원선거에서 전자투표가 적용된 것은 처음이었고, 재외국민의 16.7%가 전자투표 방식으로 투표했다.[145] 2011년 10월 23일 하원선거에서 제네바 시스템(바젤슈타트 칸톤)과 취리히 시스템(아르가우, 장크트갈렌, 그라우뷘덴 칸톤)이 사용됐고, 뇌샤텔 시스템은 사용되지 못했다.

2011년 10월 23일 하원선거에서 재외국민의 전자투표 시범사업을 적용한 해외국가는 유럽연합 회원국, 바세나르 협정[146] 가입국, 안도라,[147] 리히텐슈타인,

모나코, 산마리노,[148] 바티칸시국, 북부 키프로스로 한정됐다.[149] 이는 암호화된 데이터 전송이 허용되지 않는 국가가 있었기 때문이었다. 여기에 해당하지 않는 국가에 거주하는 재외국민은 전자투표를 할 수 없었지만, 이러한 제한은 2014년부터 삭제됐다.

2012년 말까지 국내유권자와 재외국민에 대한 연방 차원의 전자투표가 국민투표 또는 하원선거를 위해 13개 칸톤에서 90여 차례 시범적으로 실시됐다.

[표 35] 연방차원 국민투표에서 칸톤별 전자투표율(2004~2012)

(단위: %)

연도 (국민투표)		취리히	베른	루체른	프리부르	졸로투른	바젤슈타트	샤프하우젠	장크트갈렌	그라우뷘덴	아르가우	투르가우	뇌샤텔	제네바
2004	9.26	-	-	-	-	-	-	-	-	-	-	-	-	12.3
	11.28	-	-	-	-	-	-	-	-	-	-	-	-	9.1
2005	9.25	-	-	-	-	-	-	-	-	-	-	-	68.0	-
	11.27	8.4	-	-	-	-	-	-	-	-	-	-	54.6	-
2006	11.26	7.5	-	-	-	-	-	-	-	-	-	-	36.9	-
2007	6.17	5.4	-	-	-	-	-	-	-	-	-	-	36.0	-
2008	2.24	-	-	-	-	-	-	-	-	-	-	-	34.7	-
	6.1	6.8	-	-	-	-	-	-	-	-	-	-	33.9	-
	11.30	11.2	-	-	-	-	-	-	-	-	-	-	31.9	6.1
2009	2.8	11.7	-	-	-	-	-	-	-	-	-	-	38.5	-
	5.17	8.8	-	-	-	-	-	-	-	-	-	-	29.4	6.7
	9.27	8.4	-	-	-	-	-	-	-	-	-	-	28.8	9.6 *재외국민적용
	11.29	12.5	-	-	-	20.4 *재외국민적용	-	-	-	-	-	-	36.5	10.1

연도(국민투표)		취리히	베른	루체른	프리부르	졸로투른	바젤슈타트	샤프하우젠	장크트갈렌	그라우뷘덴	아르가우	투르가우	뇌샤텔	제네바
2010	3.7	11.2	-	-	-	-	18.6	-	-	-	-	-	36.1	9.4
	9.26	8.7	-	-	24.1 *재외국민적용	15.7 *재외국민적용	16.8	-	17.4 *재외국민적용	-	-	-	29.0	7.9
	11.28	14.6	-	20.3 *재외국민적용	24.1	20.9	22.7	25.9 *재외국민적용	23.3	11.7 *재외국민적용	23.1 *재외국민적용	24.7 *재외국민적용	28.1	11.2
2011	2.13	12.5	-	20.7	21.3	21.3	21.8	23.0	19.8	19.1	23.3	25.8	30.7	10.5
	10.23 (하원선거)	-	-	-	-	-	18.9 *재외국민적용	-	17.1 *재외국민적용	14.1 *재외국민적용	16.5 *재외국민적용	-	-	-
2012	3.11	-	23.9	18.8	22.1	17.6	18.6	23.0	15.9	16.3	20.0	21.4	23.8	13.3
	6.17	-	19.7	18.4	21.9	17.1	14.9	22.6	17.9	16.7	19.1	20.3	19.7	8.3

자료: 연방내각사무처 홈페이지 참조해 필자작성, https://www.bk.admin.ch/bk/de/home/politische-rechte/e-voting/versuchsuebersicht.html(2022. 3. 10. 최종 확인).

페슬러(Fässler) 하원의원은 2011년 9월 29일 모든 재외국민이 2015년까지 전자투표를 실시하는 내용의 법안제출요구안(의안번호 11.3879)을 제출했다. 연방내각이 2011년 11월 9일 제출한 의견에 따르면 전자투표에 대한 칸톤의 관리방식이 다양하므로 연방이 이에 대해 제약할 수 없다고 했다. 또한 전자투표를 채택할지의 여부는 칸톤이 결정한다는 이유를 들어 법안제출요구안을 반대했다. 하원 본회의는 페슬러 하원의원의 법안제출요구안을 찬성 83, 반대 92, 기권 11로 부결시켰다.

2013년에 칸톤은 연방정부로부터 시스템당 10만 프랑(1억 2,800만 원), 총 30만 프랑(3억 8,400만 원)을 지원받았다.[150]

2013년 연방내각은 전자투표에 관한 세 번째 보고서를 발표하면서 2006~2012년에 실시된 2차 시범사업을 긍정적으로 평가하고 향후 전략을 제시했다. 연방내각은 전체 유권자를 대상으로 전자투표의 확대, 즉 중기적으로는 2015년 하원선거에서 모든 재외국민에게 전자투표를 제공하며, 장기적으로는 모든 유권자에게 전자투표를 제공하는 것을 제안했다.

아울러 "속도보다 보안이 중요하다"[151]는 보안우선의 원칙을 강조했다. 특히 투표의 비밀, 투표 결과의 정확성 같은 핵심정보의 보호가 필요하다고 제안했다. 또한 전자투표의 전면 실시를 위해서는 감독의 전문성과 독립성을 높이고, 전자투표의 법적 규율 체계를 정비하는 것이 필수적임을 강조했다.[152]

그리고 전자투표에 관한 최소한의 규범과 승인절차를 간소화하는 등 정치적 권리에 관한 연방법령의 보완이 필요하다고 평가했다.[153] 2013년 전자투표에 관한 연방내각의 보고서에 따라 2013년 12월 정치적 권리에 관한 연방법 시행령이 개정됐고, 전자투표에 관한 연방내각사무처령[154]이 제정됐다.[155] 두 건의 전자투표에 관한 제·개정 내용은 2014년 1월부터 시행됐다.

(3) 지역범위 확대 단계

2015년 3월 8일 국민투표에서 글라루스 칸톤이 처음으로 재외국민에 대한 전자투표를 실시했다. 취리히 칸톤도 제네바 시스템을 활용해 2011년 이래 중단한 전자투표 시범사업을 재개했다. 새롭게 참여한 2개 칸톤의 재외국민 23,039명(글라루스 549명, 취리히 22,490명)이 전자투표를 실시할 수 있게 됐다. 3월 8일 실시된 국민투표에는 글라루스 칸톤을 포함한 14개 칸톤의 재외국민 99,204명과 뇌샤텔과 제네바 칸톤의 국내 유권자 95,403명이 전자투표를 신청했고, 이 중 28,675명이 전자투표를 실시했다(전자투표율 14.73%).

2015년 6월 14일 실시된 국민투표에는 이전과 동일한 14개 칸톤의 재외국민 100,204명과 뇌샤텔과 제네바 칸톤의 국내 유권자 96,696명이 전자투표를 신청했고, 이 28,860명이 전자투표를 실시했다(전자투표율 14.66%). 제네바 칸톤의 전자투표율이 10% 내외로 가장 낮았다.[156]

[표 36] 2015년 국민투표에서 재외국민의 전자투표율

구분 (국민투표일)	베른	취리히	글라루스	루체른	프리부르	졸로투른	바젤슈타트	스위스평균
2015.3.8.(%)	18.4	16.38	16.76	19.07	17.43	18.07	18.07	-
2015.6.14.(%)	19.27	18.27	16.96	20.58	19.66	21.13	17.82	-

구분 (국민투표일)	샤프하우젠	장크트갈렌	그라우뷘덴	아르가우	투르가우	뇌샤텔	제네바	스위스평균
2015.3.8.(%)	25.23	22.96	18.47	19.27	22.92	21.45	10.45	14.73
2015.614.(%)	29.26	24.49	20.22	20.63	23.87	17.61	9.52	14.66

자료: 명암은 국내유권자와 재외국민의 전자투표율, 명암 없음은 재외국민의 전자투표율: 연방내각사무처 홈페이지(file:///
C:/Users/ASSEMBLY/Downloads/eckdaten_versuch08032015%20(1).pdf) 참조해 필자 작성

2015년 10월 18일 하원선거를 전자투표 방식으로 실시하기 위해 2014년 12월, 14개 칸톤(아르가우, 베른, 프리부르, 글라루스, 그라우뷘덴, 샤프하우젠, 장크트갈렌, 졸로투른, 투르가우, 취리히, 루체른, 바젤슈타트, 뇌샤텔, 제네바)이 연방내각사무처의 승인을 받았다.[157]

2015년 8월 12일 4개 칸톤(루체른, 바젤슈타트, 뇌샤텔, 제네바)은 10월 하원선거에서 국내·외 유권자의 전자투표 실시 허가를 받았다. 그러나 9개 칸톤(아르가우, 프리부르, 글라루스, 그라우뷘덴, 샤프하우젠, 졸로투른, 장크트갈렌, 투르가우, 취리히)이 사용하는 '취리히 시스템'은 투표의 비밀이 보장되지 않는 심각한 보안 문제가 발견됨에 따라 연방내각사무처의 전자투표 실시 승인을 얻지 못했다.[158] 베른 칸톤은 전자투표 집계 프로그램이 제네바 시스템과 호환되지 않아 전자투표를 실시하지 못했다.[159]

결과적으로 2015년 10월 하원선거에서 4개 칸톤(제네바, 루체른, 바젤슈타트, 뇌샤텔)은 재외국민과 국내 유권자를 대상으로 전자투표를 실시했다. 특히 2개 칸톤(뇌샤텔, 제네바)은 국내 유권자 97,841명(뇌샤텔 24,973명, 제네바 72,868명)을 대상으로 전자투표를 실시했다. 이는 하원선거에서 국내 유권자가 전자투표를 실시한 첫 번째 사례였다.

[표 37] 국민투표 · 하원선거에서 재외국민의 전자투표를 허용한 14개 칸톤(2008~2015)

구분 (국민투표)	취리히	베른	루체른	글라루스	프리부르	졸로투른	바젤슈타트	샤프하우젠	장크트갈렌	그라우뷘덴	아르가우	투르가우	뇌샤텔	제네바
2008.6.1													O	
2008.11.30													O	
2009.2.8													O	
2009.5.17													O	
2009.9.27													O	O
2009.11.29							O						O	O
2010.3.7							O						O	O
2010.9.26					*	*	O		O	*			O	O
2010.11.28		O			*	O	O	O	O	*	O	O	O	O
2011.2.13		O			*	O	O	O	O	*	O	O	O	O
2011.10.23. (하원선거)							O		O	O	O			
2012.3.11	*	O			*	O	O	O	O	O	O	O	O	O
2012.6.17	O	O			*	O	O	O	O	O	O	O	O	O
2012.9.23	O	O			O	O	O	O	O	O	O	O	O	O
2012.11.25	O	O			O	O	O	O	O	O	O	O	O	O
2013.3.3	O	O			O	O	-	O	O	O	O	O	O	O
2013.6.9	*	O			O	O	O	O	O	O	O	O	O	O
2013.9.22	O	O			O	O	O	O	O	O	O	O	O	O
2013.11.24	*	O			O	O	O	O	O	O	O	O	O	O
2014.2.9	O	O			O	O	O	O	O	-	O	O	O	O
2014.5.18	O	O			O	O	O	O	O	O	O	O	O	O
2014.9.28	O	O			O	O	O	O	O	O	O	O	O	O
2014.11.30	O	O			O	O	O	O	O	O	O	O	O	O
2015.3.8	O	O	O	O	O	O	O	O	O	O	O	O	O	O
2015.6.14	O	O	O	O	O	O	O	O	O	O	O	O	O	O
2015.10.18. (하원선거)		O				O							O	O

*는 제한된 코뮌에서 사전에 등록한 재외국민 유권자의 전자투표 허용

* 자료: Micha Germann & Uwe Uwe Serdült (2014: 199), 연방내각사무처 홈페이지 등 참조해 필자 재작성

　　2015년 10월 하원선거에서 전자투표가 허용된 4개 칸톤의 국내외 유권자 132,134명(재외국민 34,293명 포함)의 10.1%인 13,370명이 전자투표에

참여했다.[160] 제네바, 루체른, 바젤슈타트 칸톤에서는 '제네바 시스템'이 사용됐고, 뇌샤텔 칸톤에서는 '뇌샤텔 시스템'이 사용됐다.

바젤슈타트 칸톤은 재외국민(7,528명)의 14.9%인 1,120명, 루체른 칸톤은 등록유권자(4,186명)의 17.8%인 745명이 실제로 전자투표를 했다. 제네바 칸톤은 국내·외 등록 유권자 94,902명 중 7,089명(7.5%)이, 뇌샤텔 칸톤은 국내·외 등록 유권자 25,518명 중 4,416명(17.3%)이 전자투표를 했다.

[표 38] 2015년 10월 하원선거에서 4개 칸톤의 전자투표 현황

구분	루체른	바젤슈타트	뇌샤텔	제네바	비고(합계)
활용시스템	제네바 시스템	제네바 시스템	뇌샤텔 시스템	제네바 시스템	
국내유권자(명)	–	–	24,973	72,868	97,841
등록재외국민(명)	4,186	7,528	545	22,034	34,293
국내·외 유권자 합계(명)	4,186	7,528	25,518	94,902	132,134
투표 유권자 (투표율)	745(17.8%)	1,120(14.9%)	4,416(17.3%)	7,089(7.5%)	13,370(10.1%)

자료: OSCE (2016), 9. 참조해 필자작성.

2015년 말까지 26개 칸톤 중 14개 칸톤(취리히, 베른, 루체른, 글라루스, 프리부르, 졸로투른, 바젤슈타트, 샤프하우젠, 장크트갈렌, 그라우뷘덴, 아르가우, 투르가우, 뇌샤텔, 제네바)이 연방 차원의 국민투표나 선거에서 전자투표 방식을 229차례 활용했고, 2015년 가을에 취리히 시스템(컨소시엄 시스템)이 해체됐다.[161]

2016년 2월 실시된 국민투표에서 4개 칸톤(루체른, 바젤슈타트, 뇌샤텔, 제네바)이 국내 유권자와 재외국민에게 전자투표를 실시했다. 이후 2016년 6월에 베른 칸톤이, 2016년 11월에 프리부르 칸톤이, 2017년 9월에 장크트갈렌과 아르가우 칸톤이, 2018년 9월에 투르가우 칸톤이 각각 전자투표를 실시했다.

2016년 6월부터는 3개 칸톤(바젤슈타트, 뇌샤텔, 제네바)이, 2017년 9월부터는 5개 칸톤(프리부르, 바젤슈타트, 장크트갈렌, 뇌샤텔, 제네)이 재외국민 외에 국내 유권자에게 전자투표를 허용했다.

우정포털 시스템은 2016년 11월 27일 실시된 국민투표에서 재외국민을 대상으로 프리부르 칸톤에서 처음 사용됐다.[162] 우정포털 시스템은 프리부르 칸톤 유권자의 최대 50%까지 전자투표를 실시할 수 있도록 허가받았는데,[163] 등록 재외국민 5,032명 중 1,701명이 국민투표에 참여했다(재외국민 투표율 33.8%). 투표에 참여한 1,701명 중 33.98%인 578명이 우정포털 시스템을 이용해 전자투표를 실시했다. 등록 재외국민의 11.49%가 전자투표 방식을 이용한 것이다.

2017년 연방내각은 전자투표 시스템을 시범사업 단계가 아닌 투표소 투표, 우편투표에 이은 제3의 투표방식으로 활용하기 위한 논의를 진행했다. 연방내각은 2019년 10월 하원선거에서 칸톤의 3분의 2에서 전자투표를 실시하는 것을 목표로 제시했다.

이를 위해 전자투표 시스템의 소스코드를 공개하고, 투표의 비밀을 보장하면서 일반적 검증가능성[164]을 확보하는 보안표준을 통해 전자투표의 보안문제를 해결하도록 했다. 제네바 시스템과 우정포털 시스템의 운영자는 2018년까지 연방내각의 요구 사항을 구현할 계획이라고 발표했다.[165]

2018년 연방내각은 전자투표에 관한 네 번째 보고서를 통해 2013~2017년에 실시된 사업을 평가하면서 각 칸톤에 전자투표에 대한 자유를 부여하고, 전자투표가 제3의 투표방식으로 도입될 것으로 기대했다.[166]

2017년 9월부터 아르가우, 장크트갈렌 칸톤은 제네바 시스템을 사용해 전자투표를 실시했다. 보 칸톤의회에서 전자투표 시범사업 일시를 연기하기로 결정한 이후, 보 칸톤은 2018년 11월 25일 국민투표에서 제네바 시스템을 활용해 재외국민을 대상으로 전자투표를 처음 실시했다.

2019년 2월 국민투표에는 10개 칸톤이 전자투표에 참여했지만, 5월 국민투표에는 6개 칸톤(베른, 루체른, 장크트갈렌, 아르가우, 보, 제네바)이 전자투표에 참여했다.

[표 39] 2016~2019년 국민투표에서 칸톤별 전자투표율

구분 (국민투표일)	베른	루체른	프리부르	바젤슈타트	장크트갈렌	아르가우	투르가우	보	뇌샤텔	제네바	스위스평균
2016.2.28.(%)	-	27.87		26.77					28.26	12.27	17.42
2016.6.5.(%)	21.84	27.82		21.91					21.25	12.86	16.05
2016.9.25.(%)	20.32	20.84		19.15					18.20	12.28	14.79
2016.11.27.(%)	20.81	22.74	11.49	21.43					18.22	35.57	25.87
2017.2.12.(%)	20.81	23.01	16.46	21.32					23.90	38.22	29.57
2017.5.21.(%)	18.92	20.38	14.40	18.74					16.58	31.24	24.49
2017.9.24.(%)	20.11	21.09	16.03	19.95	14.12	14.83			19.99	31.39	22.40
2018.3.4.(%)	24.67	24.93	18.65	23.23	13.87	20.05			24.24	35.60	25.78
2018.6.10.(%)	17.01	17.95	14.00	16.44	9.11	15.31			13.37	23.60	16.85
2018.9.23.(%)	19.05	18.59	14.82	17.44	9.54	14.90	14.44		15.67	26.10	18.49
2018.11.25.(%)	22.72	22.98	21.93	17.31	11.87	19.81	19.11	20.85	19.35	28.48	21.45
2019.2.10.(%)	18.92	18.39	16.11	17.31	15.78	15.78	16.32	18.65	15.65	27.32	19.07
2019.5.19.(%)	21.55	22.08			9.25	18.67		20.67		28.90	21.40

자료: 명암은 국내유권자와 재외국민의 전자투표율, 명암 없음은 재외국민의 전자투표율: 연방내각사무처 홈페이지(https://www.bk.admin.ch/bk/fr/home/droits-politiques/groupe-experts-vote-electronique/apercu-des-essais.html)의 시기별 국민투표 자료 취합해 필자 작성.

(4) 전자투표 축소 및 중단

2019년 초 9개 칸톤(베른, 루체른, 프리부르, 바젤슈타트, 장크트갈렌, 아르가우, 투르가우, 뇌샤텔, 제네바)은 재외국민과 국내 유권자를 대상으로 제네바 시스템 또는 우정포털 시스템 중 1개를 선택해 2019년 10월 20일 하원선거에서 전자투표 시스템을 활용하기로 했다. 9개 칸톤 재외국민(86,000명)과 5개 칸톤(프리부르, 바젤슈타트, 장크트갈렌, 뇌샤텔, 제네바)의 국내 유권자(120,000명)가 전자투표를 실시할 예정이었다.[167] 이는 연방선거에서 전자투표가 적용될 세 번째 사례이고, 국내 유권자가 전자투표를 실시할 두 번째 사례였다.[168]

그러나 제네바 칸톤은 2019년 6월 19일부터 재정부담을 이유로 제네바 시스템을 더 이상 사용하지 않기로 결정했다. 이를 근거로 2019년 6월 제네바 칸톤은 하원선거에 적용하려던 전자투표 신청을 철회했다.[169] 제네바 시스템을 사용하려던 베른, 아르가우, 루체른 칸톤도 전자투표를 실시할 수 없게 됐다.

또한 같은 날(2019. 6. 19.) 장크트갈렌 칸톤도 전자투표를 실시하지 않기로 결정했다. 그 결과 전자투표를 실시할 재외국민 19,000명, 국내 유권자 32,500명이 각각 감소했다.

한편, 우정포털 시스템은 2019년 2월 소스코드를 공개하고 침입테스트를 실시했는데, 우정포털 시스템의 기술성·보안성 문제가 제기됨에 따라 2019년 7월 5일 하원선거에 우정포털시스템을 적용하지 않기로 결정했다.

연방내각은 2019년 6월 26일 제네바 시스템과 우정포털 시스템의 한계를 고려해 전자투표를 공식적인 투표방법으로 도입하려던 계획을 연기했다. 국민 대다수, 정치인, 칸톤이 전자투표 방식을 지지했지만, 보안 및 안전성 문제가 해소되지 않았기 때문이다.

2019년 10월 하원선거에서 우정포털 시스템을 적용하기로 계획했던 4개 칸톤(프리부르, 바젤슈타트, 투르가우, 뇌샤텔)은 연방내각의 결정에 따라 2019년 10월 하원선거에서 우정포털 시스템을 활용한 전자투표를 실시하지 못했다.[170]

[표 40] 2019년 10월 하원선거에서 전자투표 미실시 개요

구분	적용시스템	국내유권자	재외국민	전자투표 철회·중단
제네바	제네바 시스템	○	○	2019.6.19
장크트갈렌	제네바 시스템	○	○	2019.6.19
뇌샤텔	우정포털 시스템	○	○	2019.7.5
프리부르	우정포털 시스템	○	○	2019.7.5
바젤슈타트	우정포털 시스템	○	○	2019.7.5
투르가우	우정포털 시스템		○	2019.7.5
베른	제네바 시스템		○	2019.6.19

구분	적용시스템	국내유권자	재외국민	전자투표 철회·중단
아르가우	제네바 시스템		○	2019.6.19
루체른	제네바 시스템		○	2019.6.19
전자투표 실시예정 유권자		120,000명	86,000명	

자료: 필자 작성

그 이후 연방내각은 연방내각사무처로 하여금 칸톤과 협력해 2020년 말까지 전자투표 시범사업의 새로운 추진방안을 모색하라고 지시했다. 이러한 전자투표 중단은 2014년 7월 보안 문제로 인해 전자투표 실시를 일시 중단한 노르웨이와 비슷하다.[171]

2021년 4월 28일 연방내각은 정치적 권리에 관한 연방법 시행령 일부 개정안, 전자투표에 관한 연방내각사무처령 전부 개정안에 대한 입법협의절차를 2021년 8월 18일까지 실시하기로 결정했다. 이를 통해 전자투표를 재설계하고, 안정적인 전자투표 시스템을 구축해 새롭고, 안정적인 전자투표 체계를 구축하기 위해서였다. 2021년 12월 10일 연방내각은 전자투표 관련 2개 법령의 입법협의 결과를 검토하고, 2022년 중반까지 개정안을 확정짓기로 결정했다.[172]

2004년 이후 2019년 10월까지 26개 칸톤 중 15개 칸톤(취리히, 베른, 루체른, 글라루스, 프리부르, 졸로투른, 바젤슈타트, 샤프하우젠, 장크트갈렌, 그라우뷘덴, 아르가우, 투르가우, 보, 뇌샤텔, 제네바)은 국내 유권자, 재외국민을 대상으로 연방 차원의 하원선거나 국민(주민)투표에서 전자투표를 실시해 왔다. 1개 칸톤(추크)은 코뮌 차원에서 전자투표를 실시했다.

10개 칸톤(우리, 슈비츠, 옵발덴, 니트발덴, 바젤란트, 아펜첼아우서로덴, 아펜첼이너로덴, 티치노, 발레, 쥐라)은 연방차원에서 시범적인 전자투표를 실시하지 않았다.

6개 칸톤(우리, 슈비츠, 옵발덴, 니트발덴, 바젤란트, 쥐라)은 개별 칸톤법에 전자투표를 실시할 수 있는 근거가 있지만 전자투표를 실시하지 않았다.

예를 들어 우리 칸톤은 2018년 3월에 전자투표 도입을 반대하기로 결정했고, 쥐라 칸톤은 2018년 12월에 전자투표 도입에 반대하는 결정을 내렸다. 4개 칸톤(아펜첼아우서론덴, 아펜첼이너로덴, 티치노, 발레)은 전자투표에 관한 칸톤법상의 근거가 없다.[173]

아래의 표 41은 26개 칸톤의 전자투표 운용방식을 보여준다.

[표 41] 칸톤별 전자투표 운용방식

연번	칸톤 명칭		전자투표 방식 (최초 운용)	전자투표 방식 (변경 운용)	연번	칸톤 명칭		전자투표 방식 (최초 운용)	전자투표 방식 (변경 운용)
1	취리히		취리히 시스템 ('05.~'11.)	제네바 시스템 ('15.)	14	샤프하우젠		취리히 시스템 ('10.~'15.)	
2	베른		제네바 시스템 ('12.~'19)		15	반칸톤	아펜첼아우서로덴	–	*칸톤법 근거 없어 전자투표 미실시
3	루체른		제네바 시스템 ('10.~'19)		16		아펜첼이너로덴	–	*칸톤법 근거 없어 전자투표 미실시
4	우리		–	*칸톤법 근거 있으나 전자투표 미실시	17	장크트갈렌		취리히 시스템 ('10.9.~'15.)	제네바 시스템 ('17.9.~'19)
5	슈비츠		–	*칸톤법 근거 있으나 전자투표 미실시	18	그라우뷘덴		취리히 시스템 ('10.~'15.)	
6	반칸톤	옵발덴	–	*칸톤법 근거 있으나 전자투표 미실시	19	아르가우		취리히 시스템 ('10.~'15.)	제네바 시스템 ('17.9.~'19)
7		니트발덴	–	*칸톤법 근거 있으나 전자투표 미실시	20	투르가우		취리히 시스템 ('10.~'15.)	우정포털 시스템 ('18.9.~'19)
8	글라루스		취리히 시스템 ('14.~'15.)	제네바 시스템 ('15.)	21	티치노		–	*칸톤법 근거 없어 전자투표 미실시
9	추크			블록체인 활용 ('17, 코뮌)	22	보		제네바 시스템 ('18.11.~'19)	

연번	칸톤 명칭		전자투표 방식 (최초 운용)	전자투표 방식 (변경 운용)	연번	칸톤 명칭	전자투표 방식 (최초 운용)	전자투표 방식 (변경 운용)
10	프리부르		취리히 시스템 ('10.~'15.)	우정포털 시스템 ('16.11~'19)	23	발레	–	*칸톤법 근거 없어 전자투표 미실시
11	졸로투른		취리히 시스템 ('10.~'15.)		24	뇌샤텔	뇌샤텔 시스템 ('05~'16)	우정포털 시스템 ('17~'19)
12	반 칸 톤	바젤슈 타트	제네바 시스템 ('09.11.~'16)	우정포털 시스템 ('17.2.~'19)	25	제네바	제네바 시스템 ('03~'05), 중단 ('05~'08.6.)	제네바 시스템 ('08.11.~'19)
13		바젤란 트	–	*칸톤법 근거 있으나 전자투표 미실시	26	쥐라	–	*칸톤법 근거 있으나 전자투표 미실시

자료: 연방내각사무처 자료 등 참조해 필자 작성

2022년 3월 현재 2004년부터 전자정부의 일환으로 연방과 칸톤의 협력하에 '속도보다 보안우선' 원칙을 토대로 추진한 전자투표 시스템은 보안 및 경제적 이유로 중단된 상태이다.[174]

한편, 2019년 1월 녹색당과 스위스국민당 소속 의원은 전자투표 시스템이 해킹 등 보안 문제, 안전성 문제 등에 취약하다고 주장하면서, 향후 5년간 전자투표를 금지하는 내용의 국민발안을 추진하기 위한 서명작업을 시작했다.[175]

또한, 외국계 기업이 개발한 전자투표 시스템을 스위스 국민이 활용하는 것에 대한 투표정보 유출, 외국정부의 정보활용 위험성 등의 우려를 제기하는 견해도 있다.[176]

3. 관리 체계

가. 법적 근거

전자투표에 관한 법적 근거로는 연방헌법 제34조, 정치적 권리에 관한 연방법, 정치적 권리에 관한 연방법 시행령, 전자투표에 관한 연방내각사무처령 등이 있다. 전자투표 실시를 위한 최소한의 기준은 2002년 6월 21일 개정돼 2003년 1월부터 시행된 정치적 권리에 관한 연방법 제8조의a에 규정됐다.

유권자는 투표함에 투표용지를 넣거나(투표소 투표), 우편으로 투표하는 방식(우편투표) 외에 전자투표 방식으로 투표할 수 있다(정치적 권리에 관한 연방법 제5조 제3항). 연방내각은 관심 있는 칸톤, 코뮌과의 협의로 전자투표의 지리적 적용 범위, 적용 대상 등을 제한해 전자투표 시범사업을 허가할 수 있다(정치적 권리에 관한 연방법 제8조의a 제1항). 따라서 전자투표를 실시하기 위해서는 연방내각의 허가를 필요로 한다.

연방법률에는 전자투표 절차, 암호화 및 인증, 기술적 요구 사항, 시스템 사양 등을 명시적으로 규율하지 않았다. 다만, 연방내각이 전자투표 계획에 관한 세부사항을 규정하도록 했다(정치적 권리에 관한 연방법 제8조의a 제3항).

2014년 1월 15일부터 시행된 정치적 권리에 관한 연방법 시행령 및 전자투표에 관한 연방내각사무처령에서 전자투표에 대한 상세한 기준을 규정한다. 정치적 권리에 관한 연방법 시행령에서는 제27조의a에서 제27조의q까지 19개 조문을 신설해 전자투표 허가, 관리 등에 관한 사항을 규정한다. 또한 전자투표에 관한 연방내각사무처령에는 리스크 평가, 보안 및 위험 관리, 인증 및 검증 가능성, 소스코드 공개, 테스트 요건, 기술적 요구사항 등 세부적인 사항을 규정한다.

연방 차원에서 전자투표를 시범적으로 실시하기 위해서는 연방내각의 허가를 얻어야 한다(정치적 권리에 관한 연방법 시행령 제27조의a 제1항). 전체 유권자의 30%와 칸톤 유권자의 50%까지 전자투표에 참여하도록 한도를 설정하되, 재외국민의 경우 유권자 한도가 적용되지 않는다(정치적 권리에 관한 연방법 시행령 제27조의f 제1항·제2항).

전자투표에 관한 규정은 연방선거나 국민투표에만 적용된다. 칸톤과 코뮌의 투표는 칸톤과 코뮌의 법령으로 규제한다. 26개 칸톤 중 4개 칸톤(아펜첼아우서로덴, 아펜첼이너로덴, 티치노, 발레)은 전자투표에 관한 칸톤법상의 근거가 없다.[177]

나. 관리 기관

연방 차원의 전자투표는 연방내각사무처가 관리한다. 연방내각사무처는 전자투표의 진행 상황을 하원에 정기적으로 보고한다. 연방당국은 전자투표시스템의 호환성을 강화하기 위해 전자투표시스템의 개방형 표준을 개발해 여러 칸톤에서 사용하는 소프트웨어가 서로 통신할 수 있도록 했다. 전자투표시스템을 구비하지 않은 칸톤은 다른 칸톤의 전자투표시스템을 사용할 수 있다(정치적 권리에 관한 연방법 시행령 제27조의k).

각 칸톤에는 정당대표와 전문가로 구성된 전자투표 관리를 담당하는 조직(선거관리위원회)이 있고, 연방내각 또는 칸톤 간 상호협력이 이루어진다. 예를 들면 연방과 칸톤의 대표가 모여 칸톤별 우수사례 교환 등 전자투표의 제반 문제를 논의한다. 연방내각사무처는 전자투표에 관한 사례를 개발하고 전자투표 시스템을 향상시키기 위해 칸톤과 상호협력을 논의한다.[178]

4. 실시 요건

가. 칸톤 신청, 연방내각 허가, 연방내각사무처 승인

전자투표를 실시하려는 칸톤은 다음 사항을 연방내각에 신청해 연방내각의 허가를 얻어야 한다(정치적 권리에 관한 연방법 제8조의a 제1항).

첫째, 전자투표가 연방법령에 따라 실시되고, 이를 위한 재정적·조직적 준비가 됐다는 증명. 둘째, 전자투표를 규정한 칸톤법령(또는 칸톤의 결정). 셋째,

칸톤의 전자투표 시스템과 운영방식 정보, 전자투표시스템 충족 증명서, 위험성 평가 증명서 첨부(전자투표에 관한 연방내각사무처령 제8조).

넷째, 전자투표에 참여할 칸톤 유권자의 최대 비율. 다섯째, 여러 차례 전자투표를 실시할 경우 최대 횟수 또는 기간(정치적 권리에 관한 연방법 시행령 제27조의c 제1항). 또한 하원선거를 전자투표로 실시할 경우 연방내각의 특별한 허가가 요구된다(정치적 권리에 관한 연방법 시행령 제27조의a 제4항).

연방내각은 칸톤이 제출한 신청서를 검토하면서 다음의 요건을 갖추었는지 확인한다(정치적 권리에 관한 연방법 시행령 제27조의b). ① 유권자만 투표에 참가한다(투표권 통제원칙). ② 유권자는 하나의 투표권을 한 번만 행사한다(투표행위의 일회성). ③ 제3자가 전자투표에 영향을 미쳐 투표결과가 변경되지 않는다(의사표명의 정확한 구현). ④ 제3자가 전자투표 내용을 알 수 없다(투표의 비밀 보장). ⑤ 전자투표시스템의 조작과 남용 위험이 배제된다(투표의 적합성).

또한 전자투표시스템이 ① 안전하고 신뢰할 수 있는 투표를 보장하는 방식으로 설계·운영되고, ② 유권자가 이용하기 쉬우며, ③ 운영·보안 절차를 확인할 수 있는 기술적 조건이 충족돼야 한다(전자투표에 관한 연방내각사무처령 제2조).

연방내각은 칸톤이 선택한 전자투표 시스템(제네바 시스템, 우정포털 시스템)이 연방법의 요건에 맞는지 확인한 후 전자투표를 허가할 수 있다. 즉, 연방내각은 전자투표 시스템의 종합적인 점검 후에 전자투표 시스템에 대한 사용승인을 결정한다(정치적 권리에 관한 연방법 제8조의a 제2항). 또한 칸톤이 문제없이 여러 차례 전자투표를 실시했다는 것을 증명하는 경우 연방내각은 최대 5회까지 전자투표를 포괄적으로 허가할 수 있다(정치적 권리에 관한 연방법 시행령 제27조의a 제3항). 이처럼 포괄적 허가를 통해 칸톤의 업무부담이 완화됐다.

연방내각의 '포괄적 허가'를 받은 칸톤은 전자투표를 실시할 때마다 연방내각사무처에 건별로 승인을 받는다. 연방내각이 칸톤의 전자투표를 허가한 경우 연방내각사무처는 어떤 종류의 선거에 적용할지를 확정하고, 전자투표가 적용될 지역 등을 결정하는 등 칸톤의 전자투표를 승인한다(정치적 권리에 관한 연방법 시행령 제27조의d, 제27조의e).

[그림 22] 전자투표 허가 절차

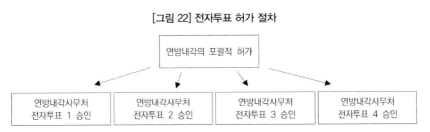

자료: Le président de la Confédération (2013), 12.

이처럼 칸톤이 연방선거를 포함한 모든 선거의 관리, 집행 및 예산을 책임지기 때문에 칸톤의 정책결정에 따라 전자투표를 적용하거나 적용하지 않을 수 있다. 예를 들어 취리히 칸톤은 2008~2011년에는 연방 차원의 국민투표에서 전자투표를 실시했지만, 2011~2014년에는 전자투표를 실시하지 않았으며, 2015년에는 전자투표를 실시했다.[179]

나. 일정 수 이상 유권자 참가

연방내각사무처가 전자투표 시스템을 승인하는 경우 유권자의 참여범위를 결정한다. 칸톤 유권자의 30%까지 전자투표에 참여하는 경우 연방 전체의 유권자 10%를 넘어서는 안 된다(정치적 권리에 관한 연방법 시행령 제27조의f 제1항 제a호). 또한 칸톤 유권자의 50%까지 전자투표에 참여하는 경우 연방 전체의 유권자 30%를 넘어서는 안 된다(정치적 권리에 관한 연방법 시행령

제27조의f 제1항 제 b호). 이러한 유권자 범위에 재외국민은 포함되지 않는다 (정치적 권리에 관한 연방법 시행령 제27조의f 제2항).

칸톤 유권자의 30%까지 전자투표를 실시하기 위해서는 유권자의 투표 결과가 조작됐거나 누락되지 않았는지 '개별적 검증가능성'[180]이 있어야 한다 (전자투표에 관한 연방내각사무처령 제4조).

개별적 검증가능성은 ① 유권자는 자신의 투표결과가 조작되거나 유실됐는지 확인할 수 있고, ② 유권자가 입력한 투표여부가 전자투표 시스템에 맞게 제출되어 등록된 사실을 확인할 수 있어야 한다(전자투표에 관한 연방내각사무처령 제3조 제1항·제2항). 또한 전자투표를 하지 않은 유권자는 투표가 행사되지 않았다는 사실을 입증하는 증명서를 요청할 수 있다(전자투표에 관한 연방내각사무처령 제4조 제3항). 증명서는 전자투표시스템 서버의 신뢰성, 투표권자가 사용한 높은 보안요건을 갖춘 기술적 보조 수단의 신뢰성, 서면 형식으로 전달된 정보의 신뢰성을 기반으로 한다(전자투표에 관한 연방내각사무처령 제4조 제5항).

칸톤 유권자의 50%까지 전자투표를 실시하는 경우 유권자가 투표 조작 여부를 확인할 수 있는 '일반적 검증가능성'이 필요하다(전자투표에 관한 연방내각사무처령 제5조 제1항).

일반적 검증가능성은 ① 유권자의 정보가 신뢰할 수 있는 시스템에 도달되고, ② 전자투표가 종료된 이후 다른 투표가 등록되지 않았다는 사실이 확인되며, ③ 증명서의 유효성이 전자투표 시스템의 신뢰성과 관련돼야 한다(전자투표에 관한 연방내각사무처령 제5조 제3항).

다. 전자투표 시스템 보안 및 검증

전자투표의 보안을 강화하기 위해 전자투표 시스템은 서로 다르게 구성된 여러 시스템에 분산되고, 이 중 일부는 인터넷에 연결되지 않는다. 어떤 개인도 제3자의 개입(다중 평가자 인증) 없이는 데이터나 투표에 접근할 수 없도록 기술적·조직적 조치를 취한다.

전자투표 시스템은 투표의사가 조작되지 않도록 설계되고, 특히 투표과정에서 투표장치를 통해 영향을 주어서는 안 되며, 대리투표가 금지된다(정치적 권리에 관한 연방법 시행령 제27조의h). 칸톤은 위험성 평가[181]를 통해 모든 위험요소를 기록한다. 위험성 평가는 투표결과의 정확성, 비밀투표의 보호, 사전 조작금지, 개인정보 보호 및 조작금지, 투표성향 확인금지 등과 관련된다(전자투표에 관한 연방내각사무처령 제3조 제1항).[182]

유권자 일부만 전자투표에 참여한 칸톤은 전자투표의 대표성 여부를 검증한다(정치적 권리에 관한 연방법 시행령 제27조의i 제1항). 유권자 전체가 전자투표에 참여한 칸톤은 전자투표가 정상적으로 실시됐고, 투표결과가 올바른지를 평가한다(정치적 권리에 관한 연방법 시행령 제27조의i 제2항). 전자투표의 대표성 검증과정에서 이상이 확인될 경우 개표 결과에 미친 영향을 평가한다(정치적 권리에 관한 연방법 시행령 제27조의i 제4항).

전자투표의 투명성을 확보하기 위해 전자투표 시스템에 대한 검사가 완료된 이후 시스템의 소스코드를 공개하고, 권한 있는 사람이 개별적으로 분석할 수 있다(정치적 권리에 관한 연방법 시행령 제7조의a). 전자투표 프로그램의 소스코드가 인터넷을 통해 무료로 공개되지만, 운영시스템, 데이터베이스, 웹서버 및 응용 서버, 방화벽, 라우터의 구성요소는 공개되지 않는다(전자투표에 관한 연방내각사무처령 제7조의a).[183]

연방내각사무처가 인정한 독립기관은 연방내각사무처의 보안요건이 충족됐는지, 보안조치와 전자투표 시스템이 최신 상태인지 등을 확인한다(정치적 권리에 관한 연방법 시행령 제27조의l). 칸톤은 유권자의 30% 이상이 전자투표를 실시하는 경우 전자투표 시스템의 암호화된 프로토콜, 침입시도에 대한 보안 조치 등을 검사한다(정치적 권리에 관한 연방법 시행령 제27조의j, 전자투표에 관한 연방내각사무처령 제7조 제2항).

칸톤은 전자투표가 종료된 후 익명으로 처리된 전자투표 관련 통계정보를 연방내각사무처에 제출한다. 연방내각사무처는 전자투표 절차의 효율성, 특히 투표율 변화, 투표형태에 미치는 영향을 조사할 수 있다(정치적 권리에 관한 연방법 시행령 제27조의o).

5. 전자투표 실시

가. 전자투표 안내

전자투표를 실시하려는 칸톤은 유권자에게 전자투표의 방법, 절차, 조직 등을 안내한다. 전자투표와 관련한 주요 절차와 문서는 유권자 대표에게 공개한다(정치적 권리에 관한 연방법 시행령 제27조의m).

전자투표는 우편으로 투표카드를 받은날부터 선거일 전날까지 약 3~4주간 가능하다. 예를 들면 2015년 10월 18일(일) 하원선거에서 제네바 시스템을 사용하는 유권자는 9월 28일(월)~10월 17일(토) 정오까지 20일 동안 전자투표를 할 수 있었고, 뇌샤텔 시스템을 사용하는 유권자는 9월 21일(월)~10월 17일(토) 정오까지 27일 동안 전자투표를 할 수 있었다. 두 시스템 모두 4개 국어로 제공됐다.

전자투표에 필요한 인증코드 및 비밀번호는 투표일 3~4주 전에 받게 되는 선거안내문(선거공보)과 투표카드에서 확인할 수 있다. 선거공보에는 후보자의 이름, 후보자별로 부여된 개별적인 4자리 인증코드(확인번호)가 기재돼 있고, 투표카드에는 고유 식별번호, 개인 확인 코드와 비밀번호 등이 기재돼 있다.[184]

[그림 23] 2015년 6월 14일 국민(주민)투표의 투표안건별 확인번호(제네바 칸톤)

VOTATION POPULAIRE 14 juin 2015
Liste des codes de vérification pour le vote électronique uniquement
Liste de codes pour la carte n° 9559-6518-5896-3977

Votation fédérale						
Question n° 1	OUI	Q7S7	NON	P5K6	BLANC	B2X3
Question n° 2	OUI	R8V6	NON	M4M2	BLANC	K8Q8
Question n° 3	OUI	R8Q6	NON	V2W9	BLANC	M7E5
Question n° 4	OUI	U3X3	NON	M2T3	BLANC	A7P6

Votation cantonale						
Question n° 1	OUI	T8G6	NON	V3U6	BLANC	Y4W5

자료: E-voting by CHVote(2017 : 10)

유권자는 인터넷 브라우저를 통해 전자투표 시스템에 접근한다. 유권자는
투표 서버의 보안인증서[185]를 확인하거나, 화면에 표시된 그림·기호를 본인의
유권자카드에 인쇄된 그림·기호와 비교해 공식적인 전자투표 사이트인지를
확인할 수 있다. 유권자는 투표카드의 고유 식별번호, 개인 확인 코드 등을 입
력하면 전자투표시스템에 접속할 수 있다.[186]

나. 제네바 칸톤 전자투표 실시 사례

제네바 칸톤에 거주하는 주민이 2014년 5월 18일 국민(주민)투표를 전자
투표 방식으로 실시할 경우 먼저 주소창에 http://www.evote-ch.ch/ge 를 입
력한다(①). 다음으로 투표카드의 고유 식별번호를 전자투표 홈페이지 빈 칸
에 입력한다(②). 부정행위에 대한 형사처벌 안내문을 확인하고, 투표용지에
자신의 선택을 표시하며, 화면에 나타난 접속코드(③)를 확인한다.

다음으로 투표카드의 홀로그램을 긁어 비밀번호를 찾아(④), 이를 웹사이
트에 입력하고, 유권자의 생년월일(⑤)과 출신지 코뮌을 입력한다. 마지막으
로 '투표'를 클릭해 완료한다. 유권자는 2014년 4월 21일(월) 12시~5월 17일
(토) 12시까지 27일 동안 전자투표를 실시할수 있었다.

[그림 24] 2014년 5월 국민(주민)투표에서 사용된 제네바 칸톤 투표카드

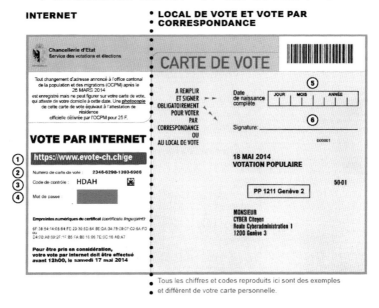

자료: Republique et Canton de Geneve(2014: 34).

우편투표나 투표소 투표를 이용하는 경우 투표카드의 생년월일(⑤)과 서명
(⑥)은 투표 전까지 기재하지 않는다. 투표안내문에 따르면 우편투표는 선거
사무소에 2014년 5월 17일(토) 12시까지 도달해야 한다. 기한 내 우편도달을
위해 최소 2014년 5월 15일(목) 이전에 발송할 것을 권했다.

투표소 투표의 경우 2014년 5월 18일(일) 10시부터 12시 사이에 가능하다.
투표소 투표에 필요한 신분증 등을 지참해 지역 투표소에 방문하면 된다.[187]

다. 전자투표 완료

제네바 시스템은 투표가 완료됐다는 확인이 시스템에 기록되지만, 취리히
시스템과 뇌샤텔 시스템은 투표가 완료됐다는 메세지를 받는다. 유권자가 전
자투표를 마치면 유권자 컴퓨터에서 암호화된 형식으로 투표결과가 발송되거나

전자투표함에 암호화된 형식으로 보관되고, 전자기록이 표시되기 때문에 유권자가 투표한 후에 투표결과를 변경할 수 없다. 전자투표함(e-ballot box)이 열리기 전에 유권자 데이터와 투표카드 정보를 별도로 저장함으로써 투표의 비밀이 보장된다.

제 4 장

개표 및 당선인 결정

제1절 개표 절차

투표소 투표가 종료되면 투표소 직원은 투표한 유권자 수를 파악하기 위해 투표카드를 확인한다. 그 후 투표함과 투표카드를 칸톤 또는 코뮌의 선거관리 기관으로 보낸다.

투표용지는 유권자가 수정하지 않은 투표용지와 수정한 투표용지로 분류된다. 유권자가 수정하지 않은 투표용지는 특정 정당에 대한 '블록' 투표로 개표시스템에 입력된다. 유권자가 수정한 투표용지는 무효표 여부를 확인한 후 후보자별로 득표수가 계산되고, 개표시스템에 입력되는 등 노동집약적 개표 절차를 거친다.

바젤슈타트 칸톤에서는 개표가 진행되는 동안 선거종사자가 비밀을 유지하고, 제네바 칸톤에서는 모든 투표소의 투표가 끝날 때까지 개표를 시작할 수 없다.

[그림 25] 2018년 5월 제네바 칸톤선거 개표소

제네바 대학 내에 마련된 개표소 입구　　　　　　　개표소 주변 통제

대부분의 칸톤은 투표집계를 위해 최소한의 전자적인 집계시스템을 사용한다. 제네바 칸톤은 정확한 집계를 위해 두 팀으로 나누어 각 투표수를 전자

시스템에 두 번 입력한다. 보 칸톤에서는 전자시스템의 과부하로 개표결과가 몇 시간 동안 지연된 바 있었다. 베른 칸톤에서는 선거와 관련한 투표함이 택시나 그 밖의 교통수단을 통해 베른의 스포츠 센터까지 옮겨지고, 자원봉사자 등 300여 명이 투표용지를 집계한다.[1]

유권자가 행사한 전자투표는 중앙집권화된 전자투표함으로 전송된다. 전자투표함을 개봉하기 위해서는 2개의 암호화된 번호키가 필요하고, 암호화된 번호키의 보안성을 제고하기 위해 서로 다른 정당원에게 교부된다.

전자투표함은 칸톤정부가 지정하거나 정당이 지명한(제네바 칸톤의 경우) 선거관리위원 앞에서 투표일에 개봉된다.[2] 전자투표 관리위원은 암호화된 번호키를 이용한다. 예를 들어, 제네바 시스템의 경우 암호화된 번호키는 4명의 서로 다른 정당대표가 참석한 가운데 선거관리위원회 회의에서 생성된다.[3]

암호화된 번호키는 저장매체(메모리 스틱)에 저장돼 봉투에 봉인된 채 경찰에 전달된다. 두 부분으로 구성된 비밀번호는 각기 다른 선거관리 공무원이 각 부분을 별도로 보관했다. 취리히 시스템의 경우 외부운영자가 암호화된 번호키와 비밀번호를 생성해서 선거담당 직원에게 전달했다.

[그림 26] 전자투표시스템의 보안강화

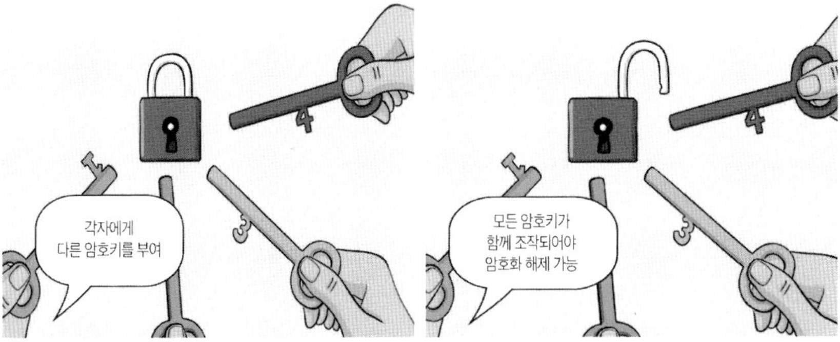

각자에게 다른 암호키를 부여

모든 암호키가 함께 조작되어야 암호화 해제 가능

자료: 김명수(2021, 3): https://www.bk.admin.ch/bk/en/home/politische-rechte/e-voting/sicherheit-beim-e-voting.html: Swiss Security in e-voting https://www.youtube.com/watch?v=1a48VQwezkY (2022. 3. 10. 최종 확인).

모든 개표가 완료되면 칸톤정부는 유권자 수와 투표자 수, 유효표·무효표·백지투표(공란투표), 후보자명부의 후보자별 득표 및 추가득표(후보자 득표), 후보자명부별 득표 및 추가득표의 합계(정당 득표), 통합명부 득표 및 추가득표를 확인한다(정치적 권리에 관한 연방법 제39조).[4]

제네바와 뇌샤텔 칸톤에서는 참관인의 개표참관이 허용되고, 모든 개표절차는 대형 스크린을 통해 중계된다. 전자투표 결과는 별도로 발표되지 않고, 우편투표나 투표소 투표 결과와 함께 투표일 밤에 발표된다.[5]

[그림 27] 2018년 4월 제네바칸톤선거 개표 방송 및 개표 결과 조회

제네바 대학에 마련된 개표방송

라디오 개표방송

개표방송시 모니터를 이용해 개표결과조회

제2절 연방의원 당선인 결정: 비례대표제의 의석배분

1. 의의

하원의 의석배분은 각 정당에 할당될 의석수를 결정하고, 이후 각 정당의 득표수에 따라 당선인이 결정되는 2단계를 거친다.[6] 1단계는 '동트 방식'과 '하겐바흐 비쇼프 방식'에 따라 계산된 득표율로 각 정당에 할당될 의석수를

결정한다. 2단계는 각 정당에서 당선자를 결정하는데, 정당내 후보자별 득표율에 따라 당선자를 결정한다.

1918년 비례대표제 도입 이후 연방의회에서 의석을 얻는데 필요한 최소득표율은 설정되지 않았다.

2. 정당별 의석배분

전체 투표수에서 무효표, 백지투표를 제외한 유효표가 계산된다. 유효표를 토대로 후보자가 받은 득표수를 기준으로 후보자 소속 정당의 득표수가 계산된다. 예를 들어 취리히 칸톤의 유권자가 하원 의석수에 상응하는 35명의 후보자 이름이 기재된 특정 정당의 후보자명부(투표용지)를 특별한 수정 없이 투표하면 해당 정당은 35표를 얻는다.

후보자에 대한 득표는 후보자 소속 정당의 득표로 계산되지만, 삭선·누적투표로 인해 정당득표와 후보자득표가 일치하지 않는다. 후보자명부를 확정한 이후 사망한 후보자가 있는 경우 사망한 후보자가 얻은 득표로만 계산되고, 후보자가 속한 정당의 득표로 계산되지 않는다(정치적 권리에 관한 연방법 제36조).

정당별 의석수는 최고평균방식인 '동트 방식'으로 산정된다. 최고평균방식은 각 정당의 득표수를 제수[7]로 나누어 얻은 몫(평균)이 큰 순서로 의석을 배분하는 방식인데, 동트방식은 제수들의 간격이 1이다.[8]

즉 정당별 득표수를 '의석수+1'로 나누어 산출된 수치의 정수(분배수)를 토대로 정당별 의석수가 계산된다(정치적 권리에 관한 연방법 제40조 제1항). 수치가 정수가 아닌 소수점으로 나타날 수 있기에 소수점이 아닌 정수로 계산하는 것이다. 따라서 1차적으로 정당에 배분되는 의석수는 정당별 득표수를 분배수로 나눈 결과이다(정치적 권리에 관한 연방법 제40조 제2항).

1차적으로 의석을 배분한 이후에 남은 잔여의석은 최대잔여방식의 일종인 '하겐바흐 비쇼프 방식'을 사용해 배분한다.[9] 하겐바흐 비쇼프 방식은 각 정당별 득표수를 분배수인 '배분된 의석수+1'로 나누고, 나눈 몫이 가장 큰 정당 명부에 그 다음 의석을 배분한다.

통합(결합)명부의 경우, 후보자가 얻은 표를 모아서 계산해 통합명부에 할당할 의석수를 결정하고, 이후 통합명부에 참여한 정당별 의석배분은 하겐바흐 비쇼프 방식에 따라 배분된다(정치적 권리에 관한 연방법 제42조).

잔여 의석을 배분할 때는 주요 정당에 유리하다. 군소 정당이 후보자명부를 통합(결합)하는 경우 후보자 통합명부에 참여한 개별 군소 정당은 의석배분 목적의 단일한 정당명부로 취급되고, 가장 많이 득표한 후보자가 선출되기 때문에 주요 정당에 유리한 현상이 완화된다.

모든 의석이 배분될 때까지 이런 절차가 반복된다(정치적 권리에 관한 연방법 제41조 제2항). 인구가 많아 의석수가 많이 할당된 칸톤에서 1차 의석배분 후 잔여의석이 남았을 때 의석배분에 오랜 시간이 걸린다.[10]

3. 정당별 의석 할당 사례

예를 들어 졸로투른 칸톤의 하원선거에서 7개의 하원의석이 배정됐다. 5개 정당이 하원선거에 후보자를 냈고, 총 유효표는 270,322표였다.[11] 이를 의석수(7)에 1을 더한 8로 나누면 33,790.25이고, 이 수치보다 높은 정수인 33,791이 분배수가 된다.

분배수(33,791)로 각 정당별 득표수로 나눈 수치를 살펴보면, 자민당 2.95, 사민당 2.53, 스위스국민당 0.24, 기민당 1.98, 무소속 0.3이 나온다. 소수점은 정수로 계산하기에 자민당 2석, 사민당 2석, 기만당 1석이 각각 배분되고, 2석이 배분되지 못했다.

[표 42] 1차 산정(정당별 의석배분 5석)

정당	득표수 (a)	제수(b)	수치(a÷b)	분배수(c)	득표수 (a÷c)	의석할당 (정수)
1. 자민당	99,559			33,791	2.95	2
2. 사민당	85,348			33,791	2.53	2
3. 스위스국민당	8,188			33,791	0.24	0
4. 기민당	66,979			33,791	1.98	1
5. 무소속	10,248			33,791	0.30	0
합계	270,322	8 (의석수+1)	33,790.25		–	5

나머지 2석은 정당별 득표수를 1차 산정에서 얻은 의석수에 1을 더한 수로 나누어 다시 결정한다. 자민당은 득표수를 1차에서 배분받은 의석수(2)에 1을 더한 3으로 나누는데, 결과값은 33,186.3표이다. 사민당은 1차 산정에서 배분받은 의석이 없어 득표수를 1로 나누면 28,449.3표가 나온다.

스위스국민당은 득표수를 1차에서 배분받은 의석수(1)에 1을 더한 2로 나누면 8,188표가 나온다. 이런 계산과정을 거쳐 기민당 33,489.5표, 무소속 10,248표가 나왔다. 나눈 몫이 가장 큰 기민당에 1석이 할당된다.

[표 43] 2차 산정(정당별 의석배분 5석+1)

정당	최초 의석	득표수÷(1차 의석수+1)	득표 재계산	2차 산정 할당	2차 산정후 정당 의석
1. 자민당	2	99,559÷3(2+1)	33,186.3		2
2. 사민당	2	85,348÷3(2+1)	28,449.3		2
3. 스위스국민당	0	8,188÷1(0+1)	8,188		0
4. 기민당	1	66,979÷2(1+1)	33,489.5	1	2
5. 무소속	0	10,248÷1(0+1)	10,248		0
합계	5	–	–	1	6

나머지 1석은 2차 산정에서 얻은 의석수에 1을 더한 수로 나누어 결정한다. 2차 산정 후 기민당이 얻은 의석수는 2이기 때문에 3차 산정 시에는 득표수를 3으로 나눈다는 점에 차이가 있다(1차 산정때 1석, 2차 산정때 2석).

각 정당별 득표를 재계산하면 자민당 33,186.3표, 사민당 28,449.3표, 스위스국민당 8,188표, 기민당 22,326.3표, 무소속 10,248표였다. 나눈 몫이 가장 큰 자민당에 1석이 할당된다.

3차에 걸친 의석배분 결과 졸로투른 칸톤에 할당된 7개 하원의석은 자민당 3석, 사민당 2석, 기민당 2석이다.

[표 44] 3차 산정(정당별 의석배분 6석+1)

정당	2차 의석수	득표수÷ (2차 의석수+1)	득표 재계산	3차 산정 할당	3차 산정후 최종 정당 의석배분
1. 자민당	2	99,559÷3(2+1)	33,186.3	1	3
2. 사민당	2	85,348÷3(2+1)	28,449.3		2
3. 스위스국민당	0	8,188÷1(0+1)	8,188		0
4. 기민당	2	66,979÷3(2+1)	22,326.3		2
5. 무소속	0	10,248÷1(0+1)	10,248		0
합계	6	–	–	1	7

4. 정당별 당선인 결정 및 통지

정당별 의석배분이 완료된 후에 후보자별 득표수에 따라 정당별로 당선인이 결정된다. 각 정당별 후보자명부에서 가장 많이 득표한 후보자가 당선되고, 2명 이상의 후보자가 동일한 득표를 얻은 경우 추첨으로 결정한다(정치적 권리에 관한 연방법 제43조 제1항·제3항). 후보자는 동일한 후보자명부 내에 있는 다른 후보자보다 더 많이 득표해야 당선되고, 당선되지 못한 후보자들은 득표 순서에 따라 예비당선자로 처리된다.

당선인이 사임하면 후보자명부에 있는 차점자가 당선된다(정치적 권리에 관한 연방법 제43조제2항). 의석수보다 적은 숫자가 후보자로 나온 경우 칸톤정부가 그 후보자명부에 있는 모든 후보자를 당선된 것으로 선언한다(정치적 권리에 관한 연방법 제45조 제1항). 이를 '묵시적 당선[12]'이라 한다.

1명의 하원의원이 선출되는 칸톤,[13] 즉 비례대표제가 아닌 다수대표제로 하원선거를 실시하는 칸톤은 가장 많이 득표한 후보자가 당선되고, 득표수가 같은 때에는 추첨으로 결정한다(정치적 권리에 관한 연방법 제47조 제1항). 선거결과가 확정된 후에 칸톤정부는 서면으로 연방내각과 당선자에게 선거결과를 통지한다(정치적 권리에 관한 연방법 제52조 제1항, 정치적 권리에 관한 연방법 시행령 제13조 제2항).

제3절 선거결과 공표 및 이의신청

1. 선거결과 공표

칸톤정부는 선거결과 기록을 즉시 연방내각사무처에 송부한다(정치적 권리에 관한 연방법 시행령 제13조 제3항). 칸톤정부는 늦어도 선거일부터 8일 이내에 각 후보자가 얻은 선거결과와 당선자 명단을 공고한다(정치적 권리에 관한 연방법 제52조 제2항, 정치적 권리에 관한 연방법 시행령 제13조 제1항).

선거결과는 연방공보에 공고된다(정치적 권리에 관한 연방법 제52조 제3항). 칸톤 선거관리기관이 작성하는 선거결과에는 정당별 후보자명부에서 당선된 후보자와 당선되지 못한 후보자의 이름, 생년월일, 출생지, 거주지, 직업 및 후보자별 득표수가 상세하게 기재된다(정치적 권리에 관한 연방법 시행령 제12조 제1항·제2항).

칸톤정부가 발행한 당선증[14]을 소지한 사람은 연방의회에서 의석을 가지고 표결할 권리를 가진다(정치적 권리에 관한 연방법 제53조 제1항·제2항).[15]

2. 선거결과 이의신청

하원선거에 대한 이의제기는 정치적 권리에 관한 연방법에서 규율하고, 상원선거와 관련된 분쟁은 칸톤법으로 규율하며 칸톤정부가 이의제기 사항을 검토한다. 코뮌의 투표결과가 정확하지 않다는 문제가 제기되면 칸톤 선거관리기관이 재검표를 하거나 코뮌 선거관리기관에 재검표[16]를 지시한다(정치적 권리에 관한 연방법 시행령 제11조).

칸톤정부는 선거일부터 8일 이내에 칸톤관보를 통해 선거결과 및 선거과정에 이의를 제기할 수 있음을 공고한다(정치적 권리에 관한 연방법 제52조 제2항). 유권자는 칸톤관보 공고 후 3일 이내에 하원선거에 대한 이의신청서를 칸톤정부에 제출한다(정치적 권리에 관한 연방법 제77조). 따라서 선거결과에 대한 이의제기는 칸톤관보에 선거결과가 발표된 지 3일 이내에 이루어진다.

칸톤정부는 이의신청서 접수 후 10일 이내에 결정하고, 부정행위가 있는 경우 적절한 조치를 취한다(정치적 권리에 관한 연방법 제79조 제1항). 칸톤정부는 제기된 사항이 투표결과에 중대한 영향을 미치지 않는다고 판단되면 이의신청을 기각할 수 있다(정치적 권리에 관한 연방법 제79조 제2항).

칸톤정부는 이의신청 내용과 칸톤의 의견 등을 연방내각사무처에 통지한다(정치적 권리에 관한 연방법 제52조 제4항, 정치적 권리에 관한 연방법 시행령 제14조 제1항). 칸톤정부는 이의신청기간 경과 후 10일 이내에 선거결과 기록 및 모든 투표용지를 연방내각사무처(연방통계국)가 지정한 장소로 보낸다(정치적 권리에 관한 연방법 제52조 제4항).[17]

하원선거와 관련된 정치적 권리침해 여부는 연방대법원의 관할이지만, 정치적 권리와 관련된 연방의회나 연방내각의 결정에 대해서는 제소할 수 없다(연방대법원법 제82조). 하원선거의 정치적 권리침해에 관한 사항은 칸톤정부

결정 이후 3일 이내에, 상원선거는 30일 이내에 연방대법원에 제소할 수 있다 (연방대법원법 제100조 제4항). 그러나 선거와 관련된 이의신청 대부분은 연방대법원에 이르지 않고 신속하게 해결된다.

2011년 하원선거에서 선거 전에 3건, 선거 후에 11건의 이의신청이 칸톤정부에 접수됐다.[18]

하원선거 전에 제출된 2건의 이의신청은 투표용지 인쇄 오류를 이유로, 다른 1건은 투표용지가 늦게 도착했다는 이유를 들었다(제네바, 졸로투른, 바젤 칸톤).

제네바 칸톤에서 후보자 이름이 투표용지에 잘못 기재됐다는 이의신청이 제기됐지만, 투표용지를 다시 인쇄할 수 없어 제네바 당국은 유권자에게 실수를 설명하는 수정 메모를 보냈다. 그 이후 다른 정당이 제네바 칸톤 정부에 대해 투표용지 오류로 선거가 무효이고, 다른 정당이 수정된 메모로 인해 이익을 봤다는 소송을 제기했지만 기각됐다.

졸로투른 칸톤에서도 투표용지의 인쇄 오류에 대해 이의신청이 제기됐다. 졸로투른 칸톤정부는 이의제기를 기각함과 동시에 유권자들에게 투표용지를 확인하라는 보도자료를 발표했다. 잘못된 투표용지가 발견돼 교체됐지만, 이의신청을 제기한 정당은 대법원에 제소하지 않았다. 바젤슈타트 칸톤에서는 재외국민이 투표자료를 제때 받지 못했다고 이의를 제기했지만, 투표자료를 받을 기한이 경과하지 않아서 이의제기는 각하됐다.

2011년 10월 하원선거 후에 발레 칸톤과 추크 칸톤에서 다른 투표시스템의 사용을 요청하는 이의신청이 각각 제기됐으나, 2건 모두 기각됐다. 투르가우 칸톤에서 제기된 1건의 불만사항은 사소한 것이었다.

하원선거 후에 제기된 11건의 이의신청 중 8건은 2011년 10월 23일 티치노 칸톤의 하원선거에서 동일하게 득표한 2명의 후보자와 관련된 사항이었다.

기민당 후보자명부에 있는 마르코 로마노(Marco Romano)와 모니카 두카 비트머(Monica Duca Widmer)는 각각 23,979표를 얻었던 것이다.

10월 25일 당선자를 결정하기 위해 2명을 대상으로 컴퓨터 프로그램으로 추첨한 결과 모니카 두카 비트머가 당선됐다. 유권자들은 몇몇 투표소의 불법행위, 추첨과 관련된 절차 등을 이유로 이의를 제기했지만, 칸톤당국은 이를 기각했다.

그 이후 티치노 칸톤의 당선자 결정과 관련해 연방대법원에 5건의 소송이 제기됐다. 2건은 절차상 미비로 각하됐고, 재개표를 요구한 2건은 기각됐다. 연방대법원은 나머지 1건에 대해 컴퓨터 프로그램이 아닌 수작업으로 추첨하라고 결정했다. 11월 25일에 실시된 수작업 추첨으로 마르코 로마노가 당선됐다. 2012년 1월 5일 마르코 로마노 당선에 관한 이의가 제기됐으나, 연방대법원은 이를 기각했다.[19]

제4절 투표율 및 선거운동 비용

1. 투표율

하원선거에서 유권자 투표율은 1940~1950년대 68~72%였고, 1960년대 66%, 1970년대 50%대였다. 1979년 48%의 투표율을 보인 이래 현재까지 50%의 투표율을 넘지 못했다. 1983~2019년 평균 투표율은 46.9%로 지속적으로 하락하는 추세이다.

[표 45] 하원선거 투표율(1947~2019)

구분	전체인구(명)	유권자 (명, a)	등록 유권자 (명, b)	투표 유권자 (명, c)	투표율 (c/b)	무효표 비율
1947	4,524,000	1,492,920	1,360,453	985,498	72.44 %	1.91 %
1951	4,749,000	1,567,170	1,386,146	986,937	71.20 %	1.92 %
1955	4,980,000	1,643,400	1,425,421	998,881	70.08 %	1.69 %
1959	5,259,000	1,735,470	1,473,155	1,008,563	68.46 %	1.94 %
1963	5,770,000	1,846,400	1,493,026	986,997	66.11 %	1.82 %
1967	5,990,000	1,916,800	1,551,909	1,019,907	65.72 %	1.77 %
1971	6,230,000	4,442,771	3,549,426	2,018,077	56.86 %	1.28 %
1975	6,405,000	4,483,500	3,735,037	1,955,740	52.36 %	1.25 %
1979	6,351,000	4,572,720	3,864,285	1,856,651	48.05 %	1.26 %
1983	6,505,000	4,878,750	4,068,940	1,989,960	48.91 %	1.51 %
1987	6,545,000	4,908,750	4,214,595	1,958,456	46.47 %	1.23 %
1991	6,800,000	5,236,000	4,510,521	2,076,901	46.05 %	1.58 %
1995	7,068,000	5,442,360	4,596,209	1,940,622	42.22 %	1.82 %
1999	7,214,950	5,736,298	4,628,782	2,004,408	43.30 %	1.70 %
2003	7,318,638	5,801,412	4,779,733	2,161,921	45.23 %	1.75 %
2007	7,554,661	5,964,448	4,915,623	2,373,071	48.28 %	1.80 %
2011	7,639,961	6,278,531	5,124,034	2,485,403	49.50 %	1.72 %
2015	8,121,830	6,634,505	5,283,556	2,563,052	48.51 %	1.62 %
2019	8,348,737	6,829,807	5,457,940	2,462,581	45.12 %	1.56 %

자료: 연방통계청 홈페이지 참조, https://www.bfs.admin.ch/bfs/de/home/statistiken/kataloge-datenbanken/tabellen. assetdetail.15884902.html; https://www.idea.int/data-tools/country-view/76/40 (2022. 3. 10. 최종 확인).

1991년부터 2019년까지 실시된 8번의 하원선거 투표율을 칸톤별로 살펴보면, 의무투표제를 실시하는 샤프하우젠 칸톤은 63.3%로 투표율이 가장 높았고, 글라루스 칸톤은 33.5%로 가장 낮았다.

같은 기간 스위스 전체 평균 투표율은 45.9%이었고, 발레 칸톤(57.1%), 티치노 칸톤(53.1%), 루체른 칸톤(50.9%)은 상대적으로 높은 투표율을 나타냈다. 그러나 글라루스 칸톤(33.5%), 아펜첼이너로덴 칸톤(36.0%), 보 칸톤(39.3%)은 낮은 투표율을 보여 칸톤별로 투표율에 큰 차이를 보였다.

[표 46] 연도별 · 칸톤별 하원선거 투표율(1991~2019)

(단위: %)

구분	1991년	1995년	1999년	2003년	2007년	2011년	2015년	2019년	평균 투표율
취리히	46.3	43.0	45.1	45.1	49.0	46.8	47.2	44.4	45.9
베른	46.2	40.4	41.1	42.1	46.4	50.4	49.1	47.4	45.4
루체른	50.5	49.4	52.9	50.9	53.0	50.9	50.9	48.4	50.9
우리	34.6	39.7	36.3	44.4	24.1	49.8	57.1	45.9	41.5
슈비츠	40.5	35.1	41.0	48.2	52.3	50.5	53.7	48.6	46.2
옵발덴	26.7	31.9	–	45.7	59.7	64.3	59.5	55.1	49.0
니트발덴	23.6	58.9	46.0	39.4	–	60.9	58.3	50.4	42.5
글라루스	41.8	24.5	28.2	25.3	32.6	34.2	41.5	39.9	33.5
추크	51.1	44.4	53.5	52.6	53.7	55.1	53.7	52.1	41.6
프리부르	45.0	39.5	41.2	45.4	48.0	47.2	47.2	43.0	44.6
졸로투른	56.1	48.3	50.0	47.4	50.7	51.7	50.2	44.8	49.9
바젤슈타트	45.0	46.8	47.4	49.6	52.4	50.3	50.4	47.7	48.7
바젤란트	44.5	41.3	41.8	44.2	49.3	48.2	46.8	42.6	44.8
샤프하우젠 (의무투표제)	69.0	64.4	61.9	63.2	65.3	60.8	62.6	59.7	63.3
아펜첼아우서로덴	44.5	48.8	51.2	49.3	33.3	47.5	47.1	41.3	45.4
아펜첼이너로덴	39.9	17.4	51.5	35.1	21.1	37.3	36.7	48.7	36.0
장크트갈렌	42.9	41.0	43.6	42.8	46.8	46.8	46.5	41.9	44.0
그라우뷘덴	37.9	36.7	40.6	39.1	41.9	45.1	46.0	42.9	41.3
아르가우	42.3	42.1	42.0	42.3	47.9	48.5	48.3	44.7	44.8
투르가우	47.1	44.1	44.6	42.9	46.9	46.7	46.6	42.4	45.2
티치노	67.5	52.8	49.7	48.6	47.4	54.3	54.4	49.8	53.1
보	37.4	32.9	31.5	42.7	44.3	41.6	42.9	41.4	39.3
발레	60.3	55.0	52.7	53.6	59.8	61.8	59.8	54.1	57.1
뇌샤텔	38.1	31.9	34.0	50.4	50.2	42.4	41.8	40.2	41.1
제네바	39.6	35.6	36.3	45.9	46.7	42.4	42.9	38.2	40.9
쥐라	43.4	42.4	40.9	46.6	44.0	44.4	54.3	42.6	44.8
스위스	46.0	42.2	43.3	45.2	48.3	48.5	48.5	45.1	45.9

자료: http://www.politik-stat.ch/nrw2003CHwb_de.html; https://www.wahlen.admin.ch/de/zh/ (2022. 3. 10. 최종 확인) 참조하여 필자 작성.

투표율이 낮은 이유 중 하나로 잦은 국민(주민)투표를 들 수 있다. 1년에 3~4회 실시되는 국민투표, 칸톤과 코뮌의 주민투표를 합하면 유권자들은 수 많은 투표권을 행사하고 있다.[20] 저조한 투표율 문제를 해결하기 위해 일반적 인 우편투표를 1990년대 도입해 대부분의 유권자들이 사용하는 투표방법이 됐다. 또한 전자투표를 도입하기 위해 2000년대 초반부터 시범사업을 실시했지만, 2022년 3월 현재 중단된 상태다.

연구에 따르면 유권자의 26%는 정기적으로 투표에 참여하는 '단골 투표자'이고, 유권자의 56%는 안건의 내용과 난이도에 따라 투표에 참여하는 '선택적 투표자'이다. 나머지 18%는 투표에 전혀 참여하지 않는 '투표포기층'이다.[21] 유권자 투표에 대한 다른 연구에 따르면 장크트갈렌시 유권자의 1/4은 항상 투표하고, 1/4은 투표를 하지 않으며, 나머지 50%는 선택적으로 투표하는 것으로 나타났다.[22]

교육수준이 높고 소득이 많은 중년 남성일수록 투표율이 높은 반면, 교육수준이 낮고, 소득이 적으며, 젊은 유권자일수록 투표율이 낮았다. 이처럼 투표율은 교육, 소득, 연령 등에 따라 좌우된다.[23]

2. 선거운동 비용

선거운동은 연방으로부터 예산지원을 받지 않고, 개인이나 기업의 기부금, 당비 등으로 충당한다. 선거자금의 모집규모는 대체로 상한이 없고 집행내역 등이 공개되지 않는다.[24] 선거자금 기부자의 신상을 공개할 경우 프라이버시가 침해되고, 익명 기부가 줄어들 것이라고 반대하기 때문이다.[25] 더욱이 연방 법률에는 선거비용 지출과 통제에 관한 특별한 규정이 없고, 선거비용의 공개 요건도 없기에 불투명하게 운용된다는 지적이 있다.

연방법무·경찰부[26]가 의뢰한 연구결과에 따르면, 2011년 10월 하원선거 전 3개월 동안 선거유세를 위해 4,200만 프랑(537억 원)이 지출됐다. 이 비용에는 정당과 후보자의 각종 광고, 현수막, 웹 광고 비용이 포함되지만, 선거운동의 기획 및 구상 비용 등은 제외됐다.

또한 후보자에 대한 설문조사 결과, 정당지출을 제외한 선거에 출마한 모든 후보자의 선거비용이 3,050만 프랑(390억 원)에 달했고, 이러한 선거비용은 과거와 비교할 때 뚜렷하게 증가했다.

2011년 연방선거의 정당별 지출내역을 살펴보면, 스위스국민당 1,300만 프랑(166억 원), 자민당 850만 프랑(109억 원), 사민당 330만 프랑(42억 원), 녹색당 100만 프랑(13억 원)을 각각 지출한 것으로 나타났다. 스위스국민당의 선거비용 지출이 다른 모든 정당의 지출을 합친 것보다 많았다.[27]

2015년 연방선거에서는 4개 주요 정당이 2,532만 프랑(324억 원)을 지출한 것으로 조사됐다. 스위스국민당은 41.8%인 1,057만 프랑(135억 원), 자민당은 35.9%인 908만 프랑(116억 원), 기민당은 12.9%인 327만 프랑(42억 원), 사민당은 9.5%인 240만 프랑(31억 원)을 각각 지출했다.[28]

언론사 조사에 따르면 2019년 하원선거에서 정당(중앙당)이 사용한 선거비용은 800만 프랑(102억 원)이었다. 자민당은 300~350만 프랑(38~45억 원), 사민당은 140만 프랑(18억 원), 기민당은 200만 프랑(26억 원), 녹색당은 18만 프랑(2억 원), 녹색자유당은 60만 프랑(8억 원), 보수민주당은 60~70만 프랑(8~9억 원)이었다(스위스국민당은 비공개).[29]

그러나 스위스방송공사의 설문조사에 따르면 이러한 비용 외에 지역별 칸톤정당의 선거비용까지 고려하면 2019년 하원선거에 최소 1,700만 프랑(217억 원)이 집행될 것으로 예상했다.[30]

[표 47] 주요 정당별 연방선거 운동비용

구분	스위스국민당(SVP)	자민당(FDP)	사민당(SP)	기민당(CVP)	녹색당(GPS)
2011년 선거	1,300만 프랑 (166억 원)	850만 프랑 (109억 원)	330만 프랑 (42억 원)	–	100만 프랑 (13억 원)
2015년 선거	1,057만 프랑 (135억 원)	908만 프랑 (116억 원)	240만 프랑 (31억 원)	327만 프랑 (42억 원)	–
(비율)	41.8%	12.9%	35.9%	9.5%	
2019년 선거 (중앙당)	비공개	300~350만 프랑 (38~45억 원)	140만 프랑 (18억 원)	200만 프랑 (26억 원)	18만 프랑 (2억 원)

자료: 필자 작성

또한 언론보도에 따르면 2011년 연방선거에 출마한 후보자가 당선되기 위해 지출한 칸톤별 선거비용은 취리히 칸톤 200,000 프랑(2억 5,600만원), 보·제네바·발레 칸톤 50,000(6,400만 원)~60,000 프랑(7,680만 원), 작은 규모 칸톤 10,000프랑(1,280만 원)으로 나타났다.[31]

연방법무·경찰부가 의뢰한 결과에 따르면, 2011년 하원선거에 출마한 후보자는 평균적으로 선거운동에 7,000프랑(895만 원)을 지출했지만, 당선된 후보자의 경우 평균적으로 38,000프랑(4,860만 원)을 지출한 것으로 나타났다. 규모가 큰 칸톤에 출마하는 후보자의 선거비용이 매우 높았고, 10만 프랑(1억 2,800만 원)을 초과하는 선거비용을 지출하기도 했다.

2015년 하원선거에 출마한 후보자는 1명당 평균 7,500프랑(960만 원)을 지출했다.[32] 2019년 하원선거에 4,645명의 후보자가 출마한 상황을 고려하면 모든 후보자가 지출한 선거비용은 3,483만 프랑(445억 원) 이상으로 예상된다.[33]

제 5 장

칸톤 및 코뮌 선거

제1절 칸톤 선거

1. 칸톤의원 선거

연방헌법 제51조에 따라 연방은 칸톤헌법을 보장하고, 칸톤은 민주주의적 칸톤헌법을 가지며 자유롭게 칸톤사무에 관한 참정권 행사를 결정한다(연방헌법 제39조 제1항). 연방헌법에 따라 26개 칸톤이 자율적인 선거로 칸톤의원을 선출하고, 칸톤의회를 구성한다.

연방의회는 양원제이지만, 26개 칸톤의회는 모두 단원제로 운영한다. 칸톤의회는 칸톤정부나 칸톤의원이 제출한 칸톤법안을 심의하고, 칸톤예산안과 결산을 의결하며, 칸톤정부에 대한 총괄적인 감독권을 행사한다.

칸톤의회를 독일어권 칸톤에서는 Kantonsrat, Grosser Rat, Landrat로, 프랑스어권 칸톤에서는 Grand Conseil로, 이탈리아어권 칸톤에서는 Gran Consiglio로, 쥐라 칸톤에서는 Parlement로 하는 등 그 표현이 다르다.

각 칸톤은 행정단위, 거주인구, 면적 등을 고려해 자체적으로 각 칸톤별 칸톤의원수를 칸톤헌법으로 결정한다. 인구가 가장 많은 취리히 칸톤의회는 180석으로 가장 많고(취리히 칸톤헌법 제50조 제2항), 아펜첼이너로덴 칸톤의회는 50석으로 가장 적다(아펜첼이너로덴 칸톤헌법 제22조 제1항).

26개 칸톤 중 22개 칸톤은 칸톤의원의 임기가 4년이고, 4개 칸톤(프리부르, 제네바, 쥐라, 보)은 칸톤의원의 임기가 5년이다.[1]

24개 칸톤은 비례대표제 방식으로 칸톤의원을 선출하고, 2개 칸톤(아펜첼이너로덴, 그라우뷘덴)은 다수대표제로 선출한다.[2] 예컨대 바젤란트 칸톤은 정치적 권리에 관한 바젤란트 칸톤법률 제32조에 따라 칸톤의원을 비례대표로 선출한다.

26개 칸톤의회 중 20개 칸톤의회는 칸톤의원의 임기제한이 없지만, 6개 칸톤의회(옵발덴, 바젤슈타트, 바젤란트, 글라루스, 아펜첼이너로덴, 쥐라)는 임기 또는 연령을 제한한다.

옵발덴, 바젤슈타트, 바젤란트 칸톤의원은 4선(16년)까지 활동할 수 있고,[3] 글라루스 칸톤의원은 3선(12년)까지 활동할 수 있다. 아펜첼이너로덴 칸톤의원은 임기 제한이 없는 대신 70세까지 활동할 수 있는 연령제한을 둔다.

쥐라 칸톤의원은 연속해서 2번만 재선될 수 있다(쥐라 칸톤헌법 제66조 제1항). 쥐라 칸톤의장과 부의장은 다음 연도에 동일 직위에 재선될 수 없다(쥐라 칸톤헌법 제66조 제3항).[4]

제네바 칸톤은 칸톤헌법, 칸톤법률에 칸톤의원의 임기나 연령에 관한 제한 규정은 없고, 일부 정당이 칸톤정당 차원에서 칸톤의원의 활동을 3선으로 제한한다.

[표 48] 26개 칸톤의회 현황(명칭, 임기 등)

연번	칸톤명	칸톤의회명칭	선출방식	의원정수(명)	임기(년)	임기제한	차기 선거일	선거후임기개시일	선서(서약)여부
1	취리히	Kantonsrat	비례대표	180	4	없음	2023. 봄	5월 첫째 월요일	선서(oath)
2	베른	Grosser Rat (독일어) Grand Conseil (프랑스어)	비례대표	160	4	없음	2022.3.27.	6.1.	선서, 서약(vow)[5]
3	루체른	Kantonsrat (2007년까지 Grosser Rat)	비례대표	120	4	없음	2023. 봄 (5월 이전)	6월 말	선서, 서약
4	우리	Landrat	비례대표	64	4	없음	2024. 봄	6.1.	선서, 서약
5	슈비츠	Kantonsrat	비례대표	100	4	없음	2024. 3.	6.20.~ 6.30. 사이	선서, 서약
6	옵발덴	Kantonsrat	비례대표	55	4	16년	2022.3.13.	6월 마지막 주	선서, 서약
7	니트발덴	Landrat	비례대표	60	4	없음	2022.3.13.	7.1.	선서, 서약

연번	칸톤명	칸톤의회 명칭	선출 방식	의원정수 (명)	임기 (년)	임기 제한	차기 선거일	선거후 임기개시일	선서 (서약) 여부
8	글라루스	Landrat	비례 대표	60	4	12년	2022.5.15.	6월	선서, 서약
9	추크	Kantonsrat	비례 대표	80(70~80)	4	없음	2022.10.2.	12월 의회 구성일	선서, 서약
10	프리부르	Grand Conseil (프랑스어) Grosser Rat (독일어)	비례 대표	110	5	없음	2026.11.	1.1	선서, 서약
11	졸로투른	Kantonsrat	비례 대표	100	4	없음	2025.3.	의회 구성일	선서
12	바젤슈타트	Grosser Rat	비례 대표	100	4	4선	2024.10.	2.1. (2021.2.1. ~2025.1.31.)	없음
13	바젤란트	Landrat	비례 대표	90	4	4선	2023. 봄	7.1.	선서, 서약
14	샤프하우젠	Kantonsrat	비례 대표	60	4	없음	2024.9.	1.1.	선서
15	아펜첼아우서로덴	Kantonsrat	비례 대표	65	4	없음	2023. 봄	6월	선서, 서약
16	아펜첼이너로덴	Grosser Rat	다수 대표	50	4	임기 제한 없음. 70세 연령 제한	2023.10.	5월 첫째 주 (란츠게마인데)	없음
17	장크트갈렌	Kantonsrat	비례 대표	120	4	없음	2024. 2월 또는 3월	6월	선서, 서약
18	그라우뷘덴	Grosser Rat (독일어) Gran Consiglio (이탈리아어) Cusegl grond (레토로망스어)	다수 대표	120	4	없음	2022.5.15.	8.1.	선서, 서약
19	아르가우	Grosser Rat	비례 대표	140	4	없음	2024.10.	2025. 1.1.	선서, 서약
20	투르가우	Grosser Rat	비례 대표	130	4	없음	2024.3.	5월중순 (의회구성)	선서

연번	칸톤명	칸톤의회 명칭	선출 방식	의원정수 (명)	임기 (년)	임기 제한	차기 선거일	선거후 임기개시일	선서 (서약) 여부
21	티치노	Gran Consiglio	비례 대표	90	4	없음	2023. 봄	5월(선거일 후 30일이내)	서약
22	보	Grand Conseil	비례 대표	150	5	없음	2022.3.20.	6월 마지막주 ~7월 첫째주	선서, 서약
23	발레	Grand Conseil (프랑스어) Grosser Rat (독일어)	비례 대표	130 (대체위원 130)	4	없음	2025.3.2.	2025.4.14.	선서, 서약
24	뇌샤텔	Grand Conseil	비례 대표	100	4	없음	2022.3.13.	7.1.	선서, 서약
25	제네바	Grand Conseil	비례 대표	100	5	없음 (일부 정당 3선 제한)	2023.4.	5월	선서, 서약
26	쥐라	Parlement	비례 대표	60	5	연속 2선까지	2025.10.19	12월 셋째주	선서
합계			비례 대표 24개, 다수 대표 2개	2,594	4년 22개, 5년 4개	임기·연령 제한 없음 20개, 제한 6개			선서, 서약

자료: 칸톤의회 사무국 협의회(KoRa) 홈페이지 등을 참조해 필자 재구성

연방대법원에 따르면 비례대표제를 적용하는 경우 선거결과가 연방헌법 제8조에 규정된 평등원칙, 제34조 제2항에 규정된 참정권 원칙에 위배되지 않아야 한다.[6] 연방대법원은 표의 등가성을 해친다는 이유로 10석 미만의 소규모 선거구를 가지는 칸톤과 코뮌에서 다양한 방식으로 선거를 치르는 것을 부분적으로 금지했다. 이에 따라 역사적·문화적·언어적·인종적·종교적 이유로 정당성이 인정되는 경우에만 소규모 선거구가 예외적으로 인정된다.[7]

또한 칸톤의원 및 코뮌의원 선거에 적용되는 비례대표제 선출 방식은 선거구 획정을 배제하지 않는다. 연방대법원 판결에 따라 적어도 10% 득표를 얻은 칸톤 정당은 칸톤의회 및 코뮌의회에서 1석을 가진다.[8]

한편 칸톤선거에 출마하기 위해서는 일정수 이상의 유권자 서명을 필요로
한다. 예컨대 제네바 칸톤선거에 출마하기 위해서는 칸톤 유권자 50명의 서
명을 얻어야 하고(정치적 권리행사에 관한 제네바 칸톤법률 제25조 제3항),
니트발덴 칸톤은 1명의 서명을 얻어야 한다.

2. 칸톤정부 선거

연방의 집행부인 연방각료는 국민이 직접 선출하지 않고 연방의회가 선출
한다. 연방각료의 직접선출과 관련해 세 차례의 국민발안이 제기됐으나 모두
부결됐다. 국민 대부분은 아직까지 연방각료의 직접선출을 선호하지 않는 것
같다.[9]

칸톤 정부는 칸톤주민이 직접 선출한다. 주민이 직접 선출하는 칸톤의회는
칸톤의 입법기관이고, 칸톤정부는 칸톤의 행정을 집행하는 기관이다. 칸톤정
부는 1명이 아닌 5~7명으로 구성된다는 점에서 연방각료 7명으로 구성되는
연방각료회의와 유사하다. 현재 칸톤정부의 구성원은 14개 칸톤이 7명으로,
12개 칸톤이 5명으로 하고 있다.

칸톤정부를 독일어권 칸톤에서는 Regierungsrat, Regierung, Staatsrat,
Standeskommission로, 프랑스어권 칸톤에서는 Conseil d'État, Conseil
exécutif로, 이탈리아어권 칸톤에서는 Governo, Consiglio di Stato로, 쥐라 칸
톤에서는 Gouvernement로 하는 등 그 표현이 다르다.

22개 칸톤은 4년마다 칸톤정부 구성원을 선출하지만, 4개 칸톤(프리부르,
보, 제네바, 쥐라)은 해당 칸톤의회와 마찬가지로 5년마다 선출한다.

공용어가 2개 이상인 칸톤[10]에서는 각 언어권을 대표할 수 있는 칸톤정부위
원을 선출할 수 있다. 독일어와 프랑스어가 공용어인 베른 칸톤에서는 7명의
칸톤정부 위원 중 1명을 소수 언어권(프랑스어권) 출신으로 선출한다.[11]

25개 칸톤정부 선거는 '다수대표제' 방식으로 실시하고, 티치노 칸톤은 '비례대표제' 방식으로 실시한다(정치적 권리에 관한 티치노 칸톤법률[12] 제27조).[13] 절대다수 대표제를 적용하는 칸톤은 후보자가 과반수를 얻지 못할 경우 2차 투표(결선 투표)를 실시한다. 2차 투표에는 절대다수가 아닌 상대 다수를 필요로 하므로 2번에 걸친 선거로 마무리된다.

예컨대 보 칸톤정부 선거는 2022년 3월 20일(일) 보 칸톤의원 선거와 동시에 실시되고, 보 칸톤정부 선거의 2차 투표는 3주 뒤인 4월 10일(일) 실시된다.[14]

[표 49] 26개 칸톤정부 현황(명칭, 임기 등)

연번	칸톤명	칸톤정부 명칭	선출방식	정부구성원 (명)	임기 (년)	최근 선거(년)
1	취리히	Regierungsrat	다수대표제	7	4	2019
2	베른	Regierungsrat (독일어) Conseil exécutif (프랑스어)	다수대표제	7	4	2018
3	루체른	Grosser Rat Regierungsrat	다수대표제	5	4	2019.3.31
4	우리	Regierungsrat	다수대표제	7	4	2020
5	슈비츠	Regierungsrat	다수대표제	7	4	2020
6	옵발덴	Regierungsrat	다수대표제	5	4	2018
7	니트발덴	Regierungsrat	다수대표제	7	4	2018
8	글라루스	Regierungsrat	다수대표제	7	4	2018
9	추크	Regierungsrat	다수대표제	7	4	2018
10	프리부르	Conseil d'État (프랑스어) Staatsrat (독일어)	다수대표제	7	5	2021
11	졸로투른	Regierungsrat	다수대표제	5	4	2021
12	바젤슈타트	Regierungsrat	다수대표제	7	4	2020
13	바젤란트	Regierungsrat	다수대표제	5	4	2019
14	샤프하우젠	Regierungsrat	다수대표제	5	4	2020
15	아펜첼아우서로덴	Regierungsrat	다수대표제	7	4	2019

연번	칸톤명	칸톤정부 명칭	선출방식	정부구성원 (명)	임기 (년)	최근 선거(년)
16	아펜첼이너로덴	Standeskommission	다수대표제	7	4	2019
17	장크트갈렌	Regierung	다수대표제	7	4	2020
18	그라우뷘덴	Regierung (독일어) Governo (이탈리아어) Regenza (레토로망스어)	다수대표제	5	4	2018
19	아르가우	Regierungsrat	다수대표제	5	4	2020.10.18
20	투르가우	Regierungsrat	다수대표제	5	4	2020
21	티치노	Consiglio di Stato	비례대표제	5	4	2019
22	보	Conseil d'État	다수대표제	7	5	2017
23	발레	Conseil d'État (프랑스어) Staatsrat (독일어)	다수대표제	5	4	2021
24	뇌샤텔	Conseil d'État	다수대표제	5	4	2021.4.18.
25	제네바	Conseil d'État	다수대표제	7	5	2018.4.15.
26	쥐라	Gouvernement	다수대표제	5	5	2020.10.18
합계			다수대표제: 25개 비례대표제: 1개	7명: 14개 5명: 12개	4년: 22개, 5년: 4개	

자료: 칸톤 홈페이지, 위키피디아 검색 등 참조해 필자 재구성[15]

한편, 쥐라 칸톤정부 구성원은 2번만 재선될 수 있다(쥐라 칸톤헌법 제66조 제2항). 쥐라 칸톤정부의 대표·부대표, 칸톤법원의 법원장·부원장은 다음 연도에 동일 직위에 재선될 수 없다(쥐라 칸톤헌법 제66조 제3항).

또한 글라루스 칸톤의 경우 칸톤정부 구성원, 칸톤법원장, 칸톤법관이 65세에 도달하면 다음 연도의 란츠게마인데 또는 6월 말에 퇴직한다. 후임자의 임기는 7월 1일부터 시작한다(글라루스 칸톤헌법 제78조 제5항).

제2절 제네바 칸톤선거 사례

1. 제네바 칸톤선거 개요

제네바 칸톤 주민은 제네바 칸톤 소속 상원의원 2명, 칸톤의원 100명, 칸톤정부 구성원 7명, 칸톤법관 500여명, 회계감사관[16] 6명(대체 감사관 3명 포함)을 직접 선출한다(제네바 칸톤헌법 제52조 제1항). 하원선거와 동시에 임기 4년의 상원의원을 다수대표제 방식으로 선출한다(제네바 칸톤헌법 제52조 제2항).

제네바 칸톤에 주소지를 둔 18세 이상 스위스 국민은 제네바 칸톤에서 투표권을 행사할 수 있다. 또한 재외국민도 주재국 관할 대사관을 통해 제네바 선거인명부에 등록된 경우 선거권이 부여된다(제네바 칸톤헌법 제48조 제1항).

제네바 칸톤의 선거와 관련된 사항은 제네바 칸톤헌법, 정치적 권리 행사에 관한 제네바 칸톤법률, 정치적 권리 행사에 관한 제네바 칸톤법률 시행령,[17] 공무상 행위의 형식·발표 및 공포에 관한 제네바 칸톤법률,[18] 사법부 조직에 관한 제네바 칸톤법률,[19] 행정절차에 관한 제네바 칸톤법률[20] 등에 규정돼 있다.

제네바 칸톤의회는 비례대표제 선출방식을 적용해 5년마다 선출되는 칸톤의원 100명으로 구성된다(제네바 칸톤헌법 제81조). 유효득표의 7% 미만을 얻은 정당은 칸톤의회에서 의석을 얻지 못한다(제네바 칸톤헌법 제54조 제2항).

제네바 칸톤정부는 절대다수대표제 방식으로 5년마다 선출되는 7명의 정부위원으로 구성된다(제네바 칸톤헌법 제102조 제1항·제2항). 제네바 칸톤의원 선거일에 칸톤정부 선거가 함께 실시된다(제네바 칸톤헌법 제102조 제2항).

1차 투표에서 유효표의 절대다수표(50%+1표)를 얻은 후보자가 선출되고(제네바 칸톤헌법 제55조 제2항), 절대다수표를 얻은 후보자가 없으면 2차 투표가 실시된다. 2차 투표에서는 다수표를 얻은 후보자가 선출된다(제네바 칸톤헌법 제55조 제3항).

예를 들면 2018년 4월 15일(일) 제네바 칸톤정부 선거가 실시돼 유효표의 절대다수(49,011표)인 50,180표를 얻은 후보자 1명(MAUDET Pierre)이 선출됐다(투표율 38.8%).[21] 나머지 칸톤정부 구성원 6명을 선출하기 위한 2차 투표는 3주 후인 5월 6일(일) 실시돼 11명의 후보자 중 6명이 득표순으로 선출됐다.[22]

[그림 28] 2018년 5월 6일 제네바 칸톤정부 2차투표의 투표봉투와 투표용지

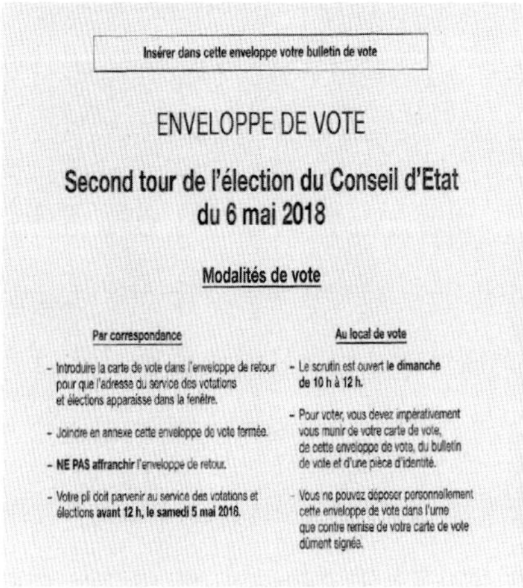

Insérer dans cette enveloppe votre bulletin de vote

ENVELOPPE DE VOTE

Second tour de l'élection du Conseil d'Etat
du 6 mai 2018

Modalités de vote

Par correspondance

- Introduire la carte de vote dans l'enveloppe de retour pour que l'adresse du service des votations et élections apparaisse dans la fenêtre.
- Joindre en annexe cette enveloppe de vote fermée.
- **NE PAS affranchir** l'enveloppe de retour.
- Votre pli doit parvenir au service des votations et élections **avant 12 h, le samedi 5 mai 2018.**

Au local de vote

- Le scrutin est ouvert le **dimanche de 10 h à 12 h.**
- Pour voter, vous devez impérativement vous munir de votre carte de vote, de cette enveloppe de vote, du bulletin de vote et d'une pièce d'identité.
- Vous ne pouvez déposer personnellement cette enveloppe de vote dans l'urne que contre remise de votre carte de vote dûment signée.

결선 투표봉투

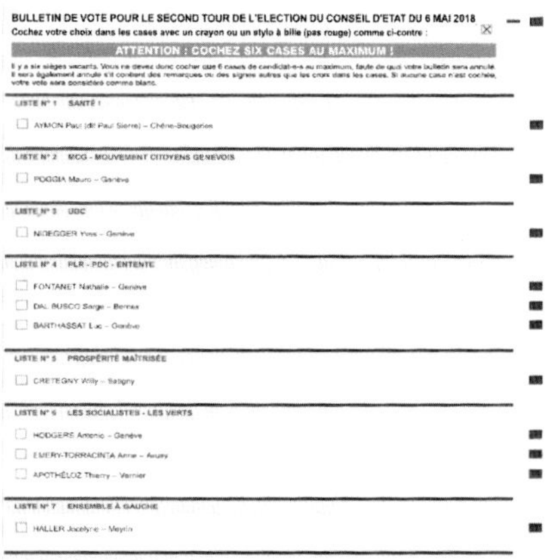

BULLETIN DE VOTE POUR LE SECOND TOUR DE L'ELECTION DU CONSEIL D'ETAT DU 6 MAI 2018
Cochez votre choix dans les cases avec un crayon ou un stylo à bille (pas rouge) comme ci-contre :

ATTENTION : COCHEZ SIX CASES AU MAXIMUM !

Il y a six sièges vacants. Vous ne devez donc cocher que 6 cases de candidat-e-s au maximum, faute de quoi votre bulletin sera annulé. Il sera également annulé s'il contient des remarques ou des signes autres que les croix dans les cases. Si aucune case n'est cochée, votre vote sera considéré comme blanc.

LISTE N° 1 SANTÉ !
- AYMON Paul (dit Paul Sierre) – Chêne-Bougeries

LISTE N° 2 MCG - MOUVEMENT CITOYENS GENEVOIS
- POGGIA Mauro – Genève

LISTE N° 3 UDC
- NIDEGGER Yves – Genève

LISTE N° 4 PLR - PDC - ENTENTE
- FONTANET Nathalie – Genève
- DAL BUSCO Serge – Bernex
- BARTHASSAT Luc – Genève

LISTE N° 5 PROSPÉRITÉ MAÎTRISÉE
- CRETEGNY Willy – Satigny

LISTE N° 6 LES SOCIALISTES - LES VERTS
- HODGERS Antonio – Genève
- EMERY-TORRACINTA Anne – Avully
- APOTHÉLOZ Thierry – Vernier

LISTE N° 7 ENSEMBLE À GAUCHE
- HALLER Jocelyne – Meyrin

결선 투표용지

제네바 칸톤은 절대다수 대표제 방식을 통해 칸톤법관 선거를 6년마다 실시한다(제네바 칸톤헌법 제122조 제1항). 제네바 칸톤법원은 민사, 형사, 행정 부분 등으로 구성되는데(제네바 칸톤헌법 제116조 제1항), 민사부 41명, 형사부 66명, 소년부 23명 등 약 500명의 칸톤법관을 선출한다.[23]

2008년에는 칸톤법관에 대한 선거가 실시됐지만, 2014년 4월 13일과 2020년 4월 26일 실시된 선거에서는 '묵시적 선출[24]'이 이루어졌다.[25] 묵시적 선출은 입후보자수와 선출될 의석수가 동일한 경우 선거가 생략되는 경우를

말한다(제네바 칸톤헌법 제55조 제5항 전단). 묵시적 선출은 상원의원, 칸톤정부, 코뮌집행부 선거의 1차 투표에는 적용되지 않는다(제네바 칸톤헌법 제55조 제5항 후단).

또한 제네바 칸톤은 절대다수 대표제 방식을 적용해 6년 임기의 회계감사관을 선출한다(제네바 칸톤헌법 제129조). 2018년 9월 23일 실시된 회계감사관 선거에서는 회계감사관 3명과 대체 회계감사관 3명을 선출했다. 입후보자 수와 선출될 의석수가 동일했기 때문에 묵시적 선출방식이 적용됐다.[26]

한편, 코뮌의회는 코뮌의 의결기관이고, 칸톤법률로 코뮌의 인구수에 따른 코뮌의회의 정수를 규정한다. 코뮌의회는 비례대표제 방식을 적용해 5년 임기로 구성된다(제네바 칸톤헌법 제140조). 코뮌집행부는 합의제 집행기관이고, 다수대표제 방식을 통해 5년 임기로 구성된다(제네바 칸톤헌법 제141조).

[표 50] 제네바 칸톤의 유형별 선거

| 구분 | 칸톤 선거 | | | | | 코뮌 선거 | | 칸톤 주민 투표 | 코뮌 주민 투표 |
	상원의원	칸톤의회	칸톤 정부	칸톤 법관	회계 감사관	코뮌의회	코뮌 집행부		
선출 방식	다수 대표제 (2차투표)	비례 대표제	다수 대표제 (2차투표)	다수 대표제 (2차투표)	다수 대표제 (2차투표)	비례 대표제	다수 대표제 (2차투표)	-	-
임기	4년	5년	5년	6년	6년	5년	5년	-	-
정원	2명	100명	7명	500명	6명(대체 3명포함)		2~5명	-	-
선거일	'19.10.20 (하원선거일) '19.11.10. (2차)	'18.4.15.	'18.4.15. '18.5.6. (2차)	'20.4.26.	'18.9.23.	'20.3.15. (칸톤의원 선거와 번갈아)	'20.3.15. '20.4.5. (2차)	-	-
묵시적 선출	×	○	×	○	○	○	×	-	-
재외국민선거권	○	○	○	○	○	×	×	○	×
외국인선거권	×	×	×	×	×	○	○	×	○

자료: 제네바 칸톤법령, 홈페이지(https://www.ge.ch/statistique/domaines/17/17_02/tableaux.asp#27) 등 참조해 필자 작성

2. 제네바 칸톤선거 준비

가. 선거관리위원회 구성 및 선거일

제네바 칸톤선거는 제네바 칸톤 선거관리위원회[27]가 담당한다. 선거관리위원회는 제네바 칸톤의회에 의석이 있는 각각의 정당이 추천하는 1명, 칸톤정부가 추천하는 전문가(독립 위원)[28] 4명을 합한 위원으로 구성하되, 예비적으로 칸톤정부가 지명하는 대체 위원[29] 5명을 둔다(정치적 권리행사에 관한 제네바 칸톤법률 제75조의a 제2항). 2022년 현재 제네바 칸톤 선거관리위원회는 7개 칸톤정당이 각각 추천한 위원 7명, 칸톤정부가 추천한 4명을 합한 11명의 위원으로 구성하되, 5명의 대체위원이 있다.[30]

제네바 칸톤 선거관리위원회는 선거가 절차에 위반되지 않고 원활하게 운용되도록 감독한다(정치적 권리행사에 관한 제네바 칸톤법률 제75조의a). 또한 전자투표가 합법적으로 진행되는지의 감독, 전자투표의 기술적 수단 통제, 유권자에 대한 전자투표 교육을 관할한다(정치적 권리행사에 관한 제네바 칸톤법률 제75조의b). 제네바 칸톤 사무국[31]은 투표소 지정, 선거관리 인력 배치, 지역투표소 관리, 선거관련 답변 등 선거관리를 실질적으로 담당한다.

제네바 칸톤 선거관리위원회는 코뮌별로 선거를 감독할 코뮌 선거관리위원회를 둔다. 코뮌의회 가을 정기회에서 다음연도 코뮌 선거관리위원회의 위원장, 부위원장 및 직무대행자를 임명한다. 코뮌 선거관리위원은 코뮌 유권자 중에서 임명되지만(정치적 권리행사에 관한 제네바 칸톤법률 제33조), 코뮌의원, 후보자 및 칸톤 선거관리위원은 코뮌 선거관리위원회 위원으로 활동할 수 없다(정치적 권리행사에 관한 제네바 칸톤법률 제32조, 제39조).

코뮌 선거관리위원회의 위원장, 부위원장은 투표용지를 관리하고, 투표소의 안전을 확보하며, 이의신청을 받고, 투표결과의 유효성을 결정하며, 투표함을 봉인하는 등 선거관리를 담당한다(정치적 권리행사에 관한 제네바 칸톤법률 제41조).

제네바 선거관리위원회는 칸톤정부 인터넷 홈페이지나 우편을 통해 정당 및 후보자의 입후보에 필요한 서류를 제공한다. 정당 및 후보자는 입후보 서류를 제네바 선거관리위원회 사무국에 일정 기한 내 우편으로 또는 직접 제출할 수 있다.

한편, 칸톤선거는 가능한 한 연방선거와 동시에 실시한다. 칸톤정부는 늦어도 선거일 15주 전에 칸톤선거일을 결정하지만, 긴급 상황 등 예외적인 경우 칸톤선거일을 최대 3개월까지 앞당기거나 연기할 수 있다(정치적 권리행사에 관한 제네바 칸톤법률 제19조). 칸톤에서 실시되는 연간 선거일정은 각 코뮌에 통지된다(정치적 권리행사에 관한 제네바 칸톤법률 시행령[32] 제6조). 칸톤정부는 코뮌과 협의해 선거구를 획정[33]한다(정치적 권리행사에 관한 제네바 칸톤법률 제18조 제1항).

나. 유권자 및 선거인명부

유권자는 제네바 칸톤에 거주하는 18세 이상 스위스 국적자와 재외국민이다(제네바 칸톤헌법 제48조 제1항, 정치적 권리행사에 관한 제네바 칸톤법률 제17조 제2항). 18세 이상 외국인의 경우 8년 이상 스위스에 거주한 경우 코뮌 차원의 주민발안에 투표하거나 서명할 수 있을 뿐 칸톤 차원의 선거에 투표할 수 없다(제네바 칸톤헌법 제48조 제3항).

유권자는 정치적 주소지에 있는 선거구에서 투표권을 행사한다(정치적 권리행사에 관한 제네바 칸톤법률 제17조 제1항). 정치적 주소지는 유권자가 일정 기간 지속적으로 거주하는 곳을 의미하고, 거주지가 여러 곳인 경우 주된 관계가 있는 곳을 정치적 주소지로 본다(정치적 권리행사에 관한 제네바 칸톤법률 제15조 제1항).

병원, 요양원에 있는 유권자는 신청을 통해 입원 전 정치적 주소지에 있는 선거구에서 투표할 수 있다(정치적 권리행사에 관한 제네바 칸톤법률 제17조 제3항). 행방불명자의 참정권은 사법당국의 결정에 따라 정지될 수 있다(제네바 칸톤헌법 제48조 제4항).

제네바 칸톤 주민사무국은 칸톤의 선거인명부를 직권으로 등록·관리한다(정치적 권리행사에 관한 제네바 칸톤법률 제4조 제1항). 제네바 칸톤 선거관리위원회는 재외국민의 임시선거인명부[34]를 등록·관리한다(정치적 권리행사에 관한 제네바 칸톤법률 제4조 제2항). 선거인명부는 매 선거마다 작성된다(정치적 권리행사에 관한 제네바 칸톤법률 제4조 제3항).

유권자의 주소지가 변경된 때에는 유권자의 별도 신청 없이 등록·관리되고, 등록사실이 유권자에게 통지된다(정치적 권리행사에 관한 제네바 칸톤법률 제8조). 재외국민이 참정권 행사를 포기하거나 투표(선거)자료가 3회 연속 반송되는 경우 선거인명부에서 삭제된다(스위스 재외국민 및 기관에 관한 연방법 제19조 제3항).

유권자는 칸톤 주민사무국이나 코뮌 주민등록사무소에서 선거인명부를 열람할 수 있고, 선거인명부는 선거일 5일 전에 확정된다(정치적 권리행사에 관한 제네바 칸톤법률 제12조, 제14조). 선거인명부에 등록된 유권자는 매 선거마다 투표카드를 수령한다(정치적 권리행사에 관한 제네바 칸톤법률 제6조).

다. 후보자명부

칸톤의원 선거의 후보자명부에는 15명 이상의 후보자가 기재되고, 제출 일자에 따라 후보자명부에 기호가 부여된다(정치적 권리행사에 관한 제네바 칸톤법률 제149조). 각 정당별 후보자명부에는 1인의 대표자와 대리인이 지정된다(정치적 권리행사에 관한 제네바 칸톤법률 제27조).

다수의 후보자명부에 등록된 후보자는 그 중에 1개를 선택하고, 다른 후보자명부에 등록된 이름은 삭제된다. 후보자의 선택은 후보자명부 제출기간 종료 후 24시간 내에 이루어지고, 후보자 선택이 없는 경우 칸톤 사무국의 추첨을 통해 1개를 선택한다(정치적 권리행사에 관한 제네바 칸톤법률 제150조).

후보자명부에 등재되기를 원하지 않는 후보는 후보자명부 제출 2일 후 오전까지 칸톤 선거관리위원회에 서면으로 통지한다. 늦어도 후보자명부 제출 3일 후 오전까지 대표자에게 즉시 통지되고, 필요한 경우 승계인에게 알릴 수 있다(정치적 권리행사에 관한 제네바 칸톤법률 제24조 제8항).

상원의원, 칸톤의원, 칸톤정부, 회계감사관, 칸톤법관, 코뮌집행부 선거의 후보자명부에는 후보자의 직업 및 직종, 주요 경력을 기재한 서류를 첨부한다(정치적 권리행사에 관한 제네바 칸톤법률 제24조 제4항).

상원의원, 칸톤정부, 회계감사관, 인구 10,000명 이상인 코뮌집행부 선거의 후보자는 추가로 ① 후보자가 소속되거나 감사로 근무하는 기업·재단이사회 또는 법인의 목록 ② 후보자가 직·간접적으로 소유하거나 지배적 영향력을 행사하는 기업목록 ③ 50,000 프랑(6,400만 원) 이상의 채무 ④ 최근 세금 납부내역 ⑤ 민사·형사·행정소송의 대상이 된 내용과 소명자료를 제출한다(정치적 권리행사에 관한 제네바 칸톤법률 제24조 제5항).

칸톤 선거관리위원회는 후보자가 제출한 자료가 불충분한 경우 후보자 등록기간 종료 후 24시간 내에 자료를 보완할 기회를 준다. 후보자의 제출자료가 보완되지 않을 경우 후보자 등록이 말소된다(정치적 권리행사에 관한 제네바 칸톤법률 제24조 제5항 후단).

또한 후보자는 자신이 제출한 서류를 칸톤 사무국이 칸톤 선거관리위원회를 통해 확인할 수 있도록 서명을 한다. 칸톤사무국은 제출자료의 오류를 발견하면 후보자 소명을 들은 후 제출자료를 보완한다(정치적 권리행사에 관한 제네바 칸톤법률 제24조 제7항).

칸톤 유권자는 후보자가 제출한 자료를 투표종료 시까지 열람할 수 있고, 선거결과의 유효성이 확인된 이후 관련 자료는 파기된다(정치적 권리행사에 관한 제네바 칸톤법률 제24조 제6항).

후보자명부 제출기간은 칸톤의원, 칸톤정부 선거의 경우 선거일 7주 전 월요일 오전까지, 칸톤정부 선거에서 2차 투표를 실시하는 경우 선거일 19일 전 화요일 오전까지이다(정치적 권리행사에 관한 제네바 칸톤법률 제24조 제1항). 후보자명부는 제출 순서대로 기호가 부여된다(정치적 권리행사에 관한 제네바 칸톤법률 시행령 제4조의a 제1항). 후보자명부에 부여된 기호는 후보자 전원이 사퇴하거나, 후보자 사퇴로 인해 최소한의 후보자를 기재할 수 없는 경우 무효가 된다(정치적 권리행사에 관한 제네바 칸톤법률 시행령 제4조의a 제2항).

한편, 칸톤선거에 출마하기 위해서는 칸톤 유권자 50명의 서명이 필요하다(정치적 권리행사에 관한 제네바 칸톤법률 제25조 제3항). 유권자는 1개의 후보자명부에만 서명할 수 있고, 후보자명부 제출 후에는 그 서명을 철회할 수 없다. 유권자가 다수의 후보자명부에 서명한 경우 먼저 제출된 후보자명부에 기재된 서명만 유효하고, 나머지 후보자명부의 서명은 무효로 한다(정치적 권리행사에 관한 제네바 칸톤법률 제26조 제1항 및 제3항).

유권자 서명명부는 선거일까지 칸톤 선거관리위원회에서 열람할 수 있고, 선거 이후 파기된다(정치적 권리행사에 관한 제네바 칸톤법률 제28조).

라. 형사처벌

허위로 투표권을 행사하거나 투표용지를 절취하거나 고의로 선거를 방해하는 경우 형사처벌을 받는다.

투표권 행사와 관련해 ① 허위 신분증을 제시하거나 타인의 신분증을 제시한 경우, ② 선거인명부의 유권자 이름을 불법적으로 삭제한 경우, ③ 권한 없이 전자투표를 실시한 경우, ④ 제3자를 위해 투표카드에 서명한 경우, ⑤ 동일한 선거에서 2회 이상 투표한 경우 벌금이 부과된다(정치적 권리행사에 관한 제네바 칸톤법률 제183조 제a호).

또한 ⑥ 투표용지와 관련해 권한 없이 투표용지를 복제하거나 위조한 경우, 권한 없이 복제하거나 위조한 투표용지를 배포한 경우, ⑦ 투표용지를 절취하거나 절취한 투표용지를 투표함에 넣은 경우, ⑧ 투표소에서 투표용지를 배포한 경우, ⑨ 유권자가 기표한 투표용지를 수정한 경우 처벌된다(정치적 권리행사에 관한 제네바 칸톤법률 제183조 제b호·제c호).

그 밖에 ① 고의로 투표함을 훼손한 경우, ② 전자투표와 관련된 전자장치를 훼손한 경우, ③ 투표용지·전자투표용지·선거인명부 및 선거결과의 작성에 필요한 서류를 훼손·변조한 경우, ④ 투표소나 투표소 근처에서 정치적 시위에 참여한 경우, ⑤ 유권자 서명을 위조·변조·조작한 경우 벌금이 부과된다(연방형법 제279조~제283조, 정치적 권리행사에 관한 제네바 칸톤법률 제183조 제d호).

[그림 29] 제네바 칸톤선거법 위반 시 형사처벌 공고

RÉPUBLIQUE ET CANTON DE GENÈVE

EXTRAIT

de la loi sur

l'exercice des droits politiques

du 15 octobre 1982

Dispositions pénales

Art. 31

¹ Tout imprimé, illustré ou non, relatif à une opération électorale et destiné à être diffusé ou exposé à la vue du public doit indiquer :
a) les nom, prénom et adresse d'une personne majeure, de nationalité suisse, domiciliée dans le canton et jouissant de ses droits politiques, qui en assume la responsabilité;
b) le nom et l'adresse de l'imprimeur.

Imprimé

² Ces conditions ne sont pas exigées :
a) pour les bulletins de vote et les bulletins électoraux;
b) supprimé
c) pour les imprimés relatifs à une opération électorale fédérale imprimés dans un autre canton. Toutefois, ces imprimés ne peuvent être diffusés dans le canton tant qu'une personne majeure, de nationalité suisse, domiciliée dans le canton, jouissant de ses droits politiques et déclarant en prendre la responsabilité, ne s'est pas annoncée au service des votations et élections.

³ L'utilisation des armoiries publiques y compris sur des supports électroniques, est interdite sauf pour les affiches officielles.

Art. 45

¹ La police du local et de ses abords appartient à la présidence qui peut requérir l'aide de la force publique

Police du local

² Toute manifestation est interdite à l'intérieur du local de vote, ainsi qu'à ses abords.

³ La récolte des signatures aux abords du local de vote est soumise à autorisation du département de la sécurité et de l'économie.

Sanctions pénales

Art. 183

Est passible de l'amende, s'il n'y a pas lieu à application des dispositions du code pénal, quiconque :

Dispositions générales

a) concernant l'exercice du droit de vote :
  1° se présente sous une fausse identité ou atteste faussement de l'identité d'un autre électeur,
  5° signe pour un tiers une demande de vote par correspondance, sauf si ce tiers est incapable de la faire lui-même pour cause d'infirmité,
  6° vote plus d'une fois dans une même opération électorale.
b) supprimé
c) concernant le bulletin de vote :
  1° reproduit sans droit ou contrefait un bulletin,
  2° distribue ou fait distribuer un bulletin reproduit sans droit ou contrefait,
  3° détourne ou soustrait des bulletins ou en ajoute aux bulletins extraits de l'urne,
  4° distribue des bulletins de vote dans les locaux de vote,
  5° modifie des bulletins mis à la disposition des électeurs dans les isoloirs;

d) concernant diverses opérations :
  1° renverse ou détruit intentionnellement une urne, ou détruit ou endommage le matériel informatique contenant des données relatives au vote électronique,
  2° détruit ou tente de détruire, altère ou tente d'altérer tout ou partie des bulletins, bulletins électroniques, registres ou pièces destinés à établir le résultat du vote,
  3° procède ou fait procéder, moyennant rétribution, à la quête de signatures en matière de référendum ou d'initiative,
  4° participe à une manifestation de caractère politique à l'intérieur du local de vote ainsi qu'à ses abords.
  5° falsifie, altère, contrefait ou reproduit la signature ou une autre mention appuyant le dépôt d'un prise de position, d'une liste de candidats, d'un référendum ou d'une initiative.

Art. 184

¹ Les présidents, les vice-présidents et les jurés qui, sans justification, ne se présentent pas ou arrivent en retard et ceux qui, pendant le cours des opérations, s'éloignent sans autorisation de la présidence sont passibles d'une amende de 100 F à 1'000 F.

Jurés électoraux

² Les dispositions de l'alinéa 1 sont affichées dans les locaux de vote et reproduites dans les citations adressées aux intéressés.

Affichage

Art. 185

¹ Tout contrevenant aux dispositions de l'article 31, alinéas 1 et 2, sera puni de l'amende.

Contrevenant à l'article 31, alinéas 1 et 2

Art. 186

Le complicité est punissable.

Complicité

Art. 187

¹ Tout contrevenant aux dispositions de l'article 31, alinéa 3, est passible d'une amende administrative d'au maximum 60 000 F.

Utilisation illicite des armoiries publiques - amende administrative

² En cas de récidive, l'amende est au minimum de 5 000 F.
³ De plus, si l'infraction émane d'un parti politique, association ou groupement, la participation de l'Etat aux frais électoraux n'est pas due.
⁴ Les décisions définitives infligeant une amende administrative en application de la présente loi sont assimilées à des jugements exécutoires au sens de l'article 80 de la loi fédérale sur la poursuite pour dettes et la faillite, du 11 avril 1889.

CHANCELLERIE D'ETAT
SERVICE DES VOTATIONS ET ÉLECTIONS

NOVEMBRE 2015

자료: 필자 촬영(2017.9.24.)

3. 제네바 칸톤선거 운동

가. 기탁금 및 재정공개

정당, 단체 등이 후보자명부를 제출하기 위해서는 제네바 칸톤 선거관리위원회에 기탁금[35]을 납부한다. 정당, 단체 등의 기탁금은 10,000프랑(1,278만 원)을 초과할 수 없다(정치적 권리행사에 관한 제네바 칸톤법률 제82조 제1항).

칸톤의원 선거의 기탁금은 10,000프랑(1,278만 원), 칸톤법관 선거는 1,000프랑(128만원), 코뮌의원 선거는 코뮌의 인구규모에 따라 100~400프랑(128,000~511,300원)이다. 즉, 유권자 500명 이하의 코뮌은 100프랑(128,000원), 유권자 501~1,000명인 코뮌은 200프랑(255,600원), 유권자 1,001~5,000명인 코뮌은 300프랑(383,500원), 유권자가 5,000명을 초과하는 코뮌은 400프랑(511,300원)의 기탁금을 납부한다(정치적 권리행사에 관한 제네바 칸톤법률 시행령 제32조 제1항).

[표 51] 제네바 칸톤선거에서 후보자 기탁금

구분	칸톤의원	칸톤법관	제네바 코뮌의원 *유권자 12만명	그 밖의 코뮌의원			
				유권자 5,001명 이상	유권자 1,001~5,000	유권자 501~1,000	유권자 500명 이하
기탁금 (프랑)	10,000	1,000	2,000	400	300	200	100
선거방식	비례 대표제	다수 대표제	비례 대표제	비례대표제	비례대표제	비례대표제	비례 대표제

자료: 필자 작성

기탁금은 비례대표 선거(칸톤의원, 코뮌의원 선거)에서 최소 5%의 표를 얻거나 다수대표제 선거(칸톤법관 선거)에서 최소 20%의 유효표를 얻은 경우 후보자에게 돌려준다(정치적 권리행사에 관한 제네바 칸톤법률 제82조 제2항).

칸톤선거나 인구 10,000명 이상인 코뮌선거에 후보자명부를 제출하는 정당, 단체 등은 매년 6월 30일까지 연간 예금계좌 내역, 기부자 명부, 감사보고서를 제출한다(정치적 권리행사에 관한 제네바 칸톤법률 제29조의a 제1항). 정당 등에 대한 익명(가명) 기부는 금지된다(정치적 권리행사에 관한 제네바 칸톤법률 제29조의a 제4항).

정당 등의 계좌와 기부자 명부는 정당 등이 지정한 회계법인이 감사하고, 관할 행정기관에 감사보고서를 제출한다(정치적 권리행사에 관한 제네바 칸톤법률 제29조의a 제9항, 제10항). 다만, 연간 지출총액이 15,000프랑(1,917만 원) 이하인 정당 등에 대한 회계법인 감사는 면제된다.

칸톤 유권자는 정당 등의 계좌와 기부자 명부를 열람할 수 있다(정치적 권리행사에 관한 제네바 칸톤법률 제29조의a 제8항). 칸톤의회에 의석을 배출한 정당은 예금계좌, 기부자 공개, 회계기관 감사에 관한 의무를 준수한다(정치적 권리행사에 관한 제네바 칸톤법률 제83조의c). 제네바 칸톤의 정당 재정운영에 대한 통제는 연방이나 대부분의 칸톤과는 다른 예외적 현상으로 볼 수 있다.

나. 제네바 칸톤선거 운동

제네바 칸톤 선거관리위원회는 선거벽보,[36] 옥외광고판, 인쇄물, 홍보물의 내용이 법에 위배되지 않도록 관리 및 감독한다. 각 코뮌은 후보자명부를 제출한 정당, 단체, 기관의 선거벽보를 설치한다. 선거벽보는 임시벽보[37]와 거치형 선거벽보[38]로 구분되고, 영구벽보는 설치되지 않는다.

하원의원, 상원의원, 칸톤의원, 칸톤정부, 코뮌의원, 코뮌집행부 선거에서 선거벽보는 투표일 28일 전에 설치된다(정치적 권리행사에 관한 제네바 칸톤법률 제30조의a 제1항). 선거벽보 설치비용은 코뮌이 부담한다(정치적 권리행사에 관한 제네바 칸톤법률 제30조의a 제7항).

입후보자의 선거벽보는 ① 칸톤의회나 코뮌의회에 의석을 가진 정당, ② 원외 정당, 협회 및 단체 순서로 게재된다. 정당별 의석수가 동일한 경우 알파벳 순서로 게재된다. 정당 내에서는 후보자 성명의 알파벳 순서대로 게재된다(정치적 권리행사에 관한 제네바 칸톤법률 제30조 제4항).

공공장소에 설치되는 거치형 선거벽보는 후보자명부 제출 시 서면으로 사용을 신청한다(정치적 권리행사에 관한 제네바 칸톤법률 제30조의a 제4항). 또한 각 정당, 단체 등이 선거벽보를 제작해 선거관리위원회가 지정한 업체에 특정 일자까지 배송하면 해당 업체가 이를 설치한다.

[그림 30] 제네바 칸톤선거(2018.4.15.) 전단지 및 선거벽보

| 자동차 앞유리에 있는 칸톤선거 전단지 | 제네바 칸톤선거 선거벽보(보수민주당) | 제네바 칸톤선거 선거벽보 (Genève en Marche당) |

칸톤정부는 선거벽보 규격 및 각 코뮌에 설치할 선거벽보의 수를 정한다(정치적 권리행사에 관한 제네바 칸톤법률 제30조의a 제2항). 코뮌이 설치하는 선거벽보는 일정한 규격(가로 89.5㎝, 세로 128㎝)을 가진다(정치적 권리행사에 관한 제네바 칸톤법률 시행령 제10조의a 제1항).

제네바 칸톤 내에 최소 3,000개의 선거벽보를 설치한다(정치적 권리행사에 관한 제네바 칸톤법률 제30조 제2항). 선거벽보는 코뮌별로 21~1,380개

까지 설치되고, 종류별로는 임시벽보 1,878개, 거치형 벽보 1,161개를 합해 모두 3,039개가 설치된다(정치적 권리행사에 관한 제네바 칸톤법률 시행령 별표 6). 유권자에게 배포되는 선거관련 인쇄물의 내용상·형식상 제한은 없지만, 책임자와 인쇄업자의 성명과 주소가 기재된다(정치적 권리행사에 관한 제네바 칸톤법률 제31조).

4. 제네바 칸톤선거 투표

가. 투표용지 인쇄 및 발송

투표용지에는 정당별 후보자 이름 등이 사전에 인쇄된 투표용지와 사전에 후보자 이름 등이 인쇄되지 않아 비어있는 투표용지가 있다(정치적 권리행사에 관한 제네바 칸톤법률 제50조 제1항).

투표용지에는 선거종류, 선거일, 후보자 정보, 후보자명부 명칭, 후보자명부 번호, 코뮌 명칭이 기재된다. 칸톤선거와 코뮌선거의 후보자 정보에는 후보자 성명과 주소지가 포함된다. 전자개표기를 사용하지 않는 투표용지에는 80자 이내로 후보자 정보를 기재할 수 있다(정치적 권리행사에 관한 제네바 칸톤법률 제50조 제4항~제7항).

연방 차원의 국민투표, 칸톤 차원의 주민투표에 필요한 투표용지 인쇄비용은 칸톤이 부담하고, 코뮌 차원의 주민투표에 필요한 투표용지 인쇄비용은 코뮌이 부담한다(정치적 권리행사에 관한 제네바 칸톤법률 제81조 제1항·제2항). 하원선거의 투표용지 인쇄 및 발송비용은 칸톤이 부담한다(정치적 권리행사에 관한 제네바 칸톤법률 제81조 제3항).

칸톤의원 선거의 경우 각 정당에서 정당별 후보자의 순번을 결정해 투표용지를 '제작'한 후 이를 칸톤 선거관리위원회에 제출한다. 칸톤의원 선거에 사용할 투표용지는 칸톤 선거관리위원회에서 '인쇄'하지만(정치적 권리행사에 관한 제네바 칸톤법률 제51조 제2항), 후보자를 배출한 정당, 단체, 기관이 투표용지 인쇄비용을 부담한다. 이 경우 칸톤 선거관리위원회는 후보자명부 등록 전에 선금 납부를 요구할 수 있다(정치적 권리행사에 관한 제네바 칸톤법률 시행령 제33조 제3항·제4항).

칸톤정부 선거에는 전자개표기를 사용하기 때문에 투표용지를 선거관리위원회가 제작·인쇄하고, 후보자의 이름이 동일한 투표용지에 표시된다. 이 경우 어떠한 정당도 스스로 투표용지를 제작할 수 없다.

그 밖의 선거에서 투표용지 인쇄비용은 정당, 단체, 기관이 부담한다(정치적 권리행사에 관한 제네바 칸톤법률 제81조 제4항). 투표자료 인쇄 또는 발송비용은 실비로 칸톤 선거관리위원회가 청구한다(정치적 권리행사에 관한 제네바 칸톤법률 시행령 제33조 제3항).

연방선거, 칸톤선거의 경우 칸톤 선거관리위원회가 '투표용지'를 발송하고, 코뮌선거의 경우 코뮌이 투표용지를 발송한다(정치적 권리행사에 관한 제네바 칸톤법률 제55조). 칸톤선거에서 선거공보 등 '선거자료' 발송은 칸톤 선거관리위원회 또는 용역회사가 담당한다.

발송비용은 유권자 500명까지 500프랑(64만 원), 추가 유권자 500명당 250프랑(32만 원)으로 계산되지만, 우표비용은 이 금액에 포함되지 않고, 스위스우정국이 실비로 청구한다(정치적 권리행사에 관한 제네바 칸톤법률 시행령 제33조 제2항).

[표 52] 제네바 칸톤의 투표용지 인쇄 · 발송 · 비용부담 주체

구분	각종 선거				국민(주민) 투표		
	연방하원 의원선거	칸톤의원 선거	칸톤정부 선거	코뮌 선거	연방 국민투표	칸톤 주민투표	코뮌 주민투표
투표용지 인쇄 주체	칸톤	칸톤	칸톤	코뮌	칸톤	칸톤	코뮌
투표용지 발송 주체	칸톤	칸톤	칸톤	코뮌	칸톤	칸톤	코뮌
투표용지 인쇄비용 부담 주체	칸톤	정당 등	정당 등	정당등	칸톤	칸톤	코뮌

자료: 관련 법령 참조해 필자 작성

유권자는 칸톤선거일 10일 전까지 투표용지와 선거공보 등 투표자료를 받는데, 2차 투표를 하는 경우 2차 투표 5일 전까지 받는다(정치적 권리행사에 관한 제네바 칸톤법률 제54조 제1항). 재외국민 선거인명부에 등록된 재외국민은 칸톤선거일 4주 전에 투표용지와 투표자료를 받는다(정치적 권리행사에 관한 제네바 칸톤법률 제54조 제3항).

나. 투표소 설치 및 관리

코뮌집행부 대표는 유권자의 독립성, 편의성 및 비밀투표를 보장할 수 있도록 투표소를 설치한다(정치적 권리행사에 관한 제네바 칸톤법률 제43조). 투표소 주변 및 투표소 안에서의 모든 집회는 금지되고, 투표소 주변에서 국민(주민)투표 등을 위한 서명작업은 칸톤의 승인을 필요로 한다(정치적 권리행사에 관한 제네바 칸톤법률 제45조).

[그림 31] 제네바 칸톤의 초등학교에 설치된 투표소

투표소 안내 표지판   투표소 앞에 위치한 투표소 표지판   투표소 앞(스위스국기, 제네바 칸톤기, 투표소 표지판)

칸톤 선거관리위원회는 투표에 필요한 자료를 모든 투표소에 제공한다(정치적 권리행사에 관한 제네바 칸톤법률 제46조). 투표소 설치 및 투표자료 관리비용은 각 코뮌이 부담한다. 투표함은 칸톤 선거관리위원회가 관리하고, 그 비용은 칸톤과 코뮌이 각각 50% 부담한다(정치적 권리행사에 관한 제네바 칸톤법률 제80조).

투표소는 투표소 관리 위원장, 부위원장, 투표사무원, 투표참관인이 관리한다(정치적 권리행사에 관한 제네바 칸톤법률 시행령 제15조 제1항). 각 투표소에는 투표소 관리 위원장·부위원장 이외에 최소 2명 이상의 투표사무원을 둔다(정치적 권리행사에 관한 제네바 칸톤법률 제37조 제1항). 제네바 칸톤 선거관리위원회는 투표사무원의 수를 결정한다. 투표사무원은 코뮌선거관리위원장·부위원장이 위촉하지만, 필요한 경우 칸톤 선거관리위원회가 직접 위촉할 수 있다(정치적 권리행사에 관한 제네바 칸톤법률 제37조 제2항).

투표사무원은 원칙적으로 18세 이상 65세 이하이고, 1년에 1회 이상 활동한다(정치적 권리행사에 관한 제네바 칸톤법률 시행령 제12조 제1항·제2항, 제26조의b 제2항). 연방의원, 칸톤의원, 칸톤정부대표, 칸톤법관, 성직자, 공공기관 종사자 등은 투표사무원에서 배제된다(정치적 권리행사에 관한 제네바 칸톤법률 시행령 제12조 제4항).

투표사무원은 유권자의 신분을 확인하고, 투표함을 감독한다(정치적 권리행사에 관한 제네바 칸톤법률 제42조). 투표사무원은 투표용지를 넣은 투표봉투가 투표함에 투입될 수 있도록 관리한다(정치적 권리행사에 관한 제네바 칸톤법률 시행령 제24조 제4항).

유권자는 투표소 관리 위원장에게 투표시작 전에 투표참관인 신청을 할 수 있는데, 투표참관인[39]은 투표사무원 수의 절반으로 한정된다(정치적 권리행사에 관한 제네바 칸톤법률 제38조).

다. 투표방법

유권자는 투표소 투표, 우편투표, 전자투표 중 한 개를 선택해 투표한다.

투표소 투표는 유권자가 신분증, 투표자료 등을 지참해 투표소에서 투표하는 방법이다(정치적 권리행사에 관한 제네바 칸톤법률 제59조). 모든 코뮌에서 투표일인 일요일 오전 8시부터 12시까지 투표소 투표가 실시된다(정치적 권리행사에 관한 제네바 칸톤법률 시행령 제7조 제3항).

유권자는 서명한 투표카드를 제시한 후에 투표용지를 넣은 투표봉투를 투표함에 투입하여 투표한다(정치적 권리행사에 관한 제네바 칸톤법률 시행령 제24조 제3항).

[그림 32] 2017년 9월 제네바 칸톤 투표소 투표

투표소 앞에 걸린 스위스국기, 투표소 투표 현장 투표함
제네바 칸톤기

우편투표는 우편으로 투표하는 방식이고, 우편투표 발송비용은 제네바 칸톤정부가 부담한다(정치적 권리행사에 관한 제네바 칸톤법률 제62조 제1항). 우편투표는 유권자가 투표자료를 수령한 때부터 실시할 수 있고, 투표일 직전 토요일 12시(정오)까지 칸톤 선거관리위원회에 도착해야 한다(정치적 권리

행사에 관한 제네바 칸톤법률 제62조 제4항). 또는 투표일 정오 전까지 칸톤 선거관리위원회에 직접 투표용지를 넣은 투표봉투를 제출할 수 있다.[40]

투표가 유효하기 위해서는 공식적인 투표용지를 사용하고, 투표봉투에 투표용지 1장만 있어야 한다. 투표용지는 자필로 기재하되, 명확하게 유권자 의사가 드러나야 한다. 또한 투표용지에 사인(sign)이나 서명 등 다른 표기가 있으면 안 되고, 유권자의 신상이 드러나서는 안 된다.[41]

투표용지가 ① 형식적 요건을 갖추지 못한 경우 ② 수기(手記)가 아닌 다른 방법으로 기재되거나 수정된 경우 ③ 유권자 의사가 명확하게 나타나지 않은 경우 ④ 잘못된 표시·번호를 포함한 경우 ⑤ 존재하지 않는 후보자를 기재한 경우 ⑥ 전체 의석수를 초과해 기표한 경우 ⑦ 하나의 투표봉투에 다수의 투표용지가 포함된 경우 ⑧ 명확하게 판독되지 않는 전자투표인 경우 ⑨ 투표용지 뒷면에 성명을 기재하거나 후보자가 아닌 성명을 기재한 경우 각각 무효로 처리된다(정치적 권리행사에 관한 제네바 칸톤법률 제64조·제65조).

한편, 유권자는 온라인 인증절차를 거쳐 투표일 직전 토요일 12시까지 전자투표를 실시할 수 있다(정치적 권리행사에 관한 제네바 칸톤법률 제60조의a 제3항).

5. 제네바 칸톤선거 개표

개표사무원은 투표 종료 후 투표함을 열고, 투표봉투에서 투표용지를 분리한다(정치적 권리행사에 관한 제네바 칸톤법률 제66조 제2항·제3항). 유권자의 투표봉투 및 투표용지는 각각 분류되고, 봉인된 투표함은 칸톤 선거관리위원회 또는 중앙개표소로 이송된다. 민간기업도 투표함, 투표용지 등의 관련 자료를 이송할 수 있다(정치적 권리행사에 관한 제네바 칸톤법률 제49조).

[그림 33] 2017년 9월 제네바 칸톤 국민(주민)투표 결과 집계 과정

밀봉한 투표봉투 절개   파란색 투표봉투에서 흰색 투표용지 분리

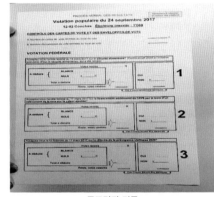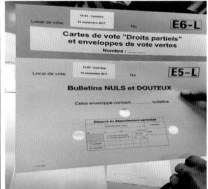

투표결과 기록   무효표, 백지투표 등 보고

연방의원 선거, 칸톤의원 선거 등 '선거'에 관한 개표는 중앙에서 진행하고, 중앙개표를 위해 투표봉투(투표용지)는 개표소로 이동하며(정치적 권리행사에 관한 제네바 칸톤법률 제66조 제3항), 모든 개표작업을 공개한다(정치적 권리행사에 관한 제네바 칸톤법률 제68조 제1항).

중앙 개표사무원은 ① 제네바 칸톤에 참정권이 있고, 개표를 담당하는 개표사무원 ② 개표와 관련된 활동으로 칸톤 행정기관과 계약을 맺은 전문사무원 ③ 개표진행에 관한 준비 및 봉사활동을 수행하면서 개표결과에 직접적으로

관련이 없는 다른 칸톤 또는 외국에 주소가 있으면서 제네바 칸톤에서 참정권을 행사하는 봉사사무원으로 구분할 수 있다.

중앙 개표사무원의 연령은 18~65세이지만 ① 65세 이상으로 원활한 서비스(기술적 활동 및 조직 내에 대체할 자가 없는 경우)를 위해 필요한 경우, ② 15~17세이지만 연수 등 원활한 서비스를 위해 필요한 경우 예외로 한다. 칸톤사무국이 중앙 개표사무원을 위촉한다(정치적 권리행사에 관한 제네바 칸톤법률 시행령 제26조의b 제1항·제2항).

그러나 국민(주민)투표 등 '투표'에 관한 개표는 중앙개표소로 투표자료를 보내지 않은채 개별 투표소에서 실시한다(정치적 권리행사에 관한 제네바 칸톤법률 제66조 제2).

우편투표 및 전자투표의 개표는 투표소 투표가 종료된 투표일(일요일) 자정 0시 1분부터 진행된다(정치적 권리행사에 관한 제네바 칸톤법률 시행령 제25조 제1항). 다만, '투표'에 관한 개표와 관련해, 우편투표 및 전자투표의 개표는 선거관리위원회의 감독 아래 투표일 이전에 진행할 수 있다(정치적 권리행사에 관한 제네바 칸톤법률 제67조, 제68조).

투표사무원은 투표소 관리 위원장, 부위원장과 함께 개표를 담당할 수 있다(정치적 권리행사에 관한 제네바 칸톤법률 시행령 제13조 제1항). 개표사무원은 개표상황에 대한 비밀을 유지한다(정치적 권리행사에 관한 제네바 칸톤법률 시행령 제25조 제3항).

칸톤정부는 투표관리와 개표업무에 참여한 선거사무 종사자에게 보수를 지급한다(정치적 권리행사에 관한 제네바 칸톤법률 제69조). 투표소 관리 위원장 및 부위원장은 각 코뮌으로부터 최소 100프랑(13만 원)을 받는다(정치적 권리행사에 관한 제네바 칸톤법률 시행령 제11조). 개표사무원은 시간당 32프랑(4만 원)을 지급받되, 자정부터 오전 6시까지는 시간당 54프랑

(7만 원)을 지급받는다(정치적 권리행사에 관한 제네바 칸톤법률 시행령 제26조의c 제4항).

이러한 금액에 더해 정액으로 칸톤 선거관리위원장에게 250프랑(32만 원), 개표사무원에게 100프랑(13만 원)을 각각 지급한다(정치적 권리행사에 관한 제네바 칸톤법률 시행령 제26조의c 제5항).

제네바 칸톤의회 의석은 정당 배분과 후보자별 당선 절차를 통해 배분된다. 먼저 각 정당이 득표한 표에 비례해 정당별 의석(최대 100석)이 배분된다. 정당별 의석 배분 이후 정당 내에서 가장 많이 득표한 후보자 순서로 당선이 결정된다. 다만, 제네바 칸톤의회에서 의석을 배분받기 위해서는 칸톤선거에서 유효득표수 7%이상을 얻어야 한다(제네바 칸톤헌법 제54조 제2항).

제네바 칸톤 선거관리위원회는 개표 결과 검토 후 선거관련 인터넷 홈페이지에 당선여부 등 선거 결과를 게재한다.

제3절 2018년 4월 제네바 칸톤의원 및 칸톤정부 선거

1. 칸톤선거 관련 자료 송부

2018년 4월 15일 제네바 칸톤의원 및 칸톤정부 선거를 실시했다.

100명의 제네바 칸톤의원을 선출하는 칸톤의원 선거에는 621명의 후보자가 입후보했고, 이 중 여성이 224명이었다. 7명의 칸톤정부 구성원을 선출하는 선거에는 31명의 후보자가 입후보했고, 4월 15일 선거에서 1명만 과반수를 얻어 당선됐다. 나머지 6명을 선출하기 위해 3주 후인 5월 6일 2차 선거가 실시됐다.

칸톤선거에 앞서 제네바 선거관리위원회는 유권자 주소로 ① 투표카드, ② 칸톤의원 선거에 필요한 '청색' 후보자명부(투표용지), ③ 칸톤정부 선거에 필요한 '흰색' 투표용지 ④ 칸톤의원 투표용지를 넣을 청색 투표봉투 ⑤ 칸톤정부 투표용지를 넣을 흰색 투표봉투 ⑥ 투표봉투를 넣을 우편봉투 ⑦ 전자투표를 위한 보안코드 ⑧ 칸톤선거 안내문(선거공보) 등을 발송했다. 칸톤의원 후보자 관련 선거공보(청색)에는 칸톤의회의 정당별 후보자명부와 투표용지가 들어 있다.[42]

칸톤당국은 두 가지 색깔의 투표용지와 투표봉투를 준비했는데, 청색은 칸톤의원 선거용, 흰색은 칸톤정부 선거용이었다. 2018년 4월 칸톤선거의 경우 청색 투표봉투에는 청색 투표용지를 넣고, 흰색 투표봉투에는 흰색 투표용지를 넣어야 한다.

유권자가 2018년 4월 제네바 칸톤선거에 투표하기 위해서는 칸톤당국이 유권자 주소지로 송부한 ① 투표카드, ② 투표용지, ③ 투표봉투, ④ 우편봉투가 필요하다. 투표소 투표나 우편투표에는 투표카드를 통해 유권자임을 확인하고, 이 경우 투표카드에 생년월일과 서명을 기재한다.

전자투표를 실시하는 경우 투표카드에 기재된 정보와 보안코드가 필요하다. 그림 34는 2018년 5월 6일 제네바 칸톤정부 2차 선거에 사용된 투표카드를 보여준다. 전자투표 방식으로 2차 선거를 실시하려는 유권자를 위해 전자투표에 필요한 정보가 투표카드에 기재돼 있다.

투표카드의 고유 식별번호는 7732-3757-6696-6784이다. 홀로그램을 긁어서 나타난 접속코드는 F6J3이고, 비밀번호는 587276이다. 우측은 전자투표에 필요한 각 후보자별 코드번호가 기재돼 있어 유권자가 원하는 후보자를 선택할 수 있다.[43]

[그림 34] 2018년 5월 6일 제네바 칸톤정부 2차 투표카드와 후보자별 코드번호

칸톤정부 2차 투표카드 | 전자투표를 위한 후보자별 코드번호

2. 기표방법

가. 제네바 칸톤의원 선거

제네바 칸톤의원 100명을 선출하는 선거에서 유권자는 사전에 인쇄된 투표용지 또는 사전에 인쇄되지 않아 비어있는 투표용지 중 하나의 투표용지를 사용한다. 유권자는 칸톤의원을 선출하는 투표용지(청색) 중 1개를 선택해 기표한다.

유권자가 1명의 후보자에게 투표하는 경우 후보자에게 1표, 후보자 소속 정당에 1표를 행사하는 것이다. 제네바 칸톤의 유권자는 최대 100명의 후보자 선택이 가능하다.[44]

투표용지에 100명 이하의 후보자를 표기해 공란이 발생한 경우(공란투표), 투표용지 상단에 기재된 정당에 대한 투표로 간주된다. 기표를 마친 청색 투표용지는 청색 투표봉투에 넣어 밀봉한다. 청색 투표봉투에는 1개의 청색 투표용지만 넣는다.

[그림 35] 제네바 칸톤의원 선거의 사전에 인쇄된 투표용지 기표방법

유권자는 사전에 인쇄된 투표용지를 사용한다. 투표용지에 정당 소속 후보자들의 명단이 차례로 적혀있다. 사전에 인쇄된 투표용지에 어떠한 수정도 가하지 않고 투표하는 경우 투표용지 상단의 정당, 즉 Le Parti Du Centre은 최대 표 100표를 득표하고, 투표용지에 기재된 각 후보자가 1표씩 득표한다.

자료: République et canton de Genève (2018: 15-17). 이하 동일.

사전에 인쇄된 투표용지를 사용하고, 여기에 '다른 정당'에 소속된 하나 혹은 둘 이상의 후보자를 추가하는 방식이다(분할 또는 누적투표). 후보자의 삭제와 추가가 동시에 가능하다 (최대 100명).

이 경우 상단에 기재된 정당은 99표를 득표하고, 투표용지에 기재된 후보자들은 각 1표씩 득표한다. 나머지 1표는 추가된 후보자와 그 후보자가 소속된 정당에게 배정된다. 후보자 이름이 100명(의석수)을 초과해 기재하는 경우 초과된 부분은 효력이 없다.

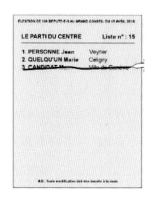

　　사전에 인쇄된 투표용지를 사용하지만, 1명 또는 2명 이상의 후보자의 이름에 선을 그어 삭제하는 방식이다(삭선투표). 해당 후보자의 성명을 모두 볼펜으로 명확하게 지워야 하지만, 붉은 색은 허용되지 않는다.

　　투표용지 상단에 기재된 정당은 최대 100표를 얻고, 삭제된 후보는 득표하지 못하며, 투표용지에서 삭제되지 않은 후보자가 1표씩 득표한다.

[그림 36] 제네바 칸톤의원 선거의 비어있는 투표용지 기표방법

　　투표용지 상단의 정당 명칭, 정당 번호, 후보자 성명이 모두 빈칸인 비어있는 투표용지이다. 사전에 인쇄되지 않아 비어있는 투표용지에 유권자가 직접 정당 명칭, 번호, 후보자 100명의 이름을 기재하는 방식이다. 100명을 초과하는 부분은 기재효력이 없다.

　　이 투표용지에는 여러 정당의 후보자 선택이 가능하다. 공란으로 남겨진 부분은 상단에 기재된 정당의 득표로 계산되고, 정당의 명칭이 기재되지 않는 경우 정당에 대한 득표로 계산되지 않는다.

[그림 37] 제네바 칸톤의원 선거의 백지투표용지

투표용지에 정당의 명칭, 정당의 번호, 후보자 성명이 전혀 기재되지 않은 경우이다. 이를 백지투표용지라고 한다.

비례대표제 선거에서 유권자가 아무런 기재 없이 백지투표용지를 사용하는 경우 어떤 정당, 후보자에게도 표가 배분되지 않고, 투표율과 투표수에만 반영된다.

나. 제네바 칸톤정부 선거

[그림 38] 제네바 칸톤정부 선거의 투표용지(흰색)

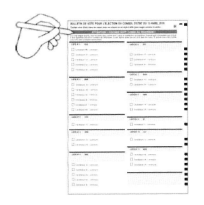

7명의 칸톤정부 위원을 선출하는 투표용지(흰색)에는 최대 7명의 후보자를 표기할 수 있다. 한 장의 투표용지에 최대 7번을 표시하는 방식으로, 후보자 이름 옆 네모칸에 십자 모양을 표기한다. 7번 이상 표기하는 경우 무효로 처리된다.

투표용지에 아무런 기재도 하지 않은 백지투표도 가능하다. 절대다수대표제의 1차 투표에서 백지투표는 유효표로 보기에 절대다수를 계산하기 위한 투표수에 포함된다(제네바 칸톤헌법 제55조 제2항). 표기를 마친 흰색 투표용지는 흰색 투표봉투에 넣어 밀봉한다.

3. 투표방법

유권자는 투표소 투표, 우편투표, 전자투표 중 하나의 방식을 이용해 칸톤의원 및 칸톤정부 선거를 할 수 있다. 투표소 투표를 선호하는 유권자는 투표서류와 신분증을 지참한 채 투표소를 방문하면 된다. 유권자는 투표소에서 2018년 4월 15일(일) 10시부터 12시(정오)까지 투표할 수 있다.[45]

우편투표를 실시하는 유권자는 투표카드를 작성하고, 투표가 완료된 2개의 투표용지(칸톤의원, 칸톤정부)를 투표봉투에 담으며, 투표봉투는 투표카드와 함께 우편봉투에 넣는다. 국내 유권자는 우편요금을 부담하지 않지만, 재외국민은 국외 우편요금을 부담한다. 우편봉투는 개표일 3일 전인 4월 12일(목)까지 도착하거나, 투표일 전일인 4월 14일(토) 12시(정오)까지 제네바 칸톤 선거관리위원회 우편함에 들어있어야 한다.

2018년 4월 칸톤선거에서 전자투표 허용기간은 2018년 3월 26일(월)부터 4월 14일(토) 12시까지 3주간이었다. 전자투표를 하기 위해서는 투표카드, 인터넷이 연결된 컴퓨터, 투표카드에 기재된 정보와 보안코드 등이 필요하다. 전자투표 접속을 위해서는 인터넷 주소창에 https://election.evote-ch.ch/ge 를 입력하고, 자세한 안내는 www.chvote.ch에서 찾을 수 있다.

제4절 코뮌선거

1. 코뮌선거 개요

국민의 생활과 가장 밀접한 곳이 코뮌이다. 코뮌은 칸톤법률이 정하는 범위 내에서 연방헌법으로 보장된다(연방헌법 제50조 제1항).

2020년 말 기준으로 스위스에는 2,198개의 코뮌이 있는데, 베른 칸톤에

342개의 코뮌이 있어 가장 많고, 그 뒤를 이어 보 칸톤에 309개, 아르가우 칸톤에 210개 코뮌이 있다. 바젤슈타트 칸톤과 글라루스 칸톤에는 가장 적은 각각 3개의 코뮌이 있다.

코뮌별 인구 규모를 살펴보면, 인구가 1,000~3,999명인 코뮌이 923개로 전체의 42.0%를 차지하고, 인구가 1,000명 미만인 코뮌이 751개로 전체의 34.2%를 차지한다. 이를 합하면 인구가 4,000명 미만인 코뮌이 1,674개로 전체의 76.2%를 차지한다.

반면 인구가 10,000명 이상인 코뮌은 150개로 6.8%이고, 20,000명 이상인 코뮌은 49개로 2.2%이며, 이를 합하면 162개로 전체의 7.4%를 차지한다. 특히 슈비츠 등 9개 칸톤은 20,000명 이상인 코뮌이 없다.

[표 53] 코뮌별 인구 규모 현황(2020.12.31.)

연번	칸톤 명칭		코뮌 수	코뮌별 인구 규모					
				1~999명	1,000 ~3,999명	4,000 ~5,999명	6,000 ~9,999명	10,000 ~19,999명	20,000명
1	취리히		162	18	58	30	23	22	11
2	베른		342	145	138	31	11	13	4
3	루체른		82	10	43	13	10	3	3
4	우리		20	11	7	1	1	–	–
5	슈비츠		30	6	11	3	5	5	–
6	반칸톤	옵발덴	7	–	2	2	2	1	–
7		니트발덴	11	–	6	4	1	–	–
8	글라루스		3	–	–	–	1	2	–
9	추크		11	–	2	1	3	3	2
10	프리부르		133	46	70	8	6	1	2
11	졸로투른		109	36	55	8	7	3	–
12	반칸톤	바젤슈타트	3	–	1	–	–	–	2
13		바젤란트	86	37	28	5	6	9	1

연번	칸톤 명칭		코뮌 수	코뮌별 인구 규모					
				1~999명	1,000 ~3,999명	4,000 ~5,999명	6,000 ~9,999명	10,000 ~19,999명	20,000명
14	샤프하우젠		26	13	9	2	–	1	1
15	반칸톤	아펜첼 아우서 로덴	20	5	11	2	1	1	–
16		아펜첼 이너로 덴	6	–	5	1	–	–	–
17	장크트갈렌		77	2	31	17	19	5	3
18	그라우뷘덴		105	51	46	4	2	1	1
19	아르가우		210	46	107	29	16	10	2
20	투르가우		80	11	53	8	2	4	2
21	티치노		111	42	47	12	6	2	2
22	보		309	170	97	16	11	10	5
23	발레		126	53	50	7	9	6	1
24	뇌샤텔		31	10	8	5	4	2	2
25	제네바		45	7	20	3	2	8	5
26	쥐라		53	32	18	–	2	1	–
	합계 (개, %)		2,198	751 (34.2)	923 (42.0)	212 (9.7)	150 (6.8)	113 (5.2)	49 (2.2)

자료: 연방통계청 이메일(Raumnomenklaturen@bfs.admin.ch) 개인수신(2022.3.1.).

모든 코뮌에 의무적으로 코뮌의회나 코뮌총회를 두지 않고, 코뮌에 코뮌의회나 코뮌총회를 설치할지는 칸톤헌법에 따라 결정한다. 많은 수의 독일어권 칸톤은 코뮌의회를 두지 않고 코뮌총회를 운영하는데, 주민총회 중심의 직접민주주의적 전통이 유지되기 때문이다. 프랑스어권과 이탈리아어권 칸톤은 코뮌총회가 아닌 코뮌의회를 통해 대의민주주의를 유지한다.[46]

코뮌은 코뮌의회 또는 코뮌총회의 존재여부에 따라 삼원적 코뮌과 이원적 코뮌으로 구분된다. 삼원적 코뮌은 코뮌집행부, 코뮌총회, 코뮌의회로 구성된다. 이원적 코뮌은 코뮌집행부와 코뮌의 최고의사결정 기관으로 코뮌의회 또는 코뮌총회를 둔다. 예를 들면 제네바 칸톤과 뇌샤텔 칸톤은 칸톤헌법으로 모든 코뮌에 코뮌의회를 두지만, 코뮌총회는 두지 않는다(제네바 칸톤헌법 제140조 제2항, 뇌샤텔 칸톤헌법[47] 제95조 제1항).

코뮌총회(코뮌주민총회)는 예전부터 이어져 온 전통으로 전체 코뮌의 80%는 코뮌의 최고 의결기관으로 코뮌총회를 설치·운영한다.[48] 코뮌의 유권자 전원으로 구성된 코뮌총회는 코뮌의회가 없는 코뮌에서 최고 의사결정기관이자 코뮌의 입법기관이다. 특히 독일어권 지역에서는 코뮌총회가 대체로 봄과 가을에 개최된다.

코뮌총회는 독일어권에서 Gemeindeversammlung, 프랑스어권에서 Assemblée Communale, Assemblée de Commune, Conseil Général, 이탈리아어권에서는 Assemblea Comunale 등으로 불리워진다.

코뮌총회는 코뮌조례 제·개정·폐지, 수수료 부과, 재정지출, 예·결산 의결 등 코뮌의 주요 사항을 의결함으로써 코뮌 차원의 직접민주주의가 이루어진다.[49] 최근 코뮌 간 통합으로 코뮌의 규모가 커지면서 일반적으로 코뮌총회를 폐지하고 코뮌의회를 설치하지만, 코뮌의회를 폐지하고 코뮌총회를 복원하기도 한다.

코뮌의회는 전체 코뮌의 20%에 설치·운영 중인데, 2015년 기준으로 475개의 코뮌의회가 있다.[50] 코뮌의회는 코뮌총회와 함께 또는 코뮌총회를 대신해 코뮌의회를 둔다. 인구가 많은 코뮌에 코뮌의회를 두는데, 인구가 5,000~10,000명인 코뮌의 10%, 10,000~20,000명인 코뮌의 50%에 코뮌의회가 설치돼 있다.

예를 들어 취리히 칸톤은 주민 수가 2,000명 이상이면 코뮌의회를 둘 수 있지만, 대체로 15,000~20,000명 이상의 주민이 있는 코뮌에서 코뮌의회를 두고 있다. 예를 들어 162개의 코뮌이 있는 취리히 칸톤은 12개 코뮌에서 코뮌의회를 두고 있다.[51] 또한 보 칸톤은 주민 수가 800명 이상인 코뮌에 코뮌의회를 둔다.[52]

코뮌의회의 의석수는 9~125석으로 코뮌의 인구수에 따라 다양하고, 전국적으로 코뮌의원은 약 17,000명이다.[53]

대부분의 코뮌의회는 비례대표제를 통해 구성하지만, 발레 칸톤의 코뮌은 다수대표제로 구성한다. 코뮌의회의 명칭은 독일어로 Gemeinderat,[54] Gemeindeparlament, 프랑스어로 Conseil municipal, Conseil communal 등으로 상이하다.

코뮌집행부는 모든 칸톤에 존재하고, 코뮌집행부는 대외적으로 코뮌을 대표하며, 지역 문제와 행정을 담당한다. 코뮌집행부는 독일어로 Gemeinderat, Gemeindeexekutive, Stadtrat, 프랑스어로 Exécutif communal, Conseil administrative 등으로 불리운다.

코뮌집행부는 대체로 코뮌주민이 다수대표제 방식으로 직접 선출하지만, 코뮌의 1/4은 비례대표제로 선출한다. 뇌샤텔 칸톤의 경우 코뮌에서 코뮌집행부 선출방식과 선거제도를 결정한다. 즉 코뮌집행부를 코뮌의회에서 간접적으로 선출할지 또는 코뮌주민이 직접 선출할지를 결정한다(뇌샤텔 칸톤헌법 제95조 제4항).

코뮌집행부 구성원은 전국적으로 약 17,000명에 달한다. 코뮌집행부의 임기는 대체로 4년이지만, 4개 칸톤(프리부르, 보, 쥐라, 제네바)에 있는 코뮌집행부의 임기는 5년이다.[55]

2. 제네바 코뮌선거 개요

제네바 칸톤에는 45개의 코뮌이 있다(정치적 권리행사에 관한 제네바 칸톤법률 시행령 별표4). 제네바 칸톤의 코뮌은 법인격이 부여되고, 칸톤헌법과 칸톤법률이 정하는 바에 따라 보장된다(제네바 칸톤헌법 제132조).[56]

45개 코뮌 중 인구가 20,000명 이상인 코뮌은 5개이고, 제네바 코뮌은 인구가 203,856명으로 가장 크다. 1,000명 미만의 코뮌은 7개이고, 쥐(Gy) 코뮌은 인구가 473명으로 가장 작다.

[표 54] 제네바 칸톤의 45개 코뮌 현황(2020)

연번	코뮌명칭 (불어)	코뮌 명칭 (한국어)	인구수 (2020.12.)	유권자수 (2019)	연번	코뮌 명칭 (불어)	코뮌 명칭 (한국어)	인구수 (2020.12)	유권자수 (2019)
1	Aire-la-Ville	에흐-라-빌르	1,160	819	24	Gy	쥐	473	341
2	Anières	아니에흐	2,381	1,556	25	Hermance	에흐멍스	1,073	690
3	Avully	아뷜리	1,756	1,301	26	Jussy	쥐씨	1,233	924
4	Avusy	아뷔지	1,391	1,061	27	Laconnex	라꼬넥스	710	506
5	Bardonnex	바흐도넥스	2,396	1,648	28	Lancy	렁씨	33,980	21,687
6	Bellevue	벨뷰	3,467	1,952	29	Meinier	메니에	2,115	1,544
7	Bernex	베흐넥스	10,258	7,298	30	Meyrin	메이헝	26,129	14,851
8	Carouge	꺄후쥐	22,536	14,742	31	Onex	오넥스	18,933	13,211
9	Cartigny	꺄흐띠늬	971	628	32	Perly-Certoux	빼흘리-쎄흐뚜스	3,127	2,181
10	Céligny	쎌리늬	792	509	33	Plan-les-Ouates	쁠렁-레-우아뜨	10,601	7,374
11	Chancy	샹시	1,708	1,082	34	Pregny-Chambésy	쁘헤늬-샹베지	3,803	1,920
12	Chêne-Bougeries	쉔느-부쥐히	12,621	7,699	35	Presinge	쁘헤상쥐	696	469
13	Chêne-Bourg	쉔느-부흑	8,791	5,888	36	Puplinge	쀼쁘랑쥐	2,488	1,722
14	Choulex	슈렉스	1,182	790	37	Russin	휘쌍	530	402
15	Collex-Bossy	꼴렉스-보씨	1,686	1,033	38	Satigny	사티늬	4,286	2,703
16	Collonge-Bellerive	꼴롱쥐-벨르히브	8,445	5,536	39	Soral	쏘할	976	563

연번	코뮌명칭 (불어)	코뮌 명칭 (한국어)	인구수 (2020.12.)	유권자수 (2019)	연번	코뮌 명칭 (불어)	코뮌 명칭 (한국어)	인구수 (2020.12)	유권자수 (2019)
17	Cologny	꼴로늬	5,866	3,681	40	Thônex	또넥스	14,573	9,894
18	Confignon	꽁피뇽	4,579	3,264	41	Troinex	뜨화넥스	2,551	1,627
19	Corsier	꼬흐지에	2,295	1,423	42	Vandoeuvres	벙두브흐	2,754	1,744
20	Dardagny	닥다늬	1,855	1,218	43	Vernier	베흐니에	34,898	23,440
21	Genève	제네브	203,856	121,685	44	Versoix	벡수아	13,281	8,088
22	Genthod	정또	2,893	1,713	45	Veyrier	벡히에	1,861	7,888
23	Grand-Saconnex	그헝-사꼬넥스	12,378	6,987	계	제네바 칸톤		496,334	256,586

자료: 정치적 권리행사에 관한 제네바 칸톤법률 시행령 별표 4~6, 연방통계청 홈페이지(https://www.atlas.bfs.admin.ch/maps/13/fr/16214_72_71_70/25203.html) 참조

코뮌의 유권자는 코뮌에 거주하는 18세 이상의 주민이고(제네바 칸톤헌법 제48조 제2항), 재외국민은 코뮌의 선거권이 없다. 18세 이상 외국인과 국제기구 공무원의 경우 제네바 내의 코뮌에서 합법적으로 8년 이상 중단 없이 거주하면 코뮌 차원의 선거, 투표, 서명작업에 참여할 수 있다.[57]

2020년 말 현재 제네바 칸톤의 인구는 496,334명이고, 이중 코뮌의 유권자는 256,586명이다.

코뮌의 유권자는 코뮌의원과 코뮌집행부 구성원을 선출한다(제네바 칸톤헌법 제53조). 코뮌 유권자의 선거(투표)와 관련된 사항은 제네바 칸톤헌법, 정치적 권리 행사에 관한 제네바 칸톤법률, 정치적 권리 행사에 관한 제네바 칸톤법률 시행령 등에 규정돼 있다.

코뮌의 의결기관으로 코뮌의회를 두고(제네바 칸톤헌법 제140조 제1항), 집행기관으로 합의제 기관인 코뮌집행부를 두지만(제네바 칸톤헌법 제141조 제1항), 제네바 칸톤헌법에는 코뮌총회에 관한 규정은 없다.

코뮌의원은 임기가 5년이고, 비례대표제로 선출한다(제네바 칸톤헌법

제140조 제3항). 코뮌별 의원숫자는 코뮌의 인구 규모에 따라 칸톤법률로 규정한다(제네바 칸톤헌법 제140조 제2항).

제네바 칸톤의 코뮌의원 선거는 칸톤의원 선거와 번갈아 실시한다(제네바 칸톤헌법 제81조 제2항). 예를 들어 제네바 칸톤은 2018년 4월 칸톤의원 선거를 실시했고, 제네바코뮌은 2015년 10월 18일 하원선거와 동시에 코뮌의원 80명을 7개 정당이 참여한 가운데 비례대표제 방식으로 선출했다.[58]

코뮌선거에 출마하는 후보자는 일정수 이상의 유권자 서명을 얻어야 한다. 인구 800명 이하의 코뮌은 10명의 유권자, 50,000명 이상의 코뮌은 50명의 유권자 서명이 필요하다(정치적 권리 행사에 관한 제네바 칸톤법률 제25조 제3항·제4항).

코뮌집행부 선거는 5년마다 절대다수대표제 방식으로 실시된다. 코뮌집행부 선출을 위한 1차 선거는 코뮌의원 선거와 동시에 실시되고(제네바 칸톤헌법 제141조 제3항), 절대다수표를 얻은 후보자가 없으면 2차 투표가 실시된다(제네바 칸톤헌법 제55조 제3항).

코뮌집행부 규모는 코뮌의 인구에 따라 달라진다. 인구 50,000명 이상의 코뮌은 5명, 인구 3,000명 이상의 코뮌은 3명, 그 밖의 코뮌은 2명(코뮌대표 1명, 코뮌부대표 1명)으로 구성된다(제네바 칸톤헌법 제141조 제2항).

임기 중 공석이 발생하면 빠른 시일 내에 보궐선거가 실시된다(제네바 칸톤헌법 제55조 제4항). 보궐선거의 후보자 수와 선출될 집행부 구성원의 수가 동일하면 보궐선거 없이 당선된다(묵시적 당선, 제네바 칸톤헌법 제55조 제5항).

3. 제네바 칸톤의 빼흘리-쎄흑뚜스 코뮌집행부 보궐선거 사례

빼흘리-쎄흑뚜스(Perly-Ceroux) 코뮌집행부 구성원의 보궐선거는 2018년 9월 23일(일)에 실시됐다. 1차 투표에서 절대다수를 얻지 못한 경우 3주 뒤인 10월

14일(일)에 2차 투표가 실시된다. 코뮌집행부 구성원은 코뮌집행부 내 다른 직위를 겸직할 수 없다. 또한 코뮌집행부 구성원의 배우자, 동거인, 직계부모, 형제자매, 1촌 관계에 있는 인척은 동일한 코뮌집행부의 구성원으로 함께 선출될 수 없다(정치적 권리행사에 관한 제네바 칸톤법률 제106조 제1항).

코뮌집행부 보궐선거에 입후보하려는 후보자는 2018년 4월 23일(월) 정오까지 관련 서류를 제출한다. 필요한 서류는 표지, 서명인 명부(A 서식), 입후보 승낙서(B 서식)이다. 서류표지에는 다른 서류와 구분되는 명칭이 기재되고, 후보자(대리인)가 서명한다(정치적 권리행사에 관한 제네바 칸톤법률 제27조). 서류표지에는 선거벽보의 무상지원 여부와 후보자 성명이 기재된다.

후보자 성명은 서류표지에 기재된 대로 선거용지에 인쇄된다. 후보자 성명은 칸톤 주민등록 사무소에 등록된 것과 동일하기에 성명의 철자를 수정할 수 없다. 그러나 후보자가 주로 사용하는 이름을 공식 이름과 함께 사용할 수 있다(성은 제외).

예를 들어 후보자가 특정 이름으로 알려져 있거나, 약어로 표시한 이름으로 알려져 있다면, 유권자들이 후보자를 인지할 수 있도록 특정이름 또는 약어표시 이름을 투표용지에 사용할 수 있다. 또한 자신의 공식 이름 뒤에 추가해 가명 또는 예명을 사용할 수 있으나, 본래의 이름을 대체할 수는 없다.

서명인 명부(A 서식)에는 유권자 25명의 서명이 필요한데, 코뮌의 유권자가 2,181명이므로 약 1.1%에 해당한다. 코뮌에 주소를 둔 18세 이상의 주민, 8년 이상 거주한 18세 이상의 외국인이 서명할 수 있다. 서명에 필요한 요건보다 20% 가량 더 많은 서명을 받고, 제출 마감일보다 미리 제출할 것이 요청된다. 코뮌 사무국은 유권자 서명이 유효한지, 법적 요건을 충족했는지를 검토한다. 서명이 불충분한 경우 2018년 4월 23일(월) 정오까지 보완할 수 있다.

여러 번 서명된 경우 한 번만 서명한 것으로 간주되고(정치적 권리행사에 관한 제네바 칸톤법률 제26조 제1항), 여러 후보자에게 서명한 경우 가장 먼저 제출된 후보자의 서류에 기재된 서명만 유효하다(정치적 권리행사에 관한 제네바 칸톤법률 제26조 제3항). 입후보 서류를 제출한 이후에는 서명을 철회할 수 없다(정치적 권리행사에 관한 제네바 칸톤법률 제26조 제2항).

입후보 승낙서(B 서식)에는 후보자 서명이 필요하다. 후보자가 여러 개의 후보자명부를 제출한 경우 하나를 선택하고(정치적 권리행사에 관한 제네바 칸톤법률 제25조 제7항), 다른 후보자명단에 기재된 후보자 이름은 삭제된다. 칸톤은 후보자명부를 칸톤공보에 게재한다.

출마를 원하지 않는 후보자는 선거관리위원회에 서면으로 입후보자 서류 제출 이후 2일 이내 또는 2018년 4월 25일(수) 12시까지 알려야 한다. 후보자는 자신을 대신할 후보자를 2018년 4월 26일(목) 12시까지 제시할 수 있다 (정치적 권리행사에 관한 제네바 칸톤법률 제24조 제8항).

[표 55] 코뮌집행부 보궐선거의 일시별 제한사항(2018년 9월 제네바 칸톤)

구분	투표의 유형	
	1차 투표 (절대다수 대표제)	2차 투표 (상대다수 대표제)
입후보 접수 시작	2018.03.27.(화).	2018.09.24.(월).
입후보 서류 제출(12시 이전까지)	2018.04.23.(월).	2018.09.25.(화).
입후보 철회(12시 이전까지)	2018.04.25.(수).	
입후보 철회 후, 대체 후보자 제시	2018.04.26.(목).	
선거일	2018.09.23.(일).	2018.10.14.(일)

자료: République et canton de Genève, Chancellerie d'Etat Service des votations et élections (2018: 4).

코뮌집행부 보궐선거를 위한 투표용지 인쇄비용은 정당이 부담하지 않고 코뮌집행부가 부담한다. 따라서 어떠한 정당도 스스로 투표용지를 제작할 수 없고, 비공식 투표용지는 무효이다. 공식적인 선거벽보 신청은 입후보와 동시에 이루어진다(정치적 권리행사에 관한 제네바 칸톤법률 제30조 제5항).

정당의 선거벽보는 늦어도 2018년 4월 28일(토)까지 선거벽보 설치기업에 배송되고, 그 기간 내에 배송되지 않은 선거벽보의 무상 이용은 철회된다. 다만, 정당의 비용으로 선거벽보의 부착을 요구할 수 있다(벽보 당 40 프랑, 5만 원). 선거벽보 및 인쇄물에는 책임자와 인쇄업자의 성명, 주소가 기재되지만, 제네바 칸톤 문양과 같은 공적 문양은 사용할 수 없다(정치적 권리행사에 관한 제네바 칸톤법률 제31조). 코뮌집행부 보궐선거의 경우 전자개표기를 사용한다.

스위스 정당론

제1절 스위스 정당 개요

1. 의의

정당은 이익단체와 함께 정치적 의제를 설정하는 데 중요한 역할을 해왔다. 정당이 발달하기 전인 1920년대에는 이익단체가 정당보다 더 큰 영향력을 발휘하고, 정당을 압도했다.[1] 정치과정에서 의견을 표출하려는 사람들이 구성한 결사체가 점차 정당으로 발전했고, 연방선거, 칸톤선거, 국민투표, 국민발안에서 정치적 영향력을 집결시키기 위해 정당이 필요했다.

정당은 공직후보자를 양성하고 선거를 통해 정당 출신 의원을 배출한다. 정당은 연방의회에 연방내각을 구성할 7명의 연방각료를 추천하고, 입법협의절차를 통해 정당의 의견을 반영한다(연방헌법 제147조). 한편 국민은 이익단체, 국민투표, 의원선거 외에 정당을 통해 정치적 의사를 표시한다.

민주주의가 정상적으로 기능하기 위해 국민과 국가를 연결해주는 매개체인 정당은 필수불가결한 존재이다. 국민의 정치활동 및 참여는 정당을 통해 이루어지고, 정당은 '국민의 정치적 권리행사의 결과'라고 일컬어지기 때문이다.

정당에 관한 사항은 1999년 연방헌법 개정으로 연방헌법 제137조에 처음 규정됐다. 정당은 연방이 창설된 1848년부터 152년간 연방헌법에 규정되지 않았던 것이다. 연방헌법 제137조에 규정된 '정당은 국민의 여론과 의사형성에 기여한다'는 신설 조항은 매우 간결하고 선언적인 의미를 가질뿐 정당의 권리나 의무와 관련된 내용은 없다.

다른 국가와 달리 정당에 관한 연방차원의 개별 법령이 없고, 정당의 설립과 조직, 권한 등은 연방민법에 따른다(연방민법 제52조, 제60~제79조). 정당은 연방민법에 따른 협회[2]의 형태를 가지고, 대부분 사단법인으로 법인격을 향유할 뿐이다.[3]

정당에 가입하기 위한 특별한 절차는 없다. 일부 정당은 정당 가입 전 면담을 하기도 하지만, 대체로 가입하려는 정당에 연락해 가입의사를 밝히면 된다. 당원의 자격도 정당 스스로 결정하기에 법인을 당원으로 하는 것도 가능하다.[4]

정당은 누구나 자유롭게 만들 수 있다. 일반적인 형태인 협회로 창당할 경우 정당의 정치적 성향, 자금 조달 방식, 조직운영에 대한 민법상의 규정을 준수하면 된다. 정당의 정치적 활동을 위해 연방에 반드시 신고나 등록할 의무는 없다.[5]

연방의회에서 활동하는 정당 또는 최소 3개의 칸톤의회에서 활동하는 정당이 연방내각사무처에 등록할 경우 후보자명부 제출시 유권자 서명을 필요로 하지 않는 이점이 있다(정치적 권리에 관한 연방법 제76조의a). 따라서 행정상 편의를 위해 정당 스스로 연방내각사무처에 그 등록을 신청할 수 있다(정당 등록에 관한 연방의회 시행령 제3조제1항).

정당의 등록이 용이한 편이라 개 목줄 폐지를 목표로 한 '개 정당'(Swiss Dogs Party),[6] 해적당,[7] 파워포인트 반대당[8] 등이 창당된다. 2019년 10월 하원선거 결과 1석 이상의 의석을 가진 정당은 12개이고, 상원선거 결과 5개 정당이 1석 이상을 확보했다.[9]

2. 스위스 정당의 생성과 발전

가. 19세기 후반

대부분의 정당은 의회의 야당그룹으로부터 기원한다. 스위스 정당은 1830년대부터 1848년까지 이른바 자유주의적 갱생운동[10]의 시대에 형성되기 시작했다.[11] 1847년 존더분트 전쟁[12]과 1848년 연방창설 등을 배경으로 1848년 근대적 의미의 정당이 최초로 출현하는 등 정당 운동이 첫 번째로 절정에 달했다.

1848년 당시 칸톤에서는 정당이 있었으나 연방차원에서는 전국 정당(중앙당)이 존재하지 않았다. 1848년 연방의회는 여당인 자유주의파(급진파)[13]와 야당인 가톨릭 보수파[14] 체제로 출발했다.[15] 자유주의파는 다수대표제에 따른 하원선거에서 절대다수를 차지했고(의석의 71.2% 점유), 연방내각의 각료직 7석을 독점했다.[16]

1860년대 직접민주적 권리 확대를 목표로 한 '민주화 운동'[17]의 실행 중에 정당운동이 두 번째로 활발했다. 모든 칸톤 정당들이 이미 19세기 중반에 확립됐지만, 연방차원의 정당은 비교적 늦게 등장했고,[18] 중앙조직 형태가 아닌 칸톤정당의 집합체에 불과했던 것이다.

1860~1870년대의 '문화투쟁'[19]에서 자유주의파는 세 갈래로 분화돼 우측에 자유주의자, 중간에 근본주의자, 좌측에 민주주의자가 됐다. 자유주의파의 연방내각 구성 독점에 맞서 가톨릭 보수파는 국민투표제도를 활용해 자유주의파의 일방적인 정책추진에 대항했다.

노동자의 이익을 옹호하는 세력이 자유주의파에서 이탈해 1888년 연방차원의 정당인 사민당을 창당했다. 1880년 수립된 노동조합연맹[20]을 사민당의 시작으로 보는 의견도 있지만, 정당 자체는 1888년에 창당됐다.[21]

사민당과 노동조합은 1891년 도입된 연방 차원의 직접민주주의 수단인 국민발안을 적극 활용했다. 사민당과 노동조합이 제안한 일할 권리보장에 관한 국민발안은 1894년 6월 3일 국민투표에서 국민의 19.8%의 찬성과 모든 칸톤의 반대로 부결됐지만, 가톨릭 노동자의 단합을 이끌었다.

집권세력인 자유주의파는 반대파에서 추진하는 국민발안의 위협을 절감하면서 가톨릭 보수파를 수용할 필요성을 인식했다. 1891년 자유주의파는 연방각료직 7석 중 1석을 가톨릭 보수파에 할애했다. 집권 자유주의파는 카톨릭 보수파가 국민투표를 활용해 연방정책을 저지하지 않을 것으로 기대했기

때문이다. 이것은 두 정파 간 강력한 경쟁 관계로부터 협의주의적 협력관계로 전환되는 첫 조치였다.[22]

1890년대 귀족, 유명인사, 가톨릭 보수파를 중심으로 정당형태의 조직이 출현했다.[23] 개신교 자유주의파는 1894년 도시의 시민계층을 기반으로 자민당(FDP)을 창당했다.[24] 1894년에는 추후 기민당(CVP)으로 발전할 가톨릭 보수파가 하나의 이름을 가지고 전국적으로 조직되기 시작했다.

나. 20세기 전반

1912년 가톨릭 보수파는 전국 정당인 가톨릭보수당(현재의 기민당)을 창당했다.[25] 가톨릭보수당은 농촌의 보수주의적 세력의 지지를 받았고 특히 가톨릭 칸톤을 대표했다. 한편, 노동계를 대변하는 사민당은 연방정책의 영향력 측면에서 제3정당에 불과했지만 국민투표 운동을 통해 정당의 영향력을 확장했다. 다른 국가와 마찬가지로 사민당은 제1차 세계대전 이후에 상당한 의석을 얻게 됐다.[26]

1910년대부터 많은 칸톤에서 농촌과 보수적 가치를 강조하는 칸톤 차원의 농민·기업·시민당(농민당)이 등장했다. 농민당은 농촌과 보수주의 세력, 취리히, 베른 등 독일어권의 개신교 칸톤에서 지지를 받았다.[27] 1917년에 자유주의파에서 이탈한 세력이 농민과 장인들을 주축으로 농민당을 만들었다.

1919년 비례대표제를 적용해 처음 실시한 하원선거에서 집권 자민당은 1917년 선거에서 얻은 103석보다 43석 감소한 60석을 얻었다. 하지만 사민당 의석은 20석에서 41석으로, 농민당 의석은 4석에서 30석으로 늘어났다. 선거결과를 반영해 자민당은 연방각료 7석 중 1석을 추가로 가톨릭보수당에 할애했다. 연방각료 5명은 자민당 출신, 2명은 가톨릭보수당 출신으로 연방 내각을 구성했다.

1920년대까지 이익집단의 영향 아래 정당이 있었고, 어떤 정당도 상설 사무국을 두지 않았다. 연방 차원에서 중앙당 조직이 형성된 이유 중 하나는 연방차원의 국민투표에서 더 큰 영향력을 행사하기 위함이었다. 정당은 연방의회에서 의석을 차지하기보다는 연방 차원의 국민투표를 정치적 목적으로 활용하기 위해 형성된 것이다. 이처럼 연방차원의 국민투표는 정당발전에 매우 중요한 역할을 했다.

1928년 하원선거에서 자민당 58석, 농민당 31석을 각각 얻었다. 선거 결과를 반영해 1929년부터 자민당 출신 연방각료 1명을 대신해 농민당 출신 1명이 연방각료로 참여했다.

독일과 이탈리아에서 전체주의적 체제가 집권하면서 스위스에도 1933년에 일시적으로 활동한 'Frontenfrühling'[28]와 같은 극우단체와 국민보수주의[29]가 등장했다.[30] 그러나 1930년대 극우파는 직접민주주의를 자신에게 유리하게 유리한 방향으로 이용하지 못했다. 1936년에 농민당은 전국 정당으로 창당이 됐고, 1936년에 사회적 자유주의를 주장한 무소속연합(LdU)도 등장했다.

1935년 하원선거에서 50석을 얻은 사민당이 원내 최다의석을 차지해 최대 정치세력으로 부상했지만, 사민당이 요구한 연방각료직은 당시의 계급투쟁에 대한 경제·사회적 우려와 기존 정당의 반대에 따라 이루어지지 못했다. 기존 정당들이 노동계에 대해 공통적으로 적대감을 보인 가운데 노동계급의 총파업은 협의제 정치를 지향하는 조치에 영향을 미쳤던 것이다.

제2차 세계대전으로 정치적 통합이 요구되는 상황에서 1943년 선거결과를 반영해 자민당(47석)은 원내 1당인 사민당(56석)에게 연방각료 1석을 할애했다.

다. 20세기 후반

1959년에 사민당이 연방각료 1석을 더 얻었다. 그 결과 자민당 2명, 가톨릭보수당 2명, 사민당 2명, 농민당 1명으로 연방내각을 구성하는 '마법의 공식'[31]이 적용됐다. 1959년 이후 자본과 노동 간 대립이 아닌 협력과 합의의 정치가 마련된 것이다.

1960년대 말에 정당의 분화가 일어났고, 군소 정당이 출현했다. 1950~1960년대의 이민자 유입에 반대하는 우익 포퓰리즘 군소 정당의 출현과 함께 새로운 좌파 군소 정당이 대두됐다. 도시 칸톤에서는 우파와 좌파 진영에서 여러 정당들이 나타났다.

가톨릭 보수주의 세력이 주도한 '가톨릭보수당'은 가톨릭 사회주의 세력을 합병하고 1957년 '보수국민당'으로 명칭을 변경한 이후 1970년 당명을 '기독민주당'으로 변경했다. 이는 가톨릭 신자와 지지층이 줄어들고, 정치적 가톨릭주의의 동질성이 약화됐기 때문이다. 또한 기독교 신앙·문화의 보편적 가치와 정교분리 등을 배경으로 기존 정당의 노선을 두고 젊은 세대와 노년 세대 간 논쟁을 통해 정당의 명칭이 바뀐 것이다.

기민당의 노선변경은 제2차 세계대전 이후의 이탈리아와 독일의 기민당 노선과 유사했다.[32] 기민당은 정당 스펙트럼에서 중도 정당으로 자리매김하면서 개신교 신자들까지 지지를 호소했지만 성공하지 못했다. 그 결과 기민당은 지속적으로 득표력을 상실했다.

한편 1971년 9월 농민당은 글라루스 및 그라우뷘덴 칸톤의 민주당[33]과 통합하면서 정당명을 '스위스국민당'(SVP)으로 변경했다.[34] 1983년 탈 물질주의 논쟁을 거치면서 전통적인 정당을 대신할 새로운 대안정당으로 녹색당(GPS)이 창당됐다. 녹색당의 환경보호 제안에 반대해 1984년 우파 민족정당으로 자동차당(AP)[35]이 창당됐다.

장기간 개신교, 농민, 중산층의 대표를 주창한 스위스국민당은 연립내각에 참여한 정당 중 가장 규모가 작은 원내 제4당이었다. 그러나 1990년대부터 상당히 높은 득표율을 얻으면서 기존 정당의 지지층을 흡수해 나갔다. 그 결과 우파 정당인 스위스민주당(SD)과 스위스자유당(FP)은 연방의회에서 의석을 획득하지 못할 정도로 몰락했다.[36]

또한 좌우의 대립이 심화되면서 지금까지 중도 정당이던 자민당과 기민당이 1990년 이래 지지기반을 잃었다. 좌파 정당인 사민당은 취리히에 강한 지지기반을 유지했고, 무소속연합(LdU)은 1999년에 해산했다.

2003년 하원선거 이후 스위스국민당은 연방내각에 참여한 4대 주요 정당(스위스국민당, 사민당, 자민당, 기민당) 중 최대 의석(55석)을 얻은 정당이 됐다. 선거 결과를 반영해 스위스국민당이 연방각료직을 1석 더 얻고, 기민당이 1석을 잃었다.

2008년에는 연방각료 선출과 관련해 스위스국민당 중앙과 그라우뷘덴, 베른, 글라루스 칸톤 지부와의 갈등으로 스위스국민당에서 이탈한 세력이 보수민주당(BDP)을 창당했다.[37] 2009년에 자민당은 우파 정당인 자유당(LPS)과 통합했다.

2019년 10월 하원선거에서 지지율이 하락한 기민당과 보수민주당은 양당의 합당을 공개적으로 논의했고, 2020년 9월 합당원칙에 동의한 이후 2021년 1월부터 중심당(Mitte)으로 통합했다.

3. 스위스 정당의 특징

가. 연방제적 · 분권형 정당: 약한 중앙당, 강한 칸톤정당

정당은 연방의 중앙당, 칸톤정당, 코뮌정당의 연방제적 · 분권적 구조를 가지되, 약한 중앙당, 강한 칸톤정당을 특징으로 한다. 연방에 등록된 정당이 12개,

칸톤에 등록된 정당이 180여 개, 코뮌에 등록된 정당이 5,000여 개이다.[38] 이는 사회적·종교적·지리적 간극과 상반된 이해관계를 조정할 다양한 정당을 필요로 하기 때문이다.

중앙당은 칸톤정당이 구성한 협의체에 불과하고, 중앙당이 내린 결정이 칸톤정당을 구속하지 않는다. 중앙당은 칸톤정당의 기능과 조직을 조화롭게 하는 것이 주된 임무이다. 칸톤의 정당조직은 중앙당에 비해 상당한 자치권을 가지는데 이는 칸톤정당의 자율성을 보여준다. 다만 각종 현안에 대한 정당의 입장, 선거에 나설 후보자명부 등 중요 사항을 결정하기 위해 전당대회를 개최한다.

나. 주요 정당의 연방내각 구성

지리적·언어적·종교적 다양성을 가진 스위스는 합의제적 민주주의를 유지하면서 '우호적 합의원리'에 따라 다양한 이익을 조정한다. 연방각료 7명을 특정 정당이 독식하지 않고, 4개 주요 정당 간에 할애한 것이 이를 잘 보여준다. 1959년부터 2003년까지 44년 동안 '마법의 공식'을 통해 스위스국민당 출신 1명, 사민당 출신 2명, 자민당 출신 2명, 기민당 출신 2명으로 연방내각을 구성했다.

4개 주요 정당은 전체 유권자의 70~80%의 지지율을 얻음으로써 연방내각을 안정적으로 구성했다. 1991년에는 그 비율이 70% 이하로 하락했지만, 2003년에는 다시 81.6%로 상승했다.[39]

4개 주요 정당에 대한 지지율은 2019년 하원선거에서 녹색당 지지로 인해 68.9%로 하락했다. 1959년 이후로 연방의회에서 유권자의 3/4을 대표하는 4개 정당은 군소 정당에 비해 항상 높은 득표율을 얻었기 때문에 4개 정당 중심의 합의민주주의 체제를 유지했다.

[표 56] 하원선거에서 주요 정당별 득표율(1987~2019)

(단위: %)

당명	1987	1991	1995	1999	2003	2007	2011	2015	2019
스위스국민당(SVP)	11.0	11.9	14.9	22.5	26.6	28.9	26.6	29.4	25.6
사민당(SP)	18.4	18.5	21.8	22.5	23.3	19.5	18.7	18.8	16.8
자민당(FDP)	22.9	21	20.2	19.9	17.3	15.8	15.1	16.4	15.1
기민당(CVP)	19.7	18.3	16.8	15.8	14.4	14.5	12.3	11.6	11.4
4개 주요 정당 득표율	72	69.8	73.7	80.7	81.6	78.9	72.7	76.2	68.9

자료: José M. Magone (2017: 137), 2019년 통계 참조해 필자 작성.

다. 다층적 사회 반영

언어적·종교적·문화적으로 다차원적이고 다양한 다층적 균열과 이질적 특성이 반영된 정당은 이익집단과 긴밀한 관계를 맺고 있다. 이익집단은 국민투표 등의 직접민주주의를 통해서 강력한 정치적 영향력을 행사하고, 정당은 선거 때마다 이익집단의 이해관계를 반영하는 정책을 제시하기 때문이다.[40] 예를 들면 스위스국민당과 스위스농민조합, 사민당과 노동조합연맹, 자민당과 경제단체, 기민당과 기독교노조연맹은 밀접한 관계를 형성한다.

아울러 정당의 많고 적음은 선거제도와도 밀접한 관계가 있다. 다수대표제는 점진적으로 양당제를 형성하지만, 비례대표제는 다당제를 형성한다. 1918년 비례대표제를 도입한 이래로 정당의 숫자가 현저히 늘어났다. 연방제의 정치적 경쟁으로 인해 정당 수가 증가한다는 의견도 있다. 정당은 대부분 인구가 많은 칸톤에서 설립돼 다른 지역으로 확산되고, 칸톤별 정치경쟁이 심화됨에 따라 정당의 숫자가 늘어난다는 것이다.

연방 차원에서는 군소 정당으로 연방내각에 참여하지 못하지만, 칸톤에 미치는 영향력이 커서 칸톤정부 구성에 참여하는 정당도 있다.[41] 이러한 정당은 종교 또는 언어에 기반한 이념을 토대로 칸톤(코뮌)에 지지기반을 둔다. 특정 칸톤에 편재된 정당은 언어나 종교 등 문화적 특징을 대변하고 있다. 예를 들면 자유당(LPS)은 프랑스어권 개신교 칸톤에서 우세하고, 제네바시민운동

(MCG)은 제네바 칸톤에서 높은 지지를 받으며, 옵발덴기독교사회당(CSP)
은 옵발덴 칸톤에서만 활동한다.

라. 불분명한 여당·야당 구분

연방의회에는 다른 국가에서 볼 수 있는 제도화된 야당이 존재하지 않는다.
연방내각에 참여한 정당이나 참여하지 않은 정당 모두 제도화된 여당 또는 야
당으로 활동하지 않는 것이다.[42]

연방내각은 연방의회의 4개 주요 정당 출신으로 구성되기 때문에 연방내각
은 각 정당이 연합해 설립한 연립정부가 아니라, 각 정당을 대표하는 인사가
연방내각에 참여하는 형태를 갖는다. 연방내각은 주요 정당을 대표할 뿐 공통
된 정책기조를 형성하지 않는다. 강력한 다수당이 이끌어가는 연방내각이 아
니기에 정책별로 이견을 가진 정당과 다양한 협의절차를 거친다.

연방내각에 참여하는 정당들은 사안에 따라 연방내각을 구성하는 여당이
되기도 하고, 야당이 되기도 한다. 연방내각을 구성하는 정당의 하나로서 여
당의 역할을 하지만, 때로는 연방내각의 정책에 대해 비판적 입장을 취하는
야당의 역할을 수행한다. 연방내각에 참여하는 정당들이 정책의 성격에 따라
여당이 되기도 하고, 비판적 입장을 가지는 야당이 된다는 점에서 여·야간의
대립이 아닌 정책에 대한 다수당과 소수당이 있을 뿐이다.

제2절 정당과 재정

1. 당원과 재정

가. 당원

정당은 당원으로 구성되고, 자발적인 봉사자 위주로 움직인다.[43] 정당에

가입할 수 있는 권리는 기본적인 정치적·민주적 권리로 간주된다. 전통적으로 분권화된 정당의 성격상 공무원의 정당 가입을 금지할 필요가 없기 때문에 공무원은 언제나 자유롭게 정당에 가입할 수 있다. 각 정당은 당원의 숫자를 확인하는 전통이 없지만, 사민당은 다른 정당과 달리 당원의 숫자를 공개한다.

예를 들어 사민당의 당원이 되기 위해서는 인터넷을 통해 당원가입 문서를 작성하되, 연간 65프랑(83,000원)의 당비를 내야 한다. 그 이후 당원이 거주하는 코뮌 정당, 칸톤 정당의 당원으로 활동할 수 있다. 사민당은 국내 유권자뿐만 아니라 외국인도 당원으로 가입할 수 있다.[44]

연방내각사무처의 각 정당별 당원자료에 따르면, 2015년 2월 기준으로 자민당은 120,000명, 기민당은 100,000명, 스위스국민당은 90,000명, 사민당은 30,000명, 녹색당은 18,500명, 녹색자유당은 3,800명, 복음인민당은 4,600명, 티치노동맹은 1,500명, 제네바시민운동은 1,500명이다.[45] 이를 모두 합하면 370,000명의 당원이 활동한다. 결국 유권자(546만 명)의 6.8%가 당원인데, 이는 다른 유럽국가와 비교해 봐도 적정한 규모이다.[46]

나 정당별 재정규모

각 정당은 당비, 당직자 부담금(위임세[47]), 기업이나 개인의 기부금을 통해 정당에 필요한 정치자금을 충당한다.

당비가 정당의 주요 수입원이 될 정도로 기부금에 비해 당비가 큰 비중을 차지한다.[48] 좌파 사민당은 전국 정당 차원에서 당비와 의원들의 위임세로 재정을 충당하지만, 우파 정당은 개인이나 기업의 기부금에 의존한다.

정당은 소속 연방의원, 연방법관 등에게 정당 재정 운영을 위해 일정액의 납부를 요구한다. 이를 당직자 부담금 또는 위임세라고 한다. 각 정당별 위임세는 상이하고, 위임세 규모와 내역을 공개하는 정당과 공개하지 않는 정당이 있다. 예를 들면 자민당 소속 연방의원의 경우 자민당에 5,000~10,000프랑 (640만 원~1,280만 원)을 당직자 부담금으로 납부한다.

그리고 정당의 후보자명부에서 선순위를 받은 후보자는 후순위 후보자보다 많은 위임세를 납부한다. 그 규모는 후보자명부의 1~4번은 40,000프랑 (5,100만 원), 5~6번은 25,000프랑(3,200만 원)으로 추산된다. 또한 정당이 추천하는 연방법관도 연방의회에서 선출된 경우 위임세를 정당에 납부한다.[49]

2017년 현재 연방각료, 연방의원, 연방법관, 칸톤과 코뮌 차원의 정치인으로부터 받는 당직자 부담금(위임세)은 모두 5,000,000프랑(64억 원)이다.

한편, 정당이 기업이나 개인으로부터 기부금을 받을 수 있다. 정당에 기부 또는 후원을 하는 경우 세금감면 등의 혜택을 받는다(직접세법[50] 제33조의a). 세금감면 혜택은 연간 1,000만 프랑(173억 원)이다. 다만, 정당별로 당규를 통해 기부금 한도 등을 설정한다. 예컨대 자민당의 경우 기업기부금이 자민당 전체 예산의 1/5을 초과할 수 없다.

주요 정당의 예산은 1980년대 들어 빠르게 늘어났다. 1999년 연간 정당 예산은 1,900만 프랑(243억 원)이었으나 2011년에는 3,000만 프랑(383억 원)으로 크게 증가했다. 하원선거가 있던 2011년에 자민당과 기민당의 예산은 510~560만 프랑(65~72억 원), 스위스국민당은 1,500만 프랑(192억 원)으로 추정됐다.

칸톤 정당은 대체로 당원들의 당비에 의존하고, 연방정당은 이에 관여하지 않는다. 따라서 칸톤정당의 재정은 상당히 지속적이고 안정적이다. 칸톤정당의 예산은 2000년대에 들어 선거가 없는 연도는 2,200만 프랑(281억 원), 선거가 있는 연도는 3,400만 프랑(435억 원)에 달했다.[51] 칸톤정당의 예산규모는 칸톤정당의 분권적이고 독립적인 성향을 보여준다.

2. 정당재정 비규제에서 규제로: 연방 차원

가. 정당재정 일부 지원

연방헌법 제137조에 정당에 관한 규정이 있지만, 이는 연방정부의 정당에 대한 재정지원의 근거가 되지 않는다. 연방정부는 정당의 선거 운동, 정치 활동, 국민의 정치적 의사 형성은 사적 영역으로 보기 때문에 연방정부는 정당에 대한 재정지원을 하지 않는다.

다만, 청소년의 정치참여를 높이기 위해 연방헌법에는 연방 및 칸톤이 아동과 청소년의 사회·문화·정치적 참여를 지원할 것을 규정한다(연방헌법 제41조 제1항 g호). 「아동과 청소년 장려를 위한 연방법」[52]에도 연방차원에서 청년의 정치참여를 독려하기 위한 프로젝트를 추진하는 민간단체에 대한 연방차원의 재정지원을 규정한다(아동과 청소년 장려를 위한 연방법 제10조 제1항).

이를 토대로 연방정부는 청년 프로젝트에 대해 연간 300,000프랑(3억 8,300만 원)을 지원한다.[53] 또한 청년 정치인을 양성하기 위해 청년 정당에게 매년 290,000프랑(3억 7,000만 원)을 지원한다.[54] 몇몇 칸톤은 선거공보에 청년 정당의 선거자료를 포함시키는 등 간접적인 지원을 해준다.[55]

그러나 어떤 정치단체도 연방정부로부터 직접적인 재정지원을 받지 않는 점을 고려하여 청년 정치조직에 대한 재정지원을 금지하는 내용의 아동과 청소년 장려를 위한 연방법 개정안이 2015년 9월 22일 발의됐다(의안번호 15.483).

한편 정당이 아닌 교섭단체에 대한 재정지원은 의정활동 지원 차원에서 허용된다. 연방의원 5명 이상으로 구성되는 교섭단체[56]에 대해서는 '연방의원에게 제공되는 재정수단 및 교섭단체에 지급되는 보조금에 관한 연방법'[57]에 따라 운영비용을 보조받는다(의회법 제31조 제h호, 제62조 제5항).

주요 정당이 이끄는 교섭단체에 군소 정당이 가입해 활동할 수 있는데, 스위스국민당에 티치노동맹이, 중심당에 복음인민당이, 녹색당에 노동당이 합류해 있다. 2022년 3월 현재 연방의회(상·하원 포함)의 교섭단체별 의석은 스위스국민당(SVP) 62석, 사민당(SP) 47석, 중심당(종전 기민당 CVP) 45석, 자민당(FDP) 41석, 녹색당 35석, 녹색자유당 16석이다.[58]

[표 57] 제49~51대 의회기의 교섭단체

정당	49대 의회기 (2011-2015)			50대 의회기 (2015-2019)			51대 의회기 (2019-2023)		
	하원 의석	상원 의석	계	하원 의석	상원 의석	계	하원 의석	상원 의석	계
o 스위스국민당(SVP)	54(57)	5	59(62)	65(68)	5	70(73)	53(55)	6(7)	62
– 티치노동맹	(2)		(2)	(2)		(2)	(1)		
– 제네바시민운동	(1)		(1)	(1)		(1)			
– 자유민주연합(FDU)							(1)		
– 기타 정당								(1)	
o 사민당(SP)	46	11	57	43	12	55	39	8	47
o 자민당(FDP)	30	11	41	33	13	46	29	12	41
o 기민당(CVP):49~50대 의회기 중심당(Mitte):51대 의회기	28(31)	13	41(44)	27(30)	13	40(43)	28(31)	14	45
– 복음인민당(EVP)	(2)		(2)	(2)		(2)	(3)		
– 옵발덴기독교사회당	(1)		(1)	(1)		(1)			
o 녹색당(GPS)	15	2	17	11	1	12	28(30)	5	35
– 노동당							(1)		
– 기타 정당(EàG)							(1)		
o 녹색자유당(GLP)	12	2	14	7	0	7	16		16
o 보수민주당(BDP)	9	1	10	7	1	8	3 *중심당 (Mitte) 통합		
o 기타 정당	0	1	1	1	1	2			
합계	200	46	246	200	46	246	200	46	246

자료: 최용훈(2022:114), 연방의회 홈페이지 등 참조해 필자 작성

교섭단체는 정액보조금 외에 의원 수에 비례한 연간보조금을 지급받고(의원수당법 제12조), 우편요금 할인, 선거기간 중 무료방송 등의 지원을 받는다.[59] 2017년에 교섭단체에 대한 연방 차원의 재정지원 규모는 750만 프랑(96억 원)이었다.[60]

나. 정당재정 비규제: 연방내각 반대

정당의 재정문제는 오랫동안 금기시됐기에 각 정당의 재정상황을 정확하게 파악하는 것은 쉽지 않다.[61] 선거운동이나 정치활동을 위해 정당에 지원된 기부금의 출처가 공개되지 않기 때문이다. 정당은 정치활동, 선거운동에 대해 연방정부로부터 직접적인 재정지원(보조금)을 받지 않고, 연방이 재정을 지원한다는 규정이 없기 때문에 지출 내역이나 기부금 출처를 공개할 의무가 없다. 예를 들면 자민당은 기업이 기부를 할 경우 자민당 대표와 사무총장만 그 내용을 알고 있다.[62]

한편으로 선거운동 비용의 상한이 없어서 재정이 충분한 정당과 그렇지 못한 정당 간 불균형이 초래된다는 우려도 있다. 또한 정당의 수입과 지출 등 정당의 재정운영이 불투명하기에 선거에서 정당이 독립적이지 못하고 정당을 후원하는 단체에 의존한다는 문제도 있다.

아울러 선거비용을 규제하지 않는 스위스의 상황은 국제기준에 부합하지 않는다. 예컨대 2003년 유엔 부패방지 협약[63] 제7.3조는 각국이 '선출직 공무원 입후보 자금 지원의 투명성을 높이기 위해 적절한 입법 및 행정 조처를 할 것'을 요구하고 있다.[64]

유럽평의회[65] 산하의 반부패 국가연합(GRECO)은 2011년 보고서를 통해 스위스의 정당 및 선거운동 비용의 불투명성을 지적하고, 스위스에 6가지 권고사항을 제시했다. 권고안은 ① 정당 및 선거운동의 회계감사 도입 ② 일정

금액 이상의 기부금을 받은 정당 및 후보자의 신고의무 도입 ③ 정당재정의 투명성 제고 방안 ④ 회계감사의 독립성 확립 ⑤ 정당 및 선거비용에 대한 효과적이고 독립적인 감독 방안 수립 ⑥ 규정 위반에 따른 제재조치 도입이다.[66]

유럽안보협력기구도 여러 차례 선거의 투명성을 높이고 유권자에게 더 나은 정보를 제공하며 국제적인 관행에 따라 후보자와 정당의 선거비용 출처, 지출내역 등을 공개할 것을 권고했다.

이러한 권고를 바탕으로 정당 및 선거비용 조달에 관한 규제를 도입하고, 정당의 회계 투명성을 보장하기 위한 입법화 요구가 있었지만, 연방내각은 기부 위축 등을 이유로 반대했다. 특히 2012년 6월 연방내각은 유럽평의회 산하의 반부패 국가연합의 정당재정 투명성 권고를 수용하지 않았다.

그 이유로 첫째, 직접민주주의가 큰 비중을 차지하는 스위스에서는 수시로 실시되는 국민투표까지 재정의 투명성 제고 조치를 시행할 경우 연방재정에 부담이 된다. 둘째, 연방헌법 제3조에 따라 보장되는 칸톤의 정치적 권리행사에 관한 자치권을 침해할 소지가 있다고 보았다. 특히 연방헌법에 열거된 연방의 권한이 아닌 정당의 재정제한 또는 감독 규정을 연방 차원에 새롭게 도입하기 위해서는 연방헌법의 개정이 필요하다는 것이다.

셋째, 정당의 정치적 의사 형성 활동은 사적 영역으로써, 국가가 개입할 영역이 아니라는 것이 연방내각의 입장이다. 이는 민병제 원칙[67]에 기초한 정치체제에서 국가의 의사결정에 참여하기로 한 개인의 결정은 그 개인의 책임이라는 인식을 전제로 한다.

즉 사적 영역에 대한 국가의 과도한 개입은 지양돼야 하고, 익명 기부자의 사생활 보호 등을 근거로 정당 재정의 투명성 제고 조치나 선거자금의 상한선 도입 등은 필요하지 않다고 보았다.[68]

이처럼 스위스는 유럽에서 유일하게 정당의 재정투명화에 관해 연방 차원의 규율이 없는 국가이다. 2014년 반부패 국가연합은 스위스의 권장 사항 준수 수준이 전반적으로 만족스럽지 않다는 결론을 내렸다.

다. 정당재정 규제 도입: 연방의회

선거비용과 정당재정의 투명성을 높이기 위해 몇몇 정당은 기부금을 제한 하거나 기부금에 관한 정보를 자발적으로 공개하는 규칙을 마련했다. 자발적 으로 정당의 기부금 내역을 공개하는 정당이 늘어나는 가운데, 일부 기업은 정당에 대한 후원내역을 자발적으로 공개하기도 한다. 예컨대 Raiffeisen 은행 은 2011년부터 정당에 대한 후원금액을 공개했다. 매년 Raiffeisen 은행은 상 원과 하원에 246,000 프랑(3억 1,400만 원)을 후원하는데, 의석수를 고려한 각 정당별 후원금액을 공개하고 있다.[69]

녹색당, 사민당은 2011년부터 선거운동과 정당운영의 투명성을 제고하고, 정당이 국가로부터 보조를 받는 규정을 신설하기 위한 의원발의안을 제안했 다. 이러한 의원발의안은 연방의원 다수의 지지를 얻지 못해 부결됐다. 2017 년 6월에는 녹색당이 발의한 선거비용 및 정당재정 투명화에 관한 2건의 법 안제출요구안(의안번호 15.3714, 15.3715)이 하원에서 부결됐다.

2017년 10월 10일 녹색당, 사민당 주도로 11만 명의 서명을 얻어 정당의 재 정운용과 선거(투표)비용의 투명성을 제고하기 위해 연방헌법에 제39조의a를 신설하자는 '정치자금의 투명성'을 위한 국민발안[70]이 연방의회에 제출됐다.[71]

국민발안에 따르면 정당의 수입과 지출을 공개하고, 정당에 대한 익명기 부를 전면적으로 금지하며, 10,000프랑(1,280만 원) 이상의 기부금과 출처 를 공개하도록 했다. 또한 선거(투표)운동을 위해 1년에 100,000 프랑(1억 2,800만 원) 이상을 집행한 경우 10,000 프랑(1,280만 원) 이상의 기부 내역 을 공개하라는 내용이었다.

연방내각은 정당과 선거운동의 투명성을 제고하려는 국민발안은 스위스의 독특한 정치체제와 부합하지 않는다는 이유로 연방의회에 국민발안의 부결을 권고했다.

상원에서 관련 국민발안을 논의한 결과 연방내각과 마찬가지로 국민발안을 반대하되, 연방의회 차원의 반대제안[72]을 제시했다(찬성 29, 반대 13). 특히 스위스는 유럽평의회 소속 47개 국가 중 정당과 선거운동 비용에 관한 규제가 없는 유일한 국가로서 개정 필요성을 인식했다.

상원이 2019년 12월 17일 의결한 반대제안(간접적인 대안[73])에 따르면 선거(투표)운동을 위해 1년에 250,000프랑(3억 2,000만 원) 이상 집행한 경우 25,000프랑(3,200만 원) 이상 기부내역은 공개하도록 했다. 또한 25,000프랑 이상의 기부금과 출처를 공개하도록 함으로써 국민발안에서 제시된 기부금 공개 한도를 상향했다.

이런 내용을 위반할 경우 40,000프랑(5,100만 원)의 벌금을 부과하되, 국민발안에 필요한 서명을 얻기 위한 운동비용은 적용대상에서 제외했다. 좌파 정당은 국민발안을 지지했지만, 우파의 스위스국민당, 중도우파인 자민당은 국민발안과 반대제안을 모두 반대했다.[74]

2021년 여름 정기회 마지막 주 최종투표[75]에서 가결된(2021.6.18.) 연방의회의 간접적인 반대제안을 살펴보면, 15,000프랑(1,900만 원) 이상의 기부를 받은 정당은 그 내용을 공개하고, 50,000프랑(6,400만 원) 이상의 선거나 투표 관련 비용을 지출한 경우 그 내용을 명확히 밝히도록 했다. 또한 정치적 목적의 익명기부나 해외로부터의 기부도 금지했다.[76]

[표 58] 선거비용과 정당재정 관련 내용

구분	국민발안 ('17.10.10.)	연방의회 간접적인 반대제안 ('19.12~'21.2)	연방의회 의결·확정 ('21.6~10.)
기부자 공개	10,000프랑 이상 기부자	25,000프랑 이상 기부자	15,000프랑 기부자
선거(투표) 운동 비용	선거(투표)운동을 위해 100,000프랑 이상을 집행한 경우 10,000프랑 이상 기부자 공개	선거(투표)운동을 위해 250,000프랑 이상을 집행한 경우 25,000프랑 이상 기부자 공개	선거(투표) 운동을 위해 50,000프랑 이상 집행한 경우 15,000프랑 이상 기부자 공개
익명기부	익명기부 전면 금지		익명기부 전면 금지 해외로부터 기부 금지
정당재정	정당의 수입과 지출 공개		
예외		국민발안 서명에 따른 운동비 용은 제외	
벌칙	벌칙(구체적 사항은 법률로)	위반시 40,000프랑 벌금	

자료: 필자 작성

처음에 상원은 칸톤의 대표로서 칸톤의 재정 관련 규율을 받기 때문에 연방 차원의 새로운 규제를 바라지 않았다. 하지만, 다음번 선거부터 새로운 규제를 적용하기로 하면서 반대제안이 가결된 것이다.[77] 국민발안 제안자들은 연방의회의 반대제안이 가결되면 국민발안을 철회할 것으로 밝혔기에 국민발안은 2021년 10월 공식적으로 철회됐다.[78]

3. 정당재정 규제: 일부 칸톤

가. 제네바, 티치노, 뇌샤텔 칸톤의 정당재정 규제

20개 칸톤은 정당에 대해 특별한 규제를 하지 않기에 칸톤정당의 기부금 규모, 지출현황 등이 공개되지 않는다. 그러나 제네바, 티치노, 뇌샤텔 칸톤에 이어 2018년부터 프리부르, 슈비츠 칸톤도 각각 칸톤정당의 재정 투명성 제고 조치를 취했다. 샤프하우젠 칸톤은 2020년부터 정당과 이익단체의 선거비용을 공개하도록 했다.

제네바 칸톤은 1999년 9월 이후 칸톤정당에 대한 익명기부를 금지하고, 정당과 정치단체가 외부로부터 받는 기부금의 출처와 기부금 총액을 공개하도록 했다(정치적 권리 행사에 관한 제네바 칸톤법률 제29조의a 제4항). 또한 정당이 제출한 재정현황은 제네바 주민 누구나 열람하도록 했다(정치적 권리 행사에 관한 제네바 칸톤법률 제29조의a 제8항). 아울러 2011년부터는 입후보 서류를 제출할 때 기부자 명단, 정당재정에 관한 감사보고서를 함께 제출하도록 했다.[79]

티치노 칸톤은 5개의 칸톤법률로 분산된 정치적 권리에 관한 내용을 1개의 칸톤법으로 통합하면서 정당, 정치단체, 후보자에 대한 재정투명성 관련 사항을 새롭게 규율했다. 1998년 10월부터 10,000프랑(1,280만 원)을 정당에 기부하는 자는 티치노 칸톤관보에 공개하도록 했고, 지금까지 1건을 공개했다.[80]

또한 티치노 칸톤에서 선거운동 중 후보자에게 5,000프랑(640만 원) 이상을 기부하는 경우 기부자의 실명을 공개하고, 후보자에 대한 최대 기부 한도를 50,000프랑(6,400만 원)으로 설정했다(정치적 권리 행사에 관한 티치노 칸톤법률 제115조 제2항). 기부한도를 설정한 것은 선거자금을 많이 모집한 후보자의 독립성 문제를 고려한 조치였다.

그러나 1999년 7월 10일 연방대법원은 후보자에 대한 기부 한도 설정이 공정한 기회와 비례성 원칙에 위반한다고 판결했다.[81] 연방대법원의 결정은 연방이나 칸톤차원에서 기부 한도나 선거비용 지출 한도 설정을 어렵게 만들었다.

한편, 뇌샤텔 칸톤의회는 정치적 권리에 관한 뇌샤텔 칸톤법률 개정안[82]을 2013년 10월 1일 채택했다. 개정안에 따르면 선거(투표)에 참여하는 후보자, 정당, 주민발안위원회 등은 5,000프랑(640만 원) 이상 기부자 명단과 기부금액을 공개하도록 했다. 개정안을 반대하는 측은 기부자의 프라이버시를 우선시했지만, 녹색자유당은 개정안을 찬성했다.[83]

개정된 칸톤법률에 따라 2015년 1월부터 5,000프랑 이상 기부를 받은 뇌샤텔 칸톤의 정당은 기부자 이름, 주소, 기부금액 등이 기재된 기부금 집행명부를 공표한다. 정당이 공표할 기부금 집행명부는 선거일(투표일) 3주 전까지 칸톤사무국에 PDF 형식으로 우편 또는 이메일로 보낸다.

또한 뇌샤텔 칸톤의회에 의석을 가진 정당은 매년 정당의 대차대조표, 수익과 비용을 연방공보와 뇌샤텔 칸톤관보에 공고하거나 칸톤사무국에 보고한다 (정치적 권리에 관한 뇌샤텔 칸톤법률[84] 제133조의a~제133조의p, 뇌샤텔 칸톤사무국령).[85]

[표 59] 정당이 공표하는 정당재정 집행명부(뇌샤텔 칸톤)

비용지출 내역	회계연도 n	회계연도 n-1	수입 내역	회계연도 n	회계연도 n-1
운영비			순수입		
• 유세 및 홍보			• 당비		
◦ 투표 홍보			• 당직자 부담금		
◦ (날짜)			• 정치단체로부터 받은 기부금		
◦ (날짜)			• 연방보조금		
◦ (날짜)			• 기타 기부금 등		
◦ (날짜)					
◦ 선거운동					
◦ (선거별)					
◦ 국민발안 및 국민투표					
◦ 행사 조직					
◦ 포스터, 출간물 및 홍보물 비용					
◦ 기타					
• 기타 재정지원					
◦ 정치단체에 지원금 지급					
◦ 다른 단체에 지원금 지급					

자료: 뇌샤텔 칸톤사무국령 별첨 1

나. 슈비츠, 프리부르, 샤프하우젠 칸톤의 정당재정 규제

슈비츠, 프리부르, 샤프하우젠 칸톤에서는 칸톤차원에서 실시되는 선거의 투명성을 제고하려는 주민발안이 가결됐다.[86]

2018년 3월 4일 연방차원의 국민투표와 함께 실시된 슈비츠 칸톤의 주민투표에서 칸톤정부와 칸톤의회의 반대권고에도 불구하고 유권자의 50.28%가 '투명성 주민발안'을 찬성했다. 찬반을 결정짓는 표차는 305표에 불과했다.[87]

슈비츠 칸톤의 주민투표에서 가결된 투명성 주민발안은 슈비츠 칸톤헌법[88]에 제45조의a를 신설해 선거(투표)자금의 투명성을 제고하는 내용이다. 즉, 모든 정당과 정치적 이익단체, 로비단체 등은 선거나 투표의 선거자금의 원천과 총 집행비용을 공개하고, 연간 1,000프랑(128만 원) 이상 기부하는 법인의 명칭을 공개하며, 연간 5,000프랑(640만 원) 이상 기부하는 자의 이름을 공개하고, 이를 위반할 경우 벌금을 부과하는 내용이었다.

슈비츠 칸톤헌법에 따라 2019년 투명성에 관한 슈비츠 칸톤법률[89]이 제정돼, 1,000프랑 이상 익명 또는 가명 기부를 금지했다(칸톤법률 제2조 제3항). 또한 칸톤 차원의 선거(투표)에서 10,000프랑 이상을 집행하거나, 코뮌 차원의 선거(투표)에서 5,000프랑 이상을 집행할 경우 집행내역을 공개하도록 했다(칸톤법률 제3조 제1항). 연간 1,000프랑 이상 기부하는 법인이나, 5,000프랑(640만 원) 이상 기부하는 개인의 이름을 공개하도록 했다며(칸톤법률 제3조 제2항, 제4조).

주민발안위원회는 슈비츠 칸톤법률이 칸톤헌법의 취지를 전적으로 담지 않고, 법적 공백이 많다면서 연방대법원에 위헌소송을 제기했다. 연방대법원은 2020년 10월 26일 판결에서 1,000프랑 이상 익명기부 금지는 위헌이라고 일부 인용 판결했다. 즉, 익명기부 금지를 회피하기 위해 1,000프랑 미만의 금액으로 나누어 기부할 수 있다면서 익명기부 금지 규모에 한정해 위헌으로 판결했다. 참고로 1,000프랑 이상 익명 기부금지에 관한 사항은 칸톤정부가 아닌 칸톤의회의 심의과정에서 삽입된 내용이었다.

슈비츠 칸톤 차원의 선거(투표)에서 10,000프랑 이상, 코뮌 차원의 선거(투표)에서 5,000프랑 이상의 집행내역을 공개하는 등 그 밖의 슈비츠 칸톤법률 규정에 대해 연방대법원은 적절한 제한으로써 합헌으로 보았다.[90]

2018년 3월 4일 프리부르 칸톤의 주민투표에서도 '정당재정의 투명성'[91]에 관한 주민발안이 68.5%의 주민 찬성으로 가결됐다.[92] 프리부르 칸톤헌법[93]에 제139조의a를 신설하기 위해 2004년 5월 16일 제안된 주민발안은 2015년 4월 20일 칸톤정부에 제출됐던 것이다.

개정된 프리부르 칸톤헌법 제139조의a에 따르면 선거(투표)에 참여하는 정당, 정치단체, 주민발안위원회 등은 선거(투표)기간 동안 지출한 총 금액과 출처, 법인이 기부한 금액과 법인의 명칭, 연간 5,000프랑(640만 원) 이상을 기부한 개인의 신상, 칸톤 차원의 선거에서 선출된 자의 수입내역 등을 공개하도록 했다.

프리부르 칸톤헌법에 규정된 사항을 구체적으로 규정하기 위해 칸톤의회의 의결(2020.12.16.)을 거쳐 정치자금에 관한 프리부르 칸톤법률[94]이 제정됐고, 2021년 1월부터 시행됐다.

선거(투표)에 참여한 정당, 정치단체, 주민발안위원회 등은 법인이 1,000프랑 이상, 개인이 5,000프랑 이상을 기부한 경우 정치자금에 관한 프리부르 칸톤법률의 적용대상이 된다. 이 경우 법인 또는 개인의 이름과 내역이 공개되고, 공개 1년 후에 웹사이트에서 삭제된다(정치자금에 관한 프리부르 칸톤법률 제7조 제2항).

또한 익명 또는 가명으로 기부할 수 없고, 익명 또는 가명으로 받은 기부금은 즉시 칸톤집행부에 반납되거나 압류된다(정치자금에 관한 프리부르 칸톤법률

제3조 제3항). 선거(투표)에서 10,000프랑(1,280만 원)을 초과하는 경우 정당, 정치단체 등은 정치자금 집행내역을 공개한다. 여기에는 1,000프랑 이상을 기부한 법인, 5,000프랑 이상을 기부한 개인의 이름과 거주지가 기재된다(정치자금에 관한 프리부르 칸톤법률 제7조 제1항·제3항, 제8조 제2항).

칸톤 차원에서 선출된 칸톤의원, 칸톤집행부 구성원, 상원의원, 칸톤법관 등은 수당과 그 밖의 활동으로 인한 수입내역을 다음해 8월말까지 칸톤정부에 제출하고, 제출된 수입내역은 공개 1년 후에 삭제된다(정치자금에 관한 프리부르 칸톤법률 제11조, 제12조, 제14조).

당직자 분담금, 당비 등은 5,000프랑(칸톤과 코뮌세금) 또는 10,101프랑(연방직접세)까지 세제혜택을 받는다(직접세법 제33조의a). 세제혜택을 받기 위해서는 등록된 연방정당이거나, 프리부르 칸톤의회에 의석이 있거나 프리부르 칸톤 선거에서 3%이상 득표한 정당이어야 한다.[95]

샤프하우젠 칸톤에서는 2020년 2월 8일 연방차원의 국민투표와 함께 실시된 칸톤의 주민투표에서 칸톤 유권자의 53.8%가 사민당이 발의한 주민발안에 찬성했다. 주민발안에 따르면 정당과 이익단체는 선거운동, 주민투표 운동 등에 집행된 내역을 공개하도록 했다.[96]

그러나, 취리히, 아르가우, 보, 바젤란트 칸톤에서는 정당의 선거비용 조달의 투명성을 높이기 위한 주민발안이나 칸톤의회 발의안이 여러 차례 무산됐다. 취리히 칸톤에서는 2013년 6월 13일 정당재정의 투명성을 제고하기 위한 의회발의안이 부결됐고, 아르가우 칸톤에서도 2014년 9월 28일 유사한 주민발안이 부결됐다. 보 칸톤에서도 입법화가 시도됐으나 2012년 9월 보 칸톤 의회에서 부결됐다.[97]

[표 60] 칸톤별 정당과 후보자 재정공개 및 선거공영제

칸톤	도입연도	정당과 후보자 재정공개	선거공영제
프리부르	2021.1.	익명(가명)기부 금지, 1,000프랑 이상 기부한 법인 공개, 5,000프랑 이상 기부한 개인 공개, 10,000프랑 이상 집행한 정치자금 집행내역 공개, 칸톤차원 선출직 공직자 수입공개	1% 이상 득표정당, 후보자 선거비용 보전
슈비츠	2019.2.	연간 1,000프랑 이상 기부한 법인 명칭 공개, 연간 5,000프랑 이상 기부한 개인 기부자 공개, 코뮌선거에서 5,000프랑 또는 칸톤선거에서 10,000프랑 이상 집행한 내역 공개, 1,000프랑 이상 익명 기부 금지(위헌 판결)	세제 혜택(연방정당, 3% 이상 득표)
샤프하우젠	2020.2.	정당과 이익단체의 선거운동, 투표운동 집행내역 공개	
티치노	1998.10.	후보자에 5,000 프랑 이상 기부자 공개, 정당에 10,000 프랑 이상 기부자 공개, 후보자 최대 기부한도 5만 프랑(위헌판결)	
뇌샤텔	2015.1.	5,000 프랑 이상 기부자 공개, 칸톤정당의 재무제표 공개	
제네바	1999.9. 2011.	기부금 출처와 총액 공개, 기부자 명단 공개, 칸톤정당에 대한 익명기부 금지, 정당재정 감사보고서 제출	5% 이상 득표정당, 20% 이상 득표 후보자 선거비용 보전

* 자료: 필자 작성

다. 선거공영제: 일부 칸톤

제네바 칸톤과 프리부르 칸톤은 일정 수준 이상의 득표를 한 정당과 후보자의 선거비용을 보전한다. 선거에 소요된 비용을 칸톤정부가 일정 부분 보전해 준다는 의미에서 일부 칸톤에서 선거공영제가 실시되는 것이다.

제네바 칸톤은 비례대표제 선거에서 정당이 최소 5% 이상 득표하거나, 다수대표제 선거에서 후보자가 최소 20% 이상 득표한 경우 선거비용을 보전한다(정치적 권리 행사에 관한 제네바 칸톤법률 제82조 제2항). 프리부르 칸톤은 연방 또는 칸톤 차원의 선거에서 정당이나 후보자가 1% 이상 득표한 경우 선거비용을 보전한다.

제3절 정당별 지지층 및 득표율

1. 정당의 이념 및 지지층

근대국가 형성과 산업화 과정에서 4가지 사회적 균열이 일어났다. 정치적·문화적 측면에서 국가와 교회, 중심과 주변, 사회적·경제적 측면에서 농촌과 도시, 경영자와 노동자 간의 균열이다. 또한 19세기에 형성된 사회민주주의, 정치적 자유주의, 보수주의에 근거해 사민당(1888년), 자민당(1894년), 가톨릭보수당(1912년, 현재의 기민당), 농민·기업·시민당(1917년, 현재의 스위스국민당)이 창당됐다.

이처럼 3가지 정치이념을 바탕으로 4개의 주요 정당(사민당, 자민당, 기민당, 스위스국민당)이 탄생했고, 스위스 정치를 지배하고 있다. 이는 다양한 사회적 균열이 다차원적 정당체제에 반영된 것이다.[98] 1990년대까지 사민당, 자민당, 기민당에는 모두 자유주의 진영과 우파 진영이 공존했다.

그러나 경제성장과 환경보호, 스위스적인 전통 보호와 대외적인 개방 간의 대립 등 새로운 균열이 초래됐다. 이는 기존 정당의 정책변화를 요구하면서 스위스국민당의 당세 확장과 녹색당과 같은 새로운 정당을 출현시켰다. 예를 들면 지난 20년 동안 자민당과 기민당을 지지하던 보수적인 유권자가 우파 진영인 스위스국민당으로 흡수됐다. 이로 인해 자민당과 기민당은 중도 정당으로 탈바꿈됐다.[99]

자유와 평등의 기준에 따라 주요 정당을 좌와 우로 분류하면, 스위스국민당을 중심으로 한 우파, 자민당과 기민당의 중도우파, 사민당과 녹색당의 좌파로 나눌 수 있다.[100] 좌파 정당은 연방의회의 다수를 차지하는 것이 어렵다.[101]

우파 진영은 군대유지, 전통의 보존, 엄격한 법질서 집행 등을 지지한다. 좌파 진영은 우파 진영과 달리 고소득층에 대한 증세, 외국인과 여성에 대한 동등한 권리, 경제성장보다는 환경보호 등을 옹호한다.[102] 분배 문제와 관련해 자유주의경제를 표방하는 스위스국민당이나 자민당과 달리 좌파 정당인 사민당과 녹색당은 정반대 입장이다. 기민당은 분배 문제에서 예외적으로 중도 입장을 취한다.

우파 정당은 정부의 개입을 최소화하는 데 관심이 많고, 좌파 정당은 선거운동과 정당의 투명성을 주장한다. 스위스국민당은 이민과 관련된 문제에 선거운동의 중점을 두었고, EU와의 긴밀한 유대 관계나 유럽연합 가입[103] 등 개방적인 외교정책을 반대하는 유일한 정당이다.

자민당은 성공적인 스위스 경제 모델을 유지하고, 관료주의에 반대하는 선거운동을 벌였고, 기민당은 가족정책에 중점을 두었다. 사민당은 사회문제와 건강관리를 선거운동의 중심에 두었다.[104]

한편, 유권자의 종교가 투표행태에 영향을 미친다. 종전에 개신교의 지지를 받던 스위스국민당은 1995~2003년 선거에서 성당에 가지 않거나 거의 가지 않는 가톨릭 신자의 지지를 얻었다. 스위스국민당이 개신교 위주의 정당에서 벗어나 가톨릭 칸톤에서 보수적 유권자의 지지를 얻는 데 성공한 것이다. 가톨릭 신자는 변함없이 기민당을 크게 지지했다. 적어도 기민당을 선택한 유권자는 개신교보다 가톨릭 신자인 경우가 매우 많았다.

교육수준이 높고, 중산층 이상의 유권자는 녹색당, 사민당, 자민당을 지지한다. 교육수준이나 수입이 낮은 계층, 제조 및 서비스 분야에 종사하는 노동자는 평균 이상으로 스위스국민당에 투표한 것으로 나타났다. 노년층은 보통 스위스국민당을 지지한 반면, 청년층은 녹색당을 지지한다.

한편, 칸톤의 정당별 지지세력은 연방차원과 상당한 차이를 보인다. 스위스국민당은 보수민주당이 2007년 탈당한 이후 모든 칸톤과 연방수준에서 보수우파를 지향한다. 개혁적인 칸톤에서는 스위스국민당, 사민당, 자민당이 우세하지만, 기민당은 열세이다. 가톨릭·독일어권 칸톤에서는 기민당과 자민당이 영향력을 확대하고 있고, 프랑스어권 칸톤은 자민당이 지배적이다.[105]

2. 정당별 득표율

1990년대까지 자민당, 기민당, 사민당은 각각 20~25%의 표를 얻었으며, 스위스국민당은 10~15%의 표를 얻었다. 군소 정당은 예외적인 경우에만 5% 이상의 표를 얻었다.

1990년대 스위스국민당의 의석수 증가는 스위스의 정당 구조에 근본적인 변화를 불러왔다. 스위스국민당은 정당 중 유일하게 안정적으로 유권자 지지를 확보해 제1당을 유지했지만, 기민당과 자민당은 계속해서 하락 추세를 보여 하원의 정당구성과 내각구성의 등가성이 무너지기 시작했다.

[표 61] 하원에서 주요 정당의 의석수 현황(1987~2019)

(단위: 석)

당명	1987	1991	1995	1999	2003	2007	2011	2015	2019
스위스국민당(SVP)	25	25	29	44	55	62	54	65	53
사민당(SP)	42	41	54	51	52	43	46	43	39
자민당(FDP)	51	44	45	43	36	31	30	33	29
기민당(CVP)	42	35	34	35	28	31	28	27	25
4개 주요 정당의 의석수(의석점유율)	160 (80%)	145 (72%)	162 (81%)	173 (86%)	171 (85%)	167 (83%)	158 (79%)	168 (84%)	146 (73%)
기타 정당	40	55	38	27	29	33 (녹색당 20, 자유당 4, 녹색자유당 3, 복음인민당 2 등)	42 (녹색당 15, 녹색 자유당 12, 보수 민주당 9, 복음인민 당 2 등)	32 (녹색당 27, 녹색 자유당 7, 보수민주 당 7, 복 음인민당 2 등)	54 (녹색당 28, 녹색 자유당 16, 보수 민주당 3, 복음인민 당 3 등)

자료: 스위스연방통계청(Federal Statistical Office), 위키피디아 검색 등 참조해 필자 작성

하원에서 많은 의석을 차지하는 스위스국민당과 사민당은 상원에서는 적은 영향력을 보이지만, 중도 우파인 자민당과 기민당은 상원에서 의석의 과반을 차지한다. 군소 정당과 무소속 후보는 예외적인 경우에만 상원의석을 차지했다.

상원의 정당별 의석분포는 하원과 비교해 볼 때 정반대의 권력 관계를 보이는데, 이는 비례대표제(하원)와 다수대표제(상원)라는 투표시스템의 차이와 관련이 있다. 상원선거의 대부분은 다수대표제로 결정되기 때문에 유권자로부터 더 많은 지지를 얻는 후보자가 당선되기 때문이다.

[표 62] 상원에서 주요 정당의 의석수 현황(1987~2019)

(단위: 석)

구분	1987	1991	1995	1999	2003	2007	2011	2015	2019
스위스국민당 (SVP)	4	4	5	7	8	7	5	5	6
사민당(SP)	5	3	5	6	9	9	11	12	9
자민당(FDP)	14	18	17	18	14	12	11	13	12
기민당(CVP)	19	16	16	15	15	15	13	13	13
4개 정당의 의석수 (의석점유율)	42 (91%)	41 (89%)	43 (93%)	46 (100%)	46 (100%)	43 (93%)	40 (86%)	43 (93%)	40 (86%)
기타 정당	4	5	3	–	–	3	6 (녹색당 2, 녹색자유당 2, 기타 2)	3 (녹색당 1, 보수민주당 1, 기타 1)	6 (녹색당 5, 기타 1)

자료: 스위스연방통계청(Federal Statistical Office), 위키피디아 검색 등 참조해 필자 작성

상원선거에서 중도 우파에 속하는 기민당과 자민당이 더 많은 표를 획득하고, 좌파인 사민당과 우파인 스위스국민당이 덜 대표된다. 따라서 상원에서는 연방내각과 하원에서 추진하는 혁신적인 의안을 반대하는 현상 유지적·보수적 성향을 가진다.[106]

제4절 주요 정당 및 군소 정당

1. 스위스국민당(SVP)

가. 연혁 및 지지 정책

스위스국민당(SVP)[107]은 자유주의파에서 분리돼 1917년 농민과 장인을 주축으로 설립된 농민·기업·시민당(농민당)을 기초로 한다. 농민당은 다른 정당에 비해 늦은 1936년에 전국 정당조직으로 설립된 이래 보수적인 정당으로 자리매김했다.[108] 1971년 9월 베른에서 농민당과 글라루스 및 그라우뷘덴 칸톤의 민주당[109]이 이 통합하면서 정당명을 스위스국민당으로 변경했다.

스위스국민당은 적극적인 농업정책 등 농촌지역의 이익을 대변하는 정당으로 연방내각에 진출한 정당 중 가장 작은 정당이었다. 농민을 지지기반으로 했던 중도파 정당인 스위스국민당은 1980년대를 거치면서 우파성향으로 기울었다.

스위스국민당은 1990년대부터 우파 정당으로서 인기영합적인 선거전략을 추구했다. 특히 1992년 12월 6일 실시된 유럽경제지역[110] 가입을 위한 국민투표에서 스위스국민당은 반대입장을 개진하면서 약진했다.

대부분의 정당이 유럽경제지역 가입에 찬성했지만, 국민의 50.3%와 18개 칸톤(14개 칸톤, 4개 반칸톤)이 반대해 부결됐고, 이는 스위스국민당의 정치적 위상을 높였다.

[그림 39] 스위스국민당 로고

자료: Bundeskanzlei BK(2015: 23).[111]

스위스국민당은 전통적으로 농민, 장인 등 농촌지역 개신교의 지지를 받았고, 스위스농민조합과 긴밀한 관계를 형성한다. 특히 개신교 우파들이 거주하는 독일어권 칸톤과 보 칸톤(프랑스어권)에서 강한 지지를 받았다.

프랑스어권에서는 중도민주연합(UDC)라는 이름을 가지고 정당세를 확장했는데, 낮은 지지를 보인 프랑스어권 유권자들이 2000년 이후 높은 비율로 지지하는 추세와 일치한다.[112] 그러나 여전히 이탈리아어권 유권자들의 지지는 낮다.[113] 종전에 사민당을 지지했던 노동자들도 유럽화와 세계화 과정에서 스위스국민당을 지지하는 경향을 보인다.

스위스국민당은 대외적으로 유럽연합 가입, 국제문제 개입, 국제기구 참여에 반대하고, 이슬람화에 대한 두려움을 토대로 독자적인 반이민정책을 지지한다. 또한 안전한 스위스를 위해 이민 반대, 범죄를 저지른 외국인 추방정책 등을 주장하면서 급속도로 세력을 확산했다. 그리고 건전한 재정구조, 낮은 세금, 정부 축소, 복지감축, 감세, 경제활동 보장 등과 같은 자유주의 경제정책을 지향하면서 이념성향도 우경화됐다.[114]

스위스국민당의 확장세는 더 많은 유권자 지지를 확보하기 위해 반이민, 반유럽연합 등 극우 정책을 토대로 대중의 공포와 지지를 활용한 포퓰리즘 현상에 기인한 측면이 크다. 스위스국민당은 다른 유럽 국가에서 볼 수 있는 '알파인 포퓰리즘[115]'으로 특징지울 수 있다.

스위스국민당은 자민당과 기민당을 지지하던 보수적인 유권자의 표를 자신들에게 가져오는 데 성공했고, 지금은 의석수가 가장 많은 정당이 됐다. 스위스국민당의 당원 수는 90,000명이다.[116]

나. 득표율(의석) 및 내각진출 현황

스위스국민당은 1991년 하원선거에서 11.9%의 득표율로 25석을 얻어 주요 정당 중 정당세가 가장 약했으나, 1999년부터 가장 많은 지지를 받는 정당으로 변모했다. 스위스국민당은 1999년 하원선거에서 22.6%의 득표율로 44석을 확보해 원내 제2정당이 됐다.

2003년에는 26.7%의 득표율로 55석을 얻어 사민당(52석)을 제치고 하원에서 제1당이 되었고, 2007년에는 28.9%를 득표해 62석을 얻어 제1당을 유지했다. 2011년에는 득표율이 26.6%로 떨어져 직전 선거보다 8석이 적은 54석을 얻었지만 여전히 원내 제1당이었다. 2015년에는 최고득표율인 29.4%를 획득해 하원에서 65석을 차지한 최대 정당이 됐다. 2019년에는 득표율이 25.6%로 하락해 53석을 얻었지만, 2003년부터 이어온 제1당을 유지했다.

[표 63] 스위스국민당 득표율 및 의석수 추이(1963~2019)

구분	연도	1967	1971	1975	1979	1983	1987	1991
하원	득표율(%)	11.0	11.1	9.9	11.6	11.1	11.0	11.9
	의석수	21	23	21	23	23	25	25
	하원내 위상	제4당	제4당	제4당	제4당	제4당	제4당	제4당
	연도	1995	1999	2003	2007	2011	2015	2019
	득표율(%)	14.9	22.6	26.7	28.9	26.6	29.4	25.6
	의석수	29	44	55	62	54	65	53
	하원내 위상	제4당	제2당	제1당	제1당	제1당	제1당	제1당
상원	연도	1995	1999	2003	2007	2011	2015	2019
	의석수	5	7	8	7	5	5	6
	의석비율(%)	10.9	15.2	17.4	15.2	10.9	10.9	13
	상원내 위상	제3당	제3당	제4당	제4당	제4당	제4당	제4당
연방각료	연도	1995	1999	2003	2007	2011	2015	2019
	각료배출	1명	1명	2명	1명	1명	2명	2명

자료: José M. Magone (2017: 137), 위키피디아 검색 등 참조해 필자 작성

주요 정당 중 스위스국민당은 상원선거에서 가장 적은 의석을 차지했다. 스위스국민당은 상원선거에서 대체로 5~7석을 차지해 10~15% 남짓한 의석비율을 얻을 뿐이다. 스위스국민당은 여러 칸톤에서 기민당, 자민당과 경쟁하지만, 기민당과 자민당을 지지하는 유권자의 표를 얻을 수 없기 때문이다.[117]

스위스국민당의 전신인 농민당에서 1929년 처음으로 연방내각에 각료 1명을 진출시켰다.[118] 그 이후에도 스위스국민당은 1990년대까지 11~15%의 득표율로 스위스국민당 출신 연방각료 1명이 활동했다. 2003년 하원선거에서 26.7%의 지지율을 토대로 제1당이 된 스위스국민당은 기민당이 갖고 있던 연방각료 2석 중 1석을 할애받아 연방각료 2석을 가지게 됐다.

2007년 선거에서 스위스국민당은 정당사상 최대의 지지율을 획득해 연방각료를 2명에서 3명으로 할애할 것을 주장했으나 실현되지 못했다. 정국의 혼란 속에 스위스국민당에서 탈당한 보수민주당이 창당됐고, 보수민주당 출신 각료 1석, 스위스국민당 출신 각료 1석으로 정리됐다.

그 결과 1959년 이후 유지해온 스위스국민당, 사민당, 자민당, 기민당의 4대 정당이 연방내각을 구성하는 법칙(마법의 공식)이 깨졌다. 보수민주당의 득표율이 하락하자 2015년 12월부터 보수민주당의 연방각료 몫이 스위스국민당으로 전환됐고, 2015년부터 현재까지 연방각료 2석을 차지하고 있다.[119]

2. 사회민주당(SP)

사회민주당[120]은 1888년에 당시 집권당인 자유주의파에서 탈당해 몇몇 칸톤 정당조직의 느슨한 연합체로 창당됐다. 사민당은 원래 노동자를 기반으로 한 정당으로 지금도 노동조합과 긴밀한 관계를 유지한다.

사민당은 교회나 성당에 나가지 않고, 도시에 거주하면서 사회, 생태, 경제 개혁을 지지하는 고학력 및 고임금의 중산층을 대변한다. 최근 사민당은 자민당의 지지층 일부를 흡수했지만, 사민당의 전통적 지지층인 노동자들은 스위스국민당으로 옮겨갔다.[121]

사민당의 독일어권 지지율은 인구대비 점유율과 비슷하거나, 점차 하락하는 추세이지만 인구대비 점유율에서 크게 벗어나지 않는다. 프랑스어권 지지율은 인구대비 점유율보다 약간 높고, 상승 추세이다. 이탈리아어권 지지율은 인구대비 점유율보다 매우 낮았지만, 인구대비 점유율 수준으로 상승하고 있다.[122] 사민당의 당원은 30,000명이다.[123]

사민당의 정책노선은 상당한 변화를 보였다. 사민당은 노동조합과 연계해 사회경제적 평등을 지향하는 사회민주주의를 실현하려는 급진 좌파 운동을 전개했다.[124] 현재는 사회, 생태, 경제 개혁을 지지하는 온건파 정당이다. 사민당은 경제자유화에 반대하고, 복지정책 강화를 주장하며, 유럽연합 가입은 자국 통화의 사용을 조건으로 찬성했고, '소수가 아닌 모두를 위한 정당'을 주창한다.[125]

[그림 40] 사회민주당 로고

사민당은 1980년대에 다른 좌파 정당으로부터 지지율을 잠식당해 1987년과 1991년 하원선거에서 각각 18.4% 내외의 득표율을 기록했다(각각 41석). 1995년부터 2003년까지 사민당 득표율이 평균 22%로 다시 상승했지만(54석→51석→52석), 2007년 하원선거에서 우파인 스위스국민당의 약진(28.9%, 62석)에 따라 19.5%의 득표율로 이전보다 10석이 적은 43석을 얻었다.

그 이후인 2011년에 18.7%(46석), 2015년에 18.8%(43석), 2019년에 16.8%(39석)의 득표율을 얻음으로써 사민당은 하원에서 수십 년 동안 유지한 20% 이상의 득표율을 더 이상 얻지 못했다.

사민당의 상원 내 정치적 영향력은 2007년까지 10석 미만으로 약했지만, 2015년에는 12석을 얻었고(의석점유율 26.1%), 2019년에는 녹색당의 약진으로 9석을 얻었다.

[표 64] 사민당 득표율 및 의석수 추이(1963~2019)

구분	연도	1967	1971	1975	1979	1983	1987	1991
하원	득표율(%)	23.5	22.9	24.9	24.4	22.3	18.4	18.5
	의석수	50	46	55	51	54	41	41
	하원내 위상	제1당	제2당	제1당	제1당	제2당	제3당	제2당
	연도	1995	1999	2003	2007	2011	2015	2019
	득표율(%)	21.8	22.5	23.3	19.5	18.7	18.8	16.8
	의석수	54	51	52	43	46	43	39
	하원내 위상	제1당	제1당	제2당	제2당	제2당	제2당	제2당
상원	연도	1995	1999	2003	2007	2011	2015	2019
	의석수	5	6	9	9	11	12	9
	의석 점유율(%)	10.9	13	19.6	19.6	23.9	26.1	19.6
	상원내 위상	제3당	제4당	제3당	제3당	제2당	제3당	제3당
연방 각료	연도	1995	1999	2003	2007	2011	2015	2019
	각료배출	2명	2명	2명	2명	2명	2명	2명

자료: José M. Magone (2017: 137), 위키피디아 검색 등 참조해 필자 작성

사민당은 연방내각에서 유일한 온건 좌파 정당으로 스위스국민당에 이은 제2의 정당이다. 1943년 처음으로 연방각료 1명을 진출시켰지만,[126] 1954~1958년에는 1명의 연방각료도 배출하지 못했다. 1959년부터 연방각료 1명을 더 확보한 이래 지금까지 연방각료 2명을 배출했다. 사민당의 득표율 하락에도 불구하고 연방각료 2명이 사민당 출신임을 고려하면 사민당이 연방내각 구성에 미치는 영향력이 연방의회 내 영향력에 비해 과대평가를 받고 있다.

3. 자유민주당(FDP)

　19세기 연방국가를 수립하는 데 급진적 자유주의가 정치적으로 상당한 영향력을 발휘했다. 자유주의파(급진파)는 1848년 연방창설부터 1891년까지 43년 동안 단독으로 연방내각을 구성했다. 집권 자유주의파에서 노동계를 대변하는 정파가 탈당해 1888년 사민당을 창당한 이후 개신교 자유주의파는 1894년 당명을 자유민주당으로 개칭했다.[127] 자민당은 2009년에 자유당(LPS)과 합당했다.

　자민당은 1848년 연방출범 이후 1891년까지 연방각료 7명을 독점하고, 상당기간 연방의회의 절대다수를 차지했다. 1919년 비례대표제 도입 이후 종전의 정치적 지배력을 상실했으나 오늘날에도 연방각료 2명을 배출하는 최대정당으로 스위스 정치에서 가장 오래되고, 근간이 되는 정당이다.

[그림 41] 자유민주당 로고

　역사적으로 스위스 내전의 승자였고 연방의 형성에 초점을 둔 자민당은 보수적 가톨릭 칸톤보다 진보적 색채를 띤 프랑스어권 개신교 칸톤에 지지기반을 둔다. 독일어권 유권자의 자민당 지지율은 점차 낮아지지만, 프랑스어권 유권자의 지지율은 인구대비 높은 지지율을 보인다. 이탈리아어권 유권자의 지지율은 인구대비 1.5~2배가량 높다.[128]

　자민당의 지지층은 주로 진보적 중산층의 상층부이고, 전문직 종사자, 기업가와 중산층을 정치적으로 대표한다.[129] 자민당의 당원은 120,000명으로 당원 규모로는 최대 정당이다.

자민당은 개인의 자유 등 자유주의와 민주주의를 표방하고, 법치주의를 강조하는 중도 우파 정당이다. 자민당의 기본가치는 자유, 공동의 의지, 발전이다.[130] 19세기의 자유주의적 사상의 후계자임을 자처하는 자민당은 경제단체 등 재계와 긴밀한 관계를 맺고, 친시장주의, 신자유주의 경제정책, 증세반대 등을 주장한다.

자민당은 국제관계에서는 개방정책을 고수하고, 2002년 스위스의 유엔 가입[131] 시 적극적인 역할을 했다. 유럽연합 가입과 관련해서는 장기적으로 찬성하는 입장이었으나 최근 중도적 입장으로 전환했다.[132] 또한 자민당은 안정적인 일자리 창출을 강조하고, 국가주도의 정책보다는 민간주도의 사회구조를 지향하며, 작은 정부를 목표로 한다. 또한 노령·유족·장애인 연금, 상해보험으로 인한 국가부채를 억제하고, 안정적인 사회복지기관의 확충을 강조한다.[133]

자민당은 스위스국민당, 사민당에 이은 제3의 정당이다. 자민당은 오랫동안 하원선거에서 20~23%를 득표했지만, 1990년대 후반부터 자민당의 득표율이 하락하는 추세이다. 하원선거에서 자민당에 투표한 유권자 비율은 1991년 21%(44석)였으나 1999년 처음으로 20% 미만인 19.9%(43석)로 떨어졌고, 연방내각에 참여하는 정당으로서 지도적인 역할을 상실했다.

자민당은 2011년 하원선거에서 15.1%(30석)를, 2015년 하원선거에서 16.4%(33석)를, 2019년 하원선거에서 15.1%(29석)를 각각 득표하면서 연방하원 내 의석수는 1995년 45석에서 2019년 29석으로 하락했다.

상원에서는 자민당의 우위가 다른 당에 비해 여전히 높게 유지된다. 자민당은 1999년 선거에서 최대의석인 18석을 얻어 39.1%의 의석 점유율을 차지했고, 이후 평균 12~13석을 차지해 상원의석의 1/4을 차지하고 있다.

[표 65] 자민당 득표율 및 의석수 추이(1963~2019)

구분	연도	1967	1971	1975	1979	1983	1987	1991
하원	득표율(%)	23.2	21.7	22.2	24.0	23.3	22.9	21.0
	의석수	49	49	47	51	54	51	44
	하원내 위상	제2당	제1당	제2당	제1당	제1당	제1당	제1당
	연도	1995	1999	2003	2007	2011	2015	2019
	득표율(%)	20.2	19.9	17.3	15.8	15.1	16.4	15.1
	의석수	45	43	36	31	30	33	29
	하원내 위상	제2당	제3당	제3당	제3당	제3당	제3당	제3당
상원	연도	1995	1999	2003	2007	2011	2015	2019
	의석수	17	18	14	12	11	13	12
	의석 점유율(%)	37	39.1	30.4	26.1	23.9	28.3	26.1
	상원내 위상	제1당	제1당	제2당	제2당	제2당	제1당	제2당
연방 각료	연도	1995	1999	2003	2007	2011	2015	2019
	각료 배출	2명	2명	2명	2명	2명	2명	2명

자료: José M. Magone (2017: 137), 위키피디아 검색 등 참조해 필자 작성

자민당은 1848~1891년까지 연방각료 7명을 독점했으나, 1891년에 연방 각료 1명을 기민당에 할애함에 따라 6명의 연방각료를 가졌다. 자민당이 차지한 연방각료는 1919년 비례대표제 도입 이후 기민당에 1명, 1929년 농민당에 1명, 1943년 사민당에 1명이 각각 할애됨에 따라 1943년부터는 3명의 연방각료만 가졌다. 그러나 1959년부터 마법의 공식에 따라 연방각료 2명을 가지게 된 이후 지금까지 2명의 연방각료를 배출한다.

4. 기독민주당(CVP)

기독민주당(CVP)[134]은 19세기 중반 가톨릭 보수주의 운동을 토대로 한다. 가톨릭 보수세력은 1912년 가톨릭 보수파를 지지 기반으로 가톨릭보수당[135]을 창당했다.

1957년에 당명을 가톨릭보수당에서 보수국민당[136]으로 변경했고, 가톨릭 지지층이 적어짐을 고려해 1970년 현재의 당명인 기민당으로 다시 변경했다.[137] 기민당은 보수적 농촌 가톨릭 지역, 특히 스위스 중부 가톨릭 지역 및 프랑스어권에 견고한 지지기반을 두고 있다.[138]

기민당은 가톨릭 보수주의 운동을 계승하기에 가톨릭 신자들이 지지한다. 또한 기민당의 언어권별 지지율은 다른 보수정당(자민당)과 유사해서 프랑스어권이나 이탈리아어권 지지율은 높고 상승 추세이나, 독일어권 지지율은 하락 추세이다.[139]

[그림 42] 기독민주당 로고

기민당은 한때 자민당에 이어 제2의 정당이었으나, 다른 당과 달리 다른 지역으로 세력 확장을 하지 못한 채 지금은 지지 세력을 가장 많이 잃었다. 기민당이 지지 기반을 상실한 이유는 기민당이 보수 성향에서 중도 성향으로 변화하면서 중도우파로 바뀜에 따라 강경 보수를 지지하는 유권자들이 스위스국민당으로 지지를 옮겼기 때문이다.

또한 가톨릭 유권자의 지지기반이 산업화로 인해 도시로 분산되고 농촌 내에서도 약화됐기 때문이다.[140] 그 결과 기민당의 득표율은 1963년부터 하락추세를 보였고, 지금은 연방내각을 구성하는 4개 정당 중 가장 작은 정당으로 전락했다. 기민당은 종전 지지기반에만 집중하고 있고, 당원은 100,000명이다.

기민당은 윤리적·도덕적 문제에 대해서는 보수적 입장을 취하는 보수주의 정당으로 가톨릭의 가치관에 입각하지만 특정 종교의 방향성만을 지향하지 않는다. 기민당은 중산층 및 가족의 자유와 유대를 강조하고, 노동자·농민을 보호하기 위해 국가의 개입을 허용하는 사회적 시장경제[141]를 주창하는 등 자유사회주의적 이념[142]을 지향하는 경제 정당이다.[143]

기민당은 기독교노조연맹과 긴밀한 관계를 구축하고 노사의 상충된 이해관계를 통합하려 한다. 기민당은 중앙집권을 추구하며, 적극적인 외교관계 추구로 유럽연합 가입에 반대하지 않고, 원자력 에너지에 대해서는 중간적인 입장을 취한다. 이처럼 기민당은 양극화된 스위스의 극복을 목표로 사회분열을 조장하는 어떤 행위도 반대한다.[144]

기민당은 비례대표제가 도입된 이후 오랫동안 20% 내외를 득표했다. 그러나, 1987년 하원선거에서 기민당은 20% 득표율을 달성하지 못했다(42석). 1999년 하원선거에서는 15.9%(35석)를, 2003년 하원선거에서는 연방내각에 참여하는 4대 정당 중 최하위인 14.4%의 득표율을 얻었다(28석).

2007년 선거에서 소폭 상승한 14.5%의 득표율로 31석을 얻었던 기민당은 2011년 하원선거에서 12.3%(28석), 2015년 11.6%(27석)를 기록하는 등 지지율 하락세를 만회하지 못하고 있다. 특히 2019년 하원선거에서는 28석을 얻은 녹색당에 뒤진 25석(득표율 11.4%)을 얻어 원내 제5당이 됐다.[145]

상원선거에서는 기민당이 전통적으로 소규모 가톨릭 칸톤을 정치적으로 대표하기 때문에 다른 정당보다 훨씬 많은 의석을 차지한다.[146] 기민당은 소규모 칸톤에서 확고한 지지를 받고 있어 오랫동안 상원에서 가장 영향력 있는 정당이고, 1991~1999년에만 자민당에 상원내 제1당을 내줬을 뿐이다.[147]

2003년에 기민당은 15석을 얻고, 자민당은 14석을 얻어 상원에서 제1당이 됐고, 그 후 상원에서 가장 영향력 있는 정당으로 복귀했다.

[표 66] 기민당 득표율 및 의석수 추이(1963~2019)

구분	연도	1967	1971	1975	1979	1983	1987	1991
하원	득표율(%)	22.1	20.4	21.1	21.3	20.2	19.6	18.0
	의석수	45	44	46	44	42	42	35
	하원내 위상	제3당	제3당	제3당	제3당	제3당	제2당	제3당
	연도	1995	1999	2003	2007	2011	2015	2019
	득표율(%)	16.8	15.9	14.4	14.5	12.3	11.6	11.4
	의석수	34	35	28	31	28	27	25
	하원내 위상	제3당	제4당	제4당	제3당	제4당	제4당	제5당
상원	연도	1995	1999	2003	2007	2011	2015	2019
	의석수	16	15	15	15	13	13	13
	의석 점유율(%)	34.8	32.6	32.6	32.6	28.3	28.3	28.3
	상원내 위상	제2당	제2당	제1당	제1당	제1당	제1당	제1당
연방 각료	연도	1995	1999	2003	2007	2011	2015	2019
	각료 배출	2명	2명	1명	1명	1명	1명	1명

자료: José M. Magone (2017: 137), 위키피디아 검색 등 참조해 필자 작성

기민당의 전신인 가톨릭 보수파는 1891년부터 연방내각에 각료 1명을 진출시켰고, 1919년에 1석의 연방각료직을 더 받아 모두 2석을 가졌다. 기민당은 1950년대에 당세가 확장돼 1954년부터 1958년까지 연방내각에 3명의 각료를 배출하기도 했다.[148] 1959년 마법의 공식을 적용하기로 주요 정당 간 합의에 따라 2003년까지 연방각료 7석 중 2석을 차지했다.

그러나 하원선거에서 스위스국민당에 지지기반을 내주는 등 당세가 약화됨에 따라 2003년 기민당은 2명의 연방각료직 중 1명을 스위스국민당에 할애했고, 기민당은 연방내각을 구성하는 4개 정당 중 가장 작은 정당으로 추락했다.[149]

주요 정당인 기민당의 득표율과 의석수가 이 1990년대 이후 하락한 것은 기민당이 연방내각 구성에 미치는 영향력이 연방의회 내 영향력에 비해 과대평가 받고 있음을 의미한다.[150]

기민당의 득표율이 1979년 21.3%를 정점으로 1991년 18.0%, 2003년 14.4%, 2019년 11.4%로 지속적으로 하락하자, 2021년 1월 보수민주당과 통합해 중심당(Mitte)으로 창당되면서 기민당의 명칭은 사라졌다.

5. 중심당(Mitte)

중심당[151]은 2019년 10월 하원선거 이후 기민당과 보수민주당이 통합해 2021년 1월 창당했다. 기민당과 보수민주당은 하원선거의 지지율이 하락하자 2012년부터 2014년까지 독일의 기민당(CDU) · 기사당(CSU) 제휴[152]와 비슷한 정치적 동맹을 논의했으나 타협을 이루지 못했다.

2019년 하원선거에서 지지율이 하락한 기민당과 보수민주당은 양당의 합당을 재차 논의하기 시작했고, 2020년 9월 합당에 합의한 결과 2021년 1월부터 중심당으로 통합한 것이다. 일부 기민당 지지자는 정당 명칭에 '기독교'라는 부분이 없어지는 점에 반대를 표했다. 예를 들어 발레 칸톤의 기민당은 합당에 반대하고 기민당을 유지하기로 했다.[153]

[그림 43] 중심당 로고

중심당은 하원에서 종전 기민당 25석, 보수민주당 3석을 합해 28석을 갖고, 상원에서는 기민당이 가진 14석을 갖는다. 중심당은 상원에서 최대 정당의 지위를 갖는다. 51대 의회기(2019~2013)의 교섭단체로 활동 중인 중심당에 복음인민당(3석)이 합류함에 따라 전체 246석 중 45석을 가진 제3의 교섭단체가 됐다.[154]

중심당은 자유, 연대, 책임을 강조하며, 스위스를 유지하는 공통의 목표를 가진다. 중심당은 사람들의 자유로운 발전을 지원하면서 사회, 환경 및 다음 세대를 향해 무관심하지 않는 스위스를 지향한다. 또한 국제적인 네트워크를 가지는 스위스를 원하며, 직접민주주의와 연방주의를 유지하고자 한다.[155]

6. 녹색당(GPS)

1970년대부터 좌파계열에서 지역적인 색채를 강하게 내포한 여러 정당이 창당됐다. 최초의 녹색당[156]은 1971년 뇌샤텔 칸톤에서 지역 정당으로 창당됐고, 1979년 하원선거에서 녹색당 소속의 Daniel Brélaz가 최초로 원내에 진출했다. 이후 다수의 칸톤 및 코뮌 차원에서 녹색당이 창당됐고, 1983년 10월 하원선거를 앞두고 녹색당연합으로 합당됐다.[157]

녹색당은 환경문제가 주요 문제로 부각되면서 창당된 만큼 환경보호를 주된 정강 정책으로 삼는다. 녹색당은 환경친화적 경제를 추진하고, 청정에너지로 원자력 에너지를 대체하며, 건전하고 공정한 정책을 추진한다. 녹색당은 환경과 민주제도의 개혁에 관심을 갖는 고등교육 계층으로부터 지지를 받고 있다.[158] 녹색당의 당원은 18,500명이다.

[그림 44] 녹색당 로고

녹색당은 환경분야에서 칸톤의 적극적인 개입을 요구한다. 또한 도시계획 분야에서 보수적 입장을 견지하고, 전통생활의 보전을 요구한다.[159] 녹색당은 환경친화 경제를 위한 대책을 요구하고, 이를 통해 자연과 제한된 자원을

보호하고자 한다. 여성과 남성의 동등한 대우와 근대적인 가족 정책은 녹색당이 중시하는 정책이고, 세계로의 개방성과 글로벌한 책임을 대변한다.[160] 녹색당의 정강정책은 경제적으로는 사회민주주의를, 외교적으로는 유럽통합주의를 주장한다.[161]

녹색당은 1980년대 이래로 꾸준히 성장하고 통합과정을 거치면서 지난 30년 동안 불안정한 연합체에서 연방차원의 정당조직으로 변신했다.[162] 녹색당은 하원에서 1987년 9석, 1991년 14석, 1995년 8석, 1999년 8석을 얻었다.

녹색당은 2003년부터 의석수가 증가해 2003년 13석, 2007년 20석, 2011년 15석, 2015년 11석, 2019년 28석을 얻었다. 상원에는 2003년까지 진출하지 못하다가 2007년 2석을 얻어 처음으로 진출한 이후 2011년 2석, 2015년 1석, 2019년 5석을 얻었다.

녹색당은 2019년 하원선거 결과 기민당(25석)을 제치고 제4당으로 자리매김했고, 상원에서도 직전 선거보다 4석이 많은 5석을 얻었다. 그 결과 녹색당은 연방의회에 많은 의석을 배출하면서도 연방내각에 참여하지 않은 최대 정당이 됐다.

[표 67] 녹색당 득표율 및 의석수 추이(1987~2019)

	연도	1987	1991	1995	1999	2003	2007	2011	2015	2019
하원	득표율(%)	4.9	6.1	5.0	5.0	7.4	9.6	8.4	7.1	13.2
	의석수	9	14	8	8	13	20	15	11	28
	연도	1987	1991	1995	1999	2003	2007	2011	2015	2019
상원	의석수	–	–	–	–	–	2	2	1	5
	의석 점유율(%)	–	–	–	–	–	4.4	4.4	2.2	10.9

자료: 스위스 연방통계청 자료 등 참조해 필자 작성

[표 68] 주요 정당의 정강정책, 지지기반 등

구분		스위스국민당	사회민주당	자유민주당	기독민주당-)중심당	녹색당
약칭		SVP	SP 사민당	FDP 자민당	CVP 기민당	GPS
영어 명칭		Swiss People's Party	Social Democratic Party	Free Democratic Party	Christian Democratic People's Party	Green Party
창당연도(년)		1917	1888	1848	1912	1983
당명 변경		농민·기업·시 민당(농민당, 1917) 농민당의 전국 정당화(1936) 스위스국민당 (1971.9)	자유주의파에서 이탈·창당(1888)	자유주의파 (1848) 자유민주당 (1894) 자유당(LPS)과 합당 (2009)	가톨릭보수당(1912) 보수국민당(1957) 기민당(1970) 중심당(2021, 보수민주당과 합당)	
성향		중도 우파→ 보수 우파	급진 좌파→ 중도 온건 좌파	보수성향→중도 우파(자유주의 사상 계승)	보수성향→ 중도 우파	좌파
원내 지위		2003년부터 원내 제1당	제2당	제1당 (1848~1917)→ 제3당, 상원우세	제2당→제5당 (세력확장 실패), 상원 다수당	1석(1979) →제4당 (2019)
특징		인기영합적·극 우적 우파성향,	종전에 노동자 지지	1848년 이후 집 권당, 오래되고, 근간 정당	가톨릭보수주의, 1990년대 지지 하락	환경문제 대두
정강정책		국제화 반대, 반이민정책, 자유주의 경제	유럽연합 가입 조거부 찬성, 경제자유화 반 대, 복지정책 강 화, 모두를 위한 정당	개방적 대외정 책, 민간주도 친 시장, 관료주의 반대, 신자유주 의, 증세반대	적극적 외교관계, 자유사회주의, 가정과 직장 조화, 사회적 시장경제, 분배문제는 중도적	유럽통합 환경보호·친화, 사회민주주의 경제,
지지기반		농촌지역 개신 교, 노동자(종전 사민당 지지), 노년층	도시지역 고학력·고임금 중산층	진보적 중산층, 전문직, 기업가	중부 지역·소규모 가톨릭 신자, 가톨릭 칸톤	고등교육층, 청년층
언어권별 지지		독일어권, 보 칸톤 강한지 지, 프랑스어권 상승, 이탈리아 어권 약세	독일어권 보합, 프랑스어권 상 승, 이탈리아어 권 보합	독일어권 약세, 프랑스어권 개신 교 칸톤 강세, 이 탈리아어권 강세	독일어권 하락, 프랑스어권 지지, 이탈리아어권 지지	
당원(명)		90,000	30,000	120,000	100,000	18,500
연대단체		스위스 농민조합	노동조합	경제단체	기독교노조연맹	환경단체
하원 의석	1995	29	51	45	34	8
	2019	53	39	29	15	28
상원 의석	1995	5	6	18	16	0
	2019	6	9	12	13	5

구분	스위스국민당	사회민주당	자유민주당	기독민주당→중심당		녹색당
연방각료 숫자 (마법의 공식, 1959)	1(1929) 1(1959) 2(2003) 1(2008) 2(2015)	1(1943) 0(1954~1958) 2(1959)	7(1848) 6(1890) 5(1919) 4(1929) 3(1943) 2(1959)	1(1891) 2(1919) 3(1954~1958) 2(1959) 1(2003)		–
정당의 로고	SCHWEIZER QUALITÄT SVP Die Partei des Mittelstandes	SP	FDP Die Liberalen	CVP	Die Mitte Freiheit. Solidarität. Verantwortung.	GRÜNE GRUENE.CH

자료: 필자 작성

7. 군소 정당

10개 안팎의 군소 정당은 대체로 5% 미만의 득표율을 올린다. 군소 정당은 연방차원의 선거나 연방내각 구성에서 중요한 변수가 되지 않지만 경우에 따라 군소 정당 간 분당과 합당이 이루어지고, 해산하는 경우도 있다.

가. 녹색자유당(GLP)

2004년 녹색당에서 이탈한 녹색자유당(GLP)[163]이 취리히 칸톤 차원에서 이 창당됐고, 2007년에는 연방 차원에서 녹색자유당이 창당됐다. 녹색자유당의 당원은 3,800명이다.[164] 녹색자유당은 지속가능한 발전을 지향하되, 사회적·경제적·환경적 목표를 동등하게 고려한다. 혁신적이고 지속적인 시장경제, 민주주의의 활성화, 환경에 대한 보다 깊은 관심과 상호 연대하는 사회를 강조한다.

[그림 45] 녹색자유당 로고

grünliberale

녹색자유당은 재생에너지로의 전환을 강조하고, 건전재정 원칙을 고수하며, 중소기업 위주의 경제정책을 추구한다. 녹색자유당은 동성결혼을 허용하는 자유주의 사회정책을 지지하고, 최상의 교육시스템을 구축하는 등 실질적인 문제 해결을 추구한다.[165]

녹색자유당은 2007년 하원선거에서 1.4%의 득표율로 3석을 차지해 하원에 진출했다. 녹색자유당은 이후 여러 칸톤선거에서 성공을 거뒀고 2011년 하원선거에서 5.4%를 얻어 12석을 확보했다.[166] 2015년 선거에서는 4.6%를 득표해 7석을 얻었고, 기후변화 대책 등을 제시한 2019년 선거에서는 7.8%를 득표해 종전 선거보다 3.2%포인트 상승해 하원에서 16석을 얻었다.

녹색자유당은 2007년 상원선거에서 처음으로 1석을 얻어 진출했고, 2011년에는 2석을 얻었다. 그러나 2015년과 2019년 상원선거에서는 1석도 얻지 못했다.

[표 69] 녹색자유당 득표율 및 의석수 추이(1987~2019)

구분	연도	2003	2007	2011	2015	2019
하원	득표율(%)	* 미 창당	1.4	5.4	4.6	7.8
	의석수	–	3	12 (남 8, 여 4)	7 (남 4, 여 3)	16
	연도	2003	2007	2011	2015	2019
상원	의석수	* 미 창당	1	2 (남 1, 여 1)	0	0
	의석 점유율(%)	–	2.2	4.4	0	0

자료: 스위스 연방통계청 자료 등 참조해 필자 작성

나. 보수민주당(BDP)

보수민주당(BDP)은[167] 스위스국민당 중앙과 칸톤 지부 간에 일어난 불화로 스위스국민당에서 이탈한 온건하고 합리적인 인사들 중심으로 2008년 11월에 창당됐다. 보수민주당은 독일어권 지역 특히, 그라우뷘덴, 베른, 글라루스 칸톤을 지지 기반으로 한다. 보수민주당의 당원은 7,000명이다.[168]

보수민주당은 보수적 기본가치를 유지하면서도 현실적인 정치를 추구하는 중도보수 성향을 가진다. 보수민주당은 원자력 에너지의 순차적 폐기를 최초로 요구한 정당으로 '에너지 전략 2050'[169] 의 도입을 주장했다. 대외관계에서 유럽연합 가입정책과 고립정책 모두를 반대하고, 대칭적 외교정책을 강조한다. 또한 국내 근로자에 대한 지원을 우선하고, 가정과 직장이 조화를 이루는 사회를 지향한다.[170]

[그림 46] 보수민주당 로고

보수민주당은 2011년 하원선거에서 5.4%(9석)를 얻었지만, 2015년 선거에서 4.1%(7석)를 얻어 득표율과 의석수가 하락했다. 2019년 선거에서는 2.4%를 얻어 하원의원 3석을 얻었지만, 직전 선거에 비해 4석을 잃었다.

상원에서는 2011년과 2015년에 각각 1석을 얻었지만, 2019년에서는 1석도 얻지 못했다.

2008년부터 2015년까지 보수민주당을 대표해 비드머 슐룸프(Eveline Widmer-Schlumpf)가 연방법무·경찰부 장관을 맡았다.[171] 2015년 하원선거 이후 보수민주당이 차지했던 연방각료 1석은 스위스국민당으로 할애됐다.

[표 70] 보수민주당 득표율 및 의석수 추이(2011~2019)

구분	연도	2007	2011	2015	2019
하원	득표율(%)	* 미 창당	5.4	4.1	2.4
	의석수	–	9(남 8, 여1)	7(남 4, 여 3)	3
상원	연도	2007	2011	2015	2019
	의석수	* 미 창당	1(남 1)	1(남 1)	0
	의석 점유율(%)	–	2.2	2.2	0

자료: 스위스 연방통계청 자료 등 참조해 필자 작성

    2019년 하원선거에서 보수민주당은 전년보다 4석이 적은 3석을 얻었고, 기민당도 2석이 적은 25석을 얻어 제5정당이 됐다. 보수민주당과 기민당은 합당을 논의한 결과, 2021년 1월 중심당으로 통합됐다.

다. 복음인민당(EVP)

    복음인민당(EVP)[172]은 기민당에 대항해 1919년 창당됐다. 복음인민당은 기독교적 가치를 바탕으로 한 중도 정당으로, 국가부채 축소, 인간존중, 사회보장 제도의 유지, 난민보호 등을 지향한다.[173] 복음인민당의 당원은 4,600명이다.

[그림 47] 복음인민당 로고

    복음인민당은 1987년부터 2003년 하원선거에서 대체로 3석을 얻었으나, 2011년 선거에서 2%의 득표율로 2석, 2015년 선거에서 1.9% 득표율로 2석을 얻었다. 2019년 하원선거에서는 2.1% 득표율로 3석을 얻었다.

상원에서는 지금까지 1석도 얻지 못했다.[174] 복음인민당은 칸톤의회에서 40개 의석을 가지고 있다(2015년 기준).

복음인민당은 2019년 하원선거 후 구성된 제51대 의회에서 중심당 교섭단체의 일원으로 활동한다.

[표 71] 복음인민당 득표율 및 의석수 추이(1987~2019)

	연도	1987	1991	1995	1999	2003	2007	2011	2015	2019
하원	득표율(%)	1.9	1.9	1.8	1.8	2.3	2.4	2.0	1.9	2.1
	의석수	3	3	2	3	3	2	2	2	3
	연도	1987	1991	1995	1999	2003	2007	2011	2015	2019
상원	의석수	–	–	–	–	–	–	–	–	–
	의석 점유율(%)	–	–	–	–	–	–	–	–	–

자료: 스위스 연방통계청 자료 등 참조해 필자 작성

라. 노동당(PdA)

노동당(PdA)[175]은 급진 좌파세력의 후신으로 사회주의 정당이다. 1919~1921년에 사민당에서 분당해 노동당이 창당됐다.[176] 노동당은 가장 오랫동안 명맥을 유지했지만, 오늘날 노선을 완화해 사회개혁과 환경보호를 강조한다.[177]

[그림 48] 노동당 로고

PdA
Partei der Arbeit der Schweiz
Parti suisse du Travail
Partito operaio e popolare

노동당은 1995년 선거에서 1.2% 득표율로 3석을 얻었으나, 이후 득표율과 의석수가 하락했다. 1999년과 2003년 선거에서 각각 2석을 얻었으나, 2007년 0.7% 득표율로 1석을 얻었고, 2011년 0.5%의 득표율로 하원에서 의석을 상실했다. 2015년 하원선거에서는 0.4%의 득표율로 1석을, 2019년 선거에서는 1.0%의 득표율로 1석을 얻었다. 노동당은 상원에서 1석도 얻지 못했다.

[표 72] 노동당 득표율 및 의석수 추이(1983~2019)

	연도	1983	1987	1991	1995	1999	2003	2007	2011	2015	2019
하원	득표율(%)	0.9	0.8	0.8	1.2	1.0	0.7	0.7	0.5	0.4	1.0
	의석수	1	1	2	3	2	2	1	0	1	1
	연도	1983	1987	1991	1995	1999	2003	2007	2011	2015	2019
상원	의석수	-	-	-	-	-	-	-	-	-	-
	의석 점유율(%)	-	-	-	-	-	-	-	-	-	-

자료: 스위스 연방통계청 자료 등 참조해 필자 작성

마. 티치노동맹(LdT)

티치노동맹(LdT)[178]은 이탈리아어권인 티치노 칸톤의 이익을 도모하는 지역 정당으로 티치노 칸톤에서만 활동한다. 1991년 기존 정당에 맞서기 위해 창당된 티치노동맹은 1991년 하원선거에서 2석을 얻어 하원에 처음 진출했다.

티치노동맹은 자발적인 시민단체의 성격을 가지고, 반유럽정책을 정치적 좌표로 삼으며, 스위스의 독립성과 중립성을 지지한다. 또한 외국인보다 스위스 국민에게 우선적인 혜택을 제공하는 사회정책을 지지하고, 군대감축을 반대한다.[179]

[그림 49] 티치노동맹 로고

티치노동맹은 1991년부터 2019년까지 하원에서 1% 내외의 득표율로 1석 또는 2석을 얻었다. 2011년 하원선거에서 0.8%(티치노 칸톤에서 17.5%)를 얻어 2석을, 2015년 하원선거에서 1%를 얻어 2석을 각각 얻었지만, 2019년 하원선거에서는 0.75%를 얻어 1석을 얻었다.

상원선거에서는 1991년 1석을 얻은 이후 2019년까지 1개의 상원의석도 얻지 못했다.[180]

[표 73] 티치노동맹 득표율 및 의석수 추이(1991~2019)

	연도	1987	1991	1995	1999	2003	2007	2011	2015	2019
하원	득표율(%)	*미창당	1.4	0.9	0.9	0.3	0.6	0.8	1.0	0.8
	의석수	–	2	1	2	1	1	2	2	1
	연도	1987	1991	1995	1999	2003	2007	2011	2015	2019
상원	의석수	*미창당	1	0	0	0	0	0	0	0
	의석 점유율(%)	–	2.2	0	0	0	0	0	0	0

자료: 스위스 연방통계청 자료 등 참조해 필자 작성

바. 옵발덴기독교사회당, 기독사회당

옵발덴기독교사회당(CSP)[181]은 옵발덴 칸톤에서만 활동하는 정당으로 1956년 창당했다. 기민당에서 분리된 옵발덴기독교사회당은 기독사회적 윤리를 기초로 한다. 옵발덴기독교사회당은 의료보험비 인하, 칸톤 간 공평한 재정지원, 교육 표준 도입, 적극적인 재생에너지 지원정책을 대변한다.

[그림 50] 옵발덴기독교사회당 및 기독사회당 로고

옵발덴기독교사회당은 2011년 하원선거에서 0.4%를 득표(옵발덴 칸톤에서는 56.9%)해 역사상 처음으로 옵발덴 칸톤에서 1석을 얻었고, 하원에서 기민당 교섭단체의 일원으로 활동했다. 2015년 하원선거에서도 0.4%를 득표해 1석을 얻었지만, 2019년 하원선거에서는 의석을 얻지 못했다. 옵발덴기독교사회당은 옵발덴 칸톤정부 5개 부처 중 1개 부처를 맡았고, 55석의 옵발덴 칸톤의회에서 7석을 가졌다(2015년 기준).[182]

옵발덴기독교사회당은 1997년 창당된 기독사회당(CSP)[183]과는 다른 정당이다. 기독사회당은 1999년, 2003년, 2007년 하원선거에서 프리부르 칸톤에서 각각 1석을 얻었지만, 2011년, 2015년, 2019년 하원선거에서는 의석을 얻지 못했다. 옵발덴기독교사회당은 2005~2010년에 기독사회당에 옵서버 지위를 가졌으나 2010년 이후 기독사회당과의 협력을 종료했다.

[표 74] 옵발덴기독교사회당, 기독사회당 하원득표율 및 의석수 추이(1987~2019)

	연도	1999	2003	2007	2011	2015	2019
옵발덴기독교사회당	득표율(%)	–	–	–	0.4	0.4	–
	의석수	–	–	–	1	1	0
	연도	1999	2003	2007	2011	2015	2019
기독사회당	득표율(%)	0.4	0.4	0.4	–	–	–
	의석수	1	1	1	0	0	0

자료: 스위스 연방통계청 자료 등 참조해 필자 작성

사. 제네바시민운동

2005년 창당한 제네바시민운동(MCG)[184]은 강력한 경제 및 군사력 구축, 이민자가 아닌 제네바 시민이 우대받는 정책 등을 강조하는 등 자국민 우선주의를 지지한다.

[그림 51] 제네바시민운동 로고

제네바시민운동은 2011년 하원선거에서 전국적으로 0.4%(제네바 칸톤에서 9.8%)를 득표해 처음으로 1석을 얻어 원내에 진출했고, 제네바 칸톤정부의 7개 부처 중 1개, 제네바 칸톤의회 100석 중 20석을 얻었다.[185] 제네바 칸톤에서 두 번째로 높은 지지를 받는 정당이었던 제네바시민운동은 2015년 하원선거에서 0.3%를 얻어 1석을 얻었지만, 2019년에는 0.2%를 얻어 1석도 얻지 못했다.[186]

아. 스위스민주당(SD)

스위스민주당(SD)[187]은 극단적 우익정당으로 스위스에 거주하는 외국인 배척 정책을 강조했다. 스위스민주당의 전신은 외국인의 과도한 유입에 반대해 1961년 창당된 국민행동[188]이다. 국민행동은 1971년 선거에서 3.2%를 득표해 4석을 얻었다. 국민행동은 1990년 이후 스위스민주당으로 당명을 변경했다.

[그림 52] 스위스민주당 로고

국민행동은 1987년 하원선거에서 2.5% 득표율로 3석을 얻었다. 스위스민주당으로 당명을 변경한 이후 실시된 1991년 하원선거에서 3.4% 득표율로 5석을 얻었다. 1995년 하원선거에서 스위스민주당은 3.1% 득표율로 3석을 얻었지만, 1990년대 후반부터 스위스국민당이 우파의 대표정당으로 변모됨에 따라 득표율은 하락했다.

1999년 선거에서 1.8%, 2003년 선거에서 1.0%를 득표해 각각 1석을 얻었지만, 2007년 선거에서 0.5% 득표율로 1석도 얻지 못했다. 창당 50주년을 맞은 2011년 선거에서도 0.2%의 득표율로 의석을 얻지 못했고, 2015년 선거와 2019년 선거에서도 각각 0.1%를 얻어 하원의석을 전혀 얻지 못했다. 상원에서도 스위스민주당 창당 이래 1석도 얻지 못했다.[189]

[표 75] 스위스민주당 득표율 및 의석수 추이(1987~2019)

	정당명	국민행동	스위스민주당							
하원	연도	1987	1991	1995	1999	2003	2007	2011	2015	2019
	득표율(%)	2.5	3.4	3.1	1.8	1.0	0.5	0.2	0.1	0.1
	의석수	3	5	3	1	1	0	0	0	0
상원	연도	1987	1991	1995	1999	2003	2007	2011	2015	2019
	의석수	0	0	0	0	0	0	0	0	0
	의석 점유율(%)	0	0	0	0	0	0	0	0	0

자료: 스위스 연방통계청 자료 등 참조해 필자 작성

자. 스위스자유당(FPS)

스위스자유당(FPS)의 전신은 자동차당이다.[190] 자동차당은 녹색당에 반대해 자유시민의 자유로운 도로운행을 모토로 1984년 창당됐다. 자동차당은 진보세력으로부터 분리된 우익을 대표하는 정당으로서 자동차 소유주와 중소장인의 이익을 옹호한다. 자동차당은 창당 10년 후인 1994년 스위스자유당으로 개칭됐고, 외국인에 대해 배타적이고, 망명권과 외국인 정책에 반대하는 활동을 해왔다.

[그림 53] 스위스자유당 로고

스위스자유당은 중산층과 전문가들을 지지 기반으로 하며 개신교 프랑스어권 칸톤에서 우세했다. 자동차당은 1987년 하원선거에서 2.6% 득표율로 2석을 차지했고, 1991년 선거에서는 5.1% 득표율로 하원에서 8석을 차지했다.

1994년 스위스자유당으로 당명을 변경해 1995년 선거에서 4.0% 득표율로 7석을 얻었다. 그러나 정당 내분으로 인해 스위스자유당의 주요 인사들이 탈당해 스위스국민당에 합류하면서 당세가 약화됐다. 스위스자유당의 지지층을 스위스국민당이 흡수하면서 1999년 하원선거에는 0.9%를 득표해 직전 선거에서 얻은 7석을 모두 잃었다.

2003년에도 0.2%를 득표해 1석도 얻지 못했고, 그 이후 하원선거에서 더 이상의 의석을 얻지 못했다.[191] 상원에서도 1987년부터 현재까지 1석도 얻지 못했다.

[표 76] 스위스자유당 득표율 및 의석수 추이(1987~2019)

	정당명	자동차당		스위스자유당						
하원	연도	1987	1991	1995	1999	2003	2007	2011	2015	2019
	득표율(%)	2.6	5.1	4.0	0.9	0.2	0.1	0.1	0	0
	의석수	2	8	7	0	0	0	0	0	0
상원	연도	1987	1991	1995	1999	2003	2007	2011	2015	2019
	의석수	0	0	0	0	0	0	0	0	0
	의석점유율(%)	0	0	0	0	0	0	0	0	0

자료: 스위스 연방통계청 자료 등 참조해 필자 작성

차. 무소속연합(LdU)

군소 정당 중에서 가장 큰 정당은 무소속연합(LdU)[192]이었다. 무소속연합은 사회적 자유주의를 표방하고, 특히 소비자의 권익보호를 강조한다. 스위스의 식료품 체인인 미그로(Migros) 창업자 Gottlieb Duttweiler가 1936년 무소속연합을 창당했다.[193]

무소속연합은 1967년 선거에서 9.1%를 얻어 16석을 얻었는데, 당시 스위스국민당 득표율 11%(21석)와 비견될 정도였다. 이후 무소속연합의 득표율은 계속하락해 1971년 7.6%(13석), 1975년 6.1%(11석)을 얻었고, 1979년 선거부터 1987년 선거에서는 8석을 각각 얻어 하락세가 뚜렷했다.

무소속연합은 1991년 2.8%(5석)를, 1995년 1.8%(3석)를 각각 얻었다. 1999년 하원선거에서 0.7% 득표율로 1석을 얻었고, 그해 12월 해산했다.[194]

상원에서는 1967년부터 1995년까지 대체로 1석 내외를 얻었고, 1999년에는 1석도 얻지 못했다.

[표 77] 무소속연합 득표율 및 의석수 추이(1967~1999)

	연도	1967	1971	1975	1979	1983	1987	1991	1995	1999
하원	득표율(%)	9.1	7.6	6.1	4.1	4.0	4.2	2.8	1.8	0.7
	의석수	16	13	11	8	8	8	5	3	1

연도	1967	1971	1975	1979	1983	1987	1991	1995	1999
상원 의석수	1	1	1	0	0	1	1	1	0
의석 점유율(%)	2.2	2.2	2.2	0	0	2.2	2.2	2.2	0

자료: 스위스 연방통계청 자료 등 참조해 필자 작성

카. 자유당(LPS)

자유당(LPS)[195]은 개인의 자유와 책임을 강조한다. 자유당은 사유재산과 경제의 자율성을 존중하는 경제적 자유주의를 표방하고, 코뮌의 자치권을 중시한다. 자유당은 1913년 창당되어 프랑스어권 개신교 칸톤(보, 뇌샤텔, 제네바)을 중심으로 80년 이상 4개 칸톤에서 공직후보자를 계속해서 배출하고, 주요 군소 정당으로 자리매김했지만, 2009년 1월 자민당과 합당했다.[196]

자유당은 1971년과 1975년 하원선거에서 각각 6석(2.2%, 2.4%)을 얻었고, 1979년과 1983년 선거에서 2.8% 득표율로 8석을 얻었다. 1987년 2.7% 득표율로 9석을 얻은 이후 1991년 3.0% 득표율로 가장 많은 10석을 얻었지만 1995년 7석(2.7%), 1999년 6석(2.2%)으로 하락했다. 2003년과 2007년에는 각각 4석을 얻어(2.2%, 1.9%) 하락 추세를 나타냈다.

상원에서는 1971년부터 1995년까지 2~3석을 꾸준히 얻었지만, 1999년부터 2007년 선거까지 1석도 얻지 못했다.

[표 78] 자유당 득표율 및 의석수 추이(1971~2009)

연도	1971	1975	1979	1983	1987	1991	1995	1999	2003	2007
하원 득표율(%)	2.2	2.4	2.8	2.8	2.7	3.0	2.7	2.2	2.2	1.9
의석수	6	6	8	8	9	10	7	6	4	4
연도	1971	1975	1979	1983	1987	1991	1995	1999	2003	2007
상원 의석수	2	1	3	3	3	3	2	0	0	0
의석 점유율(%)	4.4	2.2	6.5	6.5	6.5	6.5	4.4	0	0	0

자료: 스위스 연방통계청 자료 등 참조해 필자 작성

[표 79] 군소 정당의 정강정책, 지지기반 등

구분		녹색자유당	보수민주당	복음인민당	노동당	티치노동맹	옵발덴기독교사회당	제네바시민운동	스위스민주당	스위스자유당
약칭		GLP	BDP	EVP	PdA	LdT	CSP	MCG	SD	FPS
영어 명칭		Green Liberal Party	Conservative Democratic Party	Evangelical People's Party	Swiss Labor Party	Ticino League	Christian Social Party of Obwalden	Geneva Citizens' Movement	Swiss Democrats	Freedom Party
창당연도 (년)		2004 (칸톤) 2007 (연방)	2008, 2021(기민당과 합당, 중심당)	1919	1921	1991	1956	2005	국민행동 (1961) 1990년 당명 변경	자동차당 (1984), 1994년 당명 변경
특징		2019년 하원의석 큰폭 증가 (2019년 16석)	스위스국민당에서 분리, 연방각료 1석 (2008~2015)	기민당 대항, 기독교적 가치, 중심당 교섭단체로	사민당에서 분리 (1919~1921), 사회주의	1991년 처음 하원진출 (2석)	기민당에서 분리, 2011년 처음 하원진출 (1석), 기민당 교섭단체로	제네바에서 두 번째 높은 지지	극단적 우익정당	녹색당에 반대
정강 정책		혁신적 시장경제, 재생에너지, 중소기업 위주, 동성결혼 허용	대칭적 외교, 원자력 순차적 폐지	국가부채 축소, 난민 보호	사회개혁, 환경보호	반유럽, 자국민 우선, 군대 감축 반대	칸톤간 공평한 재정 지원, 재생에너지	자국민 우선정책, 강력한 군사력	외국인 반대	배타적 외국인 정책
성향, 지지기반(당원수)		당원3,800명	중도보수, 당원 7,000명	중도, 당원 4,600명	급진좌파	티치노 칸톤	옵발덴칸톤	제네바 칸톤	극우파	중산층 전문가, 개신교 프랑스어권
하원의석	2003	0	0	3	2	1	0	0	1	0
	2019	16	3	3	1	1	0	0	0	0
정당 로고										

자료: 필자 작성

주요 연도별 선거결과

제1절 1848년~1917년(다수대표제)

1. 1848년 선거

1848년 9월 12일 시행된 연방헌법은 하원선거와 관련된 구체적인 사항을 연방법으로 위임했을 뿐(1848년 연방헌법 제61조), 처음으로 실시하는 하원선거에 관한 규정이 없었다. 1848년 9월 14일 동맹회의[1]에서 하원선거를 연방의회 개회일인 11월 6일(월)까지 실시하라고 각 칸톤에 지시했다.

1848년 10월 1일~27일에 인구 20,000명당 1명의 비율로 임기 3년의 하원의원 111명을 선출하는 선거가 선거회의[2] 형식으로 실시됐다.[3] 대부분의 칸톤에서 단순다수대표제 방식으로, 6개 칸톤(아펜첼이너로덴, 아펜첼아우서로덴, 글라루스, 니트발덴, 옵발덴, 우리)은 란츠게마인데 방식으로 하원의원을 선출했다.

일부 칸톤은 선거일을 수요일 11시로 하거나 원거리에서 선거회의를 개최함으로써 야당을 지지하는 노동자들의 투표를 어렵게 했다. 한편 선거인명부에 기재되지 않은 사람이 투표하는 경우 벌금을 부과하거나 세금체납 등을 이유로 선거권을 부여하지 않았다.

투표율은 44.6%였고, 자유주의파(급진파)가 111석 중 79석을 얻어 하원에서 절대다수를 차지했다(의석점유율 71.2%). 각 칸톤의 자율로 실시된 상원선거에서도 자유주의파가 44석 중 30석을 얻어 다수를 차지했고, 자유주의파는 연방각료 7석을 모두 차지했다.

[표 80] 1848년 하원선거 결과

구분	하원		상원
	득표율	의석수	의석수
자유주의파 (Radical Left)	58.0	79	30
자유센터(Liberal Center)	16.9	11	8
가톨릭 보수파(Catholic Right)	11.6	10	6
민주좌파(Democratic Left)	4.3	6	–
복음주의(Evangelical Right)	8.6	5	–
합계	100	111	44

자료: 연방통계청 홈페이지, 위키피디아 검색 등 참조해 필자 작성[4]

　　1850년 발레 칸톤의 상원의원인 브리아떼(Briatte) 의원이 선거권을 명확히 하라는 요구를 하기 전까지 선거에 관한 법률이 제정되지 않았다. 1850년 11월 연방내각이 관련 법안을 제출했고, 연방하원에서 심도 있는 수정이 이루어진 이후에 연방선거법이 1850년 12월 21일 통과됐다.[5]

2. 1869년 선거

　　1869년 10월 31일 제8대 하원선거가 실시됐고 투표율은 54.2%였다. 인구 20,000명당 1명의 비율로 47개 선거구에서 선출된 하원의원은 128명이었다. 인구증가에 따라 하원의원 정수는 1848년 111명에서 1851~1860년 하원선거에는 종전보다 9명이 증가한 120명을, 1863년 하원선거부터 종전보다 8명이 증가한 128명을 선출했다. 6개 칸톤은 란츠게마인데에서 하원의원을 선출했다.

　　하원선거 결과 자유주의파는 128석 중 56석, 자유주의파와 정치적 지향이 유사한 자유센터(Liberal Center)는 31석을, 민주좌파(Democratic Left)는 15석을 각각 얻어 하원에서 자유주의 정파가 안정적인 다수(102석)를 차지했다. 자유주의 정파는 첫 번째 회의에서 연방헌법의 전부 개정을 요구했다. 연방헌법 개정안은 1872년 5월 12일에 국민투표에 회부됐으나 부결됐다.[6]

[표 81] 1869년 하원선거 결과

구분	하원			상원	
	득표율	의석수	직전 선거대비 의석수	의석수	직전 선거대비 의석수
자유주의파(Radical Left)	37.6	56	+3	11	−1
자유센터(Liberal Center)	25.9	31	−8	12	−1
가톨릭 보수파(Catholic Right)	15.5	23	+2	14	−
민주좌파(Democratic Left)	14.6	15	+4	4	+3
복음주의(Evangelical Right)	4.1	3	−1	−	−
무소속	2.3	−	−	3	+1
합 계	100	128	−	44	

3. 1872년 선거

1872년 선거법 개정으로 투표의 비밀을 저해할 수 있는 란츠게마인데를 통한 하원의원 선출이 금지됐다. 그 결과 1872년 하원선거부터 모든 칸톤에서 국민이 직접 하원의원을 선출했다. 또한 인구증가를 반영해 선거구가 47개에서 48개로, 하원의석은 128석에서 135석으로 7석이 늘었고, 임기는 3년이었다.

1872년 10월 27일 실시된 제9대 하원선거에서 자유주의파는 60석, 자유센터는 27석, 민주좌파는 15석을 얻었다(투표율 62.1%). 가톨릭 보수파는 직전 선거대비 7석이 늘어난 30석을 얻었다.

[표 82] 1872년 하원선거 결과

구분	하원			상원	
	득표율	의석수	직전 선거대비 의석수	의석수	직전 선거대비 의석수
자유주의파(Radical Left)	35.2	60	+4	11	−
가톨릭 보수파(Catholic Right)	25.6	30	+7	15	+1
자유센터(Liberal Center)	21.1	27	−4	10	−2
민주좌파(Democratic Left)	12.5	15	−	3	−1
복음주의(Evangelical Right)	4.1	3	−	−	−
무소속 등	1.5	−	−	5(공석 1 포함)	+2(공석 1 포함)
합계	100	135	+7	44	

4. 1890년 선거

1890년 10월 26일 실시된 제15대 하원선거는 새로운 선거법(1890.6.20.의결)을 적용했다. 1890년 하원선거에 적용할 선거구 인구는 1888년 인구조사 결과를 기반으로 했고, 인구 20,000명당 1명의 비율로 하원의원을 선출했다 (투표율 62.5%).

하원선거구는 49개에서 52개로 3개 늘어났고, 하원의석은 145석에서 147석으로 2석 증가했다.[7] 하원 147석 중 자유주의파는 과반수에 가까운 74석을 얻었고, 가톨릭 보수파는 35석을 얻었다.

연방각료 7명을 독점해 온 자유주의파는 선거결과 등을 반영해 1891년부터 가톨릭 보수파에 연방각료 1석을 할애했다.

[표 83] 1890년 하원선거 결과

구분	하원			상원	
	득표율	의석수	직전 선거대비 의석수	의석수	직전 선거대비 의석수
자유주의파 (Radical Left)	40.9	74	+1	17	–
가톨릭 보수파(Catholic Right)	25.6	35	–	17	–1
자유센터(Liberal Center)	15.7	20	+1	2	–2
민주그룹(Democratic group)	10.4	15	+1	2	–1
복음주의(Evangelical Right)	2.4	2	–2	1	–
사회민주당(Social Democratic Party)	3.6	1	+1	1	신규
무소속 등	1.5	0	–	4(공석 3 포함)	+4(공석 3 포함)
합계	100	147	+2	44	

5. 1896년 선거

1896년 10월 25일 임기 3년의 하원의원 147명을 선출하는 제17대 하원선거가 52개 선거구에서 실시됐다(투표율 55.9%). 1894년 자유주의파에서 당명이 바뀐 자민당은 86석을 차지해 하원에서 다수를 차지했다. 가톨릭보수당은 30석을, 자유센터는 23석을 각각 얻었다.

[표 84] 1896년 하원선거 결과

구분	하원		
	득표율	의석수	직전 선거대비 의석수
자민당(Free Democratic Party)	48.7	86	+12
가톨릭보수당(Catholic People's party)	23.0	30	+1
자유센터(Liberal Center)	14.5	23	-4
민주그룹(Democratic group)	5.4	7	-9
사민당(Social Democratic Party)	6.8	1	+1
합계	100	147	-

6. 1908년 선거

1908년 10월 29일 제21대 하원선거가 실시됐고, 투표율은 52.7%였다. 하원의원은 인구증가를 반영해 1902년부터 167명으로 변경돼 종전보다 20명이 증가했다.

선거결과 자민당이 167석 중 105석을, 가톨릭보수당은 34석을, 사민당은 7석을 각각 얻었다. 자민당은 직전 선거보다 1석을, 사민당은 5석을 더 얻은 것이다. 자유센터는 5.9%를 득표했지만 16석을, 사민당은 17.6%를 득표했지만 7석을 얻어 득표율과 의석수의 괴리가 발생했다. 이는 다수대표제 선거구조에 기인한다.

[표 85] 1908년 하원선거 결과

구분	하원		
	득표율	의석수	직전 선거대비 의석수
자민당(Free Democratic Party)	50.9	105	+1
가톨릭보수당(Catholic People's party)	20.5	34	-1
자유센터(Liberal Center)	5.9	16	-3
사민당(Social Democratic Party)	17.6	7	+5
민주그룹(Democratic group)	3.6	5	-1
기타	1.4	-	-
합계	100	167	-

7. 1911년 선거

1911년 10월 29일 제22대 하원선거가 실시됐다. 20,000명당 하원의원 1명을 선출하되, 1910년 인구조사 결과를 반영함에 따라 하원의원 정수는 직전 선거보다 22명이 증가한 189명이었다.

투표율 52.7%를 보인 하원선거에서 자민당이 직전 선거보다 10석이 더 많은 115석을 얻어 다수당의 지위를 유지했다. 가톨릭보수당은 38석을 얻어 종전보다 4석을 더 획득했으며, 사민당은 15석을 얻어 종전보다 8석을 더 획득했다.

[표 86] 1911년 하원선거 결과

구분	하원		
	득표율	의석수	직전 선거대비 의석수
자민당(Free Democratic Party)	49.5	115	+10
가톨릭보수당(Catholic People's party)	19.1	38	+4
사민당(Social Democratic Party)	20.0	15	+8
자유센터(Liberal Center)	6.8	14	−2
민주그룹(Democratic group)	3.1	6	+1
무소속 등	1.5	1	−
합계	100	189	+22

8. 1914년 선거

제1차 세계대전(1914~1918년) 이전까지 스위스는 중앙집권을 지향한 개신교 자유주의 세력과 지방분권을 지향하는 가톨릭 보수주의 세력 간에 대립하는 정치적·종교적 균열을 중심축으로 이루어졌다.

1914년 10월 25일 실시된 제23대 하원선거의 투표율은 46.4%였다. 하원선거 결과 집권당인 자민당은 하원 189석 중 112석을 차지한 반면, 가톨릭보수당은 37석, 사민당은 19석밖에 얻지 못했다. 자유주의 정치경제 질서와 중앙집권화를 지향하는 자민당이 가톨릭보수당을 압도한 것이다.

1913년 창당된 자유당은 7.4% 득표율로 15석을 차지했다.[8]

[표 87] 1914년 하원선거 결과

구분	하원		
	득표율	의석수	직전 선거대비 의석수
자민당(Free Democratic Party)	56.1	112	-3
가톨릭보수당(Catholic Conservative Party)	21.1	37	-1
사민당(Social Democratic Party)	10.1	19	+3
자유당(Liberal Democratic Party)	7.4	15	+2
민주그룹(Democratic group)	2.7	4	-2
농민운동(Agrarian movement)	2.7	1	신규
민주경제협회(Dmocratic-Economic Association)		1	신규
합계	100	189	-

9. 1917년 선거

1917년 10월 28일 실시된 제24대 하원선거의 투표율은 59.8%였다. 하원선거에서 자민당은 하원 189석 중 54.5%인 103석을 얻었고, 가톨릭보수당 42석, 사민당 20석을 얻었다. 자민당과 노선을 함께 하는 민주그룹은 7석을 얻었다.

자민당(103석)과 민주그룹(7석)을 합한 자유주의파는 하원 189석 중 110석을 차지해 의회의 다수파를 구성했다. 1917년 자민당에서 이탈한 농민세력이 조직한 농민·기업·시민당은 1917년 선거에서 4석을 얻었다.

[표 88] 1917년 하원선거 결과

구분	하원		
	득표율	의석수	직전 선거대비 의석수
자민당(Free Democratic Party)	40.8	103	-9
가톨릭보수당(Catholic Conservative Party)	16.4	42	+5
사민당(Social Democratic Party)	30.8	20	+2
자유당(Liberal Democratic party)	4.9	12	-4
민주그룹(Democratic group)	3.3	7	+3
농민·기업·시민당(Party of Farmers, Traders and Independents)	3.8	4	+3
기타정당		1	+1
합계	100	189	-

제2절 1919년(비례대표제 도입)~1967년

1. 1919년 선거

1918년 10월 13일 비례대표 선거제도 도입에 관한 국민투표가 실시됐고, 국민의 66.8% 및 19.5개 칸톤이 지지해 가결됐다. 189명의 하원의원을 선출하는 제25대 하원선거가 비례대표제를 적용해 1919년 10월 26일 실시됐다. 투표율은 80.4%에 달했고, 어떤 정당도 단독으로 과반수를 얻지 못했다.

자민당은 28.8%의 득표율을 얻어 189석 중 60석을 획득했다. 직전 선거보다 43석을 잃어 자민당은 의회의 과반수도 차지하지 못했다. 제1차 세계대전 이전까지 정치적 헤게모니를 굳건히 유지했던 자민당은 비례대표제가 도입됨에 따라 의회에서 절대적 영향력을 상실한 것이다.

[표 89] 1919년 연방선거 결과

구분	하원			상원
	득표율	의석수	직전 선거대비 의석수	의석수
자민당(Free Democratic Party)	28.8	60	-43	23
사민당(Social Democratic Party)	23.5	41	+21	0
가톨릭보수당(Catholic Conservative Party)	21.0	41	-1	17
농민당(Party of Farmers, Traders and Independents)	15.3	30	+26	1
자유당(Liberal Democratic party)	3.8	9	-3	2
민주그룹(Democratic group)	2.0	4	-3	1
그류틀리당(Grütli Party)	2.8	2	신규	-
복음인민당(Evangelical People's Party)	0.8	1	+1	-
청년 급진파(Young Radicals)	2.1	1	+1	
기타정당		-	-	
합계	100	189		44

자민당에 반대하는 연합세력은 하원 189석 중 112석을 차지했다. 즉, 사민당은 23.5%의 득표율로 41석을 차지했고, 가톨릭보수당은 21.0%를 얻어 41석을 차지했으며, 농민당은 15.3%의 득표율로 30석을 차지했다. 특히, 사민당은 계급혁명과 프롤레타리아 독재를 공식적인 노선으로 천명하고 이후 10여 년 동안 부르주아 정치세력과 비타협적인 투쟁을 전개해 나갔다.[9]

그 이후 거의 모든 선거에서 3대 정당(자민당, 사민당, 가톨릭보수당)은 19~26%의 득표율을, 농민당은 약 10~13%의 득표율을 차지했다.

한편 자민당의 의석 점유율 하락 등을 반영해 1919년에 연방내각 구성은 자민당 출신 5명, 가톨릭보수당 출신 2명으로 변경됐다. 사민당은 원내 제2당임에도 불구하고 연방내각에 참여하지 못했다. 이는 자본과 농민을 대표하는 보수주의 정치세력이 노동자를 대변하는 사민당의 요구를 막아내고, 자유주의 정치경제 질서를 유지한 것이다.[10]

2. 1925년 선거

1925년 10월 25일 제27대 하원선거가 실시됐고, 투표율은 76.8%였다. 하원의원 정수는 1922년 제26대 하원선거부터 198명으로 이전보다 9명이 늘어났다.

자민당은 하원 198석 중 60석을, 사민당은 직전 선거보다 6석이 많은 49석을, 가톨릭보수당은 2석이 적은 42석을, 농민당은 4석이 적은 30석을 각각 얻었다. 1920년대에 결성된 공산당은 득표율 2%에 3석을 얻어 직전 선거보다 1석을 더 얻었다.

[표 90] 1925년 연방선거 결과

구분	하원			상원	
	득표율	의석수	직전 선거대비 의석수	의석수	직전 선거대비 의석수
자민당(Free Democratic Party)	27.8	60	–	21	–2
사민당(Social Democratic Party)	25.8	49	+6	2	+1
가톨릭보수당 (Catholic Conservative Party)	20.9	42	–2	18	+1
농민당(Party of Farmers, Traders and Independents)	15.3	30	–4	1	–
자유당(Liberal Democratic party)	3.0	7	–3	1	–
민주그룹(Democratic group)	2.2	5	+2	1	–
공산당(Communist Party)	2.0	3	+1		
복음인민당 (Evangelical People's Party)	0.9	1	–		
자유사회당(Liberal Socialist Party)	0.2	–	–		
그류틀리 연합(Grütli Union)	0.1	–	–		
경제동맹 (Union for Economic Defence)	1.8	1	신규		
기타정당		–	–		
합계	100	198	–	44	

3. 1928년 선거

1928년 10월 28일, 이전 선거와 동일하게 임기 3년의 하원의원 198명을 선출하는 제28대 하원선거가 실시됐다. 하원선거의 투표율은 78.8%였고, 자민당이 27.4%를 득표해 198석 중 58석을 얻었고, 사민당은 27.4%를 득표해 50석을 획득했다.

가톨릭보수당은 21.4%를 얻어 46석을 획득했다. 농민당은 15.8%를 득표해 31석을 얻어 직전 선거보다 1석을 더 얻었다.

1929년부터 연방내각 구성은 선거결과를 반영해 자민당 출신 4명, 가톨릭보수당 출신 2명, 농민당 출신 1명으로 변경됐다. 자민당 출신 각료가 종전보다 1명 감소하고, 새롭게 농민당 출신 각료 1명이 참여한 것이다.[11]

[표 91] 1928년 연방선거 결과

구분	하원			상원	
	득표율	의석수	직전 선거대비 의석수	의석수	직전 선거대비 의석수
자민당(Free Democratic Party)	27.4	58	−2	20	−1
사민당(Social Democratic Party)	27.4	50	+1	−	−2
가톨릭보수당 (Catholic Conservative Party)	21.4	46	+4	18	−
농민당(Party of Farmers, Traders and Independents)	15.8	31	+1	3	+2
자유당(Liberal Democratic party)	3.0	6	−1	1	−
민주그룹(Democratic group)	1.7	3	−2	1	−
공산당(Communist Party)	1.8	2	−1	−	−
복음인민당(Evangelical People's Party)	0.7	1	−	−	−
경제동맹(Union for Economic Defence)	0.8	1	−	−	−
기타 정당		−	−	1	+1
합계	100	198		44	

4. 1931년 선거

1931년 제29대 하원부터 의원정수는 187명으로 이전보다 11명이 감소했고, 하원의원의 임기는 3년에서 4년으로 1년 늘어났다.

1848~1930년까지 인구수에 비례하여, 즉 인구 20,000명당 1명의 비율로 하원의원을 선출했지만, 인구증가를 반영해 하원의원 1명당 대표되는 인구수를 조정해야 했다. 1931년 3월 15일 국민투표에서 인구 22,000명당 1명의 비율로 하원의원 1명을 선출하는 연방헌법 개정안은 국민의 53.9%와 13.5개 칸톤의 찬성으로 가결됐다(투표율 53.5%).[12] 그 결과 1931년부터 1939년까지 하원의원은 187명이었다.[13]

또한 하원의원과 연방각료의 임기를 3년에서 4년으로 변경하는 내용의 연방헌법 개정안도 1931년 3월 15일 국민투표에서 국민의 53.7% 찬성과 16개 칸톤의 찬성으로 가결됐다(투표율 53.5%).

1931년 10월 25일 임기 4년의 하원의원 187명을 선출하는 제29대 하원 선거가 실시됐다(투표율 78.8%). 자민당이 26.9%를 득표해 직전 선거보다 6석을 잃었지만 52석으로 제1당의 자리를 지켰고, 사민당은 28.7%를 득표해 직전 선거보다 1석이 적은 49석을 얻었다.

가톨릭보수당은 21.4%를 얻어 직전 선거보다 2석이 적은 44석을 얻었고, 농민당은 15.3%를 득표해 1석이 적은 30석을 얻었으며, 자유당 6석, 공산당 2석을 얻었다. 31석을 얻어 직전 선거보다 1석을 더 얻었다.

[표 92] 1931년 연방선거 결과

구분	하원			상원	
	득표율	의석수	직전 선거대비 의석수	의석수	직전 선거대비 의석수
자민당(Free Democratic Party)	26.9	52	−6	19	−1
사민당(Social Democratic Party)	28.7	49	−1	2	+2
가톨릭보수당 (Catholic Conservative Party)	21.4	44	−2	18	−
농민당(Party of Farmers, Traders and Independents)	15.3	30	−1	3	−
자유당(Liberal Democratic party)	2.8	6	−	1	−
공산당(Communist Party)	1.5	2	−	−	−
사회정치그룹(social political group)	1.2	2	−1	1	−
복음인민당 (Evangelical People's Party)	1.0	1	−	−	−
공산당반대 (Communist Party Opposition)	1.1	1	−	−	−
기타 정당		−	−	−	−
합계	100	187	−11	44	−

5. 1935년 선거

1935년 10월 27일 제30대 하원선거가 실시됐고, 투표율은 78.3%였다. 하원선거 결과 사민당은 하원에서 직전 선거보다 1석이 많은 50석을 차지해 제1당으로 부상했다. 사민당은 선거결과를 반영해 연방내각 구성에 참여할 수 있도록 연방각료 몫을 요구했지만 반영되지 못했다.

자민당은 직전 선거보다 4석이 적은 48석을 얻었고, 가톨릭보수당은 2석이 적은 42석을 얻었다. 농민당은 직전 선거보다 9석이 적은 21석을 얻었다. 선거결과를 보면 사민당을 제외한 다른 주요 정당의 의석수는 이전 선거보다 15석이 감소했다.

소비자 관심 분야를 발판으로 1935년 선거에 나선 무소속연합은 득표율 4.1%로 7석을 얻어 하원 진출에 성공했다. 그 밖에 청년농부, 국민전선, 국민연합 등의 정당에서 새롭게 1~4석을 얻었다.

[표 93] 1935년 연방선거 결과

구분	하원			상원	
	득표율	의석수	직전 선거대비 의석수	의석수	직전 선거대비 의석수
사민당(Social Democratic Party)	28.0	50	+1	3 ,	+1
자민당(Free Democratic Party)	23.7	48	-4	15	-4
가톨릭보수당 (Catholic Conservative Party)	20.3	42	-2	19	+1
농민당(Party of Farmers, Traders and Independents)	11.0	21	-9	3	-
무소속연합(Ring of Independents)	4.1	7	신규	-	-
자유당(Liberal Democratic party)	3.3	6	-	2	+1
청년농부(Young Farmers)	3.1	4	신규		
자유사회당(Liberal Socialist Party)	1.2	3	+1		
공산당(Communist Party)	1.4	2	-		
국민전선(National Front)	1.5	1	신규		
사회정치그룹(Social-Political Group)	1.2	0			
복음인민당(Evangelical People's Party)	0.7	1	-		
국민연합(National Union)	0.5	1	신규		
기타 정당		1	신규	2	+1
합계	100	187		44	

6. 1943년 선거

1943년 10월 31일 제32대 하원선거가 실시됐고, 투표율은 70.0%였다. 하원정수는 1943년부터 194명으로 종전보다 7명 늘어났고, 하원의원의 임기는 4년으로 동일했다. 선거결과 사민당은 하원 194석 중 56석을 차지해 제1당을 유지했고, 자민당은 47석, 가톨릭보수당은 43석, 농민당은 22석을 차지했다.

제2차 세계대전으로 정치적 통합이 가장 필요한 상황에서 원내 제1당인 사민당은 연방각료 1석을 처음으로 자민당으로부터 할애받았고, 자민당 출신 각료가 종전(4명)보다 1명 감소했다. 연방내각은 자민당 출신 3석, 가톨릭보수당 출신 2석, 사민당 출신 1석, 농민당 출신 1석으로 구성됐다.

[표 94] 1943년 연방선거 결과

구분	하원			상원	
	득표율	의석수	직전 선거대비 의석수	의석수	직전 선거대비 의석수
사민당(Social Democratic Party)	28.6	56	+11	5	+2
자민당(Free Democratic Party)	22.5	47	-2	12	-2
가톨릭보수당 (Catholic Conservative Party)	20.8	43	-	19	+1
농민당(Party of Farmers, Traders and Independents)	11.6	22	-	4	-
자유당(Liberal Democratic party)	3.2	8	+2	2	-
무소속연합(Ring of Independents)	5.5	7	-2		
사회정치그룹(Social-Political Group)	3.4	5	-	2	+2
청년농부(Young Farmers)	2.1	3	-		
복음인민당 (Evangelical People's Party)	0.4	1	+1		
자유사회당(Liberal Socialist Party)	1.0	-	-1		
기타 정당	0.9	2	+2	-	-3
합계	100	194	+7	44	

7. 1951년 선거

1951년 10월 28일 71.2%의 투표율 속에 제34대 하원선거가 실시됐다. 하원정수는 1951년 선거부터 196명으로 종전보다 2명 늘어났다.

하원의원 정수는 인구 비율에 따라 정해지는데(종전 연방헌법 제61조), 1848~1930년에는 인구 20,000명당 1명의 하원의원을 선출했다. 1931~1950년에는 인구 22,000명당 1명의 하원의원을 선출했지만, 늘어난 인구에 따른 대표성을 반영하기 위해 1950년 12월 3일 국민투표에서 인구 24,000명당 1명의 하원의원을 선출하도록 한 연방헌법 개정안이 가결됐다.[14]

선거결과 자민당은 24.0%의 득표율로 직전 선거보다 1석이 적은 51석을 얻었지만, 원내 제1당이 됐다.

[표 95] 1951년 연방선거 결과

구분	하원			상원	
	득표율	의석수	직전 선거대비 의석수	의석수	직전 선거대비 의석수
자민당(Free Democratic Party)	24.0	51	-1	12	+1
사민당(Social Democratic Party)	26.0	49	+1	4	-1
가톨릭보수당 (Catholic Conservative Party)	22.5	48	+4	18	-
농민당(Party of Farmers, Traders and Independents)	12.6	23	+2	3	-1
무소속연합(Ring of Independents)	5.1	10	+2		
노동당(Swiss Party of Labor)	2.7	5	-2		
자유당(Liberal Democratic party)	2.6	5	-2	3	+1
사회정치그룹(Social-Political Group)	2.2	4	-1	2	-
복음인민당(Evangelical People's Party)	1.0	1	-		
자유사회당(Liberal Socialist Party)	0.9	0	-1		
기타 정당	0.5	-	-	2	-
합계	100	196	+2	44	

사민당은 가장 높은 득표율인 26.0%로 하원 196석 중 49석을 차지했다. 가톨릭보수당은 이전 선거보다 4석이 많은 48석을, 농민당은 2석이 많은 23석을 각각 얻었다.

연방내각은 1943년과 동일한 자민당 3석, 가톨릭보수당 2석, 사민당 1석, 농민당 1석으로 구성했다.

8. 1955년 선거

1955년 10월 30일 70.1%의 투표율 속에 196명의 하원의원을 선출한 제35대 하원선거가 실시됐다. 사민당이 가장 높은 득표율인 27.0%를 얻어 하원 196석 중 53석을 차지해 원내 제1당이 됐다.

[표 96] 1955년 연방선거 결과

구분	하원			상원	
	득표율	의석수	직전 선거대비 의석수	의석수	직전 선거대비 의석수
사민당(Social Democratic Party)	27.0	53	+4	5	+1
자민당(Free Democratic Party)	23.3	50	-1	12	-
가톨릭보수당 (Catholic Conservative Party)	23.2	47	-1	17	-1
농민당(Party of Farmers, Traders and Independents)	12.1	22	-1	3	-
무소속연합(Ring of Independents)	5.5	10	-		
자유당(Liberal Democratic party)	2.2	5	-	3	-
노동당(Swiss Party of Labor)	2.6	4	-1		
사회정치그룹(Social-Political Group)	2.2	4	-	2	-
복음인민당(Evangelical People's Party)	1.1	1	-		
자유사회당(Liberal Socialist Party)	0.4	-	.		
기타 정당	0.6	-	-	2	-
합계	100	196		44	

자민당은 23.3%의 득표율로 이전 선거보다 1석 적은 50석을, 가톨릭보수당은 23.2%의 득표율로 이전 선거보다 1석 적은 47석을 각각 얻었다. 농민당은 12.1%의 득표율로 22석을 얻었다.

1954~1958년까지 연방내각은 자민당 3석, 가톨릭보수당 3석, 농민당 1석으로 구성됐다. 1954년부터 1958년까지 가톨릭보수당은 연방각료 7석 중 3석을 차지할 정도로 당세를 확장했다. 이에 비해 1943년부터 연방각료 1석을 가졌던 사민당은 같은 기간 연방각료를 배출하지 못했다.[15]

9. 1959년 선거

1959년 10월 25일 투표율 68.5%를 보인 가운데 제36대 하원선거가 실시됐다. 하원 196석 중 사민당과 자민당이 각각 51석을 얻었고, 농민당은 23석을 얻었다. 1957년 가톨릭보수당에서 당명이 변경된 보수국민당은 47석을 얻었다.

[표 97] 1959년 연방선거 결과

구분	하원			상원	
	득표율	의석수	직전 선거대비 의석수	의석수	직전 선거대비 의석수
사민당(Social Democratic Party)	26.4	51	−2	4	−1
자민당(Free Democratic Party)	23.7	51	+1	13	+1
보수국민당(Conservative Christian Social People's Party)	23.3	47	−	17	−
농민당(Party of Farmers, Traders and Independents)	11.6	23	+1	3	−
무소속연합(Ring of Independents)	5.5	10	−		
자유당(Liberal Democratic party)	2.3	5	−	3	
사회정치그룹(Social-Political Group)	2.2	4	−	1	−1
노동당(Swiss Party of Labor)	2.7	3	−1		
복음인민당(Evangelical People's Party)	1.4	2	+1		
기타 정당	1.0	0	−	3	+1
합계	100	196	−	44	

4개 주요 정당은 정당별 할당비율을 적용해 연방내각을 구성하기로 합의했다. 즉, 연방내각은 사민당 2명, 자민당 2명, 보수국민당 2명, 농민당 1명으로 구성됐다(마법의 공식).

1959년부터 2003년까지 44년 동안 4개 정당이 연방내각을 구성함으로써 안정적인 정치가 가능해졌고, 정치적 통합과 합의제 민주주의가 이루어졌다.

10. 1963년 선거

1963년 제37대 하원선거부터 하원정수가 200명으로 종전보다 4명 늘어났다. 하원의원을 인구에 비례하여 선출할 경우 하원정수가 계속해서 늘어나 효율적인 의정활동이 어려울 것으로 예상됨에 따라 하원정수를 200명으로 고정하는 연방헌법 개정안이 제안된 것이다.

1962년 11월 4일 실시된 국민투표에서 국민의 63.7% 찬성과 16개 칸톤의 찬성으로 가결됐고(투표율 36.3%), 하원의원 1명당 대표되는 인구수는 28,200명으로 이전보다 4,000여명 늘어났다.[16]

200명의 하원의원을 선출하기 위한 제37대 하원선거가 1963년 10월 27일 실시됐다(투표율 66.1%). 사민당은 200석 중 53석을 차지해 가장 많은 의석을 확보했고, 자민당은 51석, 보수국민당은 48석, 농민당은 22석을 얻었다.

또한 무소속연합 10석, 자유당 6석, 노동당 4석, 복음인민당 2석, 사회정치그룹 4석, 기타 1석을 얻었다.

[표 98] 1963년 연방선거 결과

구분	하원			상원	
	득표율	의석수	직전 선거대비 의석수	의석수	직전 선거대비 의석수
사민당(Social Democratic Party)	26.6	53	+2	3	-1
자민당(Free Democratic Party)	23.9	51	-	13	-
보수국민당 (Conservative Christian Social Party)	23.4	48	+1	18	+1
농민당(Party of Farmers, Traders and Independents)	11.4	22	-1	4	+1
무소속연합(Ring of Independents)	5.0	10	-	-	-
자유당(Liberal Democratic union)	2.2	6	+1	3	-
노동당(Swiss Pary of Labor)	2.2	4	+1		
사회정치그룹(Social-Political Group)	1.8	4	-	3	+2
복음인민당(Evangelical People's Party)	1.6	2	-		
기타 정당	1.8	0	-		
합계	100	200	-	44	

11. 1967년 선거

1967년 200명의 하원의원을 선출하기 위한 제38대 하원선거가 1967년 10월 29일 실시됐다(투표율 65.7%). 사민당은 200석 중 50석을 차지해 가장 많은 의석을 확보했고, 자민당은 49석, 보수국민당은 45석, 농민당은 21석을 얻었다.

또한 극우 정당이 원내에 새롭게 진출했다. 언론인인 제임스 슈바르첸바흐(James Schwarzenbach)가 1967년 '국민행동'의 대표로 하원에 처음 진출한 것이다(1석). 그는 의회에서 혼자였지만, 외국인에 대한 편견을 바탕으로 외국인 축소라는 국민발안을 제안하면서 정치적 역량을 키워나갔다.

외국인의 1/3을 강제로 출국시키고, 모든 칸톤의 외국인 비율이 10%를 넘지 못하도록 한 국민발안은 1970년 6월 7일 실시된 국민투표에서 부결됐지만, 유권자의 46%와 8개 칸톤(6개 칸톤, 2개 반칸톤[17])이 찬성할 정도였다.

[표 99] 1967년 연방선거 결과

구분	하원			상원	
	득표율	의석수	직전 선거대비 의석수	의석수	직전 선거대비 의석수
사민당(Social Democratic Party)	23.5	50	−3	2	−1
자민당(Free Democratic Party)	23.2	49	−2	14	+1
보수국민당(Conservative Christian Social People's Party)	22.1	45	−3	18	−
농민당(Party of Farmers, Traders and Independents)	11.0	21	−1	3	−1
무소속연합(Ring of Independents)	9.1	16	+6	1	+1
자유당(Liberal Democratic union)	2.3	6	−	3	−
노동당(Swiss Pary of Labor)	2.9	5	+1		
복음인민당(Evangelical People's Party)	1.6	3	+1		
사회정치그룹(Social-Political Group)	1.4	3	−1	3	−
국민행동(National Action)	0.6	1	신규		
공화주의운동(Republican Movement)	0.2	−	−		
Dellberg List	2.1	1			
기타 정당		−			
합계	100	200	−	44	

제3절 1970년대 이후

1. 1971년 선거

1971년 10월 31일 연방차원에서 여성의 참정권이 처음으로 허용된 가운데 제39대 하원선거가 실시됐다(투표율 56.9%). 여성의 참정권을 허용하자는 국민투표가 1971년 2월 7일 실시돼 국민의 65.7%와 15.5개 칸톤(14개 칸톤, 3개 반칸톤)이 찬성해 가결됐기 때문이다.

선거결과 역사상 처음으로 10명의 여성 하원의원이 탄생했고, 자민당이 49석을 차지해 하원에서 제1당이 됐다. 사민당은 46석을 얻었고, 1970년 보수국민당에서 당명이 바뀐 기민당은 44석, 1971년 농민당에서 당명이 바뀐 스위스국민당은 23석을 얻었다.

1971년 국민행동에서 탈당한 슈바르첸바흐는 새로운 극우 정당인 공화주의 운동[18]을 창당했고, 1971년 하원선거에서 4.3%의 득표율로 7석을 얻었다. 국민행동은 3.2% 득표율로 4석을 얻음에 따라 2개의 극우파 정당이 하원 200석 중 11석을 가져갔다. 이는 사민당의 주요 지지층인 노동자 계층이 우파연합을 지지했기 때문이다.[19]

[표 100] 1971년 연방선거 결과

구분	하원			상원	
	득표율	의석수	직전 선거대비 의석수	의석수	직전 선거대비 의석수
자민당(Free Democratic Party)	21.7	49	–	15	+1
사민당(Social Democratic Party)	22.9	46	–4	4	+2
기민당 (Christian Democratic People's party)	20.4	44	–1	17	–1
스위스국민당(Swiss People's Party)	11.1	23	–1	5	–1
무소속연합(Ring of Independents)	7.6	13	–3	1	–
공화주의운동(Republican Movement)	4.3	7	+7		
자유당(Liberal Democratic union)	2.2	6	–	2	–1
노동당(Swiss Pary of Labor)	2.6	5	–		
국민행동(National Action)	3.2	4	+3		
복음인민당(Evangelical People's Party)	2.1	3	–1		
사회당(Autonomous Socialist Party)	0.3	0	신규		
합계	100	200		44	

2. 1975년 선거

1975년 10월 26일 제40대 하원선거가 실시됐다. 투표율 52.4%를 보인 선거에서 사민당이 종전보다 9석 더 많은 55석을 차지해 제1당이 됐다. 자민당은 47석, 기민당은 46석, 스위스국민당은 21석을 차지했는데, 기민당만 이전 선거보다 2석을 더 얻었다. 또한 2개의 극우파 정당인 공화주의 운동과 국민행동은 종전보다 3석과 2석이 각각 감소한 4석과 2석을 얻었다.

[표 101] 1975년 연방선거 결과

구분	하원			상원	
	득표율	의석수	직전 선거대비 의석수	의석수	직전 선거대비 의석수
사민당(Social Democratic Party)	24.9	55	+9	5	+1
자민당(Free Democratic Party)	22.2	47	-2	15	-
기민당 (Christian Democratic People's party)	21.1	46	+2	17	-
스위스국민당(Swiss People's Party)	9.9	21	-2	5	-
무소속연합(Ring of Independents)	6.1	11	-2	1	-
자유당(Liberal Democratic union)	2.4	6	-	1	-1
공화주의운동(Republican Movement)	3.0	4	-3		
노동당(Swiss Pary of Labor)	2.4	4	-1		
복음인민당(Evangelical People's Party)	2.0	3	-		
국민행동(National Action)	2.5	2	-2		
사회당(Autonomous Socialist Party)	0.3	1	+1		
기타 정당	3.2	-	-		
합계	100	200		44	

3. 1979년 선거

1978년 9월 24일 베른 칸톤에 속해 있는 쥐라 칸톤을 분리·신설하는 연방 헌법 개정안에 대해 국민투표가 실시됐다. 독일어권(베른)과 프랑스어권(쥐라)의 갈등을 해결하기 위해 쥐라 칸톤을 신설하자는 연방헌법 개정안은 국민의 82.3%와 모든 칸톤의 찬성으로 가결됐다(투표율 42.0%).

쥐라 칸톤 신설로 상원의석이 44석에서 46석으로 2석 늘어났지만, 하원의석은 종전과 동일한 200석이었다. 베른 칸톤의 하원의석은 직전 선거의 31석에서 29석으로 2석 감소했고, 신설된 쥐라 칸톤의 하원의석으로 2석이 할애됐다.

1979년 10월 21일 제41대 하원선거가 실시됐다. 투표율은 48.05%로 50% 이하의 투표율을 처음 기록했고, 이후 하원선거에서 50%대의 투표율을 나타내지 못했다.

선거결과 자민당이 종전보다 4석이 많은 51석을 얻었고, 사민당은 4석이 적은 51석을 얻었다. 자민당과 사민당이 200석중 각각 51석을 차지해 원내 과반을 차지했다. 기민당은 종전보다 2석 감소한 44석을, 스위스국민당은 2석 증가한 23석을 얻었고, 녹색당이 1석을 얻어 처음으로 원내 진출에 성공했다.

상원에서는 하원과 달리 기민당이 18석을 얻었고, 사민당은 종전보다 4석 증가한 9석을 얻은 반면, 자민당은 종전보다 4석이 감소한 11석을 얻었다. 자유당은 상원에서 종전보다 2석이 많은 3석을 얻었다.

[표 102] 1979년 연방선거 결과

구분	하원			상원	
	득표율	의석수	직전 선거대비 의석수	의석수	직전 선거대비 의석수
사민당(Social Democratic Party)	24.4	51	−4	9	+4
자민당(Free Democratic Party)	24.0	51	+4	11	−4
기민당 (Christian Democratic People's party)	21.3	44	−2	18	+1
스위스국민당(Swiss People's Party)	11.6	23	+2	5	−
무소속연합(Ring of Independents)	4.1	8	−3	0	−1
자유당(Liberal Democratic union)	2.8	8	+2	3	+2
복음인민당(Evangelical People's Party)	2.3	3	−		
노동당(Swiss Pary of Labor)	2.1	3	−1		
스위스진보조직 (Swiss Progressive Organization)	1.7	2	신규		
국민행동(National Action)	1.3	2	−		
공화주의운동(Republican Movement)	0.6	1	−3		
녹색당(Green Party)	0.6	1	신규		
사회당(Autonomous Socialist Party)	0.4	1	−		
기타 정당	2.8	2	−		
합계	100	200		46	+2

4. 1983년 선거

1983년 10월 23일 제42대 하원선거가 실시됐다. 투표율 48.9%를 보인 가운데 자민당이 하원에서 종전보다 3석이 많은 54석을 얻어 제1당이 됐다. 사민당은 1925년 이래 가장 낮은 22.8%의 득표율로 종전보다 4석이 감소한 47석을 얻었다.

기민당은 42석, 스위스국민당은 23석을 각각 얻었고, 극우파 정당인 국민행동은 종전보다 2석이 증가한 4석을 얻었다. 1979년 제41대 하원선거에서 1석을 얻어 하원에 진출한 녹색당(녹색연합)은 종전보다 2석이 많은 3석을 얻었다.

[표 103] 1983년 연방선거 결과

구분	하원			상원	
	득표율	의석수	직전 선거대비 의석수	의석수	직전 선거대비 의석수
자민당(Free Democratic People's Party)	23.3	54	+3	14	+3
사민당(Social Democratic Party)	22.8	47	−4	6	−3
기민당(Christian Democratic People's Party)	20.2	42	−2	18	−
스위스국민당(Swiss People's party)	11.1	23	−	5	−
무소속연합(Ring of Independents)	4.0	8	−	−	−
자유당(Liberal Party)	2.8	8	−	3	−
국민행동(National Action)	2.9	4	+2		
스위스진보조직(Swiss Progressive Organization)	2.2	3	+1		
복음인민당(Evangelical People's Party)	2.1	3	−		
녹색연합(Federation of Swiss Green Parties)	1.9	3	+2		
공화주의운동(Republican Movement)	0.5	1	−		
사회당(Autonomous Socialist Party)	0.5	1	−		
노동당(Swiss Party of Labor)	0.9	1	−2		
기타 정당	2.8	2			
합 계		200	−	46	−

5. 1987년 선거

1987년 10월 18일 제43대 하원선거가 실시됐다(투표율 46.5%). 자민당은 하원 51석, 상원 14석을 얻었고, 기민당은 하원에서 19.6%를 얻어 42석, 상원에서 19석을 얻었다. 사민당은 하원에서 종전보다 6석이 적은 41석, 상원에서 5석을 얻었다. 스위스국민당은 하원에서 25석, 상원에서 4석을 얻었다.

녹색당은 직전 선거보다 5석이 많은 9석을 얻었고, 녹색연합도 4석을 얻었으며, 자동차당이 2석을 얻어 처음으로 하원에 진출했다.

[표 104] 1987년 연방선거 결과

구분	하원			상원	
	득표율 (%)	의석수	직전 선거대비 의석수	의석수	직전 선거대비 의석수
자민당(Free Democratic People's Party)	22.9	51	-3	14	-
기민당(Christian Democratic People's Party)	19.6	42	-	19	+1
사민당(Social Democratic Party)	18.4	41	-6	5	-1
스위스국민당(Swiss People's party)	11.0	25	+2	4	-1
자유당(Liberal Party)	2.7	9	+1	3	-
녹색당(Green Party)	4.9	9	+5		
무소속연합(Ring of Independents)	4.2	8	-	1	+1
녹색연합(Green Alliance)	4.0	4	+1·		
국민행동(National Action)	2.5	3	-1		
복음인민당(Evangelical People's Party)	1.9	3	-		
자동차당(Swiss Motorists' Party)	2.6	2	신규		
노동당(Swiss Party of Labor)	0.8	1	-		
사회당(Autonomous Socialist Party)	0.6	1	-		
공화주의운동(Republican Movement)	0.3	0	-		
기타 정당	3.4	1			
합 계		200	-	46	

6. 1991년 선거

1991년 10월 21일 제44대 하원선거가 실시됐다(투표율 46.0%). 하원선거 결과, 자민당 44석, 사민당 41석, 기민당 35석, 스위스국민당 25석, 녹색당 14석을 얻었다. 자민당과 기민당 의석이 종전보다 각각 7석 감소한 반면, 녹색당이 5석을, 자동차당이 6석을 더 얻은 것이다.

1980년대 중반부터 재기한 극우파 정당은 1991년 스위스민주당으로 합당했고, 5석을 획득했다. 자동차당은 5.1%를 얻어 8석을 확보해 직전 선거보다 6석을 더 얻었다. 티치노 칸톤을 지지기반으로 창당한 1991년 티치노동맹은 티치노 칸톤의 8개 하원의석 중 2석을 얻었고, 상원에서도 1석을 얻어 원내 진출에 성공했다.

[표 105] 1991년 연방선거 결과

구분	하원			상원	
	득표율	의석수	직전 선거대비 의석수	의석수	직전 선거대비 의석수
자민당(Free Democratic Party)	21.0	44	-7	18	+4
사민당(Social Democratic Party)	18.5	41	-	3	-2
기민당 (Christian Democratic People's party)	18.0	35	-7	16	-3
스위스국민당(Swiss People's Party)	11.9	25	-	4	-
녹색당(Green Party)	6.1	14	+5		
자유당(Liberal Party)	3.0	10	+1	3	-
자동차당(Swis Motorists' Party)	5.1	8	+6		
스위스민주당(Swiss Democrats)	3.4	5	+2		
무소속연합(Ring of Independents)	2.8	5	-3	1	-
복음인민당(Evangelical People's Party)	1.9	3	-		
티치노동맹(Ticino League)	1.4	2	신규	1	신규
노동당(Swiss Party of Labor)	0.8	2	+1		
기타 정당	6.1	6			
합계	100	200		46	

7. 1995년 선거

1995년 10월 22일 제45대 하원선거가 실시됐고, 투표율은 42.2%였다. 선거결과 하원 200석 중 사민당은 54석, 자민당은 45석, 기민당은 34석, 스위스국민당은 29석을 각각 얻었다. 사민당은 직전 선거보다 13석을 더 얻어 하원에서 최대 정당이 됐다. 1994년 자동차당에서 명칭을 바꾼 스위스자유당은 4.0%의 득표율로 직전 선거보다 1석이 적은 7석을 얻었다.

우파 정당인 자민당, 기민당, 스위스국민당은 연합공천을 통해 상원선거에서 46석 중 38석을 차지했다. 사민당은 상원선거에서 20% 이상을 득표했음에도 불구하고 우파 정당과 다수대표제 선거구조로 인해 5석을 얻는 데 그쳤다.

[표 106] 1995년 연방선거 결과

정당명	하원			상원	
	득표율	의석수	직전 선거 대비 의석수	의석수	직전 선거 대비 의석수
사민당(Social Democrats, SP)	21.8	54	+13	5	+2
자민당(Free Democratic Party, FDP)	20.2	45	+1	17	-1
기민당(Christian Democrats, CVP)	16.8	34	-1	16	-
스위스국민당(Swiss People's party, SVP)	14.9	29	+4	5	+1
녹색당(Green Party, GPS)	5.0	8	-6		
스위스자유당(Freedom Party)	4.0	7	-1		
자유당(Liberal Party LPS)	2.7	7	-3	2	-1
스위스민주당(Swiss Democrats)	3.1	3	-2		
무소속연합(Ring of Independents, LdU)	1.8	3	-2	1	-
노동당(Swiss Paty of Labor, PdA)	1.2	3	+1		
복음인민당(EVP)	1.8	2	-1		
티치노동맹(LT)	0.9	1	-1		
결속당(Solidarity, S)	0.3	0	신규		
기타 정당	5.5	3			
합계		200		46	

8. 1999년 선거

1999년 10월 24일 43.3%의 투표율 속에 제46대 하원선거가 실시됐다. 사민당은 득표율 22.5%로 51석을 얻어 하원에서 제1당이 됐지만, 종전보다 3석이 감소했다. 스위스국민당은 득표율 22.6%로 직전 선거에 비해 15석이 많은 44석을 얻어 하원선거에서 승자가 됐다. 스위스국민당은 상원에서도 종전보다 2석 많은 7석을 획득했다. 스위스국민당이 자민당과 기민당의 지지 세력을 흡수한 결과이다.

자민당은 하원에서 직전 선거보다 2석이 적은 43석, 기민당은 1석이 많은 35석을 각각 얻었지만, 상원에서는 자민당 17석, 기민당 15석을 얻어 상원의 석의 69.6%를 차지했다.

[표 107] 1999년 연방선거 결과

구분	하원			상원	
	득표율	의석수	직전 선거대비 의석수	의석수	직전 선거대비 의석수
사민당(SP)	22.5	51	−3	6	+1
스위스국민당(SVP)	22.6	44	+15	7	+2
자민당(FDP)	19.9	43	−2	17	−
기민당(CVP)	15.8	35	+1	15	−1
녹색당(GPS)	5.0	8	−		
자유당(Liberal Party, LPS)	2.2	6	−1	−	−2
복음인민당(EVP)	1.8	3	+1		
노동당(PdA)	1.0	2	−1		
티치노동맹(LdT)	0.9	2	+1		
스위스민주당(Swiss Democrats, SD)	1.8	1	−2		
자유민주연합 (Federal Democratic Union, EDU)	1.2	1	−		
무소속연합(LdU)	0.7	1	−2	−	−1
결속당(Solidarity, S)	0.5	1	+1		
기독사회당(Christian Social Party, CSP)	0.4	1	−		
여성과 녹색당(AVF)	0.3	1	−1		
기타 정당	2.9	0		1	+1
	100%	200		46	

9. 2003년 선거

2003년 10월 19일 제47대 하원선거가 실시됐고, 투표율은 45.2%였다.[20] 하원선거에서 스위스국민당은 경제에 대한 국가개입 축소, 적극적인 농업정책, 법질서 강화, 반이민정책, EU 등 국제기구 가입반대 등을 표방했다. 민족주의, EU 확대에 따른 불안감에 편승해 스위스국민당은 26.7%의 지지율로 55석을 얻어 최대 정당이 됐다. 스위스국민당은 4년 전보다 11석을 더 얻어 제1당으로 부상한 것이다.

사민당은 23.3%의 득표율로 종전보다 1석이 많은 52석을 얻었는데, 이는 스위스국민당에 반감을 가진 부동층을 흡수했기 때문이다. 자민당은 종전보다 7석이 적은 36석을, 기민당은 7석이 적은 28석을 각각 얻었는데, 중도 정당의 어려운 입지로 인해 자민당과 기민당이 우경화되기 시작했다.[21]

[표 108] 2003년 연방선거 결과

구분	하원			상원	
	득표율	의석수	직전 선거대비 의석수	의석수	직전 선거대비 의석수
스위스국민당(SVP)	26.7	55	+11	8	+1
사민당(SP)	23.3	52	+1	9	+3
자민당(FDP)	17.3	36	-7	14	-3
기민당(CVP)	14.4	28	-7	15	-
녹색당(GPS)	7.4	13	+5		
자유당(LPS)	2.2	4	-2		
복음인민당(EVP)	2.3	3	-		
자유민주연합(EDU)	1.3	2	+1		
노동당(PdA)	0.7	2	-		
기독사회당(CSP)	0.4	1	-		
결속당(S)	0.5	1	-		
스위스민주당(SD)	1.0	1	-		
여성과녹색당(AVF)	0.5	1	+1		
티치노동맹(LdT)	0.3	1	-1		
자유당(FPS)	0.2	-	-		
기타 정당	1.5	-	-		
합계	100%	200		46	

아울러 환경문제가 주요 관심사로 제기돼 좌파 성향의 녹색당이 종전보다 5석이 많은 13석을 얻어 주요 정당으로 부상했다.

2003년 12월 연방각료 선출 과정에서 스위스국민당 출신은 종전의 1명에서 2명으로, 기민당은 2명에서 1명으로 조정됐다. 그 결과 연방각료 7명은 자민당 출신 2명, 스위스국민당 출신 2명, 사민당 출신 2명, 기민당 출신 1명으로 변경됐다.

1959년부터 일관되게 유지된 연방각료 배분공식(마법의 공식)이 44년만에 붕괴되는 등 선거결과가 연방내각 구성에 구조적인 변화를 일으켰다. 종전에는 하원선거 후 4년마다 연방내각이 새로 구성된다는 사실을 많은 사람들이 알지 못했지만 이후로는 연방내각 구성을 둘러싼 논쟁이 새롭게 대두됐다.[22]

10. 2007년 선거

2007년 10월 21일 제48대 하원선거가 실시됐고, 투표율은 48.3%였다. 하원선거 결과 스위스국민당은 28.9%라는 최대 지지율로 직전 선거보다 7석이 늘어난 62석을 얻었다. 사민당은 43석, 자민당은 31석, 기민당은 31석을 각각 얻었다.

연방내각에 참여하지 않는 녹색당은 종전보다 7석이 많은 20석을 얻은 데 이어, 상원에서도 최초로 2석을 얻었다. 2007년 창당한 녹색자유당은 하원에서 3석, 상원에서 1석을 얻어 원내 진출에 성공했다.

24개 칸톤은 하원선거일에 맞추어 상원선거를 실시했다. 추크 칸톤은 선거일 1년 전인 2006년 10월 29일 당시 활동 중인 상원의원 2명을 선출했다. 아펜첼이너로덴 칸톤은 하원선거일 6개월 전에 열린(2007. 4. 29.) 란츠게마인데에서 상원의원 1명을 선출했다. 몇몇 칸톤에서 1차 투표에서 절대 과반수를 얻지 못한 상원 입후보자를 대상으로 11월 11일, 18일, 25일 결선투표를 실시했다.[23]

상원 46석에 대한 선거 결과, 기민당이 15석으로 직전 선거와 동일한 의석을 얻었다. 자민당은 직전 선거보다 2석이 적은 12석을 얻었고, 사민당은 9석을, 스위스국민당은 7석을 얻었다. 녹색당은 2석, 녹색자유당은 1석을 얻어 상원에 처음으로 의석을 확보했다.

[표 109] 2007년 연방선거 결과

구분	하원			상원	
	득표율	의석수	직전 선거대비 의석수	의석수	직전 선거대비 의석수
스위스국민당(SVP)	28.9	62	+7	7	−1
사민당(SP)	19.5	43	−9	9	−
자민당(FDP)	15.8	31	−5	12	−2
기민당(CVP)	14.5	31	+3	15	−
녹색당(GP)	9.6	20	+7	2	신규
자유당(LPS)	1.9	4	−		
녹색자유당(GLP)	1.4	3	−	1	신규
복음인민당(EVP)	2.4	2	−1		
자유민주연합(FDU)	1.3	1	−1		
노동당(PdA)	0.7	1	−1		
티치노동맹(LdT)	0.6	1	−		
기독사회당(CSP)	0.4	1	−		
스위스민주당(SD)	0.5	−	−1		
기타 정당	2.5	−	−		
합계	100	200		46	

스위스국민당 대표 블로허(Christoph Blocher)는 선거결과를 바탕으로 스위스국민당 출신 연방각료 몫을 2명에서 3명으로 해줄 것을 주장했으나 받아들여지지 않았다. 2007년 12월 12일 연방의회는 연방각료 7명 중 6명을 재선출했지만, 스위스국민당을 대표한 블로허 연방법무·경찰부 장관을 재선출하지 않고,[24] 스위스국민당 소속 비드머슐룸프(Widmer-Schlumpf)를 선출했다.

당시 1차 투표에서 블로허는 111표, 비드머슐룸프는 116표를 얻어 2차 투표가 실시됐다. 2차 투표에서 블로허는 115표, 비드머슐룸프는 125표를 얻어 과반수를 득표한 비드머슐룸프를 선출한 것이다. 블로허는 역사상 네 번째로 재선출되지 못한 각료가 됐다.[25]

2007년 12월 18일 스위스국민당은 블로허 연방법무·경찰부 장관이 선출되지 못한 것에 반발해 비드머슐룸프 연방법무·경찰부 장관과 슈미트(Schmid) 연방국방부 장관을 당적에서 제명하고 연방내각을 탈퇴했다. 2007년 12월 말 비드머슐룸프 연방법무·경찰부 장관과 슈미트 연방국방부 장관은 출신지역인 그라우뷘덴 칸톤의 스위스국민당 지지자와 함께 보수민주당(BDP)을 창당했다.

2008년 12월 연방의회가 슈미트 연방국방부 장관 후임으로 스위스국민당 전 대표인 마우러(Maurer)를 선출하면서 스위스국민당이 연립내각에 복귀했다. 그 결과 스위스국민당과 보수민주당이 각각 연방각료 1석을 차지했다. 연방내각의 구성은 사민당 2석, 자민당 2석, 기민당 1석, 스위스국민당 1석, 보수민주당 1석으로 변경됐다.

11. 2011년 선거

2011년 10월 23일 제49대 하원선거가 실시됐고 투표율은 49.5%였다. 상원 선거도 하원선거일에 맞추어 10월 23일 실시됐고, 상원 46석 중 27석은 하원선 거일에 결정됐고, 나머지 19석은 11월 2차 투표(결선투표)를 통해 결정됐다.

선거결과 스위스국민당은 종전보다 8석이 적은 54석을 얻었다. 스위스국 민당은 '외국인의 이민 반대'를 선거공약으로 내세웠으나, 경제발전을 위한 외국인 필요성 등으로 인해 큰 공감을 얻지 못했던 것이다. 사민당은 46석을, 자민당은 30석을, 기민당은 28석을, 녹색당은 15석을, 녹색자유당은 12석을, 보수민주당은 9석을 각각 얻었다.[26]

1956년 창당한 옵발덴기독교사회당은 득표율 0.4%로 옵발덴 칸톤에서 1석 을 얻어 사상 처음으로 원내 진출에 성공했다. 2005년 창당한 제네바시민운동 은 득표율 0.4%로 제네바 칸톤에서 1석을 얻어 처음으로 하원에 진출했다.

[표 110] 2011년 연방선거 결과

정당	하원			상원		성향
	득표율	의석수	직전 선거 대비 의석수	의석수	직전 선거 대비 의석수	
스위스국민당(SVP)	26.6	54	−8	5	−2	우파
사민당(SP)	18.7	46	+3	11	+2	중도좌파
자민당(FDP)	15.1	30	−1	11	−1	중도우파
기민당(CVP)	12.3	28	−3	13	−2	중도우파
녹색당(GPS)	8.4	15	−5	2	−	좌파
녹색자유당(GLP)	5.4	12	+9	2	+1	중도좌파
보수민주당(BDP)	5.4	9	+9	1	신규	중도우파
복음인민당(EVP)	2.0	2	−			
티치노동맹 (Ticino League, TL)	0.8	2	+1			
옵발덴기독교사회당(CSP Obwalden)	0.4	1	신규			
제네바 시민운동(Geneva Citizens' Movement)	0.4	1	신규			
기타 정당	4.5	0	−	1	+1	
합 계		200		46		

12. 2015년 선거

2015년 10월 18일 제50대 하원선거가 실시됐다. 유권자 520만 명 중 252만 명이 투표에 참여해 48.5%의 투표율을 보였다. 스위스국민당이 최고 득표율(29.4%)로 2007년 득표율(28.9%)을 경신했다.

스위스국민당은 2011년 하원선거보다 11석을 더 확보해 지난 100년간 단일 정당이 확보한 의석수 중 최대 규모인 65석을 차지했다. 스위스국민당이 반이민과 반유럽통합을 주장하면서 난민문제에 대한 유권자의 공포심을 선거전략으로 활용한 결과였다.

중도좌파 사민당은 적극적 난민정책, 임금평등을 제시하며 우익화 방지를 위해 노력했으나, 18.8%의 득표율로 종전보다 3석이 적은 43석을 차지해 제2정당의 자리를 지켰다.

[표 111] 2015년 연방선거 결과

구분	하원			상원	
	득표율	의석수	직전 선거대비 의석수	의석수	직전 선거대비 의석수
스위스국민당(SVP)	29.4	65	+11	5	−
사민당(SP)	18.8	43	−3	12	+1
자민당(FDP)	16.4	33	+3	13	+2
기민당(CVP)	11.6	27	−1	13	−
녹색당(GPS)	7.1	11	−4	1	−1
녹색자유당(GLP)	4.6	7	−5	−	−2
보수민주당(BDP)	4.1	7	−2	1	−
복음인민당(EVP)	1.9	2	−		
티치노동맹(TL)	1.0	2	−		
노동당(PdA)	0.4	1	+1		
옵발덴기독교사회당(CSP Obwalden)	0.4	1	−		
제네바 시민운동(MCG)	0.3	1	−		
기타 정당	2.4	−	−	1	−
합계	100	200		46	

제2정당이 되겠다고 공표한 중도우파 자민당은 2011년 하원선거보다 1.3%포인트 상승한 16.4%의 득표율로 종전보다 3석 많은 33석을 차지했지만 제3정당에 그쳤다. 중도우파 기민당은 11.6%를 득표해 직전 선거보다 1석이 적은 27석을 차지했다.

우파성향의 정당이 하원의석 200석 중 총 132석을 차지하면서 뚜렷한 우경화 성향을 보였다.[27] 중도좌파인 녹색당과 녹색자유당의 득표율은 2011년 대비 각각 1.3%포인트, 0.8%포인트 하락했고, 의석수도 4석과 5석이 감소해 각각 11석과 7석을 얻었다.

상원에서는 자민당과 사민당이 각각 2석과 1석을 늘린 13석, 12석을 얻었고, 스위스국민당과 기민당은 2011년과 동일한 5석과 13석을 얻었다. 그 외 녹색당과 보수민주당이 상원에서 각각 1석을 얻었다.

13. 2019년 선거

2019년 10월 20일 실시된 제51대 하원선거는 환경문제, 사회정책, 남녀평등, 유럽연합과의 관계가 쟁점이 됐다(투표율 45.1%). 스위스국민당이 득표율 하락에도 불구하고 하원의석(200석) 중 53석을 차지해 제1당 지위를 유지했지만, 직전 선거에 비해 12석을 잃었다. 사민당은 39석, 자민당은 29석, 기민당은 25석을 얻어 직전 선거보다 2~4석을 각각 잃었다.

기후변화 대책을 공약으로 제시한 녹색당은 종전보다 17석 증가한 28석을 얻었다. 녹색당은 3석 차이로 기민당을 제치고 제4당이 됐고, 원내 제3정당인 자민당과의 의석 차이는 1석에 불과했다. 녹색자유당도 종전보다 9석이 증가한 16석을 얻어 녹색당 계열이 최대 승자가 됐다. 이는 1919년 이후 가장 큰 정치적 변화를 보여준 역사적 사건으로 기후변화를 우려한 유권자의 표심이 반영된 결과다.

10월 20일 하원선거와 동시에 실시된 상원선거에서 과반수 득표로 24명을 선출했다. 26개 칸톤 중 14개 칸톤에서 절대과반수를 얻지 못해 11월 3일부터 24일까지 칸톤별 2차 투표가 실시돼 나머지 22명의 상원의원을 선출했다. 최종적으로 기민당이 13석을 얻어 16년 동안 상원에서 제1당을 유지했고, 자민당은 12석을 차지했다. 녹색당은 이전보다 4석이 많은 5석을 차지했다.[28]

[표 112] 2019년 연방선거 결과

구분	하원			상원	
	득표율(%)	의석수	직전 선거대비 의석수	의석수	직전 선거대비 의석수
스위스국민당(SVP)	25.6	53	−12	6	+1
사민당(SP)	16.8	39	−4	9	−3
자민당(FDP)	15.1	29	−4	12	−1
녹색당(GP)	13.2	28	+17	5	+4
기민당(CVP)	11.4	25	−2	13	−
녹색자유당(GLP)	7.8	16	+9		
보수민주당(BDP)	2.4	3	−4		
복음인민당(EVP)	2.1	3	+1		
노동당(PdA)	1.0	1	−		
결속당(solidarité)	1.0	1	신규		
자유민주연합(FDU)	1.0	1	+1		
티치노동맹(TL)	0.8	1	−1		
기타 정당	1.8	−	−	1	−
합계	100	200		46	

주요 정당의 지역별 지지기반을 살펴보면, 스위스국민당은 스위스 전역에서 의석을 잃었고, 쥐라 칸톤에서만 득표율을 유지했다. 사민당은 쥐라, 발레 칸톤에서 의석을 얻었고, 취리히 칸톤에서 강한 우위를 보였다. 제3정당인 자민당은 거의 모든 지역에서 표를 잃었고, 슈비츠, 프리부르, 장크트갈렌 일부, 그라우뷘덴 남부에서 우세를 나타냈다. 기민당은 예상과 달리 연방 차원에서 안정적인 득표를 얻었고, 서쪽과 남쪽 지역의 영향력 상실은 동쪽 지역의 득표로 만회했다.

녹색당과 녹색자유당은 거의 모든 지역에서 표를 얻었다. 녹색당은 티치노 칸톤에서 이전보다 3배 높은 득표율을 기록했다. 특히 녹색당은 프랑스어권 지역에서 높은 지지를 얻었는데, 제네바 칸톤에서 영향력 있는 정당이 됐다. 녹색자유당은 취리히 칸톤과 스위스 서쪽 지역에서 입지를 확보했다.[29]

참고문헌

【국내 문헌】

1. 단행본

구니마쓰 다카지(이덕숙 번역), 다부진 나라 스위스에 가다, 기파랑 (2008).

국회도서관, 국회의원 선거제도 한눈에 보기 (2020), 108.

_____, OECD 국가 의회제도 한눈에 보기 (2014).

국회사무처 국제국, 김대현 국회사무차장 프랑스, 스위스 방문 결과보고서 (2016).

박영도, 스위스 연방의 헌법개혁과 향후 전망, 한국법제연구원 (2004).

법제처, 알기 쉬운 법령 만들기 사업 혁신을 위한 정책연수 보고서 (2006).

부르노 카우프만·롤프 뷔치·나드야 브라운(이정옥 옮김), 직접민주주의로의 초대, 리북
      (2008).

선학태, 갈등과 통합의 정치: 지역·계급·계층·남북 갈등의 해결 메커니즘, 심산 (2004).

_____, 민주주의와 상생정치: 서유럽 다수제 모델 vs 합의제 모델, 다산출판사 (2005).

_____, 합의제 민주주의 동학: 한국민주주의의 민주화, 전남대학교출판부 (2015).

신옥주·석인선·홍기원·이종수, 유럽연합과 회원국의 차별금지법제에 관한 비교법적 연
      구, 한국법제연구원 (2009).

안성호, 분권과 참여: 스위스의 교훈, 다운샘 (2005).

_____, 스위스연방 민주주의 연구, 대영문화사 (2001).

_____, 안성호, 왜 분권국가인가(개정판), 박영사 (2018).

유석진·강원택·김면회·김용복·임혜란·장우영·조희정·한영빈, 전자투표와 민주주의: 9
      개국 비교연구, 인간사랑 (2009).

융커(이주성 번역), 스위스 직접민주주의, 법문사 (1996).

이기우, 모든 권력은 국민에게 속한다, 미래를 소유한 사람들 (2016).

_____, 분권적 국가개조론, 한국학술정보 (2014).

이기우·안권욱, 스위스의 분권과 자치, 서울특별시 지방분권 총서 2, 서울시 (2021).

이상민, 독일어 사용 4개국, 다해 (2011).

이황우, 비교경찰제도(Ⅰ), 법문사 (2005), 310.

임도빈, 개발협력 시대의 비교행정학, 박영사 (2016).

외교부, 룩셈부르크 약황 (2022).

_____, 벨기에 개황 (2019).

_____, 벨기에 약황 (2022).

_____, 스위스 개황 (2014).

장철균, 스위스에서 배운다: 21세기 대한민국 선진화 전략, 살림 (2013).

조두환, 하이 알프스: 작은 스위스, 아펜첼로 떠나는 문화기행, 청년정신 (2009).

중앙선거관리위원회 선거연수원, 각국의 선거제도 비교연구 (2015).

_____, 각국의 선거제도 비교연구 개정판 (2019).

찰스 틸리(이승협, 이주영 번역), 위기의 민주주의, 전략과 문화 (2010).

최용훈, 스위스 연방의회 제도에 관한 연구- 입법과정 등을 중심으로-, 대법원 사법정책연
　　구원 (2020).

_____, 스위스 연방의회론, 한국학술정보 (2022).

_____, 스위스 직접민주주의의 이해, 한국학술정보 (2022).

헨드릭 빌렘 반 룬(임경민 역), 반 룬의 지리학, 아이필드 (2011).

2. 논문

김명수, "공직선거에서의 온라인투표(E-voting) 관련 에스토니아, 스위스 입법례", 최신외
　　국입법정보 2021-5호, 국회도서관 (2021).

이옥연, "스위스 다문화주의의 도면: 연방 법제도와 정당제를 중심으로", 국제정치논총 제
　　49집 제5호 (2009).

이혜승, "스위스 선거공영제", 선거공영제: 제도 및 운영실태를 중심으로, 선거연수원 (2018).

_____, "스위스 재난관리 및 선거방식의 다양화", 선거연수원 (2019), 15.

장준호, "스위스연방의 직접민주주의: 2008년 6월 1일 국민투표를 중심으로", 국제정치논
　　총 제48집 4호, 한국국제정치학회 (2008).

조희정, "해외의 전자투표 추진현황 연구", 사회연구 통권 13호(2007년 1호), 한국사회조사연구소 (2007).

최용훈, "170년 전통을 가진 스위스 국민발안제도", 국회보 2018년 5월호, 국회사무처 (2018).

_____, "국민투표의 나라 스위스", 국회보 2016년 12월호, 국회사무처 (2016).

_____, "국제회의와 국제기구의 도시, 제네바: 제네바에선 오늘도 7건의 국제회의가 열린다", 국회입법조사처보 2017년 여름호, 국회입법조사처 (2017).

【외국 문헌】

1. 영어 문헌

Anina Weber & Geo Taglioni, Swiss Elections to the National Council: First trials with e-voting in elections at federal level (2011), https://pdfs.semanticscholar.org/da69/df0ea78566fe0f0b237ae95654f33176f2a4.pdf.

Christine Benesch & Monika Bütler & Katharina E. Hofer, "Transparency in Parliamentary Voting", CESifo Working Paper Series No. 5682 (2016).

Clive H. Church, The Politics and Government of Switzerland, Palgrave Macmillan UK (2004).

Federal Statistical Office, Switzerland's population in 2016 (2017).

_____, Switzerland's population in 2018 (2019).

_____, Switzerland's population in 2019 (2020).

George Arthur Codding, The Federal Government of Switzerland, Houghton Mifflin (1961).

GRECO, Fourth Evaluation Round: Corruption prevention in respect of Members of Parliament, Judges and Prosecutors, Evaluation Report Switzerland (2016).

José M. Magone, M. Magone, The Statecraft of Consensus Democracies in a Turbulent World: A Comparative Study of Austria, Belgium, Luxembourg, the Netherlands and Switzerland, Routledge (2017).

Kris W. Kobach, The Referendum: Direct Democracy in Switzerland, Dartmouth Publishing (1993).

Marcin Rachwal, "Citizens' initiatives in Switzerland", Przeglad Politologiczny (2014).

Micha Germann & Uwe Uwe Serdült, Internet Voting for Expatriates: The Swiss Case (2014).

Nadja Braun, "E-Voting: Switzerland's projects and their Legal Framework", Electronic Voting in Europe, 43 (2004).

OSCE, "Swiss Confederation, Federal Assembly Elections, 23 October 2011", OSCE/ ODIHER Election Assessment Mission Report (2012).

_____, "Swiss Confederation, Federal Assembly Elections, 18 October 2015", OSCE/ ODIHER Needs Assessment Mission Report (2015).

_____, "Swiss Confederation, Federal Assembly Elections, 18 October 2015", OSCE/ ODIHER Election Expert Team Final Report (2016).

_____, "Swiss Confederation, Federal Assembly Elections, 20 October 2019", ODIHER Needs Assessment Mission Report (2019).

Patricia Egli, Introduction to Swiss Constitutional Law, Dike Publishers (2016).

Republique et Canton de Geneve, "EVOTING BY CHVote: a quick presentation" (2017).

Republique et Canton de Geneve(Chancellerie d'Etat Service des votations et élections), Votation Cantonale 18 mai 2014 (2014).

Simon Luechinger & Myra Rosinger & Alois Stutzer, "The Impact of Postal Voting on Participation: Evidence for Switzerland", Swiss Political Science Review 13(2), 167 (2007).

The Swiss Confederation: a brief guide 2017, Federal Chancellery (2017).

_____: a brief guide 2020, Federal Chancellery (2020).

Thomas Milic & Michele McArdle & Uwe Serdült, "Attitudes of Swiss citizens towards the generalisation of E-Voting", Working Paper, Zentrum für Demokratie Aarau (2016).

Urs Gasser & James M. Thurman & Richard Stäuber & Jan Gerlach, E-Democracy in Switzerland: Practice and Perspective, Dike publishing house (2010).

Uwe Serdült, "Referendum in Switzerland", in: Qvortrup M., Referendums Around the World, Palgrave Macmillan, 2014.

Venelin Tsachevsky, The Swiss Model-The Power of Democracy, Peter Lang AG (2014).

Walter Haller, The Swiss Constitution, DIKE (2016).

Wolf Linder & Isabelle Steffen, Swiss Confederation, Forum of Federations (2006).

2. 독일어 문헌

Bundeskanzlei BK, Wahlanleitung für die Nationalratswahlen (2015).

_____, Nationalratswahlen 2019 (2019), https://www.bk.admin.ch/dam/bk/de/dokumente/pore/Nationalratswahlen%202019.%20Wahlanleitung.pdf.download.pdf/Nationalratswahlen%202019.%20Wahlanleitung.pdf.

Georg Lutz/Peter Selb, Wahlen, in: Peter Knoepfel et al. (Hrsg.), Handbuch der Schweizer Politik: Manuel de la politique suisse, 5. Aufl., Verlag Neue Zürcher Zeitung (2014).

Ruth Lüthi, Parlament, in: Peter Knoepfel et al. (Hrsg.), Handbuch der Schweizer Politik: Manuel de la politique suisse, 5. Aufl., Verlag Neue Zürcher Zeitung (2014).

3. 프랑스어 문헌

Bibliothèque du Parlement Recherches et statistiques, Fiche d'information: Législature, Service du Parlement, 2017.

GRECO, Troisième Cycle d'Evaluation: Rapport d'Evaluation sur la Suisse Transparence du Financement des Parties politiques (2011), 21.

République et canton de Genève(Chancellerie d'Etat Service des votations et élections), "Guide à l'usage des partis politiques, autres associations ou groupements voulant déposer une candidature", Premier Tour De L'élection Complémentaire D'un-e

Membre Du Conseil Administratif Dd La Commune De Perly-Certoux Du 23 Septembre 2018 (2018), 4.

République et canton de Genève(Chancellerie d'Etat Service des votations et élections), "Votation Cantonale 18 mai 2014" (2014).

République et canton de Genève(Chancellerie d'Etat Service des votations et élections), Election du Grand Conseil et premier tour de l'élection du Conseil d'Etat du 15 avril 2018 (2018).

Republique et Canton de Geneve(Chancellerie d'Etat Service des votations et élections), Second Tour de l'élections du Conseil d'Etat 6 mai 2018 (2018).

Le président de la Confédération, Rapport du Conseil fédéral sur le vote électronique: Évaluation de la mise en place du vote électronique (2006-2012) et bases de développement, 2013, https://www.admin.ch/opc/fr/federal-gazette/2013/4519.pdf (2022. 3. 10. 최종 확인).

【웹사이트】

1. 국내

국회의안정보시스템홈페이지, http://likms.assembly.go.kr/bill/billDetail.do?billId=PRC_U2J0I0H3Q0E6O2T0C3T0O0K4K2T2Y8 (2022. 3. 10. 최종 확인).

네이버 지식백과 홈페이지, https://terms.naver.com/entry.nhn?docId=2117341&cid=50762&categoryId=508535 (2022. 3. 10. 최종 확인).

법제처 세계법제정보센터 홈페이지, http://world.moleg.go.kr/web/wli/lgslInfoReadPage.do?CTS_SEQ=38858&AST_SEQ=1289 (2022. 3. 10. 최종 확인).

주 스위스 대한민국대사관 홈페이지, http://overseas.mofa.go.kr/ch-ko/brd/m_8042/view.do?seq=1341130&srchFr=&srchTo=&srchWord=&srchTp=&multi_itm_seq=0&itm_seq_1=0&itm_seq_2=0&company_cd=&company_nm=&page=1 (2022. 3. 10. 최종 확인).

2. 국외

스위스 결속당 홈페이지 참조, https://solidarites.ch/ (2022. 3. 10. 최종 확인).

스위스 뇌샤텔 칸톤 홈페이지 참조, https://syvotepub.ne.ch/ne-wabsys-public/fr/majorz/2021/20210418/2B6803AC9B5E11EB80C0005056A3DE14 (2022. 3. 10. 최종 확인).

스위스 노동당 홈페이지, https://pda.ch/geschichte-pdas/ (2022. 3. 10. 최종 확인).

스위스 노동조합연맹 홈페이지, https://www.sgb.ch/aktuell (2022. 3. 10. 최종 확인).

스위스 민주당 홈페이지, https://www.schweizer-demokraten.ch/positionen/50Jahre.shtml (2022. 3. 10. 최종 확인).

스위스 바젤란트 칸톤 홈페이지 참조, https://www.baselland.ch/themen/p/politische-rechte/wahlen/standeratswahlen (2022. 3. 10. 최종 확인).

스위스 바젤슈타트 칸톤 홈페이지 참조, https://www.staatskanzlei.bs.ch/politische-rechte/wahlen-abstimmungen/informationen.html#page_section3_section2 (2022. 3. 10. 최종 확인).

스위스 비멘티스 홈페이지, https://www.vimentis.ch/ (2022. 3. 10. 최종 확인).

스위스 보 칸톤 홈페이지 참조, https://www.vd.ch/elections-cantonales/ (2022. 3. 10. 최종 확인).

스위스 보수민주당 홈페이지, https://www.crwflags.com/fotw/flags/ch%7Dbdp.html (2022. 3. 10. 최종 확인).

스위스 복음인민당 홈페이지, https://www.evppev.ch/wahlen/nationalratswahlen-2019/ (2022. 3. 10. 최종 확인).

스위스 사회민주당 홈페이지 참조, https://mitglied-werden.sp-ps.ch/ (2022. 3. 10. 최종 확인).

스위스 상공회의소 홈페이지 참조, https://www.sihk.ch/ (2022. 3. 10. 최종 확인).

스위스 샤프하우젠 칸톤 홈페이지 참조, https://sh.ch/CMS/Webseite/Kanton-Schaffhausen/Beh-rde/Abstimmungen-und-Wahlen-2101521-DE.html (2022. 3. 10. 최종 확인).

스위스 슈비츠 칸톤 홈페이지 참조, https://www.sz.ch/public/upload/assets/39224/25-45. pdf (2022. 3. 10. 최종 확인).

스위스 스마트보트 홈페이지, https://smartvote.ch/en/home (2022. 3. 10. 최종 확인).

스위스 아르가우 칸톤 홈페이지 참조 https://www.ag.ch/de/weiteres/aktuelles/wahlen_ und_abstimmungen/wahlen/exekutive/exekutive.jsp (2022. 3. 10. 최종 확인).

스위스 언론협의회 홈페이지, https://presserat.ch/en/der-presserat/geschaeftsreglement/ (2022. 3. 10. 최종 확인).

스위스 연방내각 홈페이지, https://www.admin.ch/gov/en/start/documentation/media-releases.msg-id-40680.html (2022. 3. 10. 최종 확인).

스위스 연방내각사무처 홈페이지, https://www.bk.admin.ch/bk/en/home/politische-rechte/e-voting/chronik.html (2022. 3. 10. 최종 확인).

스위스 연방법원 판례 검색 홈페이지, http://relevancy.bger.ch/php/clir/http/index. php?highlight_docid=atf%3A%2F%2F136-I-376%3Ade&lang=de&type=show_ document (2022. 3. 10. 최종 확인).

스위스 연방여성위원회 홈페이지, https://www.ekf.admin.ch/ekf/en/home.html (2022. 3. 10. 최종 확인).

스위스 연방의회 홈페이지, https://www.parlament.ch/de/ratsbetrieb/suche-curia-vista/ geschaeft?AffairId=20150498 (2022. 3. 10. 최종 확인).

스위스 연방통계청 2019 선거결과 홈페이지, https://www.bfs.admin.ch/bfs/de/home/ statistiken/politik/wahlen/eidg-wahlen-2019/resultate-nationalrat.html (2022. 3. 10. 최종 확인).

스위스 연방통계청 홈페이지의 칸톤별 투표율, http://www.politik-stat.ch/ nrw2003CHwb_de.html (2022. 3. 10. 최종 확인).

스위스 연방통신국 홈페이지, https://www.bakom.admin.ch/bakom/en/homepage.html (2022. 3. 10. 최종 확인).

스위스 옵발덴기독교사회당 홈페이지, https://www.csp-ow.ch/partei/geschichte/ (2022. 3. 10. 최종 확인).

스위스 옵발덴 칸톤 홈페이지 참조, https://www.ow.ch/dienstleistungen/2049 (2022. 3. 10. 최종 확인).

스위스 우정국 홈페이지, https://www.post.ch/en/ (2022. 3. 10. 최종 확인).

스위스 재외 동포 연합회 홈페이지, https://www.csa-oceania.org/2019/07/19/an-update-on-e-voting-and-the-federal-elections-2019/ (2022. 3. 10. 최종 확인).

스위스 정당재정 관련 홈페이지, https://transparenz-ja.ch/wp-content/uploads/sites/65/2017/08/2012_Financement_de_la_politique_fr.pdf (2022. 3. 10. 최종 확인).

스위스 정치시스템 홈페이지, https://www.ch.ch/en/demokratie/votes/how-do-i-vote-and-where/ (2022. 3. 10. 최종 확인).

스위스 제네바 칸톤 홈페이지, https://www.ge.ch/statistique/graphiques/affichage.asp?filtreGraph=17_03&dom=1 (2022. 3. 10. 최종 확인).

스위스 제네바 칸톤 법령 홈페이지, https://www.ge.ch/legislation/ (2022. 3. 10. 최종 확인).

스위스 쥐라 칸톤 홈페이지 참조, file:///C:/Users/ASSEMBLY/Downloads/Message-Federales-2019-web.pdf (2022. 3. 10. 최종 확인).

스위스 취리히 칸톤 홈페이지 참조, https://www.zh.ch/de/politik-staat/wahlen-abstimmungen/wie-stimme-ich-ab/e-voting.html (2022. 3. 10. 최종 확인).

스위스 칸톤의회 사무국협의회 홈페이지, http://www.kantonsparlamente.ch/stadlin_tables/4 (2022. 3. 10. 최종 확인).

스위스 티치노 칸톤 홈페이지 참조, https://www4.ti.ch/generale/dirittipolitici/elezioni/elezioni-cantonali-2015/voto/come-si-vota/ (2022. 3. 10. 최종 확인).

스위스 파워포인트반대당 홈페이지, http://www.anti-powerpoint-party.com/ (2022. 3. 10. 최종 확인).

스위스 프리부르 칸톤 홈페이지 참조, https://bdlf.fr.ch/app/fr/change_documents/3190 (2022. 3. 10. 최종 확인);https://www.fr.ch/etat-et-droit/votations-elections-et-droits-politiques/financement-de-la-politique (2022. 3. 10. 최종 확인).

유엔 홈페이지, https://www.ohchr.org/en/hrbodies/cedaw/pages/cedawindex.aspx (2022. 3. 10. 최종 확인).

위키피디아 검색, https://en.wikipedia.org/wiki/Cantons_of_Switzerland (2022. 3. 10. 최종 확인).

GRECO 홈페이지, https://www.coe.int/en/web/greco/about-greco (2022. 3. 10. 최종 확인).

OSCE 홈페이지, https://www.osce.org/history (2022. 3. 10. 최종 확인).

Stiftung Zukunft für Schweizer Fahrende(스위스 여행자 미래재단) 홈페이지, http://www.fondation-gensduvoyage.ch/autrefois-nosjours/fr/politique-et-droit/nation-et-droit-de-bourgeoisie (2022. 3. 10. 최종 확인).

3. 국내외 언론보도

신문고 뉴스, "'해적당' '파워포인트반대당' 뭐하는 정당?"(2011. 9. 29.)http://www.shinmoongo.net/sub_read.html?uid=27747&section=sc4&section2 (2022. 3. 10. 최종 확인).

연합뉴스, "스위스 사상 최초 '개정당' 설립"(2001. 10. 11.), https://news.naver.com/main/read.nhn?mode=LSD&mid=sec&sid1=104&oid=001&aid=0000105328 (2022. 3. 10. 최종 확인).

_____, "스위스 세계 최초의 인터넷 국민투표 실시"(2004. 9. 27.), https://news.naver.com/main/read.nhn?mode=LSD&mid=sec&sid1=104&oid=001&aid=0000773675 (2022. 3. 10. 최종 확인).

_____, "스위스, 세계 최초 휴대폰 투표 실험"(2005. 10. 28.), https://news.naver.com/main/read.nhn?mode=LSD&mid=sec&sid1=105&oid=001&aid=0001134193 (2022. 3. 10. 최종 확인).

_____, "스위스 재외국민 전자투표 첫 실시"(2009. 9. 5.), https://news.naver.com/main/read.nhn?mode=LSD&mid=sec&sid1=104&oid=001&aid=0002848820 (2022. 3. 10. 최종 확인).

_____, "스위스 최초 인터넷투표 활용률 44%"(2003. 1. 20.), https://news.naver.com/main/read.nhn?mode=LSD&mid=sec&sid1=102&oid=001&aid=0000307507 (2022. 3. 10. 최종 확인).

_____, "제네바, 내년부터 전자투표 실시한다"(2009. 2. 10.), https://news.naver.com/
main/read.nhn?mode=LSD&mid=sec&sid1=104&oid=001&aid=0002494838
(2022. 3. 10. 최종 확인).

_____, "'정당정치자금 공개하자' 스위스 국민투표 추진"(2017. 8. 12.), https://www.
yna.co.kr/view/AKR20170812054800088 (2022. 3. 10. 최종 확인).

중앙일보, "전자투표 확산, 정치 대변혁 부른다"(2020. 11. 12.), https://news.joins.com/
article/23918356 (2022. 3. 10. 최종 확인).

EBS 뉴스, ""투표 연령 만 16세로 낮추자" 스위스 투표 연령 하향 두고 논쟁"(2021.11.29.),
https://news.ebs.co.kr/ebsnews/menu1/newsAllView/60136528/H?edu
NewsYn=R&newsFldDetlCd (2022. 3. 10. 최종 확인).

Die Ostschweiz, "Der neue Ständerat des Kantons St.Gallen heisst Benedikt Würth"(2019.
5. 19.), https://www.dieostschweiz.ch/artikel/der-neue-staenderat-des-kantons-
stgallen-heisst-benedikt-wuerth-4YRW5Lw (2022. 3. 10. 최종 확인).

RTS, "L'homme arrêté en Valais pour fraude électorale est membre de l'UDC" (2017. 6. 15.),
https://www.rts.ch/info/regions/valais/8707289-l-homme-arrete-en-valais-pour-
fraude-electorale-est-membre-de-l-udc.html (2022. 3. 10. 최종 확인).

Swiss info. ch, "Campaign funding still a taboo topic in Switzerland"(2019. 9. 6.),
https://www.swissinfo.ch/eng/2019-general-election_election-campaign-
funding-remains-taboo-/45208246?utm_campaign=own-posts&utm_
source=swissinfoch&utm_content=o&utm_medium=displaylist (2022. 3. 10. 최종
확인).

_____, "C'est un coup porté à la réputation du vote électronique" (2018.
11. 28.),https://www.swissinfo.ch/fre/abandon-du-e-voting-genevois_-c-
est-un-coup-port%C3%A9-%C3%A0-la-r%C3%A9putation-du-vote-
%C3%A9lectronique-/44578808 (2022. 3. 10. 최종 확인).

_____, "Das E-Voting, das von Zug aus die Welt erobern soll"(2018. 11. 30.),
https://www.swissinfo.ch/ger/direktedemokratie/e-voting-blockchain_das-e-

voting--das-von-zug-aus-die-welt-erobern-soll/44580166 (2022. 3. 10. 최종
확인).

_____, "Direct democracy also has its user guide" (2016.2.9.), https://
www.swissinfo.ch/eng/handy-booklet_direct-democracy-also-has-its-user-
guide/41773098 (2022. 3. 10. 최종 확인).

_____, "Election candidates with 'foreign' names face discrimination, says
study"(2021.7.28.), https://www.swissinfo.ch/eng/election-candidates-with—
foreign—names-face-discrimination—says-study/46824206 (2022. 3. 10. 최종
확인).

_____, "Foreigners in Switzerland shunning the ballot boxes" (2017. 10. 2.),
https://www.swissinfo.ch/eng/call-of-duty_foreigners-in-switzerland-shunning-
the-ballot-boxes/43564744 (2022. 3. 10. 최종 확인).

_____, "Government puts the brakes on e-voting"(2015. 8. 12.), https://www.
swissinfo.ch/eng/swiss-abroad-blow_government-puts-the-brakes-on-e-
voting/41599606?utm_campaign=teaser-in-article&utm_medium=display&utm_
content=o&utm_source=swissinfoch (2022. 3. 10. 최종 확인).

_____, "Hacking fears jeopardise e-voting rollout" (2015. 9. 2.), https://www.
swissinfo.ch/eng/voting-with-a-click_hacking-fears-jeopardise-e-voting-
rollout/41635672?utm_campaign=teaser-in-article&utm_medium=display&utm_
source=swissinfoch&utm_content=o (2022. 3. 10. 최종 확인).

_____, "Le canton de Genève renonce à sa plate-forme de vote électronique" (2018.
11. 28.), https://www.swissinfo.ch/fre/le-canton-de-gen%C3%A8ve-renonce-
%C3%A0-sa-plate-forme-de-vote-%C3%A9lectronique/44577268 (2022. 3.
10. 최종 확인).

_____, "No Swiss state funding for political parties? Not so fast"(2017. 9. 15.),
https://www.swissinfo.ch/eng/directdemocracy/transparency-and-democracy_
no-swiss-state-funding-for-political-parties—not-so-fast-/43519250?utm_

campaign=teaser-in-article&utm_content=o&utm_medium=display&utm_source=swissinfoch (2022. 3. 10. 최종 확인).

_____, "Opposition against e-voting project gathers pace" (2019. 1. 25.), https://www.swissinfo.ch/eng/politics/online-democracy_opposition-against-e-voting-project-gathers-pace/44708930 (2022. 3. 10. 최종 확인).

_____, "Switzerland's first municipal blockchain vote hailed a success" (2018. 7. 2.),https://www.swissinfo.ch/eng/crypto-valley-_-switzerland-s-first-municipal-blockchain-vote-hailed-a-success/44230928 (2022. 3. 10. 최종 확인).

_____, "Ten arguments for and against e-voting" (2018. 3. 9.), https://www.swissinfo.ch/eng/politics/online-democracy_opposition-against-e-voting-project-gathers-pace/44708930 (2022. 3. 10. 최종 확인).

_____, "The battle for the future of electronic voting" (2015. 10. 29.), "https://www.swissinfo.ch/eng/e-vote-controversy_the-battle-for-the-future-of-electronic-voting/41743152 (2022. 3. 10. 최종 확인).

_____, "The story of the ballot paper" (2016. 5. 28.), http://www.swissinfo.ch/eng/direct-democracy_the-story-of-the-ballot-paper/42179952 (2022. 3. 10. 최종 확인).

Tribune de Genève, "L'e-voting augmente-t-il la participation citoyenne?" (2018.4.5.), https://www.tdg.ch/geneve/evoting-augmentetil-participation-citoyenne/story/25010426 (2022. 3. 10. 최종 확인).

【칸톤헌법 등 관계법령】

1. 26개 칸톤헌법

연번	칸톤 명칭		법령번호	칸톤헌법 명칭	관련 사이트
1	취리히		131.211	Verfassung des Kantons Zürich	https://www.fedlex.admin.ch/eli/cc/2006/14_fga/de#chap_7/M_B
2	베른		131.212	Verfassung des Kantons Bern	https://www.fedlex.admin.ch/eli/cc/1994/1_401_401_361_fga/de
3	루체른		131.213	Verfassung des Kantons Luzern	https://www.fedlex.admin.ch/eli/cc/2008/359_fga/de
4	우리		131.214	Verfassung des Kantons Uri	https://www.fedlex.admin.ch/eli/cc/1985/2_621_625_589_fga/de
5	슈비츠		131.215	Verfassung des Kantons Schwyz	https://www.fedlex.admin.ch/eli/cc/2012/1262_fga/de
6	반칸톤	옵발덴	131.216.1	Verfassung des Kantons Obwalden	https://www.fedlex.admin.ch/eli/cc/1968/2_53_49_53_fga/de
7		니트발덴	131.216.2	Verfassung des Kantons Nidwalden	https://www.fedlex.admin.ch/eli/cc/1965/3_619_631_619_fga/de
8	글라루스		131.217	Verfassung des Kantons Glarus	https://www.fedlex.admin.ch/eli/cc/1989/3_730_706_654_fga/de
9	추크		131.218	Verfassung des Kantons Zug	https://www.fedlex.admin.ch/eli/cc/1894/2_278_126_278_fga/de
10	프리부르		131.219	Verfassung des Kantons Freiburg	https://www.fedlex.admin.ch/eli/cc/2004/2129_cc/fr
11	졸로투른		131.221	Verfassung des Kantons Solothurn	https://www.fedlex.admin.ch/eli/cc/1987/2_642_626_526_fga/de
12	반칸톤	바젤슈타트	131.222.1	Verfassung des Kantons Basel-Stadt	https://www.fedlex.admin.ch/eli/cc/2006/614_fga/de
13		바젤란트	131.222.2	Verfassung des Kantons Basel-Landschaft	https://www.fedlex.admin.ch/eli/cc/1985/2_1157_1173_1041_fga/de
14	샤프하우젠		131.223	Verfassung des Kantons Schaffhausen	https://www.fedlex.admin.ch/eli/cc/2003/1135_fga/de
15	반칸톤	아펜첼아우서로덴	131.224.1	Verfassung des Kantons Appenzell Ausserrhoden	https://www.fedlex.admin.ch/eli/cc/1996/1_1021_965_841_fga/de
16		아펜첼이너로덴	131.224.2	Verfassung für den Eidgenössischen Stand Appenzell I. Rh.	https://www.fedlex.admin.ch/eli/cc/1872/3_842_832_842_fga/de
17	장크트갈렌		131.225	Verfassung des Kantons St. Gallen	https://www.fedlex.admin.ch/eli/cc/2002/258_fga/de
18	그라우뷘덴		131.226	Costituzione del Cantone dei Grigioni	https://www.fedlex.admin.ch/eli/cc/2004/232_fga/it

연번	칸톤 명칭	법령번호	칸톤헌법 명칭	관련 사이트
19	아르가우	131.227	Verfassung des Kantons Aargau	https://www.fedlex.admin.ch/eli/cc/1981/2_249_249_253_fga/de
20	투르가우	131.228	Verfassung des Kantons Thurgau	https://www.fedlex.admin.ch/eli/cc/1989/3_873_833_773_fga/de
21	티치노	131.229	Costituzione della Repubblica e Cantone Ticino	https://www.fedlex.admin.ch/eli/cc/1998/1_5494_4818_4364_fga/it
22	보	131.231	Constitution du Canton de Vaud	https://www.fedlex.admin.ch/eli/cc/2003/1136_fga/fr
23	발레	131.232	Constitution du Canton du Valais	https://www.fedlex.admin.ch/eli/cc/1907/5_611_1_1_fga/fr
24	뇌샤텔	131.233	Constitution de la République et Canton de Neuchâtel	https://www.fedlex.admin.ch/eli/cc/2001/523_fga/fr
25	제네바	131.234	Constitution de la République et canton de Genève(Cst-GE)	https://www.fedlex.admin.ch/eli/cc/2013/1846_fga/fr
26	쥐라	131.235	Constitution de la République et Canton du Jura	https://www.fedlex.admin.ch/eli/cc/1977/2_264_259_261_fga/fr
	스위스 연방	101	Bundesverfassung der Schweizerischen Eidgenossenschaft	https://www.fedlex.admin.ch/eli/cc/1999/404/de

2. 26개 칸톤의 정치적 권리행사에 관한 칸톤법률

연번	칸톤 명칭	법령번호	칸톤법률 명칭	관련 사이트
1	취리히	161_1.9.03_108	Gesetz über die politischen Rechte (GPR)	https://www.zh.ch/de/politik-staat/gesetze-beschluesse/gesetzessammlung/zhlex-ls/erlass-161-2003_09_01-2005_01_01-108.html
2	베른	141.1	Gesetz über die politischen Rechte (PRG)	https://www.belex.sites.be.ch/frontend/versions/1215
3	루체른	SRL Nr. 10	Stimmrechtsgesetz (StRG)	https://srl.lu.ch/app/de/texts_of_law/10/versions/3156
4	우리	2.1201	GESETZ über die geheimen Wahlen, Abstimmungen und die Volksrechte (WAVG)	https://www.lexfind.ch/fe/de/tol/17752/versions/87519/de
5	슈비츠	120.110	Wahl- und Abstimmungsgesetz (WAG)	https://www.sz.ch/public/upload/assets/29700/120_100.pdf

연번	칸톤 명칭		법령번호	칸톤법률 명칭	관련 사이트
6	반칸톤	옵발덴	GDB 122.1	Gesetz über die Ausübung der politischen Rechte (Abstimmungsgesetz)	http://gdb.ow.ch/frontend/versions/1249
7		니트발덴	NG 132.2	Gesetz über die politischen Rechte im Kanton (Wahl- und Abstimmungsgesetz, WAG)	https://gesetze.nw.ch/app/de/texts_of_law/132.2
8	글라루스		GS I D/22/2	Gesetz über die politischen Rechte (GPR)	https://gesetze.gl.ch/app/de/texts_of_law/l%20 D%2F22%2F2
9	추크		BGS 131.1	Gesetz über die Wahlen und Abstimmungen (Wahl- und Abstimmungsgesetz, WAG)	https://bgs.zg.ch/app/de/texts_of_law/131.1/versions/1286
10	프리부르		RSF 115.1	Loi sur l'exercice des droits politiques (LEDP)	https://bdlf.fr.ch/app/fr/texts_of_law/115.1
11	졸로투른		BGS 113.111	Gesetz über die politischen Rechte (GpR)	https://bgs.so.ch/app/de/texts_of_law/113.111/versions/4069
12	반칸톤	바젤 슈타트	Wahlgesetz 132.100	Gesetz über Wahlen und Abstimmungen	https://www.gesetzessammlung.bs.ch/app/de/texts_of_law/132.100
13		바젤란트	SGS 120	Gesetz über die politischen Rechte	https://bl.clex.ch/app/de/texts_of_law/120/versions/3247
14	샤프하우젠		160.100	Gesetz über die vom Volkevorzunehmenden Abstimmungen und Wahlen sowie über die Ausübung der Volksrechte (Wahlgesetz)	https://www.lexfind.ch/fe/de/tol/14073/de
15	반칸톤	아펜첼 아우서로 덴	bGS 131.12	Gesetz über die politischen Rechte	https://ar.clex.ch/app/de/texts_of_law/131.12
16		아펜첼 이너로덴	GS 160.010	Verordnung über die Urnenabstimmungen (VUA)	https://ai.clex.ch/frontend/versions/1758
17	장크트갈렌		sGS 125.3	Gesetz über die Urnenabstimmungen (UAG)	https://www.gesetzessammlung.sg.ch/app/de/texts_of_law/125.3/versions/1886
18	그라우뷘덴		BR 150.100	Gesetz über die politischen Rechte im Kanton Graubünden (GPR)	https://www.gr-lex.gr.ch/app/de/texts_of_law/150.100
19	아르가우		SAR 131.100	Gesetz über die politischen Rechte (GPR)	https://gesetzessammlungen.ag.ch/app/de/texts_of_law/131.100/versions/1799
20	투르가우		RB 161.1	Gesetz über das Stimm- und Wahlrecht (StWG)	https://www.rechtsbuch.tg.ch/app/de/texts_of_law/161.1
21	티치노		150 100	Legge sull'esercizio dei diritti politici (LEDP)	https://www3.ti.ch/CAN/RLeggi/public/index.php/raccolta-leggi/legge/num/676

연번	칸톤 명칭	법령번호	칸톤법률 명칭	관련 사이트
22	보	160.01	LOI sur l'exercice des droits politiques (LEDP)	https://prestations.vd.ch/pub/blv-publication/actes/consolide/160.01?key=1639055022752&id=a55eea67-87d6-4dd7-8ebe-54cc175d7b3b
23	발레	RS 160.1	Loi sur les droits politiques (LcDP)	https://lex.vs.ch/app/fr/texts_of_law/160.1/versions/2442
24	뇌샤텔	141	Loi sur les droits politiques (LDP)	https://rsn.ne.ch/DATA/program/books/rsne/htm/141.htm
25	제네바	A 5 05	Loi sur l'exercice des droits politiques (LEDP)	https://silgeneve.ch/legis/data/rsg_a5_05.htm
26	쥐라	161.1	Loisur les droits politiques	https://rsju.jura.ch/fr/viewdocument.html?idn=20013&id=36763
	스위스 연방	SR 161.1	Bundesgesetz über die politischen Rechte (BPR)	https://lex.weblaw.ch/lex.php?norm_id=161.1&source=SR&lex_id=8091&q=

미 주

제1장 연방선거제도 개요

1 연방헌법

법령번호(SR) 101.1 (1999. 4. 18. 전부 개정, 2000. 1. 1. 시행, 2020. 1. 1. 현재)

독일어 명칭은 「Bundesverfassung der Schweizerischen Eidgenossenschaft」

프랑스어 명칭은 「Constitution fédérale de la Confédération suisse」

영어 명칭은 「Federal Constitution of the Swiss Confederation」.

연방헌법 조문은 국회도서관에서 번역한 자료와 법제처 세계법제정보센터의 연방헌법 번역본을 각각 참조했다: 국회도서관, 세계의 헌법(제3판) 제2권 (2018), 597; 법제처 세계법제정보센터 홈페이지, http://world.moleg.go.kr/web/wli/lgslInfoReadPage.do?CTS_SEQ=38858&AST_SEQ=1289 (2022. 3. 10. 최종 확인).

2 정치적 권리에 관한 연방법

법령번호(SR) 161.1

독일어 명칭은 「Bundesgesetz über die politischen Rechte」

프랑스어 명칭은 「Loi fédérale sur les droits politiques (LDP)」

영어 명칭은 「Federal Act on Political Rights (PRA)」.

연방헌법, 연방법령에는 고유한 법령번호(SR)가 부여된다. 법령번호는 연방법령 등을 주제별로 편집한 '연방현행법령집'(Systematische Sammlung des Bundesrechts, SR)에 수록된 법령에 부기되는 번호이다. 인터넷 검색사이트에서 'SR 법령번호'를 입력하면 쉽게 해당 법령을 찾을 수 있다. 스위스 공용어인 독일어, 프랑스어, 이탈리아어로 된 법령이 공식적인 효력을 가진다. 중요한 법령 등은 영어로도 번역되지만, 법적 효력이 없고, 정보제공 차원에서 제공될 뿐이다.

3 스위스 재외국민 및 기관에 관한 연방법

법령번호(SR) 195.1

독일어로 「Bundesgesetz über Schweizer Personen und Institutionen im Ausland (Auslandschweizergesetz, ASG)」

프랑스어로 「Loi fédérale sur les personnes et les institutions suisses à l'étranger (Loi sur les Suisses de l'étranger, LSEtr)」

영어로 「Federal Act on Swiss Persons and Institutions Abroad (Swiss Abroad Act, SAA)」.

스위스 재외국민 및 기관에 관한 연방법은 종전에 있었던 스위스 재외국민에 대한 사회부조에 관한 법률, 스위스 재외국민 기관의 재정지원에 관한 법률, 스위스 재외국민의 정치적 권리에 관한 법률(법령번호(SR) 161.5 (2015. 11. 1. 폐지), 독일어로 「Bundesgesetz vom 19. Dezember 1975 über die politischen Rechte der Auslandschweizer」, 프랑스어로 「Loi fédérale du 19 décembre 1975 sur les droits politiques des Suisses de l'étranger」)을 각각 폐지하고 통합한 법률이다.

4 라디오 및 텔레비전에 관한 연방법

법령번호(SR) 784.40

독일어 명칭은 「Bundesgesetz über Radio und Fernsehen (RTVG) 」

프랑스어 명칭은 「Loi fédérale sur la radio et la télévision (LRTV)」

영어 명칭은 「Federal Act on Radio and Television (RTVA)」.

5 연방대법원법

법령번호(SR) 173.110 (2005. 6. 17. 제정, 2007. 1. 1. 시행)

독일어 명칭은 「Bundesgesetz über das Bundesgericht(Bundesgerichtsgesetz, BGG)」

프랑스어 명칭은 「Loi sur le Tribunal fédéral(LTF)」.

6 연방형법

법령번호(SR) 311.0 (1937. 12. 21. 제정, 1942. 1. 1. 시행, 2019. 11. 1. 현재)

독일어 명칭은 「Schweizerisches Strafgesetzbuch」

프랑스어 명칭은 「Code pénal suisse」

영어 명칭은 「Swiss Criminal Code」.

7 정치적 권리에 관한 연방법 시행령

법령번호(SR) 161.11

독일어 명칭은 「Verordnung über die politischen Rechte (VPR)」

프랑스어 명칭은 「Ordonnance sur les droits politiques (ODP)」.

8 정당 등록에 관한 연방의회 시행령

법령번호(SR) 161.15

독일어 명칭은 「Verordnung der Bundesversammlung über das Parteienregister」

프랑스어 명칭은 「Ordonnance de l'Assemblée fédérale sur le registre des partis politiques」.

9 칸톤헌법

독일어로 Verfassung des Kantons

프랑스어로 Constitution de la canton

영어로 Cantonal constitution

26개 칸톤은 고유의 입법권을 갖는다. 칸톤은 연방헌법에서 제한하지 않는 범위 내에서 칸톤권한을 행사할 수 있기 때문이다(연방헌법 제3조). 칸톤의 최고규범으로 칸톤헌법이 있다.

10 칸톤법

독일어로 Kantonales Gesetz 또는 Kantonales Recht

프랑스어로 lois cantonales

영어로 Cantonal legislation

칸톤법은 칸톤헌법을 정점으로 칸톤헌법에서 위임한 사항이나 연방법령이 칸톤에 위임한 사항을 규정하고, 칸톤법에서 위임된 사항을 규율하기 위한 칸톤명령, 칸톤명령을 집행하기 위한 시행규칙이 있다.

11 연방내각사무처

독일어로 Bundeskanzlei (BK)

프랑스어로 Chancellerie fédérale (CF)

영어로 Federal Chancellery (FCH)

한국어로 연방내각처, 연방총리실 등으로 번역된다.

연방내각사무처는 1803년에 설치된 가장 오래된 연방기관이다. 설립 당시에는 연방내각과 연방 의회의 업무를 연락하는 기관에 머물렀다. 그러나 1960년 행정개혁으로 연방내각사무처는 연방 내각의 참모역할을 수행하는 보좌기관으로 변모됐다. 연방내각사무처는 연방각료회의 회의를 준 비하고, 회의에서 결정된 사안을 국민에게 알린다. 연방내각의 지시에 따라 연방부처 간 업무를 총괄·조정하며, 연방내각에 제출하는 각종 안건 등을 관계부처와 협의한다.

연방내각사무처는 14개 부서로 구성된다. 연방내각사무처는 선거와 국민투표를 관리·감독한다. 또한 입법의 질을 관리하고, 입법기술 및 입법절차와 관련한 연방 부처 내 협의과정을 담당한다. 3개 공용어(독일어, 프랑스어, 이탈리아어)로 되어 있는 법규범 간의 합치 등 연방법률의 언어적 측면도 다룬다.

12 OSCE, "Swiss Confederation, Federal Assembly Elections, 18 October 2015", OSCE/ODIHER Election Expert Team Final Report (2016), 5.

13 반칸톤

독일어로 Halbkanton

프랑스어로 demi-canton

영어로 half-canton

한국어로 반주 등으로 번역된다. 3개의 칸톤(운터발덴, 바젤, 아펜첼 칸톤)은 역사적, 지리적, 정 치적 이유로 각각 둘로 분리되면서 6개의 반 칸톤(옵발덴, 니트발덴, 바젤슈타트, 바젤란트, 아펜 첼아우서로덴, 아펜첼이너로덴 칸톤)으로 나뉘었다.

14 1291년 8월 1일 우리 칸톤의 발터 퓌어스트(Walther Fürst), 슈비츠 칸톤의 베르너 슈타우파허 (Werner Stauffacher), 운터발덴 칸톤의 출아놀드 폰 멜흐탈(Arnold von Melchtal)이 주축이 돼 우리, 슈비츠, 운터발덴의 '세 삼림칸톤'의 대표자 33명이 우리 칸톤의 뤼틀리(Rütli) 초원에 모여 스위스 동맹을 맺었다. 6개 조문으로 구성된 서약자동맹(Eidgenossenschaft)은 스위스 연방의 시 초이고, 서약자동맹의 의회기관이자 집행기관으로 동맹회의(Tagsatzung)를 설치했다.

15 헨드릭 빌렘 반 룬(임경민 역), 반 룬의 지리학, 아이필드 (2011), 192.

16 아펜첼아우서로덴 칸톤은 기독교(개신교), 아펜첼이너로덴 칸톤은 가톨릭(구교)을 지지했다. '로 덴(Rhoden)'이란 명칭은 '원시림이나 황무지를 개간하다'라는 의미를 지니고 있어, 이 지역이 울 창한 숲지대나 거친 산악의 들판이었다는 사실을 말해준다. 두 지역을 합친 면적은 415km^2로써 26 개 칸톤 중 가장 규모가 작다. 아펜첼 칸톤은 스위스 연방의 정회원(1513년)이 된지 극심한 종교 적 갈등을 겪었다. 당시 스위스에서는 가톨릭은 산악지대, 기독교(개신교)는 농촌지역이라는 산 업구도를 일찍이 형성했다. 아펜첼 칸톤은 1525년 란츠게마인데를 열고 모든 코뮌이 종전 신앙에

머물 것인지, 새로운 신앙을 받아들일지 주민스스로 결정할 수 있는 기회를 가졌다. 토이펜이 제일 먼저 제단과 성상을 제거하며 교회개혁에 나섬에 따라 아펜첼도 분열되기 시작했다. '성 바르톨로메우스 축일의 학살'(Massacre de la Saint-Barthélemy, 1572년 8월 24일부터 10월까지 프랑스 파리에서 가톨릭 세력이 개신교 신자인 위그노인(Huguenot)에게 행한 대학살을 말한다. 학살이 시작된 8월 24일 밤이 가톨릭에서 예수의 12사도였던 바르톨로메우스의 축일이었다) 등 극심한 종교적 갈등을 겪었다. 결국엔 1597년 2개 칸톤으로 나뉘게 됐다: The Swiss Confederation: a brief guide 2008, Federal Chancellery (2008), 28; 조두환, 하이 알프스: 작은 스위스, 아펜첼로 떠나는 문화기행, 청년정신 (2009), 48.

17 1830년 바젤 칸톤의 농촌지역은 인구규모에 상응하는 칸톤의회의 의석을 배분받기 위해 비례대표제의 도입을 요구했다. 그러나 비례대표제 도입으로 농촌지역에 대한 정치적 통제권을 빼앗길 것을 우려한 바젤칸톤의 도시지역은 농촌지역의 요구를 거부했다. 즉, 바젤 칸톤의 도시지역은 농촌지역에 동등한 권한의 부여를 거부한 것이다. 농촌지역은 자체의 헌법을 가지고 독립을 선언했다. 1832년 바젤 칸톤 내에서 폭력사태가 발생했고, 도시지역은 무력을 이용해 종전의 질서를 유지하려고 했지만 두 번이나 패배했다: 안성호, 스위스연방 민주주의 연구, 대영문화사 (2001), 56.

18 연방통계청 홈페이지 참조, 코뮌 숫자는 https://www.atlas.bfs.admin.ch/maps/13/fr/15739_229_228_227/24617.html (2022. 3. 10. 최종 확인)의 엑셀표에 제시된 칸톤별 코뮌숫자를 계산한 것임; 칸톤별 인구는 https://www.bfs.admin.ch/bfs/en/home/statistics/population/effectif-change.assetdetail.18344320.html (2022. 3. 10. 최종 확인).

19 코뮌
독일어로 Gemeinde(게마인데)
프랑스어로 Commune(코뮌)
영어로 Municipalities 이다.

20 스위스 연방통계청 홈페이지, https://www.atlas.bfs.admin.ch/maps/13/fr/15739_229_228_227/24617.html (2022. 3. 10. 최종 확인); 岡本三彦, "住民総会の可能性と課題――スイスの住民総会を中心に――",「経済学論纂」第58巻 第3・4 合併号 (2018. 3), 65.

21 2019년 12월 현재 15세 이상 이중국적자는 인구의 18.1%인 967,115명이다. 이중국적자의 24.1%는 이탈리아, 11.5%는 프랑스, 8.6%는 독일 국적을 가진다: Federal Statistical Office, Switzerland's population in 2019 (2020), 10.

22 일상생활에서 유권자라는 용어를 사용하지만, 우리나라 「공직선거법」은 '선거권자'로 정의한다. 공직선거법 제3조에 따르면 '선거인'이란 선거권이 있는 사람(선거권자)으로 선거인명부 또는 재외선거인명부에 올라 있는 사람으로 규정한다. 공직선거법에서 '선거권자'는 법 제15조에 따라 선거권이 있는 사람이다. 선거권자라 하더라도 선거인명부에 등록되어야 투표가 가능하다. 대통령 선거 등 선거별로 선거권 기준이 달라 선거권자가 일치하지 않는다. 표준대국어사전은 유권자를 '선거할 권리를 가진 사람'으로 정의한다.

「공공단체등 위탁선거에 관한 법률」 제3조에 따르면 '선거인'이란 해당 위탁선거의 선거권이 있는 자로서 선거인명부에 올라 있는 자를 말한다.

'투표권자'는 국민투표권이 있는 자로서 「국민투표법」 제2조에서 '투표인'이란 투표권이 있는 자로서 투표인명부에 등재된 자를 말한다. 여기에서는 유권자와 선거권자, 투표권자 등을 구분하지 않고, 유권자라는 일반적인 표현을 사용한다.

23 주민등록부

독일어로 Personendaten

프랑스어로 Données des personnes

영어로 population register

연방통계청 홈페이지 참조, https://www.bfs.admin.ch/bfs/fr/home/registres/registre-personnes.html (2022. 3. 10. 최종 확인).

24 인구 대비 유권자 현황 도표에서 18세 이상 유권자는 매년 실시되는 국민투표 중 마지막 회차의 결과치를 토대로 산출했고, 2021년의 경우 9월 26일 국민투표 결과치를 반영했다. 연방통계청 홈페이지 참조, https://www.bfs.admin.ch/bfs/en/home/statistics/catalogues-databases/tables.assetdetail.18344259.html (2022. 3. 10. 최종 확인); https://www.electionguide.org/countries/id/207/ (2022. 3. 10. 최종 확인); Uwe Serdült, "Referendums in Switzerland", in: Qvortrup M., Referendums Around the World, Palgrave Macmillan (2014), 90; OSCE, "Swiss Confederation, Federal Assembly Elections, 18 October 2015", OSCE/ODIHER Election Expert Team Final Report (2016), 7.

25 란츠게마인데(Landesgemeinde)

칸톤의 유권자 전원이 참여하는 전통적인 집회형 주민총회이다. 선거권이 있는 모든 주민들로 구성된 의결기구로 주요 정책을 결정하고, 주요 인사를 선출한다. 독일어권 칸톤에서 주로 개최되고, 1,000~10,000명 이상이 참여하는 등 그 규모가 다양하다. 종전에는 8개 칸톤에서 란츠게마인데를 운영했으나 공간문제, 비밀투표 위반문제 등을 이유로 4개 칸톤에서 폐지됐다. 현재는 아펜첼이너로덴 칸톤(매년 4월 마지막 일요일)과 글라루스 칸톤(매년 5월 첫째 일요일)에서 개최된다.

아펜첼이너로덴 란츠게마인데는 아펜첼 이너로덴 칸톤헌법 제19~제21조에 근거를 둔다. 글라루스 란츠게마인데는 글라루스 칸톤헌법 제61~제69조, 정치적 권리에 관한 글라루스 칸톤법 제70~제76조에 근거를 둔다.

26 글라루스 칸톤헌법

법령번호 131.217 (1988.5.1., 2020.1.1. 현재)

독일어로 Verfassung des Kantons Glarus

프랑스어로 Constitution du canton de Glaris

https://gesetze.gl.ch/app/de/texts_of_law/I%20A%2F1%2F1/versions/2102 (2022. 3. 10. 최종 확인).

27 사회민주당

독일어로 Sozialdemokratische Partei der Schweiz (SP 또는 SPS)

영어로 Social Democratic Party of Switzerland

약칭으로 사민당 또는 사민당(SP)으로 한다.

사민당은 1888년에 집권당인 자유주의파에 탈당해 창당됐다. 사민당은 원래 노동자를 기반으로 한 정당으로 노동조합과 연계해 사회경제적 평등을 지향했다. 현재는 온건파 정당으로 경제자유화에 반대한다. 자세한 내용은 제6장 스위스 정당론 참조

28 칸톤헌법 개정을 위한 주민발안

프랑스어로 Initiative constitutionnelle populaire cantonale du 14 novembre 2016 ''Pour le droit de vote à 16 ans sur demande''.

뇌샤텔 칸톤 홈페이지 참조, https://syvotepub.ne.ch/ne-wabsys-public/fr/abstimmung/2020/20200209/202002091 (2022. 3. 10. 최종 확인); Swiss info. ch, "Youth suffrage suffers setback in public ballot" (2020. 2. 9.), https://www.swissinfo.ch/eng/cantonal-vote_youth-suffrage-suffers-setback-in-public-ballot/45542062?utm_campaign=teaser-in-article&utm_medium=display&utm_content=o&utm_source=swissinfoch(2022. 3. 10. 최종 확인).

29 Swiss info. ch, "Canton Uri says "no" to voting rights for 16-year-olds" (2021. 9. 26.), https://www.swissinfo.ch/eng/canton-uri-says—no—to-voting-rights-for-16-year-olds/46979894?utm_campaign=teaser-in-article&utm_content=o&utm_medium=display&utm_source=swissinfoch(2022. 3. 10. 최종 확인).

30 법안제출요구안

독일어로 Motion

프랑스어로 Motion

영어로 motion

한국어로 동의, 제안, 기속결의 등으로 번역된다.

법안제출요구안은 연방의원이 연방내각에게 법률안 초안을 제출하거나 필요한 조치를 취할 것을 의무화하는 수단이다(의회법 제120조 제1항). 법안제출요구안은 1명 이상의 연방의원, 위원회 또는 교섭단체가 제출한다(의회법 제109조, 하원의사규칙 제48조 제2항의2). 법안제출요구안은 상원과 하원 모두의 동의가 있어야 한다. 연방의회에서 법안제출요구안이 의결되면 연방내각은 법률안 초안을 제출하거나, 필요한 조치를 취해야 한다(의회법 제120조 제1항).

31 Swiss info. ch, "Zurich lowers voting age to include 16-year-olds" (2021. 11. 15.), https://www.swissinfo.ch/eng/zurich-lowers-voting-age-to-include-16-year-olds/47113012 (2022. 3. 10. 최종 확인).

32 스위스는 '의무교육이 7세부터 9년간이라는 사실을 제외하면 각 칸톤마다 교육제도가 다르다. 초등교육(Primary) 취학연령은 7세이며, 스위스내에 거주하는 아동은 의무적으로 공립 또는 사립학교에 다닌다. 초등학교 의무교육기간은 6년이며, 교사 1명이 한 학급에 대해 전 교과목을 가르친다.

중등교육(secondary)은 우리나라 중학교 과정에 해당하는 "lower secondary"와 고등학교 과정에 해당하는 "upper secondary"로 나뉘어진다. 의무교육은 중등과정 level 1인 "lower secondary"까지이다. 고등학교(High School)는 독일어로 짐나지움Gymnasium, 불어로 라쎄 Lycée 라고 불린다: https://learninswitzerland.com/about-%EC%8A%A4%EC%9C%84%EC%8A%A4/%EC%8A%A4%EC%9C%84%EC%8A%A4-%EA%B5%90%EC%9C%A1%EC%A0%9C%EB%8F%84/ (2022. 3. 10. 최종 확인).

33 연방민법

법령번호(SR) 210

독일어로 「Schweizerisches Zivilgesetzbuch」

프랑스어로 「Code civil suisse」

영어로 「Swiss Civil Code」.

34 스위스국민당

독일어로 Schweizerische Volkspartei (SVP)

영어로 Swiss People's Party 또는 Democratic Union of the Centre

한국어로 스위스인민당, 중도민주연합 등으로 번역된다. 스위스국민당 또는 스위스국민당(SVP)로 표기한다.

스위스국민당(SVP)은 1917년 자유주의파에서 분리된 농민당을 토대로 한다. 1971년 다른 정당과 통합하면서 스위스국민당으로 정당명을 변경했다. 스위스국민당은 농촌의 이익을 대변했으나, 1990년대부터 이민반대, 국제기구 참여반대 등을 주장하는 우파정당으로 발전했다. 자세한 내용은 제6장 스위스 정당론 참조

35 EBS 뉴스, ""투표 연령 만 16세로 낮추자" 스위스 투표 연령 하향 두고 논쟁" (2021.11.29.), https://news.ebs.co.kr/ebsnews/menu1/newsAllView/60136528/H?eduNewsYn=R&newsFldDetlCd (2022. 3. 10. 최종 확인).

36 20세 이상의 국민

독일어로 Stimmberechtigt ist jeder Schweizer, der das zwanzigste Altersjahr zurückgelegt

프랑스어로 A droit de voter tout Suisse âgé de vingt ans révolus

영어로 Every Swiss is entitled to vote who is twenty years of age.

37 무국적자에 관한 연방법률(1850년 12월 3일)

프랑스어 명칭은 「La loi fédérale sur l'heimatlosat du 3 décembre 1850」.

38 시민권

독일어로 Bürgerrecht

프랑스어로 droit de cité

영어로 civil rights.

39 Stiftung Zukunft für Schweizer Fahrende(스위스 여행자 미래재단) 홈페이지 참조, http://www.fondation-gensduvoyage.ch/autrefois-nosjours/fr/politique-et-droit/nation-et-droit-de-bourgeoisie (2022. 3. 10. 최종 확인).

40 Uwe Serdült, "Referendums in Switzerland", in: Qvortrup M., Referendums Around the World, Palgrave Macmillan (2014), 76.

41 이기우, 분권적 국가개조론, 한국학술정보 (2014), 121.

42 제네바 칸톤헌법
법령번호 131.234
프랑스어로 「Constitution de la République et canton de Genève (Cst-GE)」
https://www.fedlex.admin.ch/eli/cc/2013/1846_fga/fr (2022. 3. 10. 최종 확인).

43 Expatica, "Zurich lowers voting age to include 16-year-olds" (2021. 11. 15.), https://www.expatica.com/ch/politics/sw-zurich-lowers-voting-age-to-include-16-year-olds-224851/ (2022. 3. 10. 최종 확인).

44 Walter Haller, The Swiss Constitution, DIKE (2016), 128.

45 일반 시민(평신도)
독일어로 Schweizerbürger weltlichen Standes
프랑스어로 tout citoyen suisse laïque
영어로 every citizen of switzerland belonging to laity.

46 개신교 성직자는 단순히 그 직에서 사임하면 출마할 수 있지만, 가톨릭 성직자는 가톨릭을 유지하는 한 그들의 사제적 품성을 유지해야 한다. 다시 말해 가톨릭 성직자가 하원에 출마하려면 사제직뿐만 아니라 종교까지 버려야 하기 때문이다: George Arthur Codding, The Federal Government of Switzerland, Houghton Mifflin (1961), 74.

47 평신도
독일어로 Bürger weltlichen Standes
프랑스어로 citoyens laïques
한국어로 세속시민 등으로 번역된다.

48 종전 제네바 칸톤헌법 제72조
독일어로 Wählbar sind alle stimmen- und wahlberechtigten Bürger weltlichen Standes.
프랑스어로 Art 72. Sont éligibles tous les citoyens laïques jouissant de leurs droits électoraux
영어로 all eligible secular citizens are enjoying their electoral rights
한국어로 선거권을 가지는 모든 세속 시민에게 자격이 있다.
연방법령집 홈페이지, https://www.fedlex.admin.ch/eli/cc/1959/1_1425_1433_1433_fga/de (2022. 3. 10. 최종 확인): OSCE, "Swiss Confederation, Federal Assembly Elections, 23 October 2011", OSCE/ODIHER Election Assessment Mission Report (2012), 5.

49 글라루스 칸톤헌법, https://www.fedlex.admin.ch/eli/cc/1989/3_730_706_654_fga/de#art_78 (2022. 3. 10. 최종 확인).

50 쥐라 칸톤헌법
법령번호(SR) 131.235 (1977.5.20., 2017.6.12. 현재)

독일어로 Verfassung der Republik und des Kantons Jura

프랑스어로 Constitution de la République et Canton du Jura

https://www.fedlex.admin.ch/eli/cc/1977/2_264_259_261_fga/de#art_66 (2022. 3. 10. 최종 확인).

51 스위스 연방의회 홈페이지 참조, https://www.parlament.ch/en/%C3%BCber-das-parlament/parlamentsw%C3%B6rterbuch/parlamentsw%C3%B6rterbuch-detail?WordId=211 (2022. 3. 10. 최종 확인).

52 의무투표제

독일어로 der Stimmpflicht

영어로 Compulsory voting

53 프랑스는 의무투표제를 적용하지 않는다. 그러나 상원의 투표권이 있는 자에 한해 의무적이다. 프랑스 상원선거는 지방의원이 상원의원을 선출하는 간선제적인 성격을 가진다. 일반 유권자에게 의무투표제가 적용되는 것은 아니다(2020.6. 현재), 법적 근거는 선거법L 제318조(Electoral code, Art. L.318)이다: https://aceproject.org/epic-en/CDTable?view=country&question=LF004 (2022. 3. 10. 최종 확인).

54 벨기에(1892년), 아르헨티나(1914년), 룩셈부르크(1919년), 리히텐슈타인(1922년), 호주(1924년), 우르과이(1934년), 에콰도르(1936년), 그리스(1952년), 볼리비아(1952년), 싱가포르(1959년), 터키(1986년), 브라질(1988년), 페루(1993년), 태국(1997년)에서 의무투표제를 도입 · 실시하고 있다. 그 밖에 콩고민주공화국, 도미니카공화국, 이집트, 가봉, 온두라스, 레바논, 나우루, 파나마, 파라과이, 불가리에서 의무투표제를 실시하고 있다고 알려져 있다.

의무투표제를 실시하다 폐지한 국가는 네덜란드(1967년), 오스트리아(1982년), 키프로스(2017년)이다: Anthoula Malkopoulou, "Lost Voters: Participation in EU elections and the case for compulsory voting", CEPS Working Document No. 317 (2009), 8; 중앙선거관리위원회 선거연수원, 각국의 선거제도 비교연구 (2019), 88-99; https://www.idea.int/data-tools/data/voter-turnout/compulsory-voting (2022. 3. 10. 최종 확인).

55 벨기에

· 정부형태 : 입헌군주국으로 내각책임제

: 국왕은 내각의 제안에 따라 상원 또는 하원이나 양원 모두를 해산할 수 있으며, 의회해산 시 40일 이내에 총선을 실시함

· 국가형태

: 1993년 헌법개정을 통해 연방국가로 변모: 외교부, 벨기에 개황 (2019), 22-23, 28, 33.

* 독립선포 다음 해인 1831년 제헌헌법에 의한 중앙집권식 제도를 도입하고, 플란더즈 지역을 포함한 벨기에 전체가 프랑스어를 공용어로 사용함. 1830년 독립 이래 동등한 언어교육을 요구하는 네덜란드어권(플란더즈지역)과 동등한 언어정책을 반대하는 프랑스어권(왈로니아지역)간 대립이 시작됨. 양대 언어권 간 갈등이 심화됨에 따라 1970년부터 언어권과

지역을 각각 기준으로 나눈 연방제 도입을 목표로 6차례(1970년, 1980년, 1988~89년, 1993년, 2001년, 2011년)의 국가개혁을 추진하고, 1993년 연방국가 도입함.

: 3개 언어권 공동체 및 지역 정부로 구성된 연방국가

* 언어권 공동체(Communities)는 네덜란드어권, 프랑스어권, 독일어권으로 구성: 문화, 교육 등 주로 '사람'에 관련된 정책,

* 지역(Regions)정부는 플란더즈, 왈로니아, 브뤼셀 등으로 구성: 경제, 도시계획, 환경 등 주로 '토지'에 관련된 정책

* 연방정부는 국방, 외교, 조세 정책 등을 각각 담당

· 의회(양원제)

: 2014년부터 기존 임기 4년에서 5년으로 변경

: 상원(임기 5년, 총 60석),

* 2014년 선거부터 의석을 기존 71석에서 60석으로 축소하고, 상원직선제를 폐지함 지방의회(지역 및 언어공동체) 간접선거(50석)와 호선(10석)으로 선출함.

: 하원(임기 5년, 총 150석)

* 선거구별 정당 명부식 비례대표제에 의해 직접 선출된 직선의원으로 구성

: 하원은 정치의회, 상원은 의견수렴의 장 역할을 하며 상·하원 모두 1차로 법안을 심의할 권한을 가짐

· 선거후 정부구성: 벨기에는 각 언어권별 정당이 연합하여 연립내각을 구성: 외교부, 벨기에 약황 (2022).

· 연방하원 선거(2010.6.13.)

: 2010년 6월 13일 하원선거에서 등록유권자(7,767,552명) 89.21%인 6,929,478명이 투표했다

: 총선 이후 약 1년 5개월간 신정부 출범이 지연되다가 2011년 10월 제6차 국가개혁안에 관한 정당간 합의가 도출됨에 따라 2011년 12월 6일 디 루포(Di Rupo) 프랑스어권 사회당(PS) 당수가 총리로 선출됨.

· 연방하원 선거(2014.5.25.)

: 2014년 5월 25일 하원선거에서 등록유권자(8,001,278명)의 89.45%인 7,157,498명이 투표했다.

: 총선 이후 135일만에 2014년 10월 11일 샤를 미셸(Charles Michel) 프랑스어권자유당(MR) 당수를 총리로 하는 중도 우파 성향의 정부가 출범함. 2014년 10월 네덜란드어권 신플란더즈연합(N-VA), 기독민주당(CD&V), 자유당(Open VLD) 및 프랑스어권자유당(MR)이 연정을 구성하였으나, 2018년 12월 신플란더즈연합(N-VA)이 동 연정 탈퇴함.

· 연방하원 선거(2019.5.26.)

: 2019년 5월 26일 하원선거에서 등록유권자(8,167,709명)의 87.28%인 7,128,633명이 투표했다.

: 총선이후 1년 4개월만에 벨기에 역사상 최다 정당으로 구성된 연정에 합의, 2020.10.3. 신정부 출범

: https://www.electionguide.org/countries/id/22/ (2022. 3. 10. 최종 확인).

56 룩셈부르크

- 정부형태: 입헌군주제하 내각책임제
- 의회구성 (총 60석, 단원제)
- 2018년 10월 총선결과(투표율 89.66%)

: 기독사회당(21석), 민주당(12석), 사회당(10석), 녹색당(9석): 외교부, 룩셈부르크 약황 (2022).

룩셈부르크 투표율은 1984년 하원선거 88.81%, 1979년 하원선거 88.85%였다: https://www. idea.int/data-tools/country-view/60/40 (2022. 3. 10. 최종 확인).

57 중앙선거관리위원회 선거연수원, 각국의 선거제도 비교연구 (2015), 54-55.

58 샤프하우젠 칸톤헌법

법령번호 131.223

독일어로 「Verfassung des Kantons Schaffhausen」.

59 정치적 권리에 관한 샤프하우젠 칸톤법률

법령번호 160.100(1904. 3. 15. 제정)

독일어로 「Gesetz über die vom Volke vorzunehmenden Abstimmungen und Wahlen sowie über die Ausübung der Volksrechte (Wahlgesetz)」

영어로 「Schaffhausen Law on Peoples' Initiatives, Referendums and Elections, and Exercise of Political Rights」.

한국어로 주민발안, 주민투표, 선거 및 정치적 권리에 관한 샤프하우젠 칸톤법률이다. 축약해서 정치적 권리에 관한 샤프하우젠 칸톤법률이라 한다.

https://rechtsbuch.sh.ch/CMS/Webseite/Schaffhauser-Rechtsbuch/Rechtsbuchportal/1-Staat--
-Volk---Beh-rden/16-Politische-Rechte-2218622-DE.html (2022. 3. 10. 최종 확인).

60 스위스는 유로화가 아닌 자국 화폐인 스위스 프랑(CHF)을 사용한다. 스위스 프랑을 CHF라고 표기하는 것은 라틴어인 Confoederatio Helvetica Franc에서 따온 것이다. 2021년 12월 10일 현재 환율은 1 프랑(CHF) 기준 1,278.18원이다: 네이버 환율 홈페이지, https://finance.naver.com/ marketindex/exchangeDetail.nhn?marketindexCd=FX_CHFKRW (2021. 12. 10. 최종 확인). 이하에서 프랑으로 표기하는 것은 스위스 프랑(CHF)을 뜻하고, 원화 표시 환율은 2021. 12. 10. 기준 환율이다.

61 Swiss info. ch, "Democratic? The canton where voting is compulsory" (2014. 4. 4.), https:// www.swissinfo.ch/eng/directdemocracy/schaffhausen_democratic--the-canton-where-voting-is-compulsory/38299724 (2022. 3. 10. 최종 확인).

62 융커(이주성 번역), 스위스 직접민주주의, 법문사 (1996), 209.

63 샤프하우젠 칸톤 홈페이지 참조, https://sh.ch/CMS/Webseite/Kanton-Schaffhausen/Beh-rde/ Abstimmungen-und-Wahlen-2101521-DE.html; https://sh.ch/CMS/get/file/ace6e083-d9eb-4247-947b-f240e1ad74d8 (2022. 3. 10. 최종 확인).

64 유권자의 65.3%가 참여한 가운데 실시된 간호사 인력·임금 등 업무환경 개선에 관한 국민발안은 국민의 61.0%의 찬성과 22.5개 칸톤의 찬성(0.5개 칸톤 반대)으로 가결됐다.

65 국민투표일에 여러 건의 안건을 투표하는 경우 첫 번째 안건의 투표율을 기재했다. 연방내각사무처 홈페이지, https://www.bk.admin.ch/ch/f/pore/va/20211128/can648.html (2022. 3. 10. 최종 확인).

66 유럽인권재판소(European Court of Human Rights, ECHR)
유럽인권조약에 따라 1959년 설립된 인권에 관한 재판소로 프랑스 스트라스부르에 본부를 두고 있다. 판사들은 유럽의회에서 6년마다 선출한다. 유럽인권재판소 결정은 법적 구속력이 있고 제한된 범위에서나마 인권침해를 당한 개인에게 국제적 절차에 의한 제소를 인정하고 있다. 2000년대 들어서는 매년 1,500여 건 이상의 판결을 내리고 있다: 네이버 지식백과 참조, https://terms.naver.com/entry.naver?docId=1132305&cid=40942&categoryId=34534 (2022. 3. 10. 최종 확인).

67 기독민주당
독일어로 Christlichdemokratische Volkspartei der Schweiz (CVP)
영어로 Christian Democratic People's Party of Switzerland
한국어로 기독교인민민주당, 기독교민주당 등으로 번역된다. 약칭해서 기민당 또는 기민당(CVP)으로 표기한다.
기민당은 1912년 가톨릭 유권자를 토대로 창당됐다. 중부 가톨릭 지역 및 불어권에 기반을 두는 중도우파 정당이다. 기민당은 국가개입을 허용하는 사회적 시장경제를 주창한다. 자세한 내용은 제6장 스위스 정당론 참조

68 스위스 연방의회 홈페이지, https://www.parlament.ch/de/ratsbetrieb/suche-curia-vista/geschaeft?AffairId=20150498 (2022. 3. 10. 최종 확인); Current Concerns, "Summer session of the Swiss Federal Parliament", https://www.zeit-fragen.ch/en/archives/2017/no-14151-july-2017/summer-session-of-the-swiss-federal-parliament.html (2022. 3. 10. 최종 확인).

69 의원발의안
독일어로 Bundesversammlung Initiativen
프랑스어로 initiative à l'Assemblée fédérale
영어로 Parliamentary initiatives
한국어로 의회발의, 의원발안 등으로 번역된다.
의원발의안은 위원회가 연방의회가 논의할 법률안 초안을 만드는 근거가 된다. 1명 이상의 연방의원, 위원회, 교섭단체, 칸톤은 의원발의안을 제출할 수 있다(연방헌법 제160조 제1항). 연방의원은 입법 아이디어가 담긴 일반제안서 형식 또는 법조문 형식을 갖추어 의원발의안을 제출할 수 있다.

70 연방의회에 제출된 안건은 그 내용과 성격에 따라 소관 위원회에 회부된다. 위원회는 연방내각 등이 제출한 보고서 등을 토대로 안건을 심사할지 여부를 결정하는데, 이를 '도입토론'이라고 한다.

위원회는 도입토론에서 심사하기로 결정한 안건을 조문별로 심사한다(의회법 제74조 제2항). 위원회 심사결과를 본회의에 보고한 이후 본회의에서는 해당 안건을 본회의 심의안건으로 삼을지를 결정한다(도입토론, 하원의사규칙 제47조 제1항 제a호). 도입토론에서는 법률안 심의 여부에 대하여 찬반의견이 제시된다. 도입토론의 결과에 따라 위원회가 보고한 법률안을 본회의 심의 대상으로 상정하거나, 부결시키거나, 법률안을 제출한 연방내각 또는 소관위원회로 재회부한다: 최용훈, 스위스 연방의회론, 한국학술정보(2022), 130-131.

71 국가별 여성의 참정권 허용 연도를 살펴보면, 독일 1918년, 오스트리아 1919년, 프랑스 1944년, 이탈리아 1945년이다: 스위스 연방의회 홈페이지 참조, https://www.parlament. ch/en/%C3%BCber-das-parlament/political-women/conquest-of-equal-rights/women-suffrage(2022.1.11. 최종 확인); Marcin Rachwal, "Citizens' initiatives in Switzerland", Przeglad Politologiczny (2014), 38.

72 스위스여성노동자연합

독일어로 Schweizerische Arbeiterinnenverband

프랑스어로 la Fédération suisse des ouvrières

영어로 the Swiss Federation of Women Workers.

73 스위스여성참정권협회

독일어로 Schweizerischer Verband für das Frauenstimmrecht (SFV)

프랑스어로 Association suisse pour les droits de la femme (ADF).

74 Uwe Serdült, "Referendums in Switzerland", in: Qvortrup M., Referendums Around the World, Palgrave Macmillan (2014), 76.

75 이상민, 독일어 사용 4개국, 다해 (2011), 473.

76 조두환, 하이 알프스: 작은 스위스, 아펜첼로 떠나는 문화기행, 청년정신 (2009), 52.

77 연방대법원 판결 BGE 125 I 21(1999), BGE 123 I 152(1997); Walter Haller, The Swiss Constitution, DIKE (2016), 108; 스위스 연방대법원 판례 검색 홈페이지, https://www. bger.ch/ext/eurospider/live/fr/php/clir/http/index.php?lang=fr&type=highlight_simple_query&page=1&from_date=&to_date=&from_year=1990&to_year=1990&sort=relevance&inse rtion_date=&from_date_push=&top_subcollection_clir=bge&query_words=Appenzell+Rhodes-Int%E9rieures&part=all&de_fr=&de_it=&fr_de=&fr_it=&it_de=&it_fr=&orig=&translation=&ran k=1&highlight_docid=atf%3A%2F%2F116-IA-359%3Afr&number_of_ranks=341&azaclir=clir (2022. 3. 10. 최종 확인).

78 연방통계청 홈페이지 참조, https://www.bfs.admin.ch/bfs/de/home/statistiken/politik/wahlen/ frauen.assetdetail.19784434.html (2022. 3. 10. 최종 확인); 연방의회 홈페이지 참조, https:// www.parlament.ch/en/%C3%BCber-das-parlament/political-women/share-of-women-political-power/women-parliament-government-cs (2022. 3. 10. 최종 확인).

79 유엔 여성차별철폐에 관한 협약은 연방대법원의 결정에 유감을 표시한 바 있다: OSCE, "Swiss

Confederation, Federal Assembly Elections, 18 October 2015˝, OSCE/ODIHER Needs Assessment Mission Report (2015), 8; CEDAW ˝Concluding Observations on Switzerland˝ (7 August 2009), CEDAW/C/CHE/CO/3, paragraphs 23 and 33.

유엔 여성차별철폐에 관한 협약(Convention on the Elimination of All Forms of Discrimination Against Women)은 유엔 인권협약이다. 유엔 총회는 1979년 12월 18일 여성에 대한 모든 형태의 차별 철폐에 관한 협약을 채택했고, 1981년 9월 3일부터 효력을 발생했다. 2002년 2월 기준으로 168개국이 가입해 있다: 유엔홈페이지 참조, https://www.ohchr.org/en/hrbodies/cedaw/pages/ cedawindex.aspx (2022. 3. 10. 최종 확인).

80 Georg Lutz/Peter Selb, Wahlen, in: Peter Knoepfel et al. (Hrsg.), Handbuch der Schweizer Politik: Manuel de la politique suisse, 5. Aufl., Verlag Neue Zürcher Zeitung (2014), 478.

81 녹색당

독일어로 Grüne Partei der Schweiz (GPS)

영어로 Green Party of Switzerland.

1979년 하원선거에서 최초로 원내에 진출했고, 1983년 10월 하원선거를 앞두고 녹색당연합 (GPS)으로 합당됐다. 녹색당은 환경보호를 주된 정강정책으로 삼는다. 자세한 내용은 제6장 스 위스정당론 참조

82 지퍼 명부

영어로 zippered lists, zipper system

지퍼 명부 또는 지퍼 시스템은 ˝vertical parity˝ 또는 ˝zebra system˝이라 한다. 지퍼 시스템은 비 례 대표 선거 시스템에서 정당별 후보자명부에 대해 성별 할당하는 것을 말한다. 정당은 후보자 명부에 남성과 여성 후보자를 번갈아 기재해 후보자의 50%가 남성이고 50%가 여성이 된다. 케 냐 등 일부 국가에서는 선거법에 지퍼 시스템을 의무화하고, 스웨덴 사회민주당(SAP)처럼 일 부 정당은 자체적으로 지퍼 시스템을 도입한다: 위키피디아 홈페이지 참조, https://en.wikipedia. org/wiki/Zipper_system (2022. 3. 10. 최종 확인).

83 자유민주당

독일어로 Freisinnig-Demokratische Partei der Schweiz (FDP), Die Liberalen

영어로 Free Democratic Party or Radical Democratic Party

한국어로 급진당, 급진민주당 등으로 번역된다. 약칭해서 자민당 또는 자민당(FDP)로 표기한다. 자민당은 1894년 창당됐고, 당원 수 12만 명으로 최대 정당이다. 1848년 집권당인 자유주의파의 후신으로 1894년 당명을 자유민주당으로 변경했다. 자민당은 법치질서, 친시장주의 등 중도우파 계열의 정당이다. 자세한 내용은 제6장 스위스 정당론 참조

84 OSCE, ˝Swiss Confederation, Federal Assembly Elections, 23 October 2011˝, OSCE/ODIHER Election Assessment Mission Report (2012), 12.

85 연방여성위원회

독일어로 Eidgenössische Kommission für Frauenfragen (EKF)

프랑스어로 Commission fédérale pour les questions féminines (CFQF)

영어로 Federal Commission for Women's Issues (FCWI).

연방내무부(FDHA)에 동일임금 및 일과 삶의 균형측면에서 여성에 대한 폭력을 예방하기 위한 업무를 수행하는 연방성평등국(Federal Office for Gender Equality, FOGE)이 있다. 연방성평등 국 산하에 연방여성위원회 사무국이 있다. 스위스 연방여성위원회 홈페이지 참조, https://www. ekf.admin.ch/ekf/en/home.html (2022. 3. 10. 최종 확인).

86 연방기관의 여성의 공정한 참여를 위한 국민발안

　독일어로 Eidgenössische Volksinitiative 'für eine gerechte Vertretung der Frauen in den Bundesbehörden (Initiative 3. März)

　프랑스어로 Initiative populaire fédérale 'pour une représentation équitable des femmes dans les autorités fédérales (Initiative du 3 mars)

　영어로 Federal Popular Initiative 'for equitable representation of women in federal authorities (March 3 Initiative)'

　국민발안의 주요내용은 여성은 하원, 상원, 연방내각, 연방법원, 칸톤의회 등 모든 연방기관에서 공정하게 참여하도록 한다. 구체적으로 연방내각 각료 7명 중 적어도 3명은 여성으로 한다. 각 칸톤의 부대표 2명중 1명은 남성, 1명은 여성을 선출한다(칸톤법으로 입법화). 연방법관(전임법관, 겸임법관 포함)은 최소 40%를 여성으로 구성한다 등이다: 연방내각사무처 홈페이지 참조

87 1993.9.7. 연방기관의 국민발안 요건 사전 검토

　1993.9.21.~1995.3.21. 서명수집 기간

　1995.3.21. 국민발안 제출

　1997.3.17. 연방내각 의견제출

　1999.6.18. 연방의회 반대 권고

　2000.3.12. 국민투표 실시(부결)

88 양성평등에 관한 연방법률

　법령번호(SR) 151.1

　독일어로 「Bundesgesetz über die Gleichstellung von Frau und Mann (Gleichstellungsgesetz, GlG)」

　프랑스어로 「Loi fédérale sur l'égalité entre femmes et hommes (Loi sur l'égalité, LEg)」

　영어로 「Federal Act on Gender Equality (Gender Equality Act, GEA)」.

89 신옥주 · 석인선 · 홍기원 · 이종수, 유럽연합과 회원국의 차별금지법제에 관한 비교법적 연구, 한 국법제연구원 (2009), 421.

90 Walter Haller, The Swiss Constitution, DIKE (2016), 106.

91 연방헌법 제40조(재외국민)

　② 연방은 재외국민의 권리와 의무, 특히 연방에 있어서 참정권 행사, 병역 또는 대체복무 의무의 이행, 사회복지 및 사회보장에 관하여 입법한다.

92 스위스 재외국민 및 기관에 관한 연방법 시행령

법령번호(SR) 195.11

독일어로 「Verordnung über Schweizer Personen und Institutionen im Ausland (Auslandschweizerverordnung, V-ASG)」

프랑스어로 「Ordonnance sur les personnes et les institutions suisses à l'étranger (Ordonnance sur les Suisses de l'étranger, OSEtr)」

영어로 「Ordinance on Swiss Persons and Institutions Abroad (Swiss Abroad Ordinance, SAO)」.

93 재외국민등록부

독일어로 Auslandschweizerregister

프랑스어로 Registre des Suisses de l'étranger

영어로 Register of the Swiss Abroad.

94 스위스 연방통계청 홈페이지, https://www.bfs.admin.ch/bfs/en/home/statistics/catalogues-databases/infographics.assetdetail.16324646.html (2022. 3. 10. 최종 확인); 스위스 연방외교부 홈페이지(https://www.eda.admin.ch/eda/en/fdfa/living-abroad/schweizerinnen-und-schweizer-im-ausland/fifth-switzerland/statistics.html)(2022. 3. 10. 최종 확인).

95 2011년 하원선거에서는 재외국민 695,000명 중 18.1%인 125,567명이 유권자로 등록했다: OSCE, "Swiss Confederation, Federal Assembly Elections, 18 October 2015", OSCE/ODIHER Election Expert Team Final Report (2016), 3; Walter Haller, The Swiss Constitution, DIKE (2016), 106.

96 국민투표일마다 재외국민 등록유권자 수치가 달라서 각 연도별 마지막 회차에 실시된 국민투표 안건에 대한 결과 자료를 토대로 작성했다. 예컨대 2000년의 경우 3월 12일에는 재외국민 등록유권자 수가 69,995명이었고, 5월 21일에는 70,521명이었으며, 9월 24일에는 72,251명이었고, 11월 26일은 72,582명이었다. 본문의 도표는 2000년 11월 26일 실시된 72,582명을 기준으로 제시했다. 또한 2021년의 경우 3번 국민투표가 실시됐는데, 재외국민 등록유권자 수는 3월 7일 198,889명, 6월 13일 201,456명, 9월 26일 204,010명이었고, 본문의 도표는 마지막 회차인 9월 26일 실시된 204,010명을 기준으로 제시했다. 연방내각사무처의 Mila Bühler와의 이메일(Mila.Buehler@bk.admin.ch) 개인수신(2022.2.17.) 자료가 많은 도움이 됐다.

97 각 연도별로 정리된 유권자 및 재외등록 유권자 자료가 없어 연방내각의 국민투표 결과공고문을 참조했다. 스위스 베른대학의 Hans-Peter Schaub 교수와의 이메일(hans-peter.schaub@unibe.ch) 개인수신(2022.2.17.) 자료, 연방내각사무처의 Nina Wick과의 이메일(nina.wick@bk.admin.ch) 개인수신(2022.2.17.) 자료가 많은 도움이 됐다: You find the documents online in database: For vote no. 463, go to https://swissvotes.ch/vote/463.00, then scroll down for ≪decree on voting result≫ / ≪Erwahrungsbeschluss≫. The relevant column for you is ≪Stimmberechtigte≫ ≥ ≪davon Auslandschweizer≫.

98 선택적 국민투표는 연방의회가 의결한 연방법률, 국제조약 등을 대상으로 실시하고, 그런 점에서 '법률 국민투표' 또는 '국제조약 국민투표'라고 한다. 해당 안건이 자동으로 국민투표에 회부되지 않고, 일정 기간(공포 후 100일) 이내에, 일정 수 이상(유권자 5만 명 또는 8개 칸톤)의 '요구'가 있는 경우에 한해 국민투표가 진행된다는 점에서 '선택적' 또는 '임의적'이다(연방헌법 제141조).

99 국민발안은 유권자 10만 명이 연방헌법 전부 또는 일부 개정을 위해 제기할 수 있다. 국민발안을 제기하기 위해서는 국민발안이 공고된 날로부터 18개월 내에 10만 명의 서명을 얻어야 한다. 선택적 국민투표는 연방의회의 결정을 전제로 하는 사후적 결정이라는 점에서 이를 전제로 하지 않는 국민발안과 구분된다(연방헌법 제138조, 제139조).

100 2016년까지는 12개 칸톤이었고, 2019년에 아르가우 칸톤이 포함돼 13개 칸톤이 됐다: OSCE, "Swiss Confederation, Federal Assembly Elections, 20 October 2019", OSCE/ODIHER Needs Assessment Mission Report (2020), 9; 스위스 연방내각사무처 홈페이지 참조, https://www.bk.admin.ch/bk/en/home/politische-rechte/e-voting.html (2022. 3. 10. 최종 확인).

101 스위스 연방외교부 홈페이지 참조, https://www.eda.admin.ch/eda/en/fdfa/living-abroad/schweizerinnen-und-schweizer-im-ausland/fifth-switzerland/voting-and-electoral-rights.html(2022. 3. 10. 최종 확인).

102 연방통계청 홈페이지 참조, https://www.bfs.admin.ch/bfs/en/home/statistics/population/effectif-change.assetdetail.18344320.html (2022. 3. 10. 최종 확인).

103 2016년의 경우 전체 외국인(2,101,146명, 전년 대비 3% 포인트 증가) 중 403,622명은 스위스에서 태어났고, 나머지 170만 명은 외국에서 태어났으며, 외국인의 2/3는 유럽권 출신이다: Federal Statistical Office, Switzerland's population in 2020 (2021), 9; Federal Statistical Office, Switzerland's population in 2016 (2017), 9; OSCE, "Swiss Confederation, Federal Assembly Elections, 23 October 2011", OSCE/ODIHER Election Assessment Mission Report (2012), 5.

104 연방이민위원회

독일어로 Eidgenössische Migrationskommission (FKM)

프랑스어로 Commission fédérale des migrations (CFM)

영어로 Federal Commission of Migration (FCM)

연방이민위원회는 이민분야의 전문가 30명의 위원으로 구성된 의회밖 위원회이다. 이민 문제에 대해 연방내각과 연방행정기관에 조언하고, 사회적 결속을 촉진하는 프로젝트를 지원하고, 이주 정책에 관한 연구를 실시한다. 연방이민위원회는 스위스 내 외국인 거주로 인해 발생하는 정치, 경제, 사회, 문화, 인구 통계 및 법적 문제를 해결하기 위해 연방외국인법(SR 142.20, Federal Act on Foreigners and Integration, LEI) 제100조의b에 따라 2008년 1월에 설치된 법정위원회이다: https://www.ekm.admin.ch/ekm/fr/home/ueber-uns/mandat.html (2022. 3. 10. 최종 확인).

연방외국인법(SR 141.20)

독일어로 Bundesgesetz über die Ausländerinnen und Ausländer und über die Integration (Ausländer- und Integrationsgesetz, AIG)

프랑스어로 Loi fédérale sur les étrangers et l'intégration(LEI)

영어로 Federal Act on Foreign Nationals and Integration(Foreign Nationals and Integration Act, FNIA)

105 시민적 및 정치적 권리에 관한 국제규약(ICCPR) 제25조: 일정기간 거주하는 외국인에게 투표권을 부여하는 것을 권고한다; 연방 이민위원회의 보고서(시민권: 참여의 재정의(Citizenship: Redefining Participation) 참조: http://www.ekm.admin.ch/dam/data/ekm/dokumentation/empfehlungen/empf_citoyennete.pdf.

106 뇌샤텔 칸톤 홈페이지 참조, https://www.ne.ch/autorites/CHAN/CHAN/dpol/Pages/accueil.aspx (2022. 3. 10. 최종 확인).

107 정치적 권리에 관한 쥐라 칸톤법률
법령번호 161.1(1978. 10. 26.)
프랑스어로 Loisur les droits politiques

108 뇌샤텔 칸톤 홈페이지 참조, https://www.neuchatelville.ch/votre-commune/droits-politiques/le-droit-de-vote/#panel-2999-0 (2022. 3. 10. 최종 확인).

109 정치적 권리에 관한 뇌샤텔 칸톤법률
법령번호 141(1984. 10. 17.)
프랑스어로 Loi sur les droits politiques (LDP)

110 Swiss info. ch, "Neuchatel gives foreigners a cantonal vote" (2000. 9. 24.), https://www.swissinfo.ch/eng/neuchatel-gives-foreigners-a-cantonal-vote/1673962 (2022. 3. 10. 최종 확인).

111 Uwe Serdült, "Referendums in Switzerland", in: Qvortrup M., Referendums Around the World, Palgrave Macmillan (2014), 77.

112 Uwe Serdült, "Referendums in Switzerland", in: Qvortrup M., Referendums Around the World, Palgrave Macmillan (2014), 77.

113 OSCE, "Swiss Confederation, Federal Assembly Elections, 18 October 2015", OSCE/ODIHER Needs Assessment Mission Report (2015), 7.

114 쥐라 칸톤 홈페이지 참조, https://rsju.jura.ch/fr/viewdocument.html?idn=20013&id=36763 (2022. 3. 10. 최종 확인); file:///C:/Users/ASSEMBLY/Downloads/JA_2018-english.pdf (2022. 3. 10. 최종 확인).

115 The Local. ch, "Neuchâtel votes no to foreigners running for office" (2016. 9. 26.), https://www.thelocal.ch/20160926/neuchatel-votes-no-to-foreigners-running-for-office/ (2022. 3. 10. 최종 확인).

116 Swiss info. ch, "Foreigners in Switzerland shunning the ballot boxes" (2017. 10. 2.), https://www.swissinfo.ch/eng/call-of-duty_foreigners-in-switzerland-shunning-the-ballot-boxes/43564744 (2022. 3. 10. 최종 확인).

117 제네바에 소재한 국제기구는 2014년 29개, 2015년 33개, 2016년에는 무기거래조약(ATT)을
유치해 34개이다(ο본부협정에 근거한 22개 국제기구: 국제연합 사무국(UN), 국제노동기구
(ILO), 세계보건기구(WHO), 국제전기통신연합(ITU), 세계기상기구(WMO), 세계지적재산
권기구(WIPO), 유네스코국제교육국(IBE-UNESCO), 세계무역기구(WTO), 유럽핵연구센터
(CERN), 유럽자유무역연합(EFTA), 국제이주기구(IOM), 국제의회연맹(IPU), 국제민방위기
구(ICDO), 국제식물신품종보호연맹(UPOV), 사우스센터(The South Centre), 유럽안보협력회
의 조정중재재판소(OSCE Court of Conciliation and Arbitration), 세계무역기구법률자문센터
(ACWL), 에이즈·결핵·말라리아퇴치세계기금(GFATM), 세계백신면역연합(GAVI Alliance),
국제적십자위원회(ICRC), 국제적십자적신월연맹(IFRC), 세계공동체의 참여와 회복탄력성을
위한 기금(GCERF) / ο세금협정에 근거한 4개 국제기구: 국제항공운송협회(IATA), 국제표준기
구(ISO), 국제전기기술위원회(IEC), 국제항공운송통신(SITA) / ο특권 및 면제에 관한 협정에
근거한 7개 국제기구: 소외질병의약품이니셔티브(DNDi), 혁신적 진단을 위한 재단(FIND), 세
계영양개선연맹(GAIN), 말라리아를 위한 의료벤처(MMV), 인도적 지뢰제거를 위한 국제센터
(GICHD), 인도주의 대화 센터(HD Centre), 세계경제포럼(WEF).

그 외에 전 세계에서 설치한 172개의 각국 상주대표부가 있고, 178개의 국제비정부기구(NGO)
가 활동하고 있다: 최용훈, "국제회의와 국제기구의 도시, 제네바: 제네바에선 오늘도 7건의 국
제회의가 열린다", 국회입법조사처보 2017년 여름호, 국회입법조사처 (2017), 32.

118 제네바 칸톤 주민사무국
프랑스어로 l'office cantonal de la population et des migrations OCPM)
영어로 Cantonal Office for Population and Migration (OCPM).
제네바 칸톤 주민사무국은 외국인 등록, 내국인의 주민 등록을 최신 상태로 유지하는 업무를 수
행한다. 또한 신분 관련 문서처리를 담당하고, 일반적인 귀화, 망명 절차를 수행한다.
https://www.ge.ch/organisation/office-cantonal-population-migrations-ocpm (2022. 3. 10. 최종 확인).

119 연방외교부가 부여한 국제기구 카드는 'B', 'C', 'D', 'E', 'G', 'H', 'I', 'L', 'P' 또는 Ci 체류카
드이다: 제네바 칸톤 홈페이지 참조, https://www.ge.ch/voter-geneve/je-suis-fonctionnaire-
international (2022. 3. 10. 최종 확인).

120 연방외교부가 부여한 국제기구 카드는 'D', 'E', 'I', 'L', 'G', 'H', 'P' 또는 Ci 체류카드이다: 보
칸톤 홈페이지 참조, https://www.vd.ch/themes/etat-droit-finances/votations-et-elections/
voter/droit-de-vote/ (2022. 3. 10. 최종 확인).

121 장애인차별금지법
법령번호(SR) 151.3
독일어로 「Bundesgesetz über die Beseitigung von Benachteiligungen von Menschen mit
Behinderungen (Behindertengleichstellungsgesetz, BehiG)」
프랑스어로 「Loi fédérale sur l'élimination des inégalités frappant les personnes handicapées (Loi
sur l'égalité pour les handicapés, LHand)」

영어로 「Federal Act on the Elimination of Discrimination against People with Disabilities (Disability Discrimination Act, DDA)」.

122 SBS

독일어로 Schweizerische Bibliothek für Blinde, Seh‑ und Lesebehinderte.

SBS는 1903년에 설립된 비영리단체로, 현재는 75명의 상근 직원과 90명의 해설자를 시간 단위로 고용하고 있다. 공공 부문에서 자금의 약 50%를 지원받고, 나머지는 기부, 공공 및 민간 수수료 및 추가 서비스에 의해 지원된다. 또한 SBS는 자체 생산 시설을 갖춘 전문 도서관이다. 100년 이상 시각장애인 등이 접근할 수 있는 책, 악보, 교육 보조기구, 영화 및 게임을 제공해 왔다. SBS 홈페이지 참조, https://www.sbs.ch/english/ (2022. 3. 10. 최종 확인).

123 18개 칸톤: 아르가우, 바젤란트, 바젤슈타트, 베른, 프리부르, 글라루스, 그라우뷘덴, 루체른, 뇌샤텔, 옵발덴, 니트발덴, 샤프하우젠, 졸로투른, 장크트갈렌, 투르가우, 우리, 추크, 취리히 칸톤 9개 코뮌: Baden, Biel, Chur, Goldach, St. Gallen, Weggis, Wil SG, Winterthur, Zurich; SBS 홈페이지 참조, https://www.sbs.ch/abstimmungsunterlagen/ (2022. 3. 10. 최종 확인).

124 선거구

프랑스어로 l'arrondissement électoral

영어로 the electoral district.

125 George Arthur Codding, The Federal Government of Switzerland, Houghton Mifflin (1961), 75.

126 1931년 3월 15일 국민투표에서 투표율 53.5%, 국민 찬성 53.9%, 13.5개 칸톤이 찬성했다.

127 1950년 12월 3일 국민투표에서 투표율 55.7%, 국민 찬성 67.3%, 20개 칸톤이 찬성했다.

128 1962년 11월 4일 국민투표에서 투표율 36.3%, 국민 찬성 63.7%, 16개 칸톤이 찬성했다: George Arthur Codding, The Federal Government of Switzerland, Houghton Mifflin (1961), 73.

129 The Swiss Confederation: a brief guide 2020, Federal Chancellery (2020), 26.

130 인구조사법

법령번호(SR) 431.112

독일어 명칭은 「Bundesgesetz über die eidgenössische Volkszählung (Volkszählungsgesetz)」

프랑스어 명칭은 「Loi sur le recensement fédéral de la population (Loi sur le recensement)」

영어 명칭은 「Federal Act on the Federal Census (Census Act)」.

131 연방공보

독일어로 Bundesblatt (BBl)

프랑스어로 Feuille fédérale (FF)

영어로 Federal Gazette

한국어로 연방공보집, 연방관보 등으로 번역된다.

연방공보는 연방내각이 연방의회에 제출하는 각종 보고서, 연방법률안, 법률안 제안설명서, 법률안에 대한 국민투표 회부안건, 선거에 관한 안건 등이 담겨있다.

132 종전 하원의원 총선거 의석배분 시행령

법령번호(SR) 161.12 (2002. 7. 3. 현재). 시행일은 2003년 1월 1일부터이다(동 시행령 제3조).

독일어로 「Verordnung über die Sitzverteilung bei der Gesamterneuerung des Nationalrates」

프랑스어로 「Ordonnance sur la répartition des sièges lors du renouvellement intégral du Conseil national」.

133 현행 하원의원 총선거 의석배분 시행령

법령번호(SR) 161.12 (2017. 8. 30. 제정). 시행일은 2018년 1월 1일 부터이다(동 시행령 제3조).

독일어 명칭은 「Verordnung über die Sitzverteilung bei der Gesamterneuerung des Nationalrates」

프랑스어 명칭은 「Ordonnance sur la répartition des sièges lors du renouvellement intégral du Conseil national」.

영어 명칭은 「2017 Federal Decree on the Allocation of Seats at National Council Elections」.

134 1차 분배수

독일어로 erste Verteilungszahl

프랑스어로 le premier chiffre de répartition

영어로 the first allocation number

135 선행의석 배분, 주요 의석 배분, 최종 의석 배분

독일어로 Vorwegverteilung, Hauptverteilung, Restverteilung

프랑스어로 répartition préliminaire, répartition principale, répartition finale

영어로 Preliminary allocation, Principal allocation, Final allocation.

136 1978년 9월 24일 국민투표에서 국민투표율 42%, 국민 찬성 82.3%, 모든 칸톤의 찬성으로 가결됐다.

137 비례대표제

독일어로 Verhältniswahlverfahren 또는 Proporz

프랑스어로 système de la représentation proportionnell

영어로 proportional representation system.

138 다수대표제

독일어로 Mehrheitswahlverfahren 또는 Majorz

영어로 majority system 또는 the simple majority election system.

139 GRECO, Fourth Evaluation Round: Corruption prevention in respect of Members of Parliament, Judges and Prosecutors, Evaluation Report Switzerland (2016), 8.

140 레토로망스어(Rätoromanisch)는 동쪽 지역의 그라우뷘텐 칸톤 일부 지역에서 사용된다(인구의 0.8% 사용). 레토로망스어 사용자의 79%가 여러 언어를 구사한다: 최용훈, 스위스 연방의회 제도에 관한 연구-입법과정 등을 중심으로, 사법정책연구원 (2020), 3.

141 최용훈, 스위스 연방의회론, 한국학술정보(2022), 207.

142 안성호, 스위스연방 민주주의 연구, 대영문화사 (2001), 250.

143 일반적으로 사용되는 의석할당 방법은 100/(10+1)인데, 100을 할당 받은 의석수에 1을 더한 수 (분배수: 동트방식)로 나눈 것이다. 2003년 하원선거에서 10석이 배정된 루체른 칸톤은 1개 정 당이 1개 의석을 갖기 위해서는 9.09%를 득표해야 한다. 각각 2석이 배정된 쥐라 칸톤과 샤프하 우젠 칸톤은 1개 정당이 1개 의석을 얻기 위해서는 33.3%를 득표해야 한다. 인구가 많은 취리 히와 베른 칸톤은 1개 의석을 차지하는 데 5% 미만을 득표해야 한다. 실제로는 정당명부 간 연 합(결합명부)으로 인한 표 합산과 잔여의석 배분(하겐바흐 비쇼프 방식)으로 인해 필요한 득표 율은 더욱 하락한다:Wolf Linder & Isabelle Steffen, Swiss Confederation, Forum of Federations (2006), 5.

144 정치적 권리에 관한 옵발덴 칸톤법률

법령번호 GDB 122.1(1974. 2. 17.제정, 2018년 1월 1일 현재)

독일어로 Gesetz über die Ausübung der politischen Rechte (Abstimmungsgesetz)

http://gdb.ow.ch/frontend/versions/1249 (2022. 3. 10. 최종 확인).

145 옵발덴 칸톤 홈페이지 참조, https://www.ow.ch/dienstleistungen/2049 (2022. 3. 10. 최종 확인).

146 위키피디아 검색 참조, https://en.wikipedia.org/wiki/1872_Swiss_federal_election (2022. 3. 10. 최종 확인).

147 중대선거구 및 결선투표를 적용한 다수대표제 방식(multi-member district, simple majority system with second ballot): George Arthur Codding, The Federal Government of Switzerland, Houghton Mifflin (1961), 75.

148 1차 투표

독일어로 ersten Wahlgang

프랑스어로 premiers tours de scrutin

영어로 the first ballot.

149 2차 투표

독일어로 zweiten Wahlgang

프랑스어로 deuxième tour de scrutin

영어로 the second ballot.

150 1555년 이래 로카르노에서 소수의 개신교가 추방된 이래 1830년까지 티치노 칸톤의 주된 종 교는 가톨릭이었다. 그러나 티치노 칸톤의 정치는 급진파(the Radical)와 울트라몬테인 정당 (Ultramontane party)으로 나눠졌다. 티치노 칸톤 당국 간 또는 연방의회와의 갈등에 따라 1870 년, 1876년 연방군대의 개입이 있었다. 티치노 칸톤의 정치적 불안은 1888년 루가노 주교 설립 으로 심화됐다. 루가노 주교 설립이 외국의 기독교적 지배에서 벗어나게 한 측면이 있지만 급진 파는 이를 성직자의 정치적 권리 신장으로 보았기 때문이다. 1890년 9월 급진파는 연방의 개입 이 필요한 유혈혁명을 실행했지만, 1891년 7월 재판에서 급진파 지도자들에 대해 무죄가 선고 됐다.

급진파와 보수파가 수적으로 비슷해서 티치노 칸톤에서의 정치적 긴장은 고조됐다. 1891년 티치노 칸톤의원과 코뮌의원 선거에 비례대표제가 도입됐다. 1904년에 복잡한 형태의 비례대표제가 근소한 차이로 채택됐다: https://theodora.com/encyclopedia/t/ticino_switzerland.html (2022. 3. 10. 최종 확인).

151 George Arthur Codding, The Federal Government of Switzerland, Houghton Mifflin (1961), 76.

152 당시 칸톤의 수는 19개 칸톤과 6개 반칸톤을 포함해 25개 칸톤이었다. 반칸톤은 0.5표로 계산되기에 이를 칸톤득표로 환산하면 22개 칸톤이다. 칸톤의 과반수인 11.5개 칸톤의 지지를 얻어야 가결된다.

153 가톨릭 보수당
영어로 The Catholic Conservative Party
한국어로 가톨릭보수파, 가톨릭 보수세력 등으로 번역된다.
19세기 중반 활동한 가톨릭 보수세력은 가톨릭 보수파 유권자를 지지 기반으로 1912년 가톨릭 보수당(보수국민당)을 창당했다. 자세한 내용은 제6장 스위스 정당론 참조.

154 1918년 11월 12~14일 25만 명의 노동자가 참여한 가운데 일어난 파업을 '1918년 총파업'이라 한다. 연방내각은 1918년 11월 6일 취리히에 대한 대규모 병력진입을 승인했다. 취리히의 정치적·경제적 불안정이 자유주의파, 특히 취리히에 거주하는 외국인에게 소란을 일으키고 혁명을 시도할 기회를 줄 수 있고, 질서를 유지할 필요가 있다는 이유였다. 노동조합은 이에 반대해 11월 9일 19개 도시에서 24시간 총파업을 결행했다. 이는 11월 12일 전국적인 총파업으로 이어졌다. 총파업 요구사항 중에는 비례 대표제 도입, 여성의 참정권 허용 등이 있었다. 연방내각은 정치적·사회적 개혁을 약속함과 동시에 총파업의 중지를 요구했다. 이에 노동조합은 3일간의 총파업을 중단했다: 위키피디아 검색 등 참조, https://en.wikipedia.org/wiki/1918_Swiss_general_strike (2022. 3. 10. 최종 확인).

155 1918년 10월 13일 국민투표는 17개 칸톤과 5개의 반칸톤이 찬성하고(19.5개 칸톤 찬성), 2개 칸톤과 1개의 반칸톤이 반대해(2.5개 칸톤 반대) 가결된 것이다.

156 위키피디아 참조, https://de.wikipedia.org/wiki/Eidgen%C3%B6ssische_Volksinitiative_%C2%ABf%C3%BCr_die_Proporzwahl_des_Nationalrates%C2%BB#/media/Datei:Bild_Plakat_Majorz_Proporz.jpg (2022. 3. 10. 최종 확인); 경향신문, "선거제 개혁이 국민 밥그릇 챙기기" (2018. 12. 16.), https://n.news.naver.com/mnews/article/032/0002911513?sid=001 (2022. 3. 10. 최종 확인).

157 농민·기업·시민당
독일어로 Bauern, Gewerbe und Bürgerpartei (BGB)
영어로 Peasant, Commercial and Citizens' Party (The Agrarian Party)
한국어로 농민·기업·시민당, 스위스농민·소기업·시민당, 농민·자영업자·부르주아당, 농민중소기업가당, 농민당 등으로 번역된다. 여기서는 약칭해 '농민당'으로 한다. 자세한 내용은 제6장 스위스 정당론 참조.

158 인구가 많은 9개 칸톤(취리히, 베른, 보, 아르가우, 장크트갈렌, 제네바, 루체른, 티치노, 발레 칸톤)은 8~35개의 하원의석을 가진다.

나머지 17개 칸톤(프리부르, 바젤란트, 졸로투른, 투르가우, 바젤슈타트, 그라우뷘덴, 슈비츠, 뇌샤텔, 추크, 쥐라, 샤프하우젠, 아펜첼아우서로덴, 아펜첼이너로덴, 우리, 옵발덴, 니트발덴, 글라루스)은 1~7개의 하원의석을 가진다.

칸톤에서 차지하는 전체 인구 중 유권자 비율은 칸톤별로 0.21%부터 16.93%까지 다양하지만, 상원의석 점유율을 보면, 반칸톤은 2.17%, 칸톤은 4.35%이다. 이처럼 상원에서 동일한 숫자의 의석을 배정받기 때문에 작은 칸톤은 과다 대표되고, 큰 칸톤은 과소 대표된다: 이옥연, 스위스 다문화주의의 도면: 연방법제도와 정당제를 중심으로, 국제정치논총 제49집 5호, 한국국제정치학회 (2009), 345.

159 유럽안보협력기구

영어로 Organization for Security and Cooperation in Europe (OSCE)

유럽안보협력기구의 전신은 1975년 8월 1일 헬싱키 정상회의 개최 결과인 헬싱키 협정에 따라 설치된 유럽안보협력회의(Conference on Security and Co-operation in Europe, CSCE)이다. 1995년 유럽안보협력기구(OSCE)로 명칭이 변경됐고, 상설 기구화됐다. 유럽안보협력기구는 유럽지역 국가 및 미국, 캐나다, 몽골을 합해 57개국을 회원국으로 한다. 또한 11개 협력동반자국(Partners for Cooperation)이 있다. OSCE의 주요 회의체로 정상회의, 각료이사회, 상설이사회, 안보협력포럼(Forum for Security Council)이 있다. 또한 OSCE 산하에 사무국, 민주제도인권사무소(Office for Democratic Institution and Human Rights, ODIHR)가 있다: 외교부, OSCE 개황 (2013), 6-8, 59-60.

160 민주제도인권사무소

영어로 Office for Democratic Institutions and Human Rights (ODIHR)

한국어로 민주제도인권연구소 등으로 번역된다.

유럽안보협력기구 산하 기구로 폴란드 바르샤바에 소재한다. 1990년 11월 파리 정상회의에서 '자유선거사무소(Office for Free Elections)' 설립이 결정됐고, 1992년 프라하 이사회에서 인권 분야 업무를 자유선거사무소에 추가하면서 현재의 이름으로 변경됐다. 민주제도인권사무소는 선거참관, 법치, 양성평등, 이민 및 이전의 자유, 사회주의 국가의 민주체제 및 제도로의 이행, 인권 및 기본권 보장 등의 업무를 수행한다: OSCE 홈페이지 참조, https://www.osce.org/history (2022. 3. 10. 최종 확인): 네이버 지식백과 참조, https://terms.naver.com/entry.nhn?docId=1846500&cid=43160&categoryId=43160 (2022. 3. 10. 최종 확인).

161 OSCE, "Swiss Confederation, Federal Assembly Elections, 18 October 2015", OSCE/ODIHER Needs Assessment Mission Report (2015), 8.

162 정치적 권리에 관한 글라루스 칸톤법률

법령번호(SG) 132.100(1994.4.21. 제정, 2021.1.1. 현재)

독일어로 Gesetz über Wahlen und Abstimmungen (Wahlgesetz).

163 Christine Benesch & Monika Bütler & Katharina E. Hofer, "Transparency in Parliamentary Voting", CESifo Working Paper Series No. 5682 (2016), 12.

164 Wolf Linder & Isabelle Steffen, Swiss Confederation, Forum of Federations (2006), 5.

165 예를 들어 2015년 상원선거에서 기민당 13석, 자민당 13석을 얻었지만, 좌파 성향의 사민당은 12석, 녹색당은 1석을 얻었다. 2019년 상원선거에서는 기민당 13석, 자민당 12석을 얻었지만, 좌파 성향의 사민당은 9석, 녹색당은 5석을 얻었다.

166 상대다수 대표제
프랑스어로 majorité relative
영어로 relative majority
한국어로 단순다수 대표제라고도 한다.
상대다수 대표제는 다수대표제의 한 유형이다. 총 득표수의 과반을 넘지 못하더라도 다른 후보보다 한 표라도 더 받으면 당선되는 시스템이다: 네이버 지식백과, https://terms.naver.com/entry.naver?docId=5941324&ref=y&cid=40942&categoryId=31651 (2022. 3. 10. 최종 확인).

167 절대다수 대표제
독일어로 absolute mehrheit
프랑스어로 majorité absolue
영어로 absolute majority system
절대다수 대표제는 총 득표수의 과반수를 넘거나 일정 기준 이상 득표해야 당선되는 시스템이다. 절대다수 대표제로는 결선 투표제와 선호 투표제가 있다. 결선 투표제는 1차 투표를 통해 결선에 진출한 최고 득표자 2인에 대해 최종 투표를 진행하는 방식을 말한다. 선호 투표제는 후보자의 선호 순위를 표시하는 방식을 말한다: 네이버 지식백과, https://terms.naver.com/entry.naver?docId=5772948&cid=40942&categoryId=31651(2022. 3. 10. 최종 확인).

168 정치적 권리에 관한 바젤란트 칸톤법률
법령번호 SGS 120(1981. 9. 7.제정, 2019년 4월 1일 현재)
독일어로 Gesetz über die politischen Rechte
https://bl.clex.ch/app/de/texts_of_law/120 (2022. 3. 10. 최종 확인).

169 절대다수대표제 적용 칸톤(19개): 취리히, 베른, 루체른, 우리, 슈비츠, 글라루스, 추크, 프리부르, 졸로투른, 샤프하우젠, 장크트갈렌, 그라우뷘덴, 아르가우, 투르가우, 티치노, 보, 발레, 제네바.

170 Swiss info. ch, "New Swiss Senate is complete"(2019.11.24.), https://www.swissinfo.ch/eng/parliamentary-elections_new-swiss-senate-is-complete/45389580 (2022. 3. 10. 최종 확인); 바젤란트 칸톤 홈페이지 참조, https://www.baselland.ch/themen/p/politische-rechte/wahlen/standeratswahlen (2022. 3. 10. 최종 확인).

171 쥐라 칸톤 홈페이지 참조, file:///C:/Users/ASSEMBLY/Downloads/Message-Federales-2019-web.pdf (2022. 3. 10. 최종 확인).

172 George Arthur Codding, The Federal Government of Switzerland, Houghton Mifflin (1961), 72.

173 1979년 베른 칸톤의회에서 마지막으로 상원의원을 간접적으로 선출했다: 안성호, 스위스연방 민주주의 연구, 대영문화사 (2001), 100.

제2장 연방선거 준비 및 선거운동

1 마지막에서 두 번째 일요일

독일어로 zweitletzten Sonntag

프랑스어로 l'avant-dernier dimanche

영어로 the second last Sunday 또는 penultimate Sunday.

2 Uwe Serdült, "Referendums in Switzerland", in: Qvortrup M., Referendums Around the World, Palgrave Macmillan (2014), 88.

3 Bibliothèque du Parlement Recherches et statistiques, Fiche d'information: Législature, Service du Parlement (2017), 1.

4 정치적 권리행사에 관한 제네바 칸톤법률

칸톤법령 번호 A 5 05

프랑스어로「Loi sur l'exercice des droits politiques (LEDP)」.

제네바 칸톤 홈페이지 참조, https://www.ge.ch/document/loi-exercice-droits-politiques-ledp; https://silgeneve.ch/legis/data/rsg_a5_05.htm; https://silgeneve.ch/legis/# (2022. 3. 10. 최종 확인).

5 Christine Benesch & Monika Bütler & Katharina E. Hofer, "Transparency in Parliamentary Voting", CESifo Working Paper Series No. 5682 (2016), 1.

6 주 스위스 대한민국대사관 홈페이지, http://overseas.mofa.go.kr/ch-ko/brd/m_8042/view. do?seq=1341130&srchFr=&srchTo=&srchWord=&srchTp=&multi_ itm_seq=0&itm_seq_1=0&itm_seq_2=0&company_cd=&company_ nm=&page=1(2022. 3. 10. 최종 확인).

7 임도빈, 개발협력 시대의 비교행정학, 박영사 (2016), 370.

8 성령강림절(Pfingstsonntag)은 그리스도교에서 부활절 후 50일 되는 날, 즉 제7주일인 오순절(伍 旬節)날에 성령이 강림한 일(사도 2장)을 기념하는 날이다. 오순절이라고도 한다; 네이버 백과, https://terms.naver.com/entry.naver?docId=1112532&cid=40942&categoryId=31589 (2022. 3. 10. 최종 확인).

9 속죄의 날(욤 키푸르)은 유대 달력으로 새해의 열 번째되는 날로 유대인들은 금식을 하고, 죄를 회개하는 등 용서와 화해를 실천한다. 유대교 최대의 명절이다. 독일의 작센주는 11월 세 번째 주 수요일이 '속죄의 날'로 공휴일이다: 네이버 백과, https://terms.naver.com/entry.naver?docId=11125 32&cid=40942&categoryId=31589 (2022. 3. 10. 최종 확인).

10 2022년 연방차원의 국민투표일은 2월 13일, 5월 15일, 9월 25일, 11월 27일이다. 2023년 연방차원의 국민투표일은 3월 12일, 6월 18일, 11월 26일이다. 4월 30일은 아펜첼이너로덴 칸톤의 란츠게마인데에서 상원의원을 선출하고, 10월 22일은 연방의원 선거일이다: 스위스 연방내각사무처 홈페이지, https://www.bk.admin.ch/ch/d/pore/va/vab_1_3_3_1.html (2022. 3. 10. 최종 확인); 연방의회 홈페이지 https://www.parlament.ch/en/ratsbetrieb/sessions/schedule (2022. 3. 10. 최종 확인).

11 선거인명부

독일어로 Stimmregister

프랑스어로 Registre des électeurs 또는 rôles électoraux

영어로 Electoral register 또는 The electoral rolls

한국어로 유권자명부, 투표인명부 등으로 번역된다.

선거인명부(選擧人名簿)는 선거구별로 유권자의 수를 집계하여 유권자들을 기록해둔 장부이다.

12 이하에서 언급되는 사항들은 하원선거에 적용되는 내용이다.

13 OSCE, "Swiss Confederation, Federal Assembly Elections, 23 October 2011", OSCE/ODIHER Election Assessment Mission Report (2012), 5.

14 코뮌 주민등록사무소

프랑스어로 des mairies

영어로 town halls.

15 재외국민으로 등록된 사람이 스위스에 거주하거나, 스위스 국적이 아니거나, 미성년자로 등록된 사람이 성년이 된 후 90일 이내 등록을 확인하지 않거나, 사망 · 실종신고되거나, 연락이 안되는 경우 재외 국민등록부에서 삭제된다(스위스 재외국민 및 기관에 관한 연방법 제14조 제1항).

16 후보자명부

독일어로 Die Wahlvorschläge

프랑스어로 Les listes de candidats

영어로 the candidate lists.

우리나라의 정당별 비례대표 국회의원 후보자명부와 유사하다.

17 루체른 대학과 제네바 대학의 연구진이 2015년 연방선거에서 600,000개의 수정된 투표용지를 분석한 결과이다: Swiss info.ch, "Election candidates with 'foreign' names face discrimination, says study"(2021.7.28.), https://www.swissinfo.ch/eng/election-candidates-with—foreign—names-face-discrimination—says-study/46824206 (2022. 3. 10. 최종 확인).

18 지정된 표시와 번호

독일어로 Bezeichnungen und Ordnungsnummern

프랑스어로 leur dénomination et leur numéro d'ordre

영어로 designations and reference numbers.

19 칸톤관보

독일어로 kantonalen Amtsblatt

프랑스어로 feuille officielle du canton

영어로 official cantonal gazette.

20 2019년 하원선거 기준,

2~10석인 칸톤은 샤프하우젠(2석), 쥐라(2석), 루체른 칸톤(9석) 등을 합해 14개 칸톤이 있다. 11~20석인 칸톤은 제네바(12석), 장크트갈렌(12석), 아르가우(16석), 보 칸톤(19석)을 합해 4개 칸톤이 있다. 21석 이상인 칸톤은 베른(24석), 취리히 칸톤(35석)을 합해 2개 칸톤이 있다.

21 뇌샤텔 칸톤(4석)의 경우 상원 선거에는 유권자 3명의 서명이 필요하다: OSCE, "Swiss Confederation, Federal Assembly Elections, 23 October 2011", OSCE/ODIHER Election Assessment Mission Report (2012), 8.

22 연방내각사무처에 등록될 수 있는 정당은 민법 제60조~제79조에 따른 합법적인 연합형태인 경우, 하원에 1명의 의원이 있거나 3개의 칸톤의회에 3명의 의원을 가지는 경우이다(정치적 권리에 관한 연방법 제76조의a). 한편 2015년 정치적 권리에 관한 연방법 개정을 통해 칸톤에 단지 하나의 후보자명부만을 제출한 정당에 대한 서명 제외 규정은 삭제됐다.

23 대리인과 부대리인

독일어로 Vertreter und Stellvertreter

프랑스어로 comme mandataire et comme son suppléant

영어로 the agent and deputy agent.

24 8월에서 9월까지 1개월 연장에 대해 많은 이가 찬성했지만, 해외우편 서비스의 품질이 업체마다 달라 재외국민에 대한 투표·선거 관련 자료 배송이 지연된다는 지적도 있다. 또한 칸톤별로 서로 다른 후보자명부 제출기한으로 인해 후보자의 정치적 메시지가 전국의 유권자들에게 동등하게 전달되지 않는다는 한계를 지적한다: OSCE, "Swiss Confederation, Federal Assembly Elections, 23 October 2011", OSCE/ODIHER Election Assessment Mission Report (2012), 8.

25 대체후보자

독일어로 Ersatzvorschläge

프랑스어로 candidatures de remplacement

영어로 replacement candidates.

26 지정된 번호

독일어로 Ordnungsnummern

프랑스어로 numéro d'ordre

영어로 reference numbers.

27 후보자 통합(결합)명부

독일어로 Verbundene Listen

프랑스어로 Apparentement

영어로 joint lists, Combined electoral lists

한국어로 후보자 통합명부, 후보자 연합명부 등으로 번역된다.

28 OSCE, "Swiss Confederation, Federal Assembly Elections, 23 October 2011", OSCE/ODIHER Election Assessment Mission Report (2012), 7.

29 하위통합명부

독일어로 Unterlistenverbindungen

프랑스어로 sous-apparentements entre listes

영어로 List sub-combinations

한국어로 하위결합명부, 하위연합명부 등으로 번역된다.

30 디지털 형태의 후보자명부

독일어로 die Listen in elektronischer Form

프랑스어로 les listes électorales sous forme électronique

영어로 the electoral lists in electronic form.

31 결속당

프랑스어로 solidaritéS

영어로 Solidarity

결속당은 반자본주의, 페미니스트, 생태 사회주의 운동을 주장한다. 1992년 제네바에서 창당됐고, 제네바, 보, 뇌샤텔, 프리부르 칸톤에서 주로 활동한다. 1995년부터 2015년까지 하원선거에서 0.3~0.5%를 득표했다. 2019년 10월 하원선거에서 1.0%를 득표해 1석을 얻었다.

결속당 홈페이지 참조, https://solidarites.ch/ (2022. 3. 10. 최종 확인).

32 연방내각사무처 홈페이지 참조, https://www.bfs.admin.ch/bfs/de/home.assetdetail.9448032.html (2022. 3. 10. 최종 확인).

33 Christine Benesch & Monika Bütler & Katharina E. Hofer, "Transparency in Parliamentary Voting", CESifo Working Paper Series No. 5682 (2016), 1.

34 Georg Lutz/Peter Selb, Wahlen, in: Peter Knoepfel et al. (Hrsg.), Handbuch der Schweizer Politik: Manuel de la politique suisse, 5. Aufl., Verlag Neue Zürcher Zeitung (2014), 471.

35 후보자명부와 후보자 숫자 관련, 연방내각사무처 자료와 연방통계청 자료에 차이가 있다. 예컨대 2015년 후보자명부는 연방내각사무처 자료에 따르면 426개인데, 연방통계청 자료에 따르면 422개이다. 또한 2011년 후보자 숫자는 연방내각사무처 자료에 따르면 3,788명인데, 연방통계청 자료에 따르면 3,792명으로 두 자료가 일치하지 않는다. 본문과 도표는 연방내각사무처 또는 연방통계청 자료를 따랐고, 인용출처에 따라 자료의 차이가 있다.

36 연방내각사무처 홈페이지 참조, https://www.bfs.admin.ch/bfs/en/home/statistics/politics.assetdetail.9448033.html (2022. 3. 10. 최종 확인).

37 Georg Lutz/Peter Selb, Wahlen, in: Peter Knoepfel et al. (Hrsg.), Handbuch der Schweizer Politik: Manuel de la politique suisse, 5. Aufl., Verlag Neue Zürcher Zeitung (2014), 470.

38 스위스방송공사

독일어로 Schweizerische Radio und Fernsehgesellschaft (SRF)

프랑스어로 Société suisse de radiodiffusion et télévision (SSR)

이탈리아어로 Società svizzera di radiotelevisione (SSR)

영어로 Swiss public radio and television (RTS).

39 OSCE, "Swiss Confederation, Federal Assembly Elections, 18 October 2015", OSCE/ODIHER Needs Assessment Mission Report (2015), 9: 스위스방송공사 홈페이지 참조, https://www.srgssr. ch/en/who-we-are/organisation/cooperations-and-media-partnerships (2021. 12. 13. 최종 확인).

40 OSCE, "Swiss Confederation, Federal Assembly Elections, 23 October 2011", OSCE/ODIHER Election Assessment Mission Report (2012), 11.

41 OSCE, "Swiss Confederation, Federal Assembly Elections, 23 October 2011", OSCE/ODIHER Election Assessment Mission Report (2012), 12.

42 OSCE, "Swiss Confederation, Federal Assembly Elections, 20 October 2019", ODIHER Needs Assessment Mission Report (2019), 11.

43 Georg Lutz/Peter Selb, Wahlen, in: Peter Knoepfel et al. (Hrsg.), Handbuch der Schweizer Politik: Manuel de la politique suisse, 5. Aufl., Verlag Neue Zürcher Zeitung (2014), 472.

44 Clive H. Church, The Politics and Government of Switzerland, Palgrave Macmillan UK (2004), 137.

45 교통표지법 시행령

법령번호(SR) 741.21

독일어로 「Signalisationsverordnung (SSV)」

프랑스어로 「Ordonnance sur la signalisation routière (OSR)」

영어로 「Regulations on the protection of the appearance or character of the location」.

46 스마트보트(smartvote)는 2003년 연방선거를 위해 처음 개발되었고, 2004년부터 칸톤과 코뮌선 거를 위한 서비스도 제공한다. 2018년까지 스마트투표는 스위스에서 실시된 200개 이상의 선거 에 사용됐다. 연방의원의 프로필 등을 스마트보트(smartvote)에서 찾을 수 있다. 연구 결과에 따 르면, 2011년 유권자의 15%가 의사결정을 하는데 스마트보트를 사용한 것으로 나타났다: 위키피 디아 홈페이지 참조, https://en.wikipedia.org/wiki/Smartvote (2022. 3. 10. 최종 확인); 스마트보 트 홈페이지, https://smartvote.ch/en/home (2022. 3. 10. 최종 확인).

47 비멘티스(Vimentis)는 2003년 장크트갈렌 학생들이 만들었다. 당시 국민투표에 9개의 안건이 회 부됐는데, 투표 후 연구에 따르면 유권자의 20%만 안건에 대해 알고 투표했고, 나머지는 연방정 부나 정당이 제공한 정보에 따라 투표한 것으로 나타났다. 이런 문제점을 해결하기 위해 설립된 비멘티스는 2003년부터 투표 등 중요한 정치 문제에 대한 간단하고 중립적인 텍스트를 발표하 고 있다. 또한 매년 가장 중립적인 온라인 정치 조사를 실시하고, 연방의원들의 활동을 게시한다.

또한 연방법률안의 내용과 칸톤에서 실시한 주민투표의 내용을 게재한다. 이러한 활동을 통해 유권자와 정치활동을 연결한다: 위키피디아 홈페이지 참조, https://de.wikipedia.org/wiki/Vimentis (2022. 3. 10. 최종 확인); 비멘티스 홈페이지, https://www.vimentis.ch/ (2022. 3. 10. 최종 확인).

48 OSCE, "Swiss Confederation, Federal Assembly Elections, 20 October 2019", ODIHER Needs Assessment Mission Report (2019), 10: OSCE, "Swiss Confederation, Federal Assembly Elections, 23 October 2011", OSCE/ODIHER Election Assessment Mission Report (2012), 9, 11.

49 독립민원기관

영어로 Independent Complaints Authority (ICA)

ICA는 스위스 방송공사의 온라인 콘텐츠를 감독한다.

50 연방통신국

독일어로 Bundesamt für Kommunikation (BAKOM)

프랑스어로 Office fédéral de la communication (OFCOM)

영어로 Federal Office of Communications (OFCOM)

연방환경·교통·에너지·통신부(DETEC)에 소속된 연방통신국은 통신인프라를 확충한다. 텔레비전과 라디오 수신료에서 얻은 수익을 지역방송국과 스위스 방송협회에 배분한다: 연방통신국 홈페이지, https://www.bakom.admin.ch/bakom/en/homepage.html (2022. 3. 10. 최종 확인).

51 언론협의회

독일어로 Der Schweizer Presserat

프랑스어로 Le Conseil suisse de la presse

영어로 The Swiss Press Council

한국어로 언론위원회, 언론중재위원회 등으로 번역된다.

언론협의회는 언론과 국민의 언론윤리에 관한 민원을 담당한다. 언론윤리의 근본적인 문제를 고찰하고, 윤리문제를 검토한다. 언론인의 전문적인 윤리에 관한 민원제기를 검토하고 언론의 자유와 표현의 자유를 옹호한다. 언론협의회는 21명의 위원으로 구성하고, 이 중 6명은 언론전문가가 아닌 일반 국민의 입장을 대표한다. 위원중 6명은 프랑스어권, 2명은 이탈리아어권 출신으로 구성된다: 언론협의회 홈페이지 참조, https://presserat.ch/en/der-presserat/geschaeftsreglement/ (2022. 3. 10. 최종 확인).

52 OSCE, "Swiss Confederation, Federal Assembly Elections, 18 October 2015", OSCE/ODIHER Needs Assessment Mission Report (2015), 9-10.

53 스위스 연방법원 체계는 최용훈, 스위스 연방의회론, 한국학술정보 (2022), 36~37 참조

54 OSCE, "Swiss Confederation, Federal Assembly Elections, 23 October 2011", OSCE/ODIHER Election Assessment Mission Report (2012), 22.

55 보 칸톤의회에서 당선됐지만 연방법원에 제소된 칸톤의원은 2017년 3월 27일 칸톤의회에서 취임선서를 하지 못했다: RTS, "L'homme arrêté en Valais pour fraude électorale est membre de

l'UDC" (2017. 6. 15.), https://www.rts.ch/info/regions/valais/8707289-l-homme-arrete-en-valais-pour-fraude-electorale-est-membre-de-l-udc.html (2022. 3. 10. 최종 확인).

56 재보궐선거

독일어로 Ersatz- und Ergänzungswahlen

프랑스어로 des élections de remplacement et des élections complémentaires.

영어로 by-elections and supplementary elections.

57 보궐선거

독일어로 Ergänzungswahl

프랑스어로 Election complémentaire

영어로 Supplementary election.

58 유권자 서명명부

독일어로 der Unterzeichnerinnen und Unterzeichner der Liste

프랑스어로 des signataires de la liste

영어로 the signatories to the list.

59 2019년 3월 10일 1차 투표에서 기민당의 Benedikt Würth는 37,000표 이상을 득표했다. 자민당의 여성후보인 Susanne Vincenz-Stauffacher와의 표 차이는 12,000표 이상이었고, 스위스국민당의 Mike Egger가 얻은 표의 2배를 얻었다. 무소속의 Graf는 2,200표를 얻었다.

2차 투표에서 뷰르스(Benedikt Würth)는 41%의 득표율로 50,669표를 얻어 당선됐고, Susanne Vincenz-Stauffacher는 36,550표(30%)를, Mike Egger는 27,146표(22%)를, Andreas Graf는 8,113표를 각각 얻었다: Die Ostschweiz, "Der neue Ständerat des Kantons St.Gallen heisst Benedikt Würth"(2019. 5. 19.), https://www.dieostschweiz.ch/artikel/der-neue-staenderat-des-kantons-stgallen-heisst-benedikt-wuerth-4YRW5Lw (2022. 3. 10. 최종 확인); The Swiss Confederation: a brief guide 2020, Federal Chancellery (2020), 35.

60 1848년 연방헌법 제정 당시부터 규정된 연방헌법 전부 개정에 관한 국민발안은 두 차례 실시됐다. 1880년 10월 31일과 1935년 9월 8일 각각 연방헌법 전부 개정에 관한 국민발안에 대해 국민투표가 실시됐지만, 모두 부결됐다. 1880년 10월 31일에는 투표율 59.4%, 국민 찬성 31.8%, 4.5개 칸톤 찬성으로 부결됐다. 1935년 9월 8일에는 투표율 60.9%, 국민 찬성 27.7%으로 부결됐다: 최용훈, 스위스 직접민주주의의 이해, 한국학술정보 (2022), 95-96, 170, 173.

61 총선거

독일어로 außerordentliche Gesamterneuerung

프랑스어로 de renouvellement intégral extraordinaire du conseil

영어로 extraordinary general election

한국어로 특별총선거, 특별선거, 재선거 등으로 번역된다.

제3장 투표제도

1 선거안내문(선거공보)

    영어로 informational booklet.

2 투표용지

    프랑스어로 bulletins des électeurs

    영어로 ballot paper.

3 칸톤 선거관리기관

    독일어로 Kantonales Wahlbüro

    프랑스어로 Bureau électoral du canton

    영어로 cantonal election office.

4 제네바 칸톤에서는 선거관리위원회가 선거관리를 감독했고, 취리히 칸톤에서는 칸톤 통계국이 선거관리위원회 역할을 하면서 연방선거를 관리했다: OSCE, "Swiss Confederation, Federal Assembly Elections, 23 October 2011", OSCE/ODIHER Election Assessment Mission Report (2012), 7-8, 14.

5 코뮌 선거관리기관

    독일어로 Gemeindewahlbüro

    프랑스어로 bureau électoral communal

    영어로 the municipal electoral bureau.

6 투표봉투

    프랑스어로 enveloppe de vote

    영어로 Ballot envelope, vote envelope.

7 투표카드

    프랑스어로 carte de vote

    영어로 Voter identification card, Voting signature card.

8 우편봉투

    영어로 Return envelope for postal voting.

9 투표자료

    독일어로 amtliche Stimmmaterial und die Erläuterungen

    프랑스어로 le matériel de vote et les explications

    영어로 the official voting materials and the explanatory statements.

10 Watson. ch, "Wie stimmt man ab? - So wird der Stimmzettel richtig ausgefüllt (2021. 11. 22.), https://www.watson.ch/schweiz/abstimmungen%202021/574332374-schweiz-wie-und-bis-wann-brieflich-abstimmen (2022. 3. 10. 최종 확인).

11 2011년 연방법관이 법인세 개혁에 대한 국민투표 안내책자를 '불완전하고, 부정확하다'고 비판했
    다. 2013년에는 관련 제약사의 의견 없이 전염병법 개정안을 게재했고, 2014년에는 이민제한에
    관한 국민발안이 프랑스어로 부정확하게 번역됐다.

12 Swiss info.ch, "Direct democracy also has its user guide" (2016.2.9.), https://www.swissinfo.ch/
    eng/handy-booklet_direct-democracy-also-has-its-user-guide/41773098 (2022. 3. 10. 최종 확
    인).

13 사전투표
    독일어로 Vorzeitige Stimmabgabe
    프랑스어로 Vote anticipé
    영어로 Advance voting.

14 대리투표
    독일어로 Die Stimme darf durch Drittpersonen
    프랑스어로 l'urne par un tiers
    영어로 cast by proxy.

15 공란투표
    독일어로 leeren Stimmzettel
    프랑스어로 vote blancs
    영어로 the empty ballot
    한국어로 비어있는 투표 등으로 번역된다.

16 제네바 칸톤헌법 제55조(Système majoritaire, 다수대표제)
    프랑스어로 2. Sont élus au premier tour les candidates ou les candidats qui ont obtenu le plus de voix,
    mais au moins la majorité absolue des bulletins valables, y compris les bulletins blancs
    영어로 2. The candidates who have obtained the most votes, but at least the absolute majority of valid
    ballots, including blank ballots, are elected in the first round.
    한국어로 2. 1차 투표에서 백지투표를 포함하여 유효표의 절대다수표를 획득한 후보자가 선출된다.

17 제네바 칸톤 홈페이지 참조, https://www.ge.ch/elections/20180506/glossaire/#bulletin (2022. 3.
    10. 최종 확인).

18 추가투표
    독일어로 Zusatzstimmen
    프랑스어로 Suffrages complémentaires
    영어로 Additional votes.

19 사전에 인쇄된 투표용지
    독일어로 Wahlzettel mit Vordruck 또는 Vorgedruckte Wahlzettel
    프랑스어로 Les bulletins électoraux avec impression
    영어로 Pre-printed ballot papers.

20 스위스우정국

  독일어로 Die Schweizerische Post

  프랑스어로 La Poste suisse

  영어로 Swiss Post.

  한국어로 스위스 우체국, 연방우정국 등으로 번역된다.

  연방우정국은 1849년 창립됐고, 연방정부가 소유한 두 번째로 큰 공기업이다: 위키피디아 검색
  참조, https://en.wikipedia.org/wiki/Swiss_Post (2022. 3. 10. 최종 확인); 스위스우정국 홈페이지
  참조, https://www.post.ch/en/ (2022. 3. 10. 최종 확인).

21 Swiss info.ch, "The story of the ballot paper" (2016. 5. 28.), http://www.swissinfo.ch/eng/direct-
  democracy_the-story-of-the-ballot-paper/42179952 (2022. 3. 10. 최종 확인).

22 투표기록용지

  독일어로 Erfassungsbelege

  프랑스어로 bulletins de saisie font

  영어로 vote recording vouchers.

23 투표용지 수정 없는 투표

  독일어로 Wahlzettel unverändert lassen

  영어로 Leave ballot papers unchanged.

24 투표용지를 수정한 투표

  독일어로 Wahlzettel verändern

  영어로 change the ballot.

25 삭선투표

  독일어로 Streichen

  프랑스어로 latoiser

  영어로 deleting the vote.

26 OSCE, "Swiss Confederation, Federal Assembly Elections, 23 October 2011", OSCE/
  ODIHER Election Assessment Mission Report (2012), 6; George Arthur Codding, The Federal
  Government of Switzerland, Houghton Mifflin (1961), 77.

27 Clive H. Church, The Politics and Government of Switzerland, Palgrave Macmillan UK (2004),
  138.

28 누적투표

  독일어로 kumulieren

  프랑스어로 cumuler

  영어로 accumulating the vote.

29 분할투표

  독일어로 panaschieren

프랑스어로 panacher

영어로 splitting the vote.

30 Ruth Lüthi, Parlament, in: Peter Knoepfel et al. (Hrsg.), Handbuch der Schweizer Politik: Manuel de la politique suisse, 5. Aufl., Verlag Neue Zürcher Zeitung (2014), 187.

31 사전에 인쇄되지 않아 비어있는 투표용지(백지투표용지)

독일어로 leeren Wahlzettel

프랑스어로 Bulletins blancs

영어로 blank ballot paper

한국어로 공란투표용지, 비어있는 투표용지 등으로 번역된다.

32 정당명칭이 없는 투표

독일어로 ohne Parteibe-zeichnung

영어로 Without party name

투표가 완료되면 칸톤정부는 유효표·무효표·공란투표, 후보자명부의 후보자별 득표수, 공란투표수(후보자 투표), 후보자명부에 대한 투표 및 공란투표의 합계(정당투표), 통합명부 투표수 및 공란투표수를 확인한다(정치적 권리에 관한 연방법 제39조).

33 Bundeskanzlei BK, Wahlanleitung für die Nationalratswahlen (2015), 10; Bundeskanzlei BK, Wahlanleitung für die Nationalratswahlen (2019), 10.

34 1955년 선거에서 투표용지에 기재된 후보자의 이름을 삭제하고 다른 후보자 이름을 기재한 경우(삭선투표)는 14.5%, 사전에 인쇄되지 않아 비어있는 투표용지에 유권자가 이름을 기재하는 경우(정당명칭 없는 백지투표)는 2.7%였다. 1955년 선거에서 백지투표는 단지 1.7%로 나타났다. 장크트갈렌 칸톤에서는 68,900표 중 2,234표(3.2%)가, 아르가우 칸톤에서는 79,494표 중 2,342표(2.9%)가, 투르가우 칸톤에서는 32,296표 중 764표(2.4%)가 각각 백지투표였다: George Arthur Codding, The Federal Government of Switzerland, Houghton Mifflin (1961), 77; José M. Magone, The Statecraft of Consensus Democracies in a Turbulent World: A Comparative Study of Austria, Belgium, Luxembourg, the Netherlands and Switzerland, Routledge (2017), 121.

35 Georg Lutz/Peter Selb, Wahlen, in: Peter Knoepfel et al. (Hrsg.), Handbuch der Schweizer Politik: Manuel de la politique suisse, 5. Aufl., Verlag Neue Zürcher Zeitung (2014), 469.

36 무효표

독일어로 Ungültige Wahlzettel

프랑스어로 Bulletins électoraux nuls

영어로 Invalid ballot papers.

37 투표소 투표

프랑스어로 Vote au local

영어로 Polling Station Voting.

38 OSCE, "Swiss Confederation, Federal Assembly Elections, 18 October 2015", OSCE/ODIHER Needs Assessment Mission Report (2015), 5.

39 스위스 정치시스템 홈페이지, https://www.ch.ch/en/demokratie/votes/how-do-i-vote-and-where/ (2022. 3. 10. 최종 확인).

40 정치적 주소지
독일어로 Politischer Wohnsitz
프랑스어로 Domicile politique
영어로 Political domicile.

41 출생지 코뮌
프랑스어로 Voter commune d'origine
영어로 origin commune, electoral commune
한국어로 원적지 코뮌, 출신 코뮌이라고도 한다.

42 전자투표를 하는 경우 출생지 코뮌이 전자투표 실시 지역에 포함되는지를 주민등록증으로 확인할 수 있다: Republique et Canton de Geneve(Chancellerie d'Etat Service des votations et élections), Votation Cantonale 18 mai 2014 (2014), 35.

43 바젤슈타트 칸톤 홈페이지 참조, https://www.staatskanzlei.bs.ch/politische-rechte/wahlen-abstimmungen/informationen.html#page_section3_section2 (2022. 3. 10. 최종 확인).

44 투표사무원
프랑스어로 Jurés électoraux
영어로 a polling staff member

45 OSCE, "Swiss Confederation, Federal Assembly Elections, 23 October 2011", OSCE/ODIHER Election Assessment Mission Report (2012), 13-14.

46 선거와 투표에 관한 바젤슈타트 칸톤법
바젤슈타트 법령번호(Wahlgesetz) 132.100
독일어로 「Gesetz über Wahlen und Abstimmungen」
https://www.gesetzessammlung.bs.ch/app/de/texts_of_law/132.100 (2022. 3. 10. 최종 확인).

47 OSCE, "Swiss Confederation, Federal Assembly Elections, 23 October 2011", OSCE/ODIHER Election Assessment Mission Report (2012), 14.

48 OSCE, "Swiss Confederation, Federal Assembly Elections, 18 October 2015", OSCE/ODIHER Needs Assessment Mission Report (2015), 10.

49 우편투표
독일어로 Briefliche Stimmabgabe
프랑스어로 Vote par correspondance
영어로 Postal voting.

50 제한적인 우편투표

  독일어로 bedingte briefliche Stimmabgabe

  영어로 conditional Postal voting.

51 Urs Gasser & James M. Thurman & Richard Stäuber & Jan Gerlach, E-Democracy in Switzerland: Practice and Perspective, Dike publishing house (2010), 7.

52 Urs Gasser & James M. Thurman & Richard Stäuber & Jan Gerlach, E-Democracy in Switzerland: Practice and Perspective, Dike publishing house (2010), 5, 7-8.

53 일반적인 우편투표

  독일어로 voraussetzungslose briefliche Stimmabgabe

  영어로 unconditional postal voting.

54 Thomas Milic & Michele McArdle & Uwe Serdült, "Attitudes of Swiss citizens towards the generalisation of E-Voting", Working Paper, Zentrum für Demokratie Aarau (2016), 8.

55 Urs Gasser & James M. Thurman & Richard Stäuber & Jan Gerlach, E-Democracy in Switzerland: Practice and Perspective, Dike publishing house (2010), 3.

56 종전에는 선거일 10일 전에 국내유권자에게 발송됐고, 해외 유권자는 국내유권자에 대한 투표용지 발송 일주일 전에 발송됐다: OSCE, "Swiss Confederation, Federal Assembly Elections, 20 October 2019", ODIHER Needs Assessment Mission Report (2019), 6.

57 Bundeskanzlei BK, Wahlanleitung für die Nationalratswahlen (2015), 12.

58 빠른 우편(A 우편)은 발송 후 다음날(토요일 포함) 도착하는 우편으로 중요한 사항을 보낼 때 사용한다. 일반 우편(B 우편)은 발송 후 최대 3일 내에 도착하는 일반적인 우편으로 토요일은 배달되지 않는다: 스위스 우정국 홈페이지 참조, https://www.post.ch/en/sending-letters/domestic-letters/a-mail-letter (2022. 3. 10. 최종 확인).

59 OSCE, "Swiss Confederation, Federal Assembly Elections, 23 October 2011", OSCE/ODIHER Election Assessment Mission Report (2012), 13.

60 연방의회 홈페이지 참조, https://www.parlament.ch/de/ratsbetrieb/suche-curia-vista/geschaeft?AffairId=20173762 (2022. 3. 10. 최종 확인).

61 우표 가격은 30년 동안 0.5프랑(640원)에서 0.85프랑(1,090원)이었다. 연구결과에 따르면 우편요금을 칸톤이 부담할 경우 투표율이 유의하게 1.8% 높아지는 것을 밝혔다. 우편봉투용 반송봉투를 제공하는 코뮌의 유권자 참여율은 평균보다 4.5%포인트 높았다. 이 조사는 베른 칸톤의 325개 코뮌에서 수행됐다: Swiss info. ch, "Stamps make a difference for voter turnout" (2017. 11. 5.), https://www.swissinfo.ch/eng/directdemocracy/paid-postage_stamps-make-a-difference-for-voter-turnout/43648116?utm_campaign=own-posts&utm_source=swissinfoch&utm_medium=displaylist&utm_content=o (2022. 3. 10. 최종 확인).

62 우편투표제는 투표율을 높이는 데 커다란 기여를 하지 못했고, 오히려 신뢰성 문제 등 여러 가지 문제를 유발했다는 의견이다: 유석진 · 강원택 · 김면회 · 김용복 · 임혜란 · 장우영 · 조희정 · 한영빈, 전자투표와 민주주의: 9개국 비교연구, 인간사랑 (2009), 105.

63 대정부질문

독일어로 Interpellation

프랑스어로 interpellation

영어로 interpellation.

대정부질문은 연방의원이 대내외 정책 또는 특정 사안과 관련된 자료의 제출을 요구하거나, 정보의 제공을 요구하는 의정활동이다. 연방의원은 이를 통해 정책에 대한 연방내각의 추진방향을 확인할 수 있다(의회법 제125조 제1항). 연방내각은 다음 정기회까지 대정부질문에 답변한다(의회법 제125조 제2항).

64 의안번호 13.3444(대정부질문), 연방의회 홈페이지 참조, https://www.parlament.ch/fr/ratsbetrieb/suche-curia-vista/geschaeft?AffairId=20133444 (2022. 3. 10. 최종 확인).

65 Swiss info. ch, "Parliament launches debate about postal vote" (2018. 3. 8.), https://www.swissinfo.ch/eng/paid-postage_parliament-launches-debate-about-postal-vote/43955270?utm_campaign=teaser-in-article&utm_content=o&utm_source=swissinfoch&utm_medium=display (2022. 3. 10. 최종 확인).

66 의안번호 17.3762(법안제출요구안), 연방의회 홈페이지 참조, https://www.parlament.ch/de/ratsbetrieb/suche-curia-vista/geschaeft?AffairId=20173762 (2022. 3. 10. 최종 확인).

67 Urs Gasser & James M. Thurman & Richard Stäuber & Jan Gerlach, E-Democracy in Switzerland: Practice and Perspective, Dike publishing house (2010), 7-8, 13.

68 다른 조사에 따르면 칸톤별 우편투표 활용이 43~80%로 나타났다. 아르가우 칸톤의 우편투표 활용비율은 97%로 나타났다: OSCE, "Swiss Confederation, Federal Assembly Elections, 20 October 2019", ODIHER Needs Assessment Mission Report (2019), 6; 연방의회 홈페이지 참조, https://www.parlament.ch/fr/ratsbetrieb/suche-curia-vista/geschaeft?AffairId=20133444 (2022. 3. 10. 최종 확인).

69 제네바 칸톤 거주 주민과 제네바에서 투표권을 가지는 재외국민을 합한 수치이다: 제네바 칸톤 홈페이지, https://www.ge.ch/statistique/domaines/17/17_02/tableaux.asp#23 (2022. 3. 10. 최종 확인); 이혜승, "스위스 재난관리 및 선거방식의 다양화", 선거연수원 (2019), 15.

70 Swiss info. ch, "How the world's most frequent voters handle postal ballots" (2020.10.2.), https://www.swissinfo.ch/eng/how-the-world-s-most-frequent-voters-handle-postal-ballots/46070666 (2022. 3. 10. 최종 확인).

71 안성호, 분권과 참여: 스위스의 교훈, 다운샘 (2005), 332.

72 전자투표

독일어로 Elektronische Stimmabgabe

프랑스어로 Vote électronique

영어로 electronic voting, e-voting

한국어로 전자투표, 인터넷투표라고 한다.

73 유석진·강원택·김면회·김용복·임혜란·장우영·조희정·한영빈, 전자투표와 민주주의: 9 개국 비교연구, 인간사랑 (2009), 127.

74 Nadja Braun, "E-Voting: Switzerland's projects and their Legal Framework", Electronic Voting in Europe, 43 (2004), 44.

75 Anina Weber & Geo Taglioni, Swiss Elections to the National Council: First trials with e-voting in elections at federal level (2011), 1.

76 Urs Gasser & James M. Thurman & Richard Stäuber & Jan Gerlach, E-Democracy in Switzerland: Practice and Perspective, Dike publishing house (2010), 60.

77 Thomas Milic & Michele McArdle & Uwe Serdült, "Attitudes of Swiss citizens towards the generalisation of E-Voting", Working Paper, Zentrum für Demokratie Aarau (2016), 12.

78 OSCE, "Swiss Confederation, Federal Assembly Elections, 23 October 2011", OSCE/ODIHER Election Assessment Mission Report (2012), 17.

79 전자투표제가 투표율을 약 9% 높일 것으로 전망됐지만, 베른 대학의 린더(Linder) 교수는 투표율 제고효과를 2% 미만으로 추정했다: Tribune de Genève, "L'e-voting augmente-t-il la participation citoyenne?" (2018.4.5.), https://www.tdg.ch/geneve/evoting-augmentetil-participation-citoyenne/story/25010426 (2022. 3. 10. 최종 확인); 안성호, 분권과 참여: 스위스의 교훈, 다운샘 (2005), 340.

80 조희정, "해외의 전자투표 추진현황 연구", 사회연구 통권 13호(2007년 1호), 한국사회조사연구소 (2007), 52-55.

81 중앙일보, "전자투표 확산, 정치 대변혁 부른다"(2020. 11. 12.), https://news.joins.com/article/23918356 (2022. 3. 10. 최종 확인).

82 조희정, "해외의 전자투표 추진현황 연구", 사회연구 통권 13호(2007년 1호), 한국사회조사연구소 (2007), 54.

83 Le président de la Confédération, Rapport du Conseil fédéral sur le vote électronique: Évaluation de la mise en place du vote électronique (2006 - 2012) et bases de développement (2013), 7.

84 Micha Germann & Uwe Uwe Serdült, Internet Voting for Expatriates: The Swiss Case (2014), 198.

85 재외국민은 2005년 63만 명에서 2020년 77만 명으로 증가했다. 2020년 전체 유권자는 549만 명으로, 재외국민은 유권자의 14.0%를 차지한다: Anina Weber & Geo Taglioni, Swiss Elections to the National Council: First trials with e-voting in elections at federal level (2011), 2.

86 재외스위스인 연합회
영어로 the Organization of the Swiss Abroad (OSA).

87 연합뉴스, "스위스 재외국민 전자투표 첫 실시" (2009. 9. 5.), https://news.naver.com/main/read.nhn?mode=LSD&mid=sec&sid1=104&oid=001&aid=0002848820 (2022. 3. 10. 최종 확인).

88 Micha Germann & Uwe Uwe Serdült, Internet Voting for Expatriates: The Swiss Case (2014), 200.

89 OSCE, "Swiss Confederation, Federal Assembly Elections, 18 October 2015", OSCE/ODIHER Election Expert Team Final Report (2016), 9.

90 연방내각사무처 홈페이지 참조, https://www.bk.admin.ch/bk/en/home/politische-rechte/e-voting.html (2022. 3. 10. 최종 확인).

91 Urs Gasser & James M. Thurman & Richard Stäuber & Jan Gerlach, E-Democracy in Switzerland: Practice and Perspective, Dike publishing house (2010), 51.

92 제네바 시스템 사용 칸톤: 제네바, 바젤슈타트, 루체른, 베른, 취리히, 글라루(2015년부터 제네바 시스템 적용) (2004~2019년).

뇌샤텔 시스템 사용 칸톤: 뇌샤텔(2005~2016년).

취리히 시스템 사용 칸톤: 취리히, 졸로투른, 아르가우, 샤프하우젠, 투르가우, 장크트갈렌, 그라우뷘덴, 글라루스, 프리부르(2005~2015년).

우정포털시스템 사용 칸톤: 프리부르, 바젤슈타트, 뇌샤텔, 투르가우(2016~2019년).

연방내각은 모든 칸톤이 자체적인 전자투표 시스템을 개발하기 보다는 개발된 전자투표 시스템 중 하나를 사용할 것을 제안했다. 전자투표를 새롭게 도입하려는 칸톤은 기존에 개발된 전자투표 시스템을 이용하는 것이 보다 경제적이기 때문이다: Urs Gasser & James M. Thurman & Richard Stäuber & Jan Gerlach, E-Democracy in Switzerland: Practice and Perspective, Dike publishing house (2010), 47; https://anneepolitique.swiss/articles?actors%5B%5D=25&keywords%5B%5D=87 (2022. 3. 10. 최종 확인).

93 Le président de la Confédération, Rapport du Conseil fédéral sur le vote électronique: Évaluation de la mise en place du vote électronique (2006 - 2012) et bases de développement (2013), 13.

94 제네바 시스템

독일어로 Genfer System 또는 CHVote

프랑스어로 le système genevois

영어로 Geneva system.

95 와이즈키(Wisekey)는 스위스에 본사를 둔 사이버보안 선도기업으로 세계경제포럼(World Economic Forum)이 선정한 글로벌 기업이다. 와이즈키는 사물인터넷(IOT), 디지털 ID 생태계를 구축하고 있다: 와이즈키 홈페이지 참조, https://www.wisekey.com/ (2022. 3. 10. 최종 확인).

96 2001년 7월부터 2002년 3월까지 몇 차례 소규모 주민투표를 대상으로 전자투표를 시범적용했다: 안성호, 분권과 참여: 스위스의 교훈, 다운샘 (2005), 337.

97 Urs Gasser & James M. Thurman & Richard Stäuber & Jan Gerlach, E-Democracy in Switzerland: Practice and Perspective, Dike publishing house (2010), 47.

98 OSCE, "Swiss Confederation, Federal Assembly Elections, 23 October 2011", OSCE/ODIHER Election Assessment Mission Report (2012), 15.

99 중앙선거관리위원회 선거연수원, 각국의 선거제도 비교연구 (2015), 581.

100 OSCE, "Swiss Confederation, Federal Assembly Elections, 18 October 2015", OSCE/ODIHER Election Expert Team Final Report (2016), 9.

101 Nadja Braun, "E-Voting: Switzerland's projects and their Legal Framework", Electronic Voting in Europe, 43 (2004), 45.

102 2018년 11월 28일 제네바 칸톤은 2020년 2월부터 제네바 시스템 개발 및 사용을 중단하기로 결정했다. 하지만 2019년 6월 11일 전자투표 신청을 철회하면서, 2019년 6월 11일부터 제네바 시스템 개발 및 사용을 중지한다고 밝혔다: OSCE, "Swiss Confederation, Federal Assembly Elections, 20 October 2019", ODIHER Needs Assessment Mission Report (2019), 6; Swissinfo. ch, "Le canton de Genève renonce à sa plate-forme de vote électronique" (2018. 11. 28.), https://www.swissinfo.ch/fre/le-canton-de-gen%C3%A8ve-renonce-%C3%A0-sa-plate-forme-de-vote-%C3%A9lectronique/44577268 (2022. 3. 10. 최종 확인); Swissinfo. ch, "C'est un coup porté à la réputation du vote électronique" (2018. 11. 28.), https://www.swissinfo.ch/fre/abandon-du-e-voting-genevois_-c-est-un-coup-port%C3%A9-%C3%A0-la-r%C3%A9putation-du-vote-%C3%A9lectronique-/44578808 (2022. 3. 10. 최종 확인).

103 유니시스(Unisys)는 미국 펜실베이니아 주에 위치한 미국의 글로벌 IT 기업이다. 이 기업은 IT 서비스, 소프트웨어, 기술의 포트폴리오를 제공하고, 서비스 품질의 국제 표준 인증을 위해 전 세계에 데이터 센터를 두고 있다: 위키피디아 홈페이지 참조, https://ko.wikipedia.org/wiki/%EC%9C%A0%EB%8B%88%EC%8B%9C%EC%8A%A4 (2022. 3. 10. 최종 확인).

104 취리히 시스템
     독일어로 System Consortium 또는 Zürcher Systems
     프랑스어로 le système du consortium 또는 Vote électronique
     영어로 Consortium system 또는 Zurich system.

105 안성호, 분권과 참여: 스위스의 교훈, 다운샘 (2005), 336.

106 Urs Gasser & James M. Thurman & Richard Stäuber & Jan Gerlach, E-Democracy in Switzerland: Practice and Perspective, Dike publishing house (2010), 57.

107 취리히 칸톤에는 216,000명의 유권자가 있는 코뮌과 200명 이하의 유권자가 있는 코뮌이 병존할 정도로 다양한 크기의 코뮌이 있다.

108 연방내각사무처와 취리히 칸톤을 주축으로 한 컨소시엄 간의 취리히 시스템 계약은 2012년 12월 31일까지였다: 취리히 칸톤 홈페이지 참조, https://www.zh.ch/de/politik-staat/wahlen-abstimmungen/wie-stimme-ich-ab/e-voting.html (2022. 3. 10. 최종 확인).

109 2016년 1월 27일, 취리히 칸톤정부는 컨소시엄 시스템 해산을 승인했다(칸톤정부 결의 61/2016): 연방내각사무처 홈페이지 참조, https://www.bk.admin.ch/bk/fr/home/documentation/communiques.msg-id-64693.html (2022. 3. 10. 최종 확인); file:///C:/Users/ASSEMBLY/Downloads/bericht_des_bundesrateszuvoteelectronique-auswertungdereinfuehru.pdf.

110 Scytl의 정식 명칭은 Scytl Secure Electronic Voting이다. 2001년 스페인 바르셀로나에서 설립된 Scytl은 전자투표 시스템 및 선거기술을 제공하는 회사이다. 해당 업체는 미국, 프랑스, 멕시코, 노르웨이 등 다수의 국가에서 전자적 선거와 국민투표에 적용됐지만 일부 보안상, 기술적 문제를 나타냈다. 2020년 6월 2일, 스페인 법원은 Scytl 파산을 선언했다: 위키피디아 홈페이지 참조, https://en.wikipedia.org/wiki/Scytl (2022. 3. 10. 최종 확인).

111 뇌샤텔 시스템
독일어로 System NE
프랑스어로 le système neuchâtelois
영어로 Neuchâtel system.

112 Urs Gasser & James M. Thurman & Richard Stäuber & Jan Gerlach, E-Democracy in Switzerland: Practice and Perspective, Dike publishing house (2010), 51; Swiss info., "Elections fédérales: cap sur le vote électronique" (2011. 2. 28.), https://www.swissinfo.ch/fre/elections-f%C3%A9d%C3%A9rales—cap-sur-le-vote-%C3%A9lectronique/29607692 (2022. 3. 10. 최종 확인).

113 Micha Germann & Uwe Uwe Serdült, Internet Voting for Expatriates: The Swiss Case (2014), 199; Nadja Braun, "E-Voting: Switzerland's projects and their Legal Framework", Electronic Voting in Europe, 43 (2004), 46.

114 Urs Gasser & James M. Thurman & Richard Stäuber & Jan Gerlach, E-Democracy in Switzerland: Practice and Perspective, Dike publishing house (2010), 51.

115 우정포털 시스템
독일어로 Systems der Schweizerischen Post 또는 Die E-Voting-Lösung der Post
프랑스어로 système de La Poste Suisse 또는 La solution de vote électronique de la Poste
영어로 the Swiss Post system 또는 Swiss Post's e-voting solution.

116 OSCE, "Swiss Confederation, Federal Assembly Elections, 20 October 2019", ODIHER Needs Assessment Mission Report (2019), 8.

117 Swissinfo, "Switzerland's first municipal blockchain vote hailed a success" (2018. 7. 2.), https://www.swissinfo.ch/eng/crypto-valley-_-switzerland-s-first-municipal-blockchain-vote-hailed-a-success/44230928 (2022. 3. 10. 최종 확인).

118 Swissinfo, "Das E-Voting, das von Zug aus die Welt erobern soll"(2018. 11. 30.), https://www.swissinfo.ch/ger/direktedemokratie/e-voting-blockchain_das-e-voting--das-von-zug-aus-die-welt-erobern-soll/44580166 (2022. 3. 10. 최종 확인).

119 이혜승, "스위스 재난관리 및 선거방식의 다양화", 선거연수원 (2019), 18.

120 Le président de la Confédération, Rapport du Conseil fédéral sur le vote électronique: Évaluation de la mise en place du vote électronique (2006–2012) et bases de développement (2013), 3.

121 OSCE, "Swiss Confederation, Federal Assembly Elections, 23 October 2011", OSCE/ODIHER Election Assessment Mission Report (2012), 16.

122 Urs Gasser & James M. Thurman & Richard Stäuber & Jan Gerlach, E-Democracy in Switzerland: Practice and Perspective, Dike publishing house (2010), 46.

123 Micha Germann & Uwe Uwe Serdült, Internet Voting for Expatriates: The Swiss Case (2014), 198.

124 Le président de la Confédération, Rapport du Conseil fédéral sur le vote électronique: Évaluation de la mise en place du vote électronique (2006–2012) et bases de développement (2013), 2.

125 Urs Gasser & James M. Thurman & Richard Stäuber & Jan Gerlach, E-Democracy in Switzerland: Practice and Perspective, Dike publishing house (2010), 46-47, 49-50, 69.

126 연합뉴스, "스위스 최초 인터넷투표 활용률 44%" (2003. 1. 20.), https://news.naver.com/main/read.nhn?mode=LSD&mid=sec&sid1=102&oid=001&aid=0000307507 (2022. 3. 10. 최종 확인).

127 Anina Weber & Geo Taglioni, Swiss Elections to the National Council: First trials with e-voting in elections at federal level (2011), 2.

128 전자투표는 2004년 9월 3일 실시됐고, 이를 모은 '가상투표함'이 9월 26일 개봉됐다. 전자투표는 유권자가 16자리의 ID와 4자리의 암호를 부여받은 다음 제네바 칸톤의 웹사이트에 접속해 암호, 출생일, 그리고 안건에 대한 찬반 여부를 입력하는 방식으로 진행됐다. 전자투표 신청자는 22,137명이었고, 개표에 걸린 시간은 13분 5초였다: 연합뉴스, "스위스 세계 최초의 인터넷 국민투표 실시" (2004. 9. 27.), https://news.naver.com/main/read.nhn?mode=LSD&mid=sec&sid1=104&oid=001&aid=0000773675 (2022. 3. 10. 최종 확인).

129 제네바 칸톤의 경우 2004년 팝업창이 오픈되지 않게 설정한 윈도우 XP가 배포된 이후 일부 유권자가 2004년 9월과 11월 투표에서 전자투표를 할 수 없었다: Urs Gasser & James M. Thurman & Richard Stäuber & Jan Gerlach, E-Democracy in Switzerland: Practice and Perspective, Dike publishing house (2010), 69.

130 연방내각사무처 홈페이지, https://www.bk.admin.ch/bk/de/home/politische-rechte/e-voting/versuchsuebersicht.html; file:///C:/Users/ASSEMBLY/Downloads/versuche_2004-2012%20(3).pdf(2022. 3. 10. 최종 확인).

131 연합뉴스, "스위스, 세계 최초 휴대폰 투표 실험" (2005. 10. 28.), https://news.naver.com/main/read.nhn?mode=LSD&mid=sec&sid1=105&oid=001&aid=0001134193 (2022. 3. 10. 최종 확인).

132 Urs Gasser & James M. Thurman & Richard Stäuber & Jan Gerlach, E-Democracy in Switzerland: Practice and Perspective, Dike publishing house (2010), 50.

133 Anina Weber & Geo Taglioni, Swiss Elections to the National Council: First trials with e-voting in elections at federal level (2011), 2.

134 Urs Gasser & James M. Thurman & Richard Stäuber & Jan Gerlach, E-Democracy in Switzerland: Practice and Perspective, Dike publishing house (2010), 49.

135 Le président de la Confédération, Rapport du Conseil fédéral sur le vote électronique: Évaluation de la mise en place du vote électronique (2006 – 2012) et bases de développement (2013), 2.

136 유석진 · 강원택 · 김면회 · 김용복 · 임혜란 · 장우영 · 조희정 · 한영빈, 전자투표와 민주주의: 9개국 비교연구, 인간사랑 (2009), 122.

137 2008년 6월 1일 취리히 칸톤의 3개 코뮌: Bertschikon, Bülach, Schlieren
2008년 11월 30일 취리히 칸톤의 12개 지역: Bertschikon, Boppelsen, Bubikon, Bülach, Fehraltorf, Kleinandelfingen, Maur, Männedorf, Mettmenstetten, Schlieren, Thalwil, Winterthur Altstadt, Zürich(1구역과 2구역): 연방내각사무처 홈페이지, https://www.bk.admin.ch/bk/de/home/politische-rechte/e-voting/versuchsuebersicht.html (2022. 3. 10. 최종 확인).

138 예컨대 2008년 6월 1일 취리히 칸톤의 3개 코뮌에서 전자투표가 실시됐고, 전자투표율 6.8%였다. 2008년 11월 30일에는 12개 지역에서 전자투표가 실시됐다(전자투표율 11.2%).

139 취리히 칸톤 홈페이지 참조, https://www.zh.ch/de/politik-staat/wahlen-abstimmungen/wie-stimme-ich-ab/e-voting.html (2022. 3. 10. 최종 확인).

140 2008년 11월 30일 국민투표에서 맥(Mac) 사용자들은 제네바 시스템에 원활하게 접속할 수 없었다. 투표를 앞두고 맥 운영체제가 업그레이드 됐기 때문이다. 이와 같은 기술적 이유로 3~4%의 전자투표율이 하락한 것으로 나왔다. 민간기업이 개발한 제네바 시스템의 특성상 오픈소스 접근이 어렵고, 데이터의 측정, 해석 및 보관에 대해 정부가 통제하기 어려운 측면이 있다는 비판도 제기됐다: 유석진 · 강원택 · 김면회 · 김용복 · 임혜란 · 장우영 · 조희정 · 한영빈, 전자투표와 민주주의: 9개국 비교연구, 인간사랑 (2009) ; 108.Micha Germann & Uwe Uwe Serdült, Internet Voting for Expatriates; The Swiss Case (2014), 199.

141 2009년 9월 27일 제네바 칸톤은 칸톤 차원의 주민투표를 포함해 12개 안건에 대해 전자투표를 실시했다. 전자투표 적용 코뮌은 Anières, Bernex, Chêne-Bourg, Collonge-Bellerive, Grand-Saconnex, Onex, Perly-Certoux, Plan-les-Ouates, Thônex, Vandoeuvres 코뮌이었다(10개 코뮌). 전자투표율은 9.55%였다: 연합뉴스, "제네바, 내년부터 전자투표 실시한다" (2009. 2. 10.), https://news.naver.com/main/read.nhn?mode=LSD&mid=sec&sid1=104&oid=001&aid=0002494838 (2022. 3. 10. 최종 확인).

142 Urs Gasser & James M. Thurman & Richard Stäuber & Jan Gerlach, E-Democracy in Switzerland: Practice and Perspective, Dike publishing house (2010), 47, 50.

143 전자투표 로드맵
독일어로 Strategische Planung Vote électronique (Roadmap
불어로 Feuille de route du vote électronique
영어로 Electronic voting roadmap.
전자투표 로드맵에 관한 사항은 스위스 연방내각 포털 참조, https://www.admin.ch/gov/en/start/documentation/media-releases.msg-id-40680.html (2022. 3. 10. 최종 확인).

전자투표 로드맵은 2007년 3월 연방의회가 결정한 전자투표 개발 전략을 바탕으로 전자투표 확대를 위한 연방·칸톤의 공동전략, 보안, 확장, 투명성, 비용 등 5개 주제별로 작성됐다. 로드맵에 따르면 전자투표 시스템을 2011년 하원선거에서 재외국민이 활용하도록 했다. 또한 2012년까지 해외거주 유권자의 50%가 온라인을 이용해 투표하고, 2015년 하원선거에서는 대부분의 재외국민이 투표권을 행사할 계획을 담았다: Le président de la Confédération, Rapport du Conseil fédéral sur le vote électronique: Évaluation de la mise en place du vote électronique (2006–2012) et bases de développement (2013), 3.

144 Anina Weber & Geo Taglioni, Swiss Elections to the National Council: First trials with e-voting in elections at federal level (2011), 2.

145 Venelin Tsachevsky, The Swiss Model-The Power of Democracy, Peter Lang AG (2014), 62.

146 바세나르 협정

영어로 The Wassenaar Arrangement on Export Controls for Conventional Arms and Dual-Use Goods and Technologies

한국어로 재래식 무기와 이중용도 품목과 기술의 수출통제에 관한 바세나르 협정. 그 밖에 바세르나르 협정, 바세나르 협약, 바세나르 체제 등으로 번역된다.

냉전당시 미국이 주도한 대공산권 수출통제기구(Coordinating Committee for Multilateral Export Controls, CoCom)에 바르샤바 조약국들이 참여한 수출 제한 협정이다. 해체된 CoCom을 대신해 세계평화에 위협이 되는 국가에 대한 재래식 무기 및 기술수출을 금지하기 위해 1996년 설립된 국제기구이다. 나토 15개국과 일본, 호주, 러시아 등 42개국이 회원국가로 참여하고, 이란, 이라크, 리비아, 북한 등이 규제를 받고 있다: 네이버 지식백과 참조, https://terms.naver.com/entry.nhn?docId=639049&cid=50303&categoryId=50303 (2022. 3. 10. 최종 확인).

147 안도라공국(Principality of Andorra)이 정식명칭이다. 안도라는 프랑스와 스페인의 국경을 이루는 피레네산맥 동부에 위치한다. 인구는 약 8만 명이고, 면적은 468km^2이다. 세계에서 5번째로 작은 초미니국가이다: https://terms.naver.com/entry.naver?docId=579600&cid=46627&categoryId=46627 (2022. 3. 10. 최종 확인).

148 산 마리노공화국(Republic of San Marino)이 정식명칭이다. 산마리노는 바티칸시국처럼 이탈리아에 둘러싸여 있는 내륙국으로, 면적은 61km^2, 인구는 약 3만 명이다. 네이버 지식백과 참조, https://terms.naver.com/entry.naver?docId=572850&cid=46627&categoryId=46627 (2022. 3. 10. 최종 확인).

149 OSCE, "Swiss Confederation, Federal Assembly Elections, 23 October 2011", OSCE/ODIHER Election Assessment Mission Report (2012), 15.

150 Le président de la Confédération, Rapport du Conseil fédéral sur le vote électronique: Évaluation de la mise en place du vote électronique (2006–2012) et bases de développement (2013), 3, 6-7, 14.

151 속도보다 보안이 중요하다

독일어로 Sicherheit vor Tempo

영어로 safety before speed.

152 OSCE, "Swiss Confederation, Federal Assembly Elections, 18 October 2015", OSCE/ODIHER Election Expert Team Final Report (2016), 4.

153 전자투표에 관한 연방내각의 2002년(http://www.admin.ch/ch/d/pore/veD.pdf), 2006년 (http://www.admin.ch/ch/d/ff/2006/5459.pdf), 2013년 보고서는 스위스 연방내각사무처 홈 페이지에서 찾아볼 수 있다: 연방내각사무처 홈페이지 참조, https://www.bk.admin.ch/bk/en/ home/politische-rechte/e-voting/berichte-und-studien.html (2022. 3. 10. 최종 확인).

154 전자투표에 관한 연방내각사무처령

법령번호(SR) 161.116. (2013. 12. 13. 제정, 2014. 1. 15. 시행, 2018. 7. 현재)

독일어 명칭은 「Verordnung der BK über die elektronische Stimmabgabe (VEleS)」

프랑스어 명칭은 「Ordonnance de la ChF sur le vote électronique (OVotE)」

영어 명칭은 「Federal Chancellery Ordinance on Electronic Voting (VEleS)」.

155 개정 전자투표에 관한 연방법 시행령(2013. 12. 13. 개정, 2014. 1. 15. 시행)에서 제6절의a를 신 설해 전자투표에 관한 19개 조문을 신설했다(시행령에 제27조의a에서 제27조의q까지 신설).

156 연방내각사무처 홈페이지 참조, https://www.bk.admin.ch/bk/de/home/politische-rechte/ e-voting/versuchsuebersicht.html; file:///C:/Users/ASSEMBLY/Downloads/eckdaten_ versuch08032015.pdf; file:///C:/Users/ASSEMBLY/Downloads/eckdaten_versuch14062015.pdf (2022. 3. 10. 최종 확인).

157 전자투표로 하원선거를 실시하려는 칸톤은 2014년 6월 30일까지 연방내각사무처에 신청해 야 했다: 스위스 연방내각사무처 홈페이지, https://www.bk.admin.ch/bk/en/home/politische-rechte/e-voting/chronik.html (2022. 3. 10. 최종 확인).

158 Swiss info, "Government puts the brakes on e-voting"(2015. 8. 12.), https://www.swissinfo. ch/eng/swiss-abroad-blow_government-puts-the-brakes-on-e-voting/41599606?utm_ campaign=teaser-in-article&utm_medium=display&utm_content=o&utm_source=swissinfoch (2022. 3. 10. 최종 확인); Swiss info, "The battle for the future of electronic voting" (2015. 10. 29.), "https://www.swissinfo.ch/eng/e-vote-controversy_the-battle-for-the-future-of-electronic-voting/41743152 (2022. 3. 10. 최종 확인).

159 OSCE, "Swiss Confederation, Federal Assembly Elections, 18 October 2015", OSCE/ODIHER Election Expert Team Final Report (2016), 4.

160 OSCE, "Swiss Confederation, Federal Assembly Elections, 18 October 2015", OSCE/ODIHER Election Expert Team Final Report (2016), 9.

161 OSCE, "Swiss Confederation, Federal Assembly Elections, 18 October 2015", OSCE/ODIHER Election Expert Team Final Report (2016), 3.

162 스위스 연방내각사무처 홈페이지 참조, https://www.bk.admin.ch/bk/en/home/politische-rechte/e-voting/chronik.html (2022. 3. 10. 최종 확인); OSCE, "Swiss Confederation, Federal Assembly Elections, 18 October 2015", OSCE/ODIHER Election Expert Team Final Report (2016), 4.

163 2021년 9월 26일 국민투표 기준, 프리부르 칸톤 재외국민은 219,397명이고, 이를 포함한 프리부르 칸톤 유권자는 7,195명으로 3.28%를 차지한다: 스위스 연방내각사무처 홈페이지 참조, https://www.bk.admin.ch/bk/de/home/politische-rechte/e-voting/versuchsuebersicht.html; file:///C:/Users/ASSEMBLY/Downloads/eckdaten_versuch27112016%20(1).pdf (2022. 3. 10. 최종 확인).

164 일반적 검증가능성
독일어로 vollständige Verifizierbarkeit
프랑스어로 vérifiabilité complète
영어로 complete verifiability.

165 제네바 시스템은 2016년부터 소스 코드를 공개하고 있다: https://anneepolitique.swiss/articles?actors%5B%5D=25&keywords%5B%5D=87 (2022. 3. 10. 최종 확인).

166 Le président de la Confédération, Rapport du Conseil fédéral sur le vote électronique: Évaluation de la mise en place du vote électronique (2006 ‒ 2012) et bases de développement (2013), 14.

167 하원선거에서 전자투표를 실시하려는 칸톤은 2019년 7월 3일까지 신청서를 제출하고, 연방내각은 8월에 허가 여부를 결정한다.

168 2011년 하원선거, 2015년 하원선거에서 재외국민 대상으로, 2015년 하원선거에서 국내 유권자 대상으로 전자투표를 각각 실시했다.

169 연방내각사무처 홈페이지 참조, https://www.bk.admin.ch/bk/en/home/politische-rechte/e-voting/chronik.html (2022. 3. 10. 최종 확인).

170 OSCE, "Swiss Confederation, Federal Assembly Elections, 20 October 2019", ODIHER Needs Assessment Mission Report (2019), 7.

171 Swiss info ch, "Hacking fears jeopardise e-voting rollout" (2015. 9. 2.), https://www.swissinfo.ch/eng/voting-with-a-click_hacking-fears-jeopardise-e-voting-rollout/41635672?utm_campaign=teaser-in-article&utm_medium=display&utm_source=swissinfoch&utm_content=o (2022. 3. 10. 최종 확인).

172 연방내각사무처 홈페이지 참조, https://www.bk.admin.ch/bk/en/home/politische-rechte/e-voting.html (2022. 3. 10. 최종 확인).

173 https://anneepolitique.swiss/articles?actors%5B%5D=25&keywords%5B%5D=87 (2022. 3. 10. 최종 확인); 스위스 베른대학 Hans-Peter Schaub 교수와의 이메일(hans-peter.schaub@unibe.ch) 개인 수신(2022.2.28.).

174 연방내각사무처와의 이메일(Mila.Buehler@bk.admin.ch) 개인 수신(2022. 2. 22.).

175 녹색당 의원은 Balthasar Glättli이고, 스위스국민당 의원은 Franz Grüter이다. 국민발안을 제기하기 위해서는 국민발안 공고 후 18개월 이내에 유권자 100,000명의 서명을 얻어야 한다: Swiss info ch, "Opposition against e-voting project gathers pace" (2019. 1. 25.), https://www.swissinfo.ch/eng/politics/online-democracy_opposition-against-e-voting-project-gathers-pace/44708930 (2022. 3. 10. 최종 확인); 스위스 재외 동포 연합회 홈페이지 참조, https://www.csa-oceania.org/2019/07/19/an-update-on-e-voting-and-the-federal-elections-2019/ (2022. 3. 10. 최종 확인).

176 Swiss info ch, "Ten arguments for and against e-voting" (2018. 3. 9.), https://www.swissinfo.ch/eng/politics/online-democracy_opposition-against-e-voting-project-gathers-pace/44708930 (2022. 3. 10. 최종 확인).

177 2011년 선거 이후 바젤란트 칸톤과 보 칸톤은 전자투표에 대한 칸톤법적 근거를 마련했다: OSCE, "Swiss Confederation, Federal Assembly Elections, 18 October 2015", OSCE/ODIHER Election Expert Team Final Report (2016), 4.

178 연방내각사무처와 칸톤은 3단계에 걸쳐 정보를 교환하고 전자투표를 협의한다. 1단계로 연방내각사무처장이 위원장인 운영위원회가 전자투표 시범사업을 평가하고 전략을 제안한다. 2단계로 지원그룹이 전자투표 운영과 기술 문제를 권고하고, 3단계로 실무 그룹이 전자투표 정보와 모범사례를 교환한다: OSCE, "Swiss Confederation, Federal Assembly Elections, 23 October 2011", OSCE/ODIHER Election Assessment Mission Report (2012), 20; OSCE, "Swiss Confederation, Federal Assembly Elections, 18 October 2015", OSCE/ODIHER Election Expert Team Final Report (2016), 5.

179 OSCE, "Swiss Confederation, Federal Assembly Elections, 18 October 2015", OSCE/ODIHER Election Expert Team Final Report (2016), 4.

180 개별적 검증가능성
독일어로 individuelle Verifizierbarkeit
프랑스어로 vérifiabilité individuelle
영어로 individual verifiability.

181 위험성 평가
독일어로 Risikobeurteilung
프랑스어로 Appréciation des risques
영어로 Risk assessment.

182 위험성 평가는 각각의 위험에 노출될 수 있는 데이터, 취약지점, 시스템 운영기록 등을 확인·설명할 수 있어야 한다. 칸톤은 이를 바탕으로 취약한 위험을 평가한다(전자투표에 관한 연방내각사무처령 제3조 제3항).

183 표준문서 형식으로 준비된 소스코드는 인터넷을 통해 무료로 공개된다. 전자투표시스템과 운영 프로그램에 관한 문서에서는 전자투표의 보안을 위한 소스코드의 각 부분별 주요 내용을 명시 하고, 소스코드와 함께 공개된다. 모든 사람은 학술연구나 그 밖의 목적을 위해 해당 소스코드를 심사, 수정, 편집할 수 있다(전자투표에 관한 연방내각사무처령 제7조의b).

184 OSCE, "Swiss Confederation, Federal Assembly Elections, 18 October 2015", OSCE/ODIHER Election Expert Team Final Report (2016), 7-8.

185 보안인증서

영어로 Secure Socket Layer(SSL)

한국어로 보안 소켓 계층 등으로 번역된다

SSL은 인터넷 프로토콜(Internet protocol)이 보안면에서 기밀성을 유지하지 못하는 문제를 극 복하고, 인터넷에서 데이터를 안전하게 전송하기 위해 개발된 통신규약 프로토콜이다. 인터넷 통신의 개인정보 보호, 인증, 데이터 무결성을 보장하기 위해 Netscape가 1995년 처음으로 개발 했다: 네이버 지식백과, https://terms.naver.com/entry.naver?docId=1180906&cid=40942&cate goryId=32851 (2022. 3. 10. 최종 확인).

186 제네바 및 취리히 시스템의 투표카드에는 인증정보가 숫자나 사용자 ID로 돼 있고, 뇌샤텔 시스템은 e-banking처럼 '전자정부 포털'의 사용자 계정이 있는 뇌샤텔 주민에게 우편을 통 해 비밀번호와 접속정보가 제공된다. 오버레이(overlay)가 투표카드에 적용돼 제3자가 전자투 표 시스템에 접근하는 것을 차단함으로써 투표의 기밀성과 보안성이 향상된다; OSCE, "Swiss Confederation, Federal Assembly Elections, 23 October 2011", OSCE/ODIHER Election Assessment Mission Report (2012), 18; Urs Gasser & James M. Thurman & Richard Stäuber & Jan Gerlach, E-Democracy in Switzerland: Practice and Perspective, Dike publishing house (2010), 70.

187 République et canton de Genève(Chancellerie d'Etat Service des votations et élections), Votation Cantonale 18 mai 2014 (2014), 34-40.

제4장 개표 및 당선인 결정

1 Swiss info.ch, "The story of the ballot paper" (2016. 5. 28.), http://www.swissinfo.ch/eng/direct-democracy_the-story-of-the-ballot-paper/42179952 (2022. 3. 10. 최종 확인).

2 전자투표함을 개봉하기 전에 선거관리위원은 대조투표함(control ballot box)과 대조투표(control vote)를 확인한다: OSCE, "Swiss Confederation, Federal Assembly Elections, 23 October 2011", OSCE/ODIHER Election Assessment Mission Report (2012), 20.

3 제네바의 경우 선거관리위원회가 시민을 대표한다는 이유로 인해 일반시민이 회의에 참석할 수 없 었다.

4 유권자수와 투표자수

영어로 the number of persons eligible to vote and the number of persons who voted

유효표 · 무효표 · 백지투표(공란투표)

영어로 the number of valid, invalid, and blank ballot papers

후보자명부의 후보자별 득표수 및 추가득표

영어로 the number of votes that the individual candidates on each list have received (candidate votes),
the number of additional votes for each list

후보자명부에 대한 투표 및 공란투표의 합계(정당투표)

영어로 the sum of the candidate votes and additional votes for the individual lists(party votes)

통합명부 투표수, 공란투표수

영어로 in respect of combined lists, the total of the votes cast in favor of the group on the lists,
the number of blank votes.

5 Urs Gasser & James M. Thurman & Richard Stäuber & Jan Gerlach, E-Democracy in Switzerland:
Practice and Perspective, Dike publishing house (2010), 71.

6 Georg Lutz/Peter Selb, Wahlen, in: Peter Knoepfel et al. (Hrsg.), Handbuch der Schweizer Politik:
Manuel de la politique suisse, 5. Aufl., Verlag Neue Zürcher Zeitung (2014), 469.

7 제수(除數)는 나눗셈에서 어떤 수를 나누는 수이다. 이를 나누는 수, 나눗수 라고도 한다. 예를 들
면, '10÷5=2'에서의 '5'를 제수 또는 나누는 수라고 한다: 네이버 지식백과, https://dict.naver.
com/search.nhn?dicQuery=%EC%A0%9C%EC%88%98&query=%EC%A0%9C%88%98&t
arget=dic&query_utf=&isOnlyViewEE=(2022. 3. 10. 최종 확인).

8 최고평균방식(Highest Average System)에는 ① 동트 방식, ② 생 라게 방식, ③ 수정된 생 라게 방
식이 있다. ① 동트 방식(d'Hont Formula)은 제수가 1, 2, 3, 4…이며 제수들의 간격은 1, ② 생 라
게 방식(Saint-Lague Formula)은 제수가 1, 3, 5, 7, 9…로 제수들의 간격이 2, ③ 수정된 생 라게
방식(Modified Saint-Lague Formula)은 제수가 1.4, 3, 5, 7, …로서 첫 번째 제수가 1.4이다: 중앙
선거관리위원회 선거연수원, 각국의 선거제도 비교연구 (2015), 8.

9 최대잔여방식(Largest Remainder System)은 선거구에서 각 정당이 얻은 득표수를 기준수로 나누
어 얻은 몫의 정수 부분만큼을 의석으로 배분하고, 미배분 의석은 몫이 큰 정당에 추가로 배분하는
방식이다.

최대잔여방식에서 '기준수'를 결정하는 방법은 ① 헤어 기준수, ② 하겐바흐 비쇼프 기준수, ③ 임
페리얼 기준수 방법이 있다.

① 헤어기준수(Hare quota or Niemeyer quota)는 선거구의 총유효투표수를 '의석수'로 나누어 얻
은 몫의 정수이다. ② 하겐바흐 비쇼프 기준수(Hagenbach-Bischoff quota)는 선거구의 총유효투
표수를 '의석수+1'로 나누어 얻은 몫의 정수이다. ③ 임페리얼 기준수(Imperial quota)는 선거구의
총유효투표수를 '의석수+2'로 나누어 얻은 몫의 정수이다: 중앙선거관리위원회 선거연수원, 각국
의 선거제도 비교연구 (2015), 8.

10 Clive H. Church, The Politics and Government of Switzerland, Palgrave Macmillan UK (2004), 139.

11 George Arthur Codding, The Federal Government of Switzerland, Houghton Mifflin (1961), 78.

12 묵시적 당선

독일어로 Stille Wahl

프랑스어로 Election tacite

영어로 Tacit election

한국어로 무투표당선, 암묵적 당선 등으로 번역된다.

13 제51대 하원선거(2019. 10. 20.)에서는 아펜첼아우서로덴, 아펜첼이너로덴, 옵발덴, 니트발덴, 우리, 글라루스 칸톤에서 각각 1명의 하원의원을 선출했다.

14 당선증

독일어로 eine Wahlbestätigung

프랑스어로 attestation de son élection

영어로 an election certificate.

15 새롭게 구성된 하원은 선거 종료 후 일곱 번째 월요일에 첫 번째 겨울 정기회를 개최한다(개원식 실시). 하원 다수결로 하원선거가 유효로 선언되면 하원이 합법적으로 구성된 것으로 간주된다. 예컨대 2019년에는 10월 20일 하원선거 종료 후 일곱 번째 월요일인 12월 2일에 하원구성을 위한 첫 번째 겨울 정기회가 열렸다.

16 재검표

독일어로 Nachzählung

프랑스어로 Vérification 또는 nouveau comptage

영어로 recount 또는 new count.

17 투표용지는 코뮌별로 분리돼야 한다(정치적 권리에 관한 연방법 시행령 제14조 제2항).

18 OSCE, "Swiss Confederation, Federal Assembly Elections, 23 October 2011", OSCE/ODIHER Election Assessment Mission Report (2012), 21-22.

19 OSCE, "Swiss Confederation, Federal Assembly Elections, 23 October 2011", OSCE/ODIHER Election Assessment Mission Report (2012), 22.

20 1848년 연방창설부터 2021년 11월까지 의무적 국민투표 224건, 선택적 국민투표 200건, 국민발안 226건, 국민발안 대안 16건을 합해 모두 666건에 대해 국민투표가 실시됐다. 연 평균 3.8건의 국민투표가 실시된 것이다: 최용훈, 스위스 직접민주주의의 이해, 한국학술정보 (2022), 40~41.

21 연방차원의 국민투표 이후 약 1,000명의 유권자를 대상으로 인터뷰를 진행하는 종합적인 연방 투표 여론조사(VOX) 결과를 토대로 1977년 이후 시행된 투표층에 대한 연구조사가 있었다: Uwe Serdült, "Referendums in Switzerland", in: Qvortrup M., Referendums Around the World, Palgrave Macmillan (2014), 81; Clive H. Church, The Politics and Government of Switzerland, Palgrave Macmillan UK (2004), 150-151.

22 Swiss info. ch, "Does a minority rule Switzerland?" (2018. 1. 15.), https://www.swissinfo. ch/eng/directdemocracy/downside-of-swiss-democracy_does-a-minority-rule-switzerland-/43787482?utm_campaign=own-posts&utm_content=o&utm_source=swissinfoch&utm_medium=displaylist (2022. 3. 10. 최종 확인).

23 1981~1999년에 이루어진 연방차원의 국민투표와 여론조사를 근거로 실시한 연구결과이다: Pascal Sciarini/Anke Tresch, Votations populaires, in: Peter Knoepfel et al. (Hrsg.), Handbuch der Schweizer Politik: Manuel de la politique suisse, 5. Aufl., Verlag Neue Zürcher Zeitung (2014), 512.

24 José M. Magone, The Statecraft of Consensus Democracies in a Turbulent World: A Comparative Study of Austria, Belgium, Luxembourg, the Netherlands and Switzerland, Routledge (2017), 123.

25 OSCE, "Swiss Confederation, Federal Assembly Elections, 23 October 2011", OSCE/ODIHER Election Assessment Mission Report (2012), 9.

26 연방법무 · 경찰부

독일어로 Eidgenössische Justiz-und Polizeidepartement (EJPD)

프랑스어로 Département fédéral de justice et police (DFJP)

영어로 Federal Department of Justice and Police (FDJP)

연방법무 · 경찰부는 이민국(SEM), 법무국(FOJ), 경찰국(fedpol), 감사 · 감독국(FAOA), 도박위원회(FGB), 이주위원회(FCM), 저작권위반 중재위원회(FACO) 등으로 구성된다.

27 Georg Lutz/Peter Selb, Wahlen, in: Peter Knoepfel et al. (Hrsg.), Handbuch der Schweizer Politik: Manuel de la politique suisse, 5. Aufl., Verlag Neue Zürcher Zeitung (2014), 472.

28 José M. Magone, The Statecraft of Consensus Democracies in a Turbulent World: A Comparative Study of Austria, Belgium, Luxembourg, the Netherlands and Switzerland, Routledge (2017), 123.

29 언론사(Swiss info)는 각 정당에 '2019선거에 어느 정도의 비용을 지출할 것인가'라는 질문을 던졌다.

30 스위스 방송공사(RTS)의 설문조사는 칸톤정당의 80% 이상에서 응답을 받았다.

31 Swiss info. ch, "Concern as election funding remains under wraps"(2015. 6. 17.), https://www.swissinfo.ch/eng/2015-party-campaigns_concern-as-election-funding-remains-under-wraps/41494460?utm_campaign=teaser-in-article&utm_source=swissinfoch&utm_medium=display&utm_content=o (2022. 3. 10. 최종 확인).

32 Swiss Centre of Expertise in the Social Sciences (FORS).

33 4,645명×7,500프랑(2015년 후보자 1명당 선거비용)= 34,837,500프랑이다; Swiss info. ch, "Campaign funding still a taboo topic in Switzerland"(2019. 9. 6.), https://www.swissinfo.ch/eng/2019-general-election_election-campaign-funding-remains-taboo-/45208246?utm_campaign=own-posts&utm_source=swissinfoch&utm_content=o&utm_medium=displaylist (2022. 3. 10. 최종 확인).

제5장 칸톤 및 코뮌 선거

1 각 칸톤 별 칸톤의원의 임기, 정수, 회기 등이 칸톤의회 사무국 협의회(Die Konferenz der Kantonalen Ratssekretäre, KoRa) 홈페이지에 자세하게 나와 있다, http://www.kantonsparlamente. ch/stadlin_tables/4 (2022. 3. 10. 최종 확인); 위키피디아 참조, https://en.wikipedia.org/wiki/List_ of_cantonal_legislatures_of_Switzerland (2022. 3. 10. 최종 확인).

2 그라우뷘덴 홈페이지 참조, https://www.gr.ch/EN/institutions/parliament/Seiten/GrosserRat.aspx; https://parlement.vs.ch/app/de/faq/152072 (2022. 3. 10. 최종 확인).

3 바젤슈타트 칸톤 홈페이지 참조, https://www.grosserrat.bs.ch/parlament/wahlen (2022. 3. 10. 최종 확인).

4 쥐라 칸톤헌법, https://www.fedlex.admin.ch/eli/cc/1977/2_264_259_261_fga/de#art_66 (2022. 3. 10. 최종 확인).

5 vow 또는 promise는 선서로, oath는 서약으로 했다. 서약은 종교적 의미가 가미된 것으로 보면 된다. 선서 또는 서약은 구두 또는 문서로, 사무실 또는 종교시설에서 이루어진다.

6 BGE 136 I 376 S. 379: 연방법원 판례 검색 홈페이지, http://relevancy.bger.ch/php/clir/http/ index.php?highlight_docid=atf%3A%2F%2F136-I-376%3Ade&lang=de&type=show_document (2022. 3. 10. 최종 확인).

7 Georg Lutz/Peter Selb, Wahlen, in: Peter Knoepfel et al. (Hrsg.), Handbuch der Schweizer Politik: Manuel de la politique suisse, 5. Aufl., Verlag Neue Zürcher Zeitung (2014), 465.

8 발레 칸톤 판례(BGE 140 I 107, 2014): Walter Haller, The Swiss Constitution, DIKE (2016), 108.

9 1900년 11월 4일 연방각료에 대한 직접선거 및 연방각료 숫자 증원에 관한 국민발안이 국민투표에 회부됐으나, 국민의 35.0%와 8개 칸톤이 찬성해 해당 안건은 부결됐다. 1942년 1월 25일 연방각료에 대한 직접선거를 통해 민주주의를 확대하자는 국민발안도 유권자의 32.4% 찬성과 모든 칸톤의 반대로 부결됐다. 2013년 6월 9일 연방내각을 국민의 직접선거로 구성하자는 안건이 국민투표에 회부됐으나, 국민다수인 76.3%와 모든 칸톤이 반대해 부결됐다: 최용훈, 스위스 직접민주주의의 이해, 한국학술정보 (2022), 119~120.

10 베른(2개 언어), 발레(2개), 프리부르(2개), 그라우뷘덴 칸톤(3개 언어).

11 스위스 정치 홈페이지 참조, https://www.ch.ch/en/votes-and-elections/elections/election-of-cantonal-governments:-when-and-how/ (2022. 3. 10. 최종 확인).

12 정치적 권리에 관한 티치노 칸톤법률

법령번호 150 100(2018. 11. 19. 현재)

이탈리아어로 Legge sull'esercizio dei diritti politici (LEDP)

https://www3.ti.ch/CAN/RLeggi/public/index.php/raccolta-leggi/legge/num/676 (2022. 3. 10. 최종 확인).

13 티치노 칸톤 홈페이지 참조, https://www4.ti.ch/generale/dirittipolitici/elezioni/elezioni-cantonali-2015/voto/come-si-vota/ (2022. 3. 10. 최종 확인).

14 보 칸톤 홈페이지 참조, https://www.vd.ch/elections-cantonales/ (2022. 3. 10. 최종 확인); 바젤란트 칸톤도 칸톤정부 선거시 2차 투표까지 실시한다(정치적 권리에 관한 바젤란트 칸톤법률 제27조·제28조).

15 칸톤별 선거관련 홈페이지 참조, https://www.ch.ch/de/politisches-system/kantone/daten-der-kantonalen-abstimmungen/ (2022. 3. 10. 최종 확인); 뇌샤텔 칸톤 홈페이지 참조, https://syvotepub.ne.ch/ne-wabsys-public/fr/majorz/2021/20210418/2B6803AC9B5E11EB80C0005056A3DE14 (2022. 3. 10. 최종 확인); 위키피디아 참조, https://en.wikipedia.org/wiki/List_of_cantonal_executives_of_Switzerland; https://wahlen.lu.ch/rrat (2022. 3. 10. 최종 확인); 아르가우 칸톤 홈페이지 참조 https://www.ag.ch/de/weiteres/aktuelles/wahlen_und_abstimmungen/wahlen/exekutive/exekutive.jsp (2022. 3. 10. 최종 확인).

16 회계감사관
프랑스어로 la Cour des comptes
영어로 the Court of Auditors.

17 정치적 권리 행사에 관한 제네바 칸톤법률 시행령
칸톤법령 번호 A 5 05.01
프랑스어로 「Règlement d'application de la loi sur l'exercice des droits politiques (REDP)」.
제네바 칸톤 홈페이지 참조, https://silgeneve.ch/legis/ (2022. 3. 10. 최종 확인).

18 공무상 행위의 형식·발표 및 공포에 관한 제네바 칸톤법률
칸톤법령 번호 B 2 05
프랑스어로 「Loi sur la forme, la publication et la promulgation des actes officiels (LFPP)」.

19 사법부 조직에 관한 제네바 칸톤법률
칸톤법령 번호 E 2 05
프랑스어로 「Loi sur l'organisation judiciaire (LOJ)」.

20 행정절차에 관한 제네바 칸톤법률
칸톤법령 번호 E 5 10
프랑스어로 「Loi sur la procédure administrative (LPA)」.

21 2018년 4월 제네바 칸톤정부 선거의 등록된 유권자는 262,541명이었다. 이중 101,799명이 투표했다(투표율 38.77%). 실제 계산된 표는 99,531표(백지투표 1,291표 포함)였고, 무효표(투표봉투에 투표용지가 없는 경우) 1,511표를 제외한 유효표는 98,020표였다. 유효표의 절대과반(50%+1표)은 49,011표였다. 제네바 칸톤정부 선거결과는 제네바 칸톤 홈페이지 참조, https://www.ge.ch/elections/20180415/CE/ (2022. 3. 10. 최종 확인); République et canton de Genève, Election du Grand Conseil et premier tour de l'élection du Conseil d'Etat du 15 avril 2018 (2018), 6.

22 2018년 5월 6일 실시된 2차 투표에서 등록된 유권자는 262,714명이었다. 이 중 91,938명이 투표했다(투표율 35.0%). 실제 개표된 90,853표에서 무효표 266표, 백지투표 793표를 제외한 유효표는 90,853표였다. 2차 투표에서는 상대적으로 다수표를 얻은 6명이 선출됐다.

1차 및 2차 투표에서 당선된 제네바 칸톤정부 구성원

MAUDET Pierre(5번 후보자명부, ENT 정당): 50,180표(1차 투표에서 과반수 득표로 결정)

POGGIA Mauro(4번 후보자명부, MCG 정당): 43,728표(1차 투표)→51,015표

DAL BUSCO Serge(5번 후보자명부, ENT 정당): 40,836표(1차 투표)→50,141표

HODGERS Antonio(2번 후보자명부, VERT 정당): 40,754표(1차 투표)→49,684표

EMERY-TORRACINTA Anne(1번 후보자명부, SOC 정당): 33,350표(1차 투표)→44,905표

APOTHÉLOZ Thierry(1번 후보자명부, SOC 정당): 32,982표(1차 투표)→44,884표

FONTANET Nathalie(5번 후보자명부, ENT 정당): 31,504표(1차 투표)→45,522표

제네바 칸톤 홈페이지 참조, https://www.ge.ch/elections/20180506/CE/ (2022. 3. 10. 최종 확인).

23 제네바 칸톤법관은 전임법관, 겸임법관, 대체법관, 노동전문 등으로 구분된다. 칸톤법관 500명은 민사부 42명, 형사부 66명, 임대차 관련 90명, 아동 및 성인보호 관련 70명, 소년부 23명, 행정부 53명, 항소부 117명, 상고부 5명, 법무실 34명을 합한 것이다. 칸톤법관 선출 시 대체법관을 함께 선출한다. 칸톤법원 홈페이지 참고해 각 분야별 선출된 칸톤법관의 수를 계산한 결과이다: 제네바 칸톤 홈페이지 참조, https://www.ge.ch/elections/20200426/PJ/; https://justice.ge.ch/fr/contenu/magistrature (2022. 3. 10. 최종 확인).

24 묵시적 선출

프랑스어로 élue tacitement

영어로 tacitly elected.

25 칸톤법원 선거 결과는 제네바 칸톤 홈페이지 참조, https://www.ge.ch/elections/20200426/PJ/7/; https://www.ge.ch/elections/20080420/; https://www.ge.ch/elections/20140413/ (2022. 3. 10. 최종 확인).

26 제네바 칸톤 홈페이지 참조, https://www.ge.ch/document/election-cour-comptes (2022. 3. 10. 최종 확인).

27 제네바 칸톤 선거관리위원회

프랑스어로 le service des votations et élections 또는 Commission électorale centrale

한국어로 중앙선거관리위원회 등으로 번역된다.

28 독립위원

프랑스어로 membres indépendants

영어로 independent members.

29 대체 위원

프랑스어로 membres suppléants

영어로 alternate members.

30 제네바 칸톤 선거관리위원회 홈페이지 참조, https://www.ge.ch/dossier/commission-electorale-centrale-cec/composition-cec/composition-cec (2022. 3. 10. 최종 확인).

31 칸톤 사무국

프랑스어로 la chancellerie d'Etat

영어로 the State Chancellery

칸톤 사무국은 선거, 주민투표 등 정치적 권리행사를 담당한다. 또한 제네바 칸톤정부 구성원의 회의를 보좌하고 계획한다. 또한 칸톤법률에 관한 사무를 추진한다. 연방정부의 연방내각사무처와 유사한 기능을 수행한다: 제네바 칸톤 홈페이지 참조, https://www.ge.ch/organisation/chancellerie-etat (2022. 3. 10. 최종 확인).

32 정치적 권리행사에 관한 제네바 칸톤법률 시행령

칸톤법령 번호 A 5 05. 01

프랑스어로 「Règlement d'application de la loi sur l'exercice des droits politiques (REDP)」.

제네바 칸톤 홈페이지 참조, https://silgeneve.ch/legis/data/rsg_a5_05.htm (2022. 3. 10. 최종 확인).

33 선거구 획정

프랑스어로 subdivision des communes en arrondissements électoraux

영어로 the subdivision of municipalities into districts electoral.

34 임시선거인명부

프랑스어로 rôle électoral ad hoc

영어로 ad hoc electoral role.

35 기탁금

프랑스어로 frais électoraux

영어로 election fees.

36 선거벽보

프랑스어로 d'affichage en votation 또는 Affichage.

37 임시벽보

프랑스어로 Affichages temporaires

38 거치형 선거벽보

프랑스어로 Affichages modulés sur emplacements fixes

39 투표참관인

프랑스어로 juré

영어로 observer.

40 제네바 칸톤 홈페이지 참조, https://www.ge.ch/voter-geneve/voter-correspondance (2022. 3. 10. 최종 확인).

41 République et canton de Genève, Election du Grand Conseil et premier toure de l'élection du Conseil d'Etat du 15 avril 2018 (2018), 19.

42 제네바 칸톤 홈페이지 참조, https://www.ge.ch/elections/20180415/ (2022. 3. 10. 최종 확인).

43 2018년 4월 제네바 칸톤정부 선거의 투표율은 38.77%였고, 유효표(98,020)의 절대과반수 (50%+1표)는 49,011표였다. https://www.ge.ch/elections/20180415/CE/; https://www.ge.ch/elections/20180506/CE/ (2022. 3. 10. 최종 확인).

44 République et canton de Genève, Election du Grand Conseil et premier toure de l'élection du Conseil d'Etat du 15 avril 2018 (2018), 15-17.

45 République et canton de Genève, Election du Grand Conseil et premier toure de l'élection du Conseil d'Etat du 15 avril 2018 (2018), 12-13.

46 안성호, 왜 분권국가인가(개정판), 박영사 (2018), 354.

47 뇌샤텔 칸톤헌법

   법령번호 131.233 (2000.9.24., 2018.9.17. 현재)

   독일어로 Verfassung von Republik und Kanton Neuenburg

   프랑스어로 Constitution de la République et Canton de Neuchâtel

   https://www.fedlex.admin.ch/eli/cc/2001/523_fga/de (2022. 3. 10. 최종 확인).

48 안성호, 왜 분권국가인가(개정판), 박영사 (2018), 355.

49 岡本三彦, "住民総会の可能性と課題――スイスの住民総会を中心に――",「経済学論纂」第58 巻 第3・4 合併号(2018. 3), 65: 코뮌총회 사례는 최용훈, 스위스 직접민주주의의 이해, 한국학 술정보 (2022), 148-151 참조.

50 1990년대 기준, 전체 코뮌의 18.1%인 591개의 코뮌에 코뮌의회가 설치돼 있다: 이기우, 분권적 국가개조론, 한국학술정보 (2014), 418~419.

51 이기우, 모든 권력은 국민에게 속한다, 미래를 소유한 사람들 (2016), 214.

52 안성호, 분권과 참여: 스위스의 교훈, 다운샘 (2005), 99~100.

53 독일어권 칸톤의 코뮌의원 정수는 취리히 125명, 바젤 130명, 베른 80명이지만, 프랑스어권인 제 네바 80명, 로잔 100명이다: 안성호, 왜 분권국가인가(개정판), 박영사 (2018), 361; 이기우, 분권 적 국가개조론, 한국학술정보 (2014), 418, 443.

54 베른 칸톤에서 Gemeinderat는 집행기관을 의미하고, 입법기관은 Stadtrat라고 한다. 취리히 칸톤 에서 규모가 작은 코뮌은 Gemeinderat가 집행기관을 의미하지만, 취리히시 등 규모가 큰 코뮌은 Geminderat가 입법기관을 의미하고, 집행기관을 Stadtrat로 표기한다: 이기우, 분권적 국가개조 론, 한국학술정보 (2014), 420.

55 이기우・안권욱, 스위스의 분권과 자치, 서울특별시 지방분권 총서 2, 서울시 (2021). 255-257.

56 이하에서 기술되는 '코뮌'은 '제네바 칸톤'에 있는 45개 코뮌을 말한다.

57 제네바 칸톤 홈페이지 참조, https://www.ge.ch/voter-geneve/je-suis-etranger (2022. 3. 10. 최종 확인).

58 제네바칸톤 홈페이지 참조, https://www.ge.ch/elections/20150419/ (2022. 3. 10. 최종 확인).

제6장 스위스 정당론

1 안성호, 스위스연방 민주주의 연구, 대영문화사 (2001), 100.

2 협회

독일어로 verein

영어로 association.

3 이혜승, "스위스 선거공영제", 선거공영제: 제도 및 운영실태를 중심으로, 선거연수원 (2018), 2.

4 이기우, 분권적 국가개조론, 한국학술정보 (2014), 449.

5 연방홈페이지 참조, https://www.ch.ch/en/political-system/political-parties/political-parties-and-their-tasks/ (2022. 3. 10. 최종 확인).

6 연합뉴스, "스위스 사상 최초 '개정당' 설립" (2001. 10. 11.), https://news.naver.com/main/read.nhn?mode=LSD&mid=sec&sid1=104&oid=001&aid=0000105328 (2022. 3. 10. 최종 확인).

7 해적당

독일어로 Piratenpartei Schweiz

프랑스어로 Parti Pirate Suisse

영어로 Pirate Party Switzerland 이다.

해적당은 인터넷 자유, 검열반대, 특허 폐지 등을 정강정책으로 내세워 2009년 7월 창당돼 2,000명의 당원이 있다(2012년 7월 기준). 로잔이나 취리히의 지역선거에 후보자를 내기도 했고, 작은 지역의 행정책임자로 당선되기도 했다. 2011년 연방선거에서 0.48%를 얻었다. 위키피디아 검색 참조, https://en.wikipedia.org/wiki/Pirate_Party_Switzerland (2022. 3. 10. 최종 확인).

8 파워포인트반대당

독일어로 Anti PowerPoint Partei

프랑스어로 Parti Anti PowerPoint

영어로 Anti PowerPoint Party (APPP)

파워포인트반대당은 파워포인트가 경제, 사회에 미치는 부정적 영향을 이유로 파워포인트 사용을 반대하는 목적으로 2011년 창당됐다. 스위스 파워포인트반대당 홈페이지, http://www.anti-powerpoint-party.com/ (2022. 3. 10. 최종 확인); 신문고 뉴스, "'해적당' '파워포인트반대당' 뭐하는 정당?" (2011. 9. 29.)http://www.shinmoongo.net/sub_read.html?uid=27747&section=sc4&section2 (2022. 3. 10. 최종 확인).

9 2019년 10월 하원선거 결과 12개 정당별 의석분포는 스위스국민당 53석, 사민당 39석, 자민당 29석, 녹색당 28석, 기민당 25석, 녹색자유당 16석, 보수민주당 3석, 복음인민당 3석, 노동당 1석, 결속당 1석, 자유민주연합 1석, 티치노동맹 1석이다.

상원의 5개 정당별 의석분포는 기민당 13석, 자민당 12석, 사민당 9석, 스위스국민당 6석, 녹색당 5석이다.

10 자유주의적 갱생운동

영어로 Regeneration.

1830년 프랑스의 7월 혁명의 영향을 받아 스위스에서 자유주의파의 적극적 움직임이 시작됐다. 교권반대주의(anticlericalism)가 자유주의 급진파 사이에 확산됐다. 이를 갱생운동(Regeneration)이라고 한다. 각 칸톤에서 자유주의파는 도시와 농촌 시민들의 완전한 민주적 권리와 평등을 주장했다. 또한 아동노동을 금지하고 공공교육을 확대하는 등 19세기의 개혁을 단행하기 시작했다. 1년 사이에 12개 칸톤이 칸톤헌법을 개정하고, 귀족주의적 통치체제와 언론검열을 폐지했다. 신문사와 잡지의 숫자가 1830년 29개에서 1834년 54개로 크게 늘어났다. 초등교육이 재조직되고, 임시적인 교사직을 대체해 전문적인 교사를 양성하는 학교가 등장했다. 당시 제정된 칸톤헌법은 평등보다는 자유와 우애를 더 강조했다: 찰스 틸리(이승협, 이주영 번역), 위기의 민주주의, 전략과 문화 (2010), 113 참조.

11 안성호, 스위스연방 민주주의 연구, 대영문화사 (2001), 101.

12 존더분트 전쟁

독일어로 Sonderbundskrieg

한국어로 존더분트 내전 등으로 번역된다.

1845년 12월 7개의 보수적 가톨릭 칸톤(루체른, 우리, 슈비츠, 니트발덴, 추크, 프리부르, 발레)이 비밀 군사동맹(sonderbund)를 결성했다. 군사동맹 결성사실은 1846년 6월 알려졌다. 1847년 비밀군사동맹의 반대자인 개신교 세력은 1847년 비밀군사통맹의 해체에 관한 투표를 실시하고, 연맹조약을 위배한 비밀군사동맹이 무효라고 선언했다. 보수주의적 가톨릭 칸톤은 비밀군사동맹의 해체를 거부했다. 1847년 10월 개신교 칸톤이 장악한 동맹회의는 비밀군사동맹을 해산하기 위해 무력을 사용하기로 결정했다. 동맹회의측은 1847년 11월 4일 앙리 뒤프르(Henri Dufour) 장군의 지휘로 기습공격을 했고, 1847년 11월 29일 보수주의적 7개 칸톤은 항복했다. 급진적인 개신교 칸톤이 승리한 것이다. 존더분트 전쟁의 결과로 100명이 넘는 사상자가 발생했다: Patricia Egli, Introduction to Swiss Constitutional Law, Dike Publishers (2016), 9.

13 자유주의파

영어로 Radical Left, Liberals

한국어로 급진좌파, 급진파, 급진당 등으로 번역된다.

19세기 연방국가를 수립하는데 급진적 자유주의가 정치적으로 상당한 영향력을 발휘했다. 집권세력인 자유주의파는 1848년 부터 1891년까지 43년 동안 단독으로 연방내각을 구성했다. 자유주의파는 개신교 자유주의 세력을 주축으로 1894년 당명을 자유민주당으로 개칭했다.

14 가톨릭 보수파

영어로 The Catholic Conservatives

한국어로 가톨릭보수당, 가톨릭 보수세력 등으로 번역된다.

가톨릭 보수세력은 1912년 가톨릭 보수파 유권자를 지지 기반으로 가톨릭보수당(보수국민당)을 창당했다.

15 국회도서관, OECD 국가 의회제도 한눈에 보기 (2014) 138.

16 자유주의파(급진파)는 하원 111석 중 79석을 얻어 71.2%의 의석점유율을 보였다.

17 민주화운동

민주화운동은 1860년대에 집권세력이자 급진적 정파인 자유주의파에 대항해 칸톤을 중심으로 직접민주주의를 확대하자는 정치적 움직임을 말한다. 민주화운동의 결과로 1874년 헌법 개정을 통해 연방차원에서 직접민주주의가 확대됐다. 민주화운동은 전통적인 칸톤총회보다는 지롱드파, 자코뱅파 등 프랑스 혁명의 영향을 많이 받았다.

18 Kris W. Kobach, The Referendum: Direct Democracy in Switzerland, Dartmouth Publishing (1993), 14.

19 문화투쟁

독일어로 Kulturkampf.

문화투쟁은 19세기의 프로이센과 독일의 다른 지역에서 발생했던 국가와 가톨릭 교회 사이의 갈등과 대결을 지칭한다. 1871 ~ 1878년에 걸쳐 프로이센 총리(비스마르크)가 프로이센의 로마 가톨릭교회의 역할과 영향력을 약화시키기 위해 실시한 정책에 따라 갈등이 발생했다. 대표적 정책으로 문화부 내의 가톨릭 담당 부서의 폐지(1871년), 설교 조항의 폐지(1871년) 등이 있다: 네이버 지식백과 홈페이지, https://terms.naver.com/entry.nhn?docId=2117341&cid=50762&categoryId=508535 (2022. 3. 10. 최종 확인).

20 노동조합연맹

독일어로 Schweizerischer Gewerkschaftsbund (SGB)

프랑스어로 Union syndicale suisse (USS)

영어로 Swiss Federation of Trade Unions

스위스 노동조합연맹 홈페이지 참조, https://www.sgb.ch/aktuell (2022. 3. 10. 최종 확인).

21 Kris W. Kobach, The Referendum: Direct Democracy in Switzerland, Dartmouth Publishing (1993), 14.

22 두 정당은 스위스의 정치적 존속에 관심을 갖고 있었다. 특히 1848년 연방창설을 주도한 자유주의파는 더욱 그러했다. 가톨릭보수당도 13세기 스위스연합 탄생은 3개의 가톨릭 산악 칸톤이었다는 점을 인식했다: 선학태, 민주주의와 상생정치: 서유럽 다수제 모델 vs 합의제 모델, 다산출판사 (2005), 305.

23 José M. Magone, The Statecraft of Consensus Democracies in a Turbulent World: A Comparative Study of Austria, Belgium, Luxembourg, the Netherlands and Switzerland, Routledge (2017), 40.

24 국회도서관, OECD 국가 의회제도 한눈에 보기 (2014) 138.

25 José M. Magone, The Statecraft of Consensus Democracies in a Turbulent World: A Comparative Study of Austria, Belgium, Luxembourg, the Netherlands and Switzerland, Routledge (2017), 40.

26 사민당은 1914년 하원선거에서 19석, 1917년 20석을 얻어 각각 제3정당이었다. 1919년 하원선거에서 41석을 얻어 제2정당인 가톨릭보수당 의석수와 같았다. 1925년 하원선거에서 49석, 1928년 50석으로 제2정당이 됐다. 1935년 하원선거에서 50석, 1943년 56석을 얻어 각각 제1당이 됐다. Kris W. Kobach, The Referendum: Direct Democracy in Switzerland, Dartmouth Publishing (1993), 14-15, 19.

27 위키피디아 검색 참조, https://en.wikipedia.org/wiki/Swiss_People%27s_Party (2022. 3. 10. 최종 확인).

28 Frontenfrühling는 영어로 The front spring을 뜻한다. 1933년 봄부터 스위스에서 극우, 파시즘 과 관련된 그룹을 말한다. 가장 대표적이고 영향력 있는 정당 또는 사회단체는 1940년 자체 해 산할 때까지 스위스 정치에 영향을 미친 국민전선(National Front)이다: 위키피디아 검색 참조, https://de.wikipedia.org/wiki/Frontenfr%C3%BChling (2022. 3. 10. 최종 확인).

29 국민보수주의

프랑스어로 National-conservatisme

영어로 National conservatism

프랑스에서 처음 유래한 국민보수주의는 정치 · 경제 · 사회 · 문화적으로 모든 것을 국민주의에 기반으로 보수주의를 실현하자는 것이다. 종전의 보수주의는 국가를 사랑하는 애국주의에 그쳤 으나, 국민보수주의는 애국주의를 국민주의로 승화시켜 발달한 형태이다. 나치즘, 파시즘, 전체 주의, 권위주의를 지향하는 극우 민족주의와 달리 합법적인 우익 국민주의를 지향한다: 위키피디 아 참조, https://ko.wikipedia.org/wiki/%EA%B5%AD%EB%AF%BC%EB%B3%B4%EC%88% 98%EC%A3%BC%EC%9D%98 (2022. 3. 10. 최종 확인).

30 이기우, 분권적 국가개조론, 한국학술정보 (2014), 452.

31 마법의 공식

독일어로 Zauberformel

프랑스어로 formule magique

영어로 Magic Formula

마법의 공식이란 1959년부터 현재까지 안정적으로 유지되는 정당별 연방내각 구성비율을 말한다. 내각을 구성하는 7명의 연방각료는 1959년부터 2003년까지 자민당(FDP) 출신 2명, 사민당 (SP) 출신 2명, 기민당(CVP) 출신 2명, 스위스국민당(SVP, 종전 농민당) 출신 1명으로, 즉 정당 별로 2: 2: 2: 1의 비율로 연방각료를 배출했다. 2003년 선거이후 정당별 의석비율 조정이 있었고, 2015년 선거 이후 연방각료 7명은 자민당(FDP) 2명, 사민당(SP) 2명, 스위스국민당(SVP) 2명, 기민당(CVP) 1명으로 변경되어, 즉 정당별로 2: 2: 2: 1의 비율로 연방각료를 배출한다.

32 안성호, 스위스연방 민주주의 연구, 대영문화사 (2001), 66.

33 민주당

독일어로 Demokratischen Partei (DP)

영어로 Democratic Party (DP).

34 최용훈, 스위스 연방의회 제도에 관한 연구-입법과정 등을 중심으로, 사법정책연구원 (2020), 126.

35 자동차당

독일어로 Autopartei (AP)

영어로 Automobile Party.

36 1995년 하원선거에서 스위스민주당(SD)은 3석을, 스위스자유당(FP)은 7석을 얻었지만 1999년 하원선거와 2003년 하원선거에서 스위스민주당은 1석을 각각 얻었고, 스위스자유당은 1석도 얻지 못했다.

37 부르노 카우프만 · 롤프 뷔치 · 나드야 브라운(이정옥 옮김), 직접민주주의로의 초대, 리북 (2008), 51.

38 이기우, 분권적 국가개조론, 한국학술정보 (2014), 452, 454, 459.

39 오스트리아와 독일의 대연정으로 대표되는 정당에 대한 유권자 지지 비율은 60~70%로서 스위스 4개 정당이 대표하는 비율보다 대체로 낮은 편이다: 이기우, 분권적 국가개조론, 한국학술정보 (2014), 277.

40 선학태, 갈등과 통합의 정치: 지역 · 계급 · 계층 · 남북 갈등의 해결 메커니즘, 심산 (2004), 371.

41 이기우, 분권적 국가개조론, 한국학술정보 (2014), 457.

42 Ruth Luthi, Parlament, in: Peter Knöpfel(Hrsg), Handbuch der Schweizer Politik: Manuel de la politique suisse (2014), 171.

43 José M. Magone, The Statecraft of Consensus Democracies in a Turbulent World: A Comparative Study of Austria, Belgium, Luxembourg, the Netherlands and Switzerland, Routledge (2017), 122.

44 스위스 사회민주당 홈페이지 참조, https://mitglied-werden.sp-ps.ch/ (2022. 3. 10. 최종 확인).

45 Bundeskanzlei BK, Wahlanleitung für die Nationalratswahlen (2015), 20-30.

46 2019년 유권자 546만명을 기준으로 한 수치이다. 2015년 유권자는 528만 명이다: José M. Magone, The Statecraft of Consensus Democracies in a Turbulent World: A Comparative Study of Austria, Belgium, Luxembourg, the Netherlands and Switzerland, Routledge (2017), 123.

47 당직자부담금(위임세)
독일어로 Mandatsbeiträge, Mandatssteuer
프랑스어로 Contributions de mandat
한국어로 위탁세, 기부금 등으로 번역된다.

48 José M. Magone, The Statecraft of Consensus Democracies in a Turbulent World: A Comparative Study of Austria, Belgium, Luxembourg, the Netherlands and Switzerland, Routledge (2017), 123.

49 연방법관의 소속 정당별 1년 위임세는 다양하다. 녹색당(GPS)은 20,000프랑(2,600만 원), 녹색자유당(GLP) 13,000프랑(1,670만 원, 첫해 26,000프랑: 3,320만 원), 사민당(SP) 13,000프랑 (1,660만 원), 스위스국민당(SVP) 7,000프랑(8,900만 원), 기민당(CVP) 6,000프랑(7,700만 원), 보수민주당(BDP) 3,000프랑(3,800만 원), 자민당(FDP) 3,000프랑(3,800만 원)이다: 최용훈, 스위스 연방의회 제도에 관한 연구-입법과정 등을 중심으로-, 사법정책연구원 (2020), 125; 국회사무처 국제국, 김대현 국회사무차장 프랑스, 스위스 방문 결과보고서 (2016), 77; 이기우, 분권적 국가개조론, 한국학술정보 (2014), 462.

50 직접세법

법령번호(SR) 642.11

독일어로 Bundesgesetz über die direkte Bundessteuer (DBG)

프랑스어로 Loi fédérale sur l'impôt fédéral direct (LIFD)

영어로 Federal Act on Direct Federal Tax (DBG).

51 이기우, 분권적 국가개조론, 한국학술정보 (2014), 462.

52 아동과 청소년 장려를 위한 연방법

법령번호(SR) 446.1

독일어로 Bundesgesetz über die Förderung der ausserschulischen Arbeit mit Kindern und Jugendlichen (Kinder - und Jugendförderungsgesetz, KJFG)

프랑스어로 Loi fédérale sur l'encouragement des activités extrascolaires des enfants et des jeunes (Loi sur l'encouragement de l'enfance et de la jeunesse, LEEJ)

영어로 Federal law on the promotion of extra-curricular work with children and adolescents (Child and Youth Promotion Act, KJFG).

연방은 청년들의 연방차원의 정치적 참여를 촉진하기 위한 프로젝트의 실현을 목적으로 하는 민간단체에 재정적 지원을 할 수 있다(아동과 청소년 장려를 위한 법 제10조 제1항).

53 연방 차원에서 추진되는 청년 정치참여 프로젝트는 'easy vote'와 'Speak out!' 등이 있다.

54 2014년 기준으로 청년자유파는 52,000프랑(6,650만 원), JCVP는 52,000프랑(6,650만 원), JSVP 64,000 프랑(8,200만 원), 청년녹색당 23,000 프랑(3,000만 원) 등을 지원받았다: 스위스 연방의회 홈페이지, https://www.parlament.ch/de/ratsbetrieb/suche-curia-vista/geschaeft?AffairId=20150483 (2022. 3. 10. 최종 확인).

55 Swiss info.ch, "No Swiss state funding for political parties? Not so fast"(2017. 9. 15.), https://www.swissinfo.ch/eng/directdemocracy/transparency-and-democracy_no-swiss-state-funding-for-political-parties-not-so-fast-/43519250?utm_campaign=teaser-in-article&utm_content=o&utm_medium=display&utm_source=swissinfoch (2022. 3. 10. 최종 확인).

56 교섭단체

독일어로 Fraktionen

프랑스어로 Groupes parlementaires

영어로 Parliamentary Groups.

57 연방의원에게 제공되는 재정수단 및 교섭단체에 지급되는 보조금에 관한 연방법

법령번호(SR) 171.21.

독일어로 「Bundesgesetz über Bezüge und Infrastruktur der Mitglieder der eidgenössischen Räte und über die Beiträge an die Fraktionen (Parlamentsressourcengesetz, PRG)」

프랑스어로 「Loi fédérale sur les moyens alloués aux membres de l'Assemblée fédérale et sur les contributions allouées aux groupes (Loi sur les moyens alloués aux parlementaires, LMAP)」.

한국어로 약칭해서 의원수당법이라 한다.

58 연방의회 홈페이지 참조, https://www.parlament.ch/de/organe/nationalrat/sitzordnung-nr (2022. 3. 10. 최종 확인); https://www.parlament.ch/de/%C3%BCber-das-parlament/parlamentsw%C3%B6rterbuch/parlamentsw%C3%B6rterbuch-detail?WordId=202 (2022. 3. 10. 최종 확인).

59 이기우, 분권적 국가개조론, 한국학술정보 (2014), 461.

60 Swiss info.ch, "No Swiss state funding for political parties? Not so fast"(2017. 9. 15.), https://www.swissinfo.ch/eng/directdemocracy/transparency-and-democracy_no-swiss-state-funding-for-political-parties—not-so-fast-/43519250?utm_campaign=teaser-in-article&utm_content=o&utm_medium=display&utm_source=swissinfoch (2022. 3. 10. 최종 확인).

61 Clive H. Church, The Politics and Government of Switzerland, Palgrave Macmillan UK (2004), 170.

62 국회사무처 국제국, 김대현 국회사무차장 프랑스, 스위스 방문 결과보고서 (2016), 77.

63 유엔부패방지협약

영어로 United Nations Convention against Corruption

한국어로 유엔반부패협약 등으로 번역된다.

유엔(UN)에서 2000년부터 각국이 연루된 부패문제를 국제법으로 처벌할 수 있는 방안을 강구하여, 2003년 10월 31일 채택한 유엔부패방지협약은 부패방지의 중요성을 강조하고, 각국 정부가 반부패 기구를 창설하거나 선거·정당 자금의 투명성을 높이는 등 다각적인 부패방지 대책의 수립을 촉구하는 내용을 담고 있다. 2003년 12월 9일 멕시코 메리다에서 한국을 포함한 UN회원국 90여 개국이 서명하였고, 이날은 '세계 반부패의 날'로 기념되었다. 한국은 2003년 12월 10일 서명하여, 2008년 3월 27일 비준하였다: 네이버 지식백과, https://terms.naver.com/entry.naver?docId=71061&cid=43667&categoryId=43667 (2022. 3. 10. 최종 확인).

64 OSCE, "Swiss Confederation, Federal Assembly Elections, 18 October 2015", OSCE/ODIHER Needs Assessment Mission Report (2015), 10.

65 유럽평의회

독일어로 EUROPARAT

영어로 Council of Europe

유럽평의회는 유럽의 경제·사회적 발전을 촉진하기 위해 국방(군사) 분야를 제외한 모든 분야에서 점진적인 유럽 통합을 지향하고, 범유럽권의 인권, 민주주의, 법치 수호를 위해 결성된 국제기구이다. 1949년 5월 5일 네덜란드, 노르웨이, 덴마크, 룩셈부르크, 벨기에, 스웨덴, 아일랜드, 영국, 이탈리아, 프랑스 10개국이 '유럽평의회 헌장'에 서명하면서 발족했다. 2020년 현재 유럽평의회는 마지막으로 가입한 몬테네그로를 포함해 유럽 각국과 일부 중앙아시아 국가 등 47개국으로 구성된다. 산하 조직으로 회원국 외무장관으로 구성된 각료 위원회와 자문 위원회, 회원국 의원으로 구성된 의원회의(의회협의체), 유럽인권위원회, 유럽인권재판소, 사무국 등의 기구를 두고 있다. 사무국은 프랑스 스트라스부르에 있다: 유럽평의회 홈페이지 참조, https://www.coe.int/en/web/portal (2022. 3. 10. 최종 확인).

66 GRECO, Troisième Cycle d'Evaluation: Rapport d'Evaluation sur la Suisse Transparence du Financement des Parties politiques (2011), 21.

67 민병제 원칙

독일어로 Milizprinzip

프랑스어로 principe de milice

영어로 militia principle이다.

한국어로 시민복무원칙 등으로 번역된다.

민병이라는 뜻은 정규 직무를 수행하면서 다른 복무도 함께하는 것을 말한다. 연방의원직의 경우 전업이 아닌 파트타임 방식으로 수행하기 때문에 '민병'이라는 용어를 사용한다. 연방의원 대부분은 일상생활의 일부는 고유직업에, 일부는 정치 활동에 바치는 것이다. 민병제 시스템은 1798년 헬베티아 공화국 헌법에 안착됐고, 몇몇 칸톤에도 도입됐다. 지금의 군대는 스위스의 전통으로 내려온 민병제 시스템을 원칙으로 한다(연방헌법 제58조 제1항). 민병제 원칙은 연방의회, 군대뿐만 아니라 칸톤의회, 코뮌 단위에서도 찾아볼 수 있다. 민병제 의회에 관한 자세한 사항은 최용훈, 스위스 연방의회 제도에 관한 연구-입법과정 등을 중심으로-, 사법정책연구원 (2020), 16-20 참조

68 이혜승, "스위스 선거공영제", 선거공영제: 제도 및 운영실태를 중심으로, 선거연수원 (2018), 19.

69 Raiffeisen 은행 홈페이지 참조, https://www.raiffeisen.ch/forum/fr/raiffeisen-forum/engagement-politique/miliz.html (2022. 3. 10. 최종 확인).

70 '정치자금의 투명성'을 위한 국민발안

독일어로 Eidgenössische Volksinitiative 'Für mehr Transparenz in der Politikfinanzierung (Transparenz-Initiative)'

프랑스어로 L'initiative populaire ≪Pour plus de transparence dans le financement de la vie politique≫

영어로 The popular initiative "For more transparency in the financing of political life"

연방내각사무처 홈페이지 참조, https://www.bk.admin.ch/ch/d/pore/vi/vis466.html (2022. 3. 10. 최종 확인).

71 연합뉴스, "'정당정치자금 공개하자' 스위스 국민투표 추진"(2017. 8. 12.), https://www.yna.co.kr/view/AKR20170812054800088 (2022. 3. 10. 최종 확인).

72 연방의회는 국민발안에 반대하여 부결을 권할 수 있고, 국민발안에 대한 연방의회의 대안을 제안할 수 있다(의회법 제101조 제1항). 연방의회의 대안은 국민발안의 요구사항 일부를 받아들이고 일부는 제외하는 형식으로 작성된다. 연방의회의 대안은 두 가지, 즉 직접적인 대안(독일어로 direkter Gegenentwurf, 프랑스어로 Le contre-projet direct, 영어로 direct counter proposal)과 간접적인 대안이 있다. 연방의회의 직접적인 대안은 연방의회가 연방헌법의 개정을 제안하는 것이고, 연방의회의 간접적인 대안은 연방법률의 개정을 제안하는 것이다. 양원 중 한쪽 의회가 연방의회의 간접적인 대안을 심사하고, 국민발안위원회가 제출된 국민발안을 철회해 연방법률 개정안이 국민투표에 제기되지 않은 경우 양원이 간접적인 대안을 의결하면 효력을 발생한다.

73 연방의 간접적인 대안

독일어로 indirekter Gegenvorschlag

프랑스어로 Le contre-projet indirect

영어로 The indirect counter-proposal

한국어로 간접대안, 역제안 등으로 불리워진다.

74 Swiss info.ch, "Parliament takes small step towards more transparency" (2019. 12. 17.), https://www.swissinfo.ch/eng/political-financing_parliament-takes-a-small-step-towards-transparency-law/45441676?utm_campaign=teaser-in-article&utm_source=swissinfoch&utm_medium=display&utm_content=o (2022. 3. 10. 최종 확인).

75 최종투표

독일어로 Schlussabstimmungen

프랑스어로 vote final

영어로 final votes

한국어로 종결투표, 결선투표, 최종표결 등으로 번역된다.

최종투표는 입법심사의 마지막 단계에 실시되는 투표로서 의장의 토론종결 선언 후에 법안 전부를 가결 또는 부결할지의 여부를 결정하는 즉, 최종적인 통과(찬·반) 여부를 결정하는 투표이다. 일반적으로 각 정기회의 마지막 날에 '최종투표'를 전자투표 방식으로 실시한다(의회법 제81조, 하원의사규칙 제56조 제1항, 상원의사규칙 제44조 제1항).

76 Swiss info.ch, "Politicians approve legislation for more funding transparency" (2021. 6. 16.), https://www.swissinfo.ch/eng/politicians-approve-legislation-for-more-funding-transparency/46670404 (2022. 3. 10. 최종 확인).

77 스위스 연방내각 홈페이지 참조, https://www.admin.ch/gov/de/start/dokumentation/medienmitteilungen.msg-id-71984.html (2022. 3. 10. 최종 확인); 연방의회 홈페이지 참조, https://www.parlament.ch/de/ratsbetrieb/amtliches-bulletin/amtliches-bulletin-die-verhandlungen?SubjectId=52945 (2022. 3. 10. 최종 확인).

78 2016.4.26. '정치자금의 투명성'을 위한 국민발안 서명수집 시작

2016.4.12. 연방기관의 국민발안 형식성 검토

2017.10.26. 서명수집 기한 종료

2017.10.10. '정치자금의 투명성'을 위한 국민발안 제출

2018.8.29. 연방내각 의견제출

2021.6.18. 연방의회 부결권고, 간접적인 반대제안 제시

2021.10.8. 국민발안 철회

연방내각사무처 홈페이지 참조, https://www.bk.admin.ch/ch/d/pore/vi/vis466.html (2022. 3. 10. 최종 확인).

79 OSCE, "Swiss Confederation, Federal Assembly Elections, 23 October 2011", OSCE/ ODIHER Election Assessment Mission Report (2012), 9; 스위스의 정당재정 관련 참조, https:// transparenz-ja.ch/wp-content/uploads/sites/65/2017/08/2012_Financement_de_la_politique_ fr.pdf (2022. 3. 10. 최종 확인).

80 Uwe Serdült, "Referendums in Switzerland", in: Qvortrup M., Referendums Around the World, Palgrave Macmillan (2014), 83.

81 Clive H. Church, The Politics and Government of Switzerland, Palgrave Macmillan UK (2004), 175.

82 정치적 권리에 관한 뇌샤텔 칸톤법률 개정안(정당, 선거, 투표의 투명성 제고)
프랑스어로 Loi portant modification de la loi sur les droits politiques (LDP)(transparence du financement des partis politiques, des campagnes électorales et de votations).

83 기사에는 개정안에 대해 찬성 59표, 반대 52표로 가결한 것으로 나온다. 다만, 뇌샤텔 의회의 정원이 100명인 점을 고려하면 표결수치가 다른 것으로 보인다. ArcInfo, 2013.10.02. "Neuchâtel légifère sur le financmenet des partis" (2013.10.2.), https://www.arcinfo.ch/articles/regions/ canton/neuchatel-legifere-sur-le-financement-des-partis-292265 (2022. 3. 10. 최종 확인).

84 정치적 권리에 관한 뇌샤텔 칸톤법(정당, 선거, 투표의 투명성 제고)
프랑스어로 la loi sur les droits politiques (LDP)(transparence du financement des partis politiques, des campagnes électorales et de votations).

85 뇌샤텔 칸톤 홈페이지 참조, https://www.ne.ch/autorites/CHAN/CHAN/dpol/Pages/ Transparence.aspx (2022. 3. 10. 최종 확인).

86 OSCE, "Swiss Confederation, Federal Assembly Elections, 20 October 2019", ODIHER Needs Assessment Mission Report (2019), 11.

87 투명성 주민발안
독일어로 Für die Offenlegung der Politikfinanzierung (Transparenzinitiative)
영어로 For the Disclosure of Political Financing (Transparency Initiative).
슈비츠 칸톤 유권자 중 찬성 27,702표, 반대 27,397표였다.

88 슈비츠 칸톤헌법
법령번호 SRSZ(Systematische Gesetzsammlung) 100.100
독일어로 Verfassung des Kantons Schwyz (2019년 2월 1일 현재)
https://www.sz.ch/public/upload/assets/7256/100_100.pdf?fp=6 (2022. 3. 10. 최종 확인).

89 투명성에 관한 슈비츠 칸톤법률
슈비츠 칸톤법령 번호 TPG/ SZ(GS 25-45, 2019년 2월 6일 현재)
독일어로 Transparenzgesetz (TPG)
슈비츠 칸톤 홈페이지 참조, https://www.sz.ch/public/upload/assets/39224/25-45.pdf (2022. 3. 10. 최종 확인).

90 관련 연혁은 주민발안위원회 홈페이지 참조, https://transparenzinitiative.ch/beschwerde/ (2022. 3. 10. 최종 확인). 연방법원 판결 참조, https://www.bger.ch/ext/eurospider/live/de/ php/aza/http/index.php?highlight_docid=aza%3A%2F%2Faza://26-10-2020-1C_388- 2019&lang=de&zoom=&type=show_document (2022. 3. 10. 최종 확인). https://www.bluewin. ch/de/newsregional/innerschweiz/bundesgericht-rugt-schwyzer-transparenzgesetz-in-einem- punkt-458505.html (2022. 3. 10. 최종 확인).

91 정치자금 조달의 투명성에 관한 주민발안
프랑스어로 Transparence du financement de la politique
영어로 Transparency of the financing of politics.

92 Swiss info.ch, "Fribourg and Schwyz to become more politically transparent" (2018. 3. 4.), https://www.swissinfo.ch/eng/directdemocracy/surprise-result_fribourg-and-schwyz-to- become-more-politically-transparent/43944998 (2022. 3. 10. 최종 확인).

93 프리부르 칸톤헌법
법령번호 131.219 (2019년 3월 22일 현재)
독일어로 Verfassung des Kantons Freiburg
프랑스어로 Constitution du canton de Fribourg
https://www.fedlex.admin.ch/eli/cc/2004/2129_cc/fr (2022. 3. 10. 최종 확인).

94 정치자금에 관한 프리부르 칸톤법률
프리부르 칸톤법령 번호(SGF 115.5.) (2020. 12. 16. 의결)
독일어로 Gesetz über die Politikfinanzierung (PolFiG)
프랑스어로 La loi sur le financement de la politique (LFiPol)
프리부르 칸톤 홈페이지 참조, https://bdlf.fr.ch/app/fr/change_documents/3190 (2022. 3. 10. 최종 확인);https://www.fr.ch/etat-et-droit/votations-elections-et-droits-politiques/ financement-de-la-politique (2022. 3. 10. 최종 확인).

95 프리부르 칸톤 홈페이지 참조, https://www.fr.ch/etat-et-droit/votations-elections-et-droits- politiques/financement-de-la-politique/faq-relatives-a-la-transparence-du-financement-de- la-politique (2022. 3. 10. 최종 확인).

96 Swiss info.ch, "Campaign for transparent political funding given boost" (2020. 2. 9.), https://www.swissinfo.ch/eng/cantonal-vote_campaign-for-transparent-political-funding- given-boost/45542184?utm_campaign=teaser-in-article&utm_source=swissinfoch&utm_ medium=display&utm_content=o (2022. 3. 10. 최종 확인).

97 이혜승, "스위스 선거공영제", 선거공영제: 제도 및 운영실태를 중심으로, 중앙선거관리위원회 선 거연수원 (2018), 17.

98 선학태, 합의제 민주주의 동학: 한국민주주의의 민주화, 전남대학교출판부 (2015), 572.

99 Georg Lutz/Peter Selb, Wahlen, in: Peter Knoepfel et al. (Hrsg.), Handbuch der Schweizer Politik: Manuel de la politique suisse, 5. Aufl., Verlag Neue Zürcher Zeitung (2014), 472, 485, 487.

100 이 책은 중도에 위치한 자민당, 기민당을 중도 우파로 분류한다. 자민당을 스위스국민당과 같은 우파로 분류하기도 하고, 중도 좌파로 보는 견해도 있다. 또한 기민당을 중도 좌파로 보기도 한다: José M. Magone, The Statecraft of Consensus Democracies in a Turbulent World: A Comparative Study of Austria, Belgium, Luxembourg, the Netherlands and Switzerland, Routledge (2017), 137: 장준호, "스위스연방의 직접민주주의: 2008년 6월 1일 국민투표를 중심으로", 국제정치논총 제48집 4호, 한국국제정치학회 (2008), 242.

101 Uwe Serdült, "Referendum in Switzerland", in: Qvortrup M., Referendums Around the World, Palgrave Macmillan (2014), 87.

102 선학태, 민주주의와 상생정치: 서유럽 다수제 모델 vs 합의제 모델, 다산출판사 (2005), 303.

103 스위스의 EU 가입을 지지하는 제안인 'EU 가입 찬성(Yes to Europe)'이라는 국민발안에 대해 2001년 3월 4일 국민투표가 실시돼 55.8%의 투표율 속에 23.2%의 국민찬성과 모든 칸톤의 반대로 부결됐다. 스위스는 EU 회원국가는 아니지만 EU와 쌍무조약을 체결해 EU 회원국과 인적 · 물적 교류를 하고 있다. 이러한 EU와의 쌍무조약은 선택적 국민투표(2005.6.5., 2009.2.8. 등)를 통해 국민의 찬성을 얻었다: 최용훈, 스위스 직접민주주의의 이해, 한국학술정보 (2022), 123.

104 OSCE, "Swiss Confederation, Federal Assembly Elections, 23 October 2011", OSCE/ODIHER Election Assessment Mission Report (2012), 10.

105 이기우, 분권적 국가개조론, 한국학술정보 (2014), 448, 459.

106 선학태, 민주주의와 상생정치: 서유럽 다수제 모델 vs 합의제 모델, 다산출판사 (2005), 328.

107 스위스국민당
    독일어로 Schweizerische Volkspartei (SVP)
    프랑스어로 Union démocratique du centre (UDC)
    영어로 Swiss People's Party 또는 Democratic Union of the Centre
    한국어로 스위스인민당, 스위스국민당, 중도민주연합, 민주주의센터연맹 등으로 번역된다.

108 José M. Magone, The Statecraft of Consensus Democracies in a Turbulent World: A Comparative Study of Austria, Belgium, Luxembourg, the Netherlands and Switzerland, Routledge (2017), 41.

109 민주당
    독일어로 Demokratische Partei
    민주당은 여러 칸톤 정당이 연합한 연방차원의 전국 정당으로 1941년 창당했다. 그라우뷘덴, 글라루스 칸톤에서 의미 있는 활동을 했고, 짧지만 취리히 칸톤에서도 의미가 있었다.
    위키피디아 검색 참조, https://de.wikipedia.org/wiki/Demokratische_Partei_(Schweiz); https://de.wikipedia.org/wiki/Schweizerische_Volkspartei (2022. 3. 10. 최종 확인).

110 유럽경제지역

영어로 European Economic Area (EEA)

유럽경제지역은 EC(유럽공동체) 시장통합의 틀을 유럽자유무역연합(European Free Trade Association, EFTA)으로 확대하고, EC 가입 12개국과 EFTA 가입 7개국을 합한 19개국, 총인구 3억 8,000만 명, 세계무역의 약 40%를 차지하는 자유무역지역을 설립하는 구상이다.

1984년 4월 룩셈부르크 선언으로 공식화됐고, EC시장통합계획의 진전과 동서냉전 종식 후의 유럽재편 과정 속에서 1990년 6월부터 정식협상을 시작했다. 1992년 5월 2일 유럽경제지역협정이 조인됐다. 스위스가 국민투표(1992. 12. 6.)에서 동 협정의 비준을 거부했기 때문에 스위스 및 스위스와 관세동맹을 체결하고 있는 리히텐슈타인을 제외한 17개국에 의해 1994년 1월 1일부터 정식으로 발족했다: 네이버 지식백과 참조, https://terms.naver.com/entry.nhn?docId=728861&cid=42140&categoryId=42140 (2021. 12. 13. 최종 확인); 최용훈, 스위스 직접민주주의의 이해, 한국학술정보 (2022), 50, 206.

111 이하 각 정당별 로고는 Bundeskanzlei BK, Wahlanleitung für die Nationalratswahlen (2015), Bundeskanzlei BK, Nationalratswahlen 2019 (2019), 각 정당별 홈페이지, 위키피디아 검색 등을 참고했다.

112 스위스국민당은 1995년 하원선거에서 독일어를 사용하는 칸톤에서 지지세를 확장했고, 1999년부터 보 칸톤 외에는 의석을 차지하지 못했던 프랑스어 사용 지역까지 지지세를 넓혔다: 선학태, 합의제 민주주의 동학: 한국민주주의의 민주화, 전남대학교출판부 (2015), 304: José M. Magone, The Statecraft of Consensus Democracies in a Turbulent World: A Comparative Study of Austria, Belgium, Luxembourg, the Netherlands and Switzerland, Routledge (2017), 119.

113 하원에서 스위스국민당 소속 독일어권 의원은 인구대비 독일어 점유율인 73%와 비교해 1975년 95.2%, 1995년 96.6%, 2003년 83.6%로 점차 하락하지만 여전히 높은 점유율을 보인다. 인구대비 프랑스어 점유율은 20%인데 비해 스위스국민당 소속 프랑스어권 의원은 1975년 4.8%, 1995년 3.4%, 2003년 16.4%로 지지층을 확대하고 있다. 인구대비 이탈리아어 점유율이 4%인 이탈리아어권은 1975년부터 2003년까지 단 1명의 스위스국민당 소속 의원이 없다. 보수성향의 스위스국민당은 이탈리아어권 유권자들로부터 지지를 얻지 못하는 것이다: 이옥연, "스위스 다문화주의의 도면: 연방 법제도와 정당제를 중심으로", 국제정치논총 제49집 제5호 (2009), 347.

114 외교부, 스위스 개황 (2014), 3; Bundeskanzlei BK, Wahlanleitung für die Nationalratswahlen (2015), 20.

115 알파인 포퓰리즘(Alpine populism)

알파인 포퓰리즘은 스위스, 오스트리아, 남부독일, 북부 이탈리아 등에서 제기되는 국민에 영합하는 포퓰리즘을 말한다. 이민과 같은 환경변화를 반대하고, 자국의 정체성 수호를 주장한다. 알파인 포퓰리즘에는 스위스국민당 외에 티치노동맹, 오스트리아의 FPÖ, 독일기사당(CSU) 등이 포함된다: José M. Magone, The Statecraft of Consensus Democracies in a Turbulent World: A Comparative Study of Austria, Belgium, Luxembourg, the Netherlands and Switzerland,

Routledge (2017), 119; Swiss info. ch, "In Switzerland, populism thrives — but under control" (2019. 7. 16.), https://www.swissinfo.ch/eng/directdemocracy/direct-democracy-series_in-switzerland—populism-thrives---but-under-control/45097054 (2022. 3. 10. 최종 확인).

116 2015년 기준이다. 이하에서 소개되는 여러 정당의 당원 수는 2015년을 기준으로 한다: Bundeskanzlei BK, Wahlanleitung für die Nationalratswahlen (2015), 23.

117 Georg Lutz/Peter Selb, Wahlen, in: Peter Knoepfel et al. (Hrsg.), Handbuch der Schweizer Politik: Manuel de la politique suisse, 5. Aufl., Verlag Neue Zürcher Zeitung (2014), 477.

118 1929년 당시 연방내각은 자민당 출신 4명, 가톨릭보수당 출신 2명, 농민당 출신 1명으로 구성됐다: 국회도서관, OECD 국가 의회제도 한눈에 보기 (2014), 138.

119 스위스 보수민주당 홈페이지 참조, https://www.crwflags.com/fotw/flags/ch%7Dbdp.html (2022. 3. 10. 최종 확인).

120 사회민주당
독일어로 Sozialdemokratische Partei der Schweiz (SP 또는 SPS)
프랑스어로 Parti socialiste suisse (PS 또는 PSS)
영어로 Social Democratic Party of Switzerland
한국어로 스위스사회민주당, 사회민주당, 사회당으로 번역된다.

121 José M. Magone, The Statecraft of Consensus Democracies in a Turbulent World: A Comparative Study of Austria, Belgium, Luxembourg, the Netherlands and Switzerland, Routledge (2017), 109.

122 이옥연, "스위스 다문화주의의 도면: 연방 법제도와 정당제를 중심으로", 국제정치논총 제49집 제5호 (2009), 350.

123 2015년 기준이다: Bundeskanzlei BK, Wahlanleitung für die Nationalratswahlen (2015), 23.

124 안성호, 스위스연방 민주주의 연구, 대영문화사 (2001), 102.

125 사민당의 정강정책
· 부적절한 보너스 대신 공정한 임금의 지불
· 인원 감축 대신 안정적인 일터의 보장
· 부자를 위한 특권이 아닌 공정한 조세 정책
· 긴축정책이 아닌 발전적인 교육
· 부동산 투기가 아닌 적절한 가격의 거주 공간 확보
· 출근길 정체가 아닌 공공교통의 이용
· 연금 축소가 아닌 안정적인 고령 및 유족보험 확보
· 원자력 발전이 아닌 재생 에너지원 창출
· 질 낮은 의료 서비스 대신 부담되지 않는 의료보험료: Bundeskanzlei BK, Wahlanleitung für die Nationalratswahlen (2015), 21.

126 1943년 하원선거 결과, 자민당 3명, 보수국민당(가톨릭보수당) 2명, 농민당 1명, 사민당 1명으로 연방내각이 구성됐다.

127 자유민주당

독일어로 Freisinnig-Demokratische Partei der Schweiz (FDP), Die Liberalen

프랑스어로 Parti radical-démocratique (PRD)

영어로 Free Democratic Party or Radical Democratic Party

한국어로 스위스자유민주당, 자유민주당, 진보민주당, 급진당, 급진민주당 등으로 번역된다. 약칭으로 '자민당'(FDP)이다.

128 이옥연, "스위스 다문화주의의 도면: 연방 법제도와 정당제를 중심으로", 국제정치논총 제49집 제5호 (2009), 398.

129 안성호, 스위스연방 민주주의 연구, 대영문화사 (2001), 102.

130 자민당의 기본가치인 '자유'란 우리의 삶을 스스로 결정하며 책임지는 것을 말한다. '공동의 의지'란 우리 사회를 하나로 유지시켜주고 문화, 언어, 종교를 연결해주는 덕목이다. '발전'이란 새로운 것에 대한 개방된 자세이자 미래의 복리를 약속하는 핵심적인 키워드이다: Bundeskanzlei BK, Wahlanleitung für die Nationalratswahlen (2015), 22.

131 UN 가입에 관한 국민투표는 1986년, 2002년 두 차례 실시됐다. 1986년 3월 16일 실시된 국민투표에서는 조약에 관한 의무적 국민투표 형식으로 제출됐으나 부결됐다(투표율 50.7%, 국민 24.3% 찬성, 모든 칸톤 반대). 그러나, 국민발안 형식으로 제출돼 2002년 3월 3일 실시된 국민투표에서는 스위스의 UN 가입이 가결됐다(투표율 58.4%, 국민 54.6%와 12개 칸톤 찬성): 최용훈, 스위스 직접민주주의의 이해, 한국학술정보 (2022), 123.

132 외교부, 스위스 개황 (2014), 22.

133 Bundeskanzlei BK, Wahlanleitung für die Nationalratswahlen (2015), 22.

134 기독민주당

독일어로 Christlichdemokratische Volkspartei der Schweiz (CVP)

프랑스어로 Parti Démocrate-Chrétien (PDC)

영어로 Christian Democratic People's Party of Switzerland

한국어로 스위스기독교인민민주당, 기독교민주당, 기독민주당, 기독민주민중당으로 번역된다. 여기서는 약칭해 '기민당'(CVP)으로 한다.

135 가톨릭보수당

독일어로 Katholisch-Konservative Partei der Schweiz 또는 Konservative Volkspartei der Schweiz (KVPS)

영어로 Catholic Conservative Party of Switzerland 또는 Swiss Conservative People's party

한국어로 스위스보수국민당, 가톨릭계보수민족당 등으로 번역된다: 위키피디아 검색 참조, https://en.wikipedia.org/wiki/Christian_Democratic_People%27s_Party_of_Switzerland (2022. 3. 10. 최종 확인).

136 보수국민당

독일어로 Konservativ-Christlichsoziale Volkspartei

영어로 Conservative-Christian-Social People's Party

한국어로 보수기독사회당, 보수기독사회국민당, 보수기독사회민중당 등으로 번역된다: 위키피디아 검색 참조 홈페이지 참조, https://en.wikipedia.org/wiki/Christian_Democratic_People%27s_Party_of_Switzerland (2022. 3. 10. 최종 확인).

137 José M. Magone, The Statecraft of Consensus Democracies in a Turbulent World: A Comparative Study of Austria, Belgium, Luxembourg, the Netherlands and Switzerland, Routledge (2017), 40.

138 안성호, 스위스연방 민주주의 연구, 대영문화사 (2001), 102.

139 이옥연, "스위스 다문화주의의 도면: 연방 법제도와 정당제를 중심으로", 국제정치논총 제49집 제5호 (2009), 349.

140 이옥연, "스위스 다문화주의의 도면: 연방 법제도와 정당제를 중심으로", 국제정치논총 제49집 제5호 (2009), 348.

141 사회적 시장경제

영어로 Social market economy

사회적 시장경제는 자유경쟁의 원리와 사회적 형평의 원리를 접목한 것이다. 경제활동 주체의 자유경쟁을 보장하되, 사회적 형평성 목적에 한정해 정부의 사회적 개입을 허용하는 체제를 말한다. 자본주의 시장경제의 장점인 자유경쟁을 활성화하되, 시장 실패의 부작용을 정부의 개입으로 완화하여 효율성과 형평성 모두를 달성하자는 경제질서이다. 사회적 시장경제를 통해 경제발전을 이룩한 대표적인 국가는 독일이다: 네이버 지식백과 참조, https://terms.naver.com/entry.naver?docId=1108243&cid=40942&categoryId=31811 (2022. 3. 10. 최종 확인).

142 자유사회주의(自由社會主義)

영어로 Liberal socialism

자유사회주의는 국가사회주의(State socialism)와 신자유주의(Neo-Liberalism)의 반대 개념에 속하며, '우익 사회민주주의'라고도 한다. 사회주의와 달리 사유재산 허용의 중요성을 부각하고, 계획 경제나 국영화를 반대하며 협동조합식 혼합경제 또는 사회적 시장경제를 지향한다: 나무위키 참조, https://ko.wikipedia.org/wiki/%EC%9E%90%EC%9C%A0%EC%82%AC%ED%9A%8C%EC%A3%BC%EC%9D%98 (2022. 3. 10, 최종 확인).

143 선학태, 갈등과 통합의 정치: 지역·계급·계층·남북 갈등의 해결 메커니즘, 심산 (2004), 371.

144 기민당은 가정과 직장이 보다 조화를 이루는 사회를 주장한다. 어린이 친화적인 사회를 만들고, 기혼자 및 동거자에 대한 조세 차별제도(결혼세)의 폐지를 주장한다. 기민당은 중소기업의 이해를 대변한다. 이를 위해 기업의 경쟁력 유지와 최고의 교육 시스템 구축을 위해 모든 노력을 아끼지 않는다. 유럽연합과의 쌍무적 협력 관계 역시 중심 과제이다. 질병 또는 예측하지 못한 재해로 위협받는 모든 이를 보호하기 위해 노력한다. 일상 속에서의 폭력도 반대한다: Bundeskanzlei BK, Wahlanleitung für die Nationalratswahlen (2015), 23.

145 2015년 2월 기준: 하원의석 29석(여성 8석, 남성 21석), 상원의석 13석(여성 2석, 남성 11석), 2019년 12월 기준: 하원의석 25석, 상원의석 13석.

146 선학태, 갈등과 통합의 정치: 지역·계급·계층·남북 갈등의 해결 메커니즘, 심산 (2004), 375.

147 상원에서 자민당 의석수는 1991년 18석, 1995년 17석, 1999년 18석이었다. 기민당은 1991년 16석, 1995년 16석, 1999년 15석으로 자민당 의석수가 기민당보다 1~3석 많았다.

148 위키피디아 검색 참조, https://en.wikipedia.org/wiki/Christian_Democratic_People%27s_Party_of_Switzerland (2022. 3. 10. 최종 확인); https://en.wikipedia.org/wiki/List_of_members_of_the_Swiss_Federal_Council_by_date(2022. 3. 10. 최종 확인).

149 José M. Magone, The Statecraft of Consensus Democracies in a Turbulent World: A Comparative Study of Austria, Belgium, Luxembourg, the Netherlands and Switzerland, Routledge (2017), 112.

150 José M. Magone, The Statecraft of Consensus Democracies in a Turbulent World: A Comparative Study of Austria, Belgium, Luxembourg, the Netherlands and Switzerland, Routledge (2017), 137.

151 중심당

독일어로 Die Mitte

프랑스어로 Le Centre

영어로 The Centre 또는 Alliance of the Centre.

152 기민당(CDU, 기독교민주연합, Christlich-Demokratische Union)은 1945년 노르트라인베스트팔렌주에 있는 바트 고데스베르크에서 가톨릭 및 개신교 대표가 창당한 보수정당이다.

기사당(CSU, 기독교사회연합, Christlich-Soziale Union)은 1946년 1월 바이에른주에서 창당된 독일 내 보수 가톨릭 세력의 대표정당이다. 바이에른주에만 지역당을 가진다. 기사당 창당이래 기민당과 항상 제휴하는 기민당의 자매 정당이다. 기민당 집권시 연정에 참여하며, 1969년부터 하원 내에서도 기민당과 하나의 교섭단체를 구성한다.

기민당은 2005년 9월 조기 총선에서 앙겔라 메르켈 기민당 대표를 총리 후보로 추대하고, 제1당을 차지하며 사민당과 사상 두 번째 대연정을 구성했다(기민/기사연합-사민당 대연정).

2009년 9월 총선에서 '자민당'과 연정을 구성했다(기민/기사연합-자민당 연정).

2013년 9월 총선에서 승리했으나, 연정 파트너인 자민당이 의회 진출에 실패함에 따라 사민당과 사상 세 번째 대연정을 구성했다(기민/기사연합-사민당 대연정): 외교부, 독일 개황 (2017), 46~48: https://www.mofa.go.kr/www/brd/m_4099/view.do?seq=365692&srchFr=&srchTo=&srchWord=&srchTp=&multi_itm_seq=0&itm_seq_1=0&itm_seq_2=0&company_cd=&company_nm= (2022. 3. 10. 최종 확인).

153 위키피디아 참조, https://en.wikipedia.org/wiki/The_Centre_(political_party) (2022. 3. 10. 최종 확인).

154 2019년 연방의회 선거에서 정당별 의석은 전체 246석 중 스위스국민당 59석, 사민당 48석, 자민당 41석, 기민당 38석, 기타 정당 60석이다. 현재 제51대 원내교섭단체 구성은 상원에서 사민당 의석이 1석 감소하고(9→8석), 기민당 의석이 1석 증가했다(13→14석).

155 중심당 홈페이지 참조, https://die-mitte.ch/die-mitte/werte/ (2022. 3. 10. 최종 확인).

156 녹색당

독일어로 Grüne Partei der Schweiz (GPS)

프랑스어로 Les verts – Parti écologiste suisse (PES)

영어로 Green Party of Switzerland.

한국어로 직역하면 스위스녹색당이지만, 여기서는 녹색당으로 칭한다.

157 1983년 5월에는 지역단위 녹색단체들이 연합한 '녹색당 연합'(Federation of Green Parties of Switzerland)을 만들었고, 6월에는 좌파 대안단체들이 '녹색대안당'(Green Alternative Party of Switzerland)을 만들었다.

158 José M. Magone, The Statecraft of Consensus Democracies in a Turbulent World: A Comparative Study of Austria, Belgium, Luxembourg, the Netherlands and Switzerland, Routledge (2017), 114.

159 안성호, 스위스연방 민주주의 연구, 대영문화사 (2001), 103.

160 녹색당의 정강 정책

· 철저한 거주 공간 정책을 통한 삶의 질 개선

· 일회용 제품이나 폐기물 배출을 억제해 기후변화를 방지하는 경제 시스템 창조

· 공공교통수단(자전거, 트램, 버스, 철도)으로의 전환

· 누구나 비용을 감당할 수 있는 수준의 거주 공간, 보건, 교육제도 및 사회적 안전망

· 공정한 조세와 최소생활비가 보장되는 고령연금

· 인권과 기본권의 보호와 보장

· 유럽 및 전 세계와의 유대 관계 도모: Bundeskanzlei BK, Wahlanleitung für die Nationalratswahlen (2015), 24.

161 국회도서관, 국회의원 선거제도 한눈에 보기 (2020), 106.

162 Georg Lutz/Peter Selb, Wahlen, in: Peter Knoepfel et al. (Hrsg.), Handbuch der Schweizer Politik: Manuel de la politique suisse, 5. Aufl., Verlag Neue Zürcher Zeitung (2014), 472.

163 녹색자유당

독일어로 Grünliberale Partei der Schweiz (GLP)

프랑스어로 Parti vert'libéral (PVL)

영어로 Green Liberal Party of Switzerland (GLP)

한국어로 녹색자유당, 스위스 녹색자유당, 스위스 녹색민주당 등으로 번역된다.

164 2015년 기준이다: Bundeskanzlei BK, Wahlanleitung für die Nationalratswahlen (2015), 25.

165 녹색자유당의 정강정책

· 에너지 전환: 보조금 대신 원자력에너지, 화석에너지로부터 태양, 풍력, 수력 에너지로의 전환 촉진

· 건전 재정: 원칙 있는 재정지출을 통해 막대한 국가부채의 이전 금지

· 자유주의 경제정책: 기업, 특히 중소기업을 위한 기반확충, 관료주의 혁파

· 자유주의 사회정책: 기혼자 또는 동거자를 동일하게 취급, 동성결혼 허용

· 건설정책: 거주지 확보를 위한 신규건설 중단, 농촌지역의 다양성 유지 노력

· 혁신정책: 최상의 교육 시스템 구축, 연구와 경제 중심지로 거듭나기 위한 기반 조성: Bundeskanzlei BK, Wahlanleitung für die Nationalratswahlen (2015), 25.

166 Georg Lutz/Peter Selb, Wahlen, in: Peter Knoepfel et al. (Hrsg.), Handbuch der Schweizer Politik: Manuel de la politique suisse, 5. Aufl., Verlag Neue Zürcher Zeitung (2014), 474.

167 보수민주당

독일어로 Bürgerlich-Demokratische Partei Schweiz (BDP)

프랑스어로 Parti bourgeois démocratique Suisse (PBD)

영어로 Conservative Democratic Party of Switzerland (CDP)

한국어로 보수민주당, 스위스보수민주당, 시민민주당 등으로 번역된다.

168 2015년 기준이다: Bundeskanzlei BK, Wahlanleitung für die Nationalratswahlen (2015), 25.

169 연방정부는 2011년 후쿠시마 원전사고 이후 점진적인 탈원전을 추구하는 '에너지 전략 2050'(Energy Strategy 2050)을 2013년 9월 4일 연방의회에 제출했다. '에너지 전략 2050'은 에너지 절약, 재생에너지 생산, 원전폐지 등에 관한 내용을 담았다. 이를 시행하기 위한 에너지법 전부개정안이 2016년 9월 30일 연방의회에서 의결됐다. 에너지법 전부개정안이 2016년 9월 30일 연방의회에서 의결됐다. 일부 정당은 에너지법 시행 시 4인 기준으로 연간 3,200프랑(약 409만 원)의 부담이 발생한다는 이유로 반대했다. 연방의회에서 의결된 에너지법에 대해 스위스국민당을 중심으로 유권자 68,000명의 서명을 얻어 선택적 국민투표가 제기됐다. 2017년 5월 21일 국민투표가 실시돼 찬성 58.2%, 반대 41.8%로 에너지법이 가결됐고, 2018년 1월부터 시행됐다. 동법 제76조에 따라 기존의 원자력 발전은 가동 예정연도까지만 활용한 후 단계적으로 폐기되고, 이후 새로운 원자력 발전소 건설도 금지됐다. 스위스는 1969년 원자력발전소 가동 이후 1984년 가동된 5호까지 5개의 원자력발전소를 운영하고, 전력공급의 40%를 충당한다: 최용훈, 스위스 직접민주주의의 이해, 한국학술정보 (2022), 77~78.

170 Bundeskanzlei BK, Wahlanleitung für die Nationalratswahlen (2015), 26.

171 스위스 보수민주당 홈페이지 참조, https://www.crwflags.com/fotw/flags/ch%7Dbdp.html (2022. 3. 10. 최종 확인).

172 복음인민당

독일어로 Evangelische Volkspartei der Schweiz (EVP)

프랑스어로 Parti évangelique suisse (PEV)

영어로 Evangelical People's Party of Switzerland.

한국어로 복음인민당, 스위스 개신교국민당 등으로 번역된다.

173 복음인민당의 정강정책
　・자원 낭비 없는 지속적인 삶(세금 감면 정책이나 재정지출 증대 대신 국가부채 경감, 가족 지원 바우처 및 가족보조금 확대, 고령보험의 균형 잡힌 개혁)
　・정당한 행동, 부조리가 정당함으로 인정받지 않는 사회(모두에게 공평한 세법을 통해 공평한 부담 추구, 환경친화적 세제 개혁, 모두에게 열린 교육 및 보건 시스템, 개발 협력을 위한 기금 확대, 동일노동 동일임금 보장)
　・인간 존중, 죽음을 미화하지 않는 사회(인신매매 척결, 포괄적인 말기 환자 간병 시스템 도입, 난민 보호)
　: Bundeskanzlei BK, Wahlanleitung für die Nationalratswahlen (2015), 26.
174 스위스 연방통계청 선거결과 홈페이지 참조, https://www.bfs.admin.ch/bfs/de/home/statistiken/politik/wahlen/eidg-wahlen-2019/resultate-nationalrat.html#-1445289851 (2022. 3. 10. 최종 확인); 복음인민당 홈페이지 참조, https://www.evppev.ch/wahlen/nationalratswahlen-2019/ (2022. 3. 10. 최종 확인).
175 노동당
독일어로 Partei der Arbeit der (PdA)
프랑스어로 Parti Suisse du Travail -Parti Ouvrier et Populaire (PST-POP)
영어로 Swiss Labor Party.
176 스위스 노동당 홈페이지, https://pda.ch/geschichte-pdas/ (2022. 3. 10. 최종 확인); José M. Magone, The Statecraft of Consensus Democracies in a Turbulent World: A Comparative Study of Austria, Belgium, Luxembourg, the Netherlands and Switzerland, Routledge (2017), 109.
177 안성호, 스위스연방 민주주의 연구, 대영문화사 (2001), 103.
178 티치노동맹
독일어로 Liga der Tessiner
프랑스어로 Ligue des Tessinois
이탈리아어로 Lega dei Ticinesi
영어로 Ticino League.
179 티치노동맹 정강정책
비공개로 진행되는 유럽연합 가입 반대, 국제원조기금에 대한 분담금 감축, 손쉬운 시민권 획득 절차 변경, 스위스적 가치의 보존, 채용 시 내국인 우대지지, 사회복지국가로의 이민자 반대, 연방주의의 유지, 범죄를 저지르거나 사회복지제도의 장점을 이용할 목적으로 이주한 외국인 이민자 추방, 군대 감축 반대, 자동차운전자에 대한 범죄자 취급 반대: Bundeskanzlei BK, Wahlanleitung für die Nationalratswahlen (2015), 28.
180 스위스 연방통계청 홈페이지 참조, https://www.wahlen.admin.ch/de/ch/ (2022. 3. 10. 최종 확인).
181 옵발덴기독교사회당
독일어로 Christlich-soziale Partei Obwalden (CSP Obwalden)
영어로 Christian Social Party of Obwalden (CSP Obwalden)이다.

옵발덴 칸톤에서 옵발덴기독교사회당과 기민당(가톨릭보수당)은 별개의 정당이지만, 정치적으로 기민당 소속으로 단일한 정당으로 활동했다. 1970년 보수국민당에서 기민당으로 당명이 변경된 후 옵발덴기독교사회당은 독자적인 정당명을 내세웠다. 옵발덴기독교사회당 홈페이지, https://www.csp-ow.ch/partei/geschichte/ (2022. 3. 10. 최종 확인).

182 2015년 2월 기준: Bundeskanzlei BK, Wahlanleitung für die Nationalratswahlen (2015), 30.

183 기독사회당

독일어로 Christlich-soziale Partei (CSP)

프랑스어로 Parti chrétien-social (PCS)

영어로 Christian Social Party.

한국어로 기독교사회당, 기독사회당으로 번역된다.

184 제네바시민운동

프랑스어로 Mouvement Citoyens Genevois

영어로 Geneva Citizens' Movement.

제네바시민운동은 프랑스어권 시민운동(Mouvement Citoyens Romand, MCR) 및 알파인시민운동연합(Fédération des Mouvements Citoyens de l'Arc Alpin, FMCA)의 일원이다.

185 2015년 2월 기준: Bundeskanzlei BK, Wahlanleitung für die Nationalratswahlen (2015), 29.

186 2019년 제네바 칸톤의 하원선거(12석)에서 녹색당 3석, 스위스국민당 2석, 사민당 2석, 자민당 2, 기민당 1석, 녹색자유당 1석, 기타 정당 1석을 얻었다: 위키피디아 검색 참조, https://en.wikipedia.org/wiki/2015_Swiss_federal_election (2022. 3. 10. 최종 확인); https://en.wikipedia.org/wiki/2019_Swiss_federal_election (2022. 3. 10. 최종 확인).

187 스위스 민주당

독일어로 Schweizer Demokraten

프랑스어로 Démocrates Suisses

영어로 Swiss Democrats.

188 국민행동은 1961년부터 1977년까지

독일어로 Nationale Aktion gegen Überfremdung von Volk und Heimat (NA)

영어로 National Action against the Alienation of the People and the Home으로 불리워졌다.

189 스위스 민주당 홈페이지, https://www.schweizer-demokraten.ch/positionen/50Jahre.shtml (2022. 3. 10. 최종 확인); José M. Magone, The Statecraft of Consensus Democracies in a Turbulent World: A Comparative Study of Austria, Belgium, Luxembourg, the Netherlands and Switzerland, Routledge (2017), 109.

190 스위스자유당

독일어로 Freiheits-Partei der Schweiz

프랑스어로 Parti suisse de la liberté (PSL)

영어로 The Freedom Party of Switzerland (FPS).

191 위키피디아 검색 참조, https://en.wikipedia.org/wiki/Freedom_Party_of_Switzerland (2022. 3. 10. 최종 확인); https://en.wikipedia.org/wiki/2019_Swiss_federal_election (2022. 3. 10. 최종 확인).

192 무소속연합

독일어로 Landesring der Unabhängigen (LdU)

프랑스어로 Alliance des Indépendants (AdI)

영어로 The Alliance of Independents 또는 Ring of Independents 또는 National Ring of Independents

한국어로 독립연합, 무소속연합, 전국무당파연합, 무소속연합당 등으로 번역된다.

스위스에서 사회적 자유주의를 표방해 1936~1999년까지 활동했다. 무소속연합은 공식 창당되기 전인 1935년 하원선거에 소비자 관심 분야를 발판으로 나섰고, 4.1%를 득표해 7석을 얻었다: 위키피디아 검색 참조, https://en.wikipedia.org/wiki/Alliance_of_Independents (2022. 3. 10. 최종 확인).

193 위키피디아 검색 참조, https://en.wikipedia.org/wiki/Alliance_of_Independents (2022. 3. 10. 최종 확인).

194 Georg Lutz/Peter Selb, Wahlen, in: Peter Knoepfel et al. (Hrsg.), Handbuch der Schweizer Politik: Manuel de la politique suisse, 5. Aufl., Verlag Neue Zürcher Zeitung (2014), 474.

195 자유당

독일어로 Liberale Partei der Schweiz

프랑스어로 Parti liberal suisse

영어로 Liberal Party of Switzerland (LPS)

한국어로 스위스자유당, 스위스자유민주당 등으로 번역되지만, 이전에 소개한 스위스자유당 (FPS)과 구분하기 위해 자유당이라고 한다: 안성호, 스위스연방 민주주의 연구, 대영문화사 (2001), 103 참조.

196 위키피디아 검색 참조, https://en.wikipedia.org/wiki/Liberal_Party_of_Switzerland (2022. 3. 10. 최종 확인).

제7장 주요 연도별 선거결과

1 동맹회의

영어로 The Diet 또는 Conference of Ambassadors.

한국어로 대사회의, 동맹회의로 불리운다. 1848년 연방을 창설하기 위한 연방헌법 초안을 작성하고, 연방헌법의 채택을 선언하며, 연방의회의 선거에 관한 사항을 결정했다: 박영도, 스위스 연방의 헌법개혁과 향후 전망, 한국법제연구원 (2004), 10.

2 선거회의

   독일어로 Wahlversammlungen vollzogen

   영어로 election meetings.

3 연방의회 홈페이지 참조, https://www.parlament.ch/en/%C3%BCber-das-parlament/ parlamentsgeschichte/parlamentsgeschichte-detail?historyId=5 (2022. 3. 10. 최종 확인).

4 이하 연도별 하원선거 결과는 위키피디아 검색 참조(https://en.wikipedia.org/wiki/1848_Swiss_federal_election), 연방통계청 홈페이지(1919년 선거 이후), 주 스위스 대한민국대사관 홈페이지(2007년 이후), OSCE, "Swiss Confederation, Federal Assembly Elections, 23 October 2011", OSCE/ODIHER Election Assessment Mission Report (2012), 국회도서관, 국회의원 선거제도 한눈에 보기 (2020) 등을 각각 참조했고, 각각의 선거결과 출처를 별도로 기재하지 않았다.

5 연방의회 홈페이지 참조, https://www.parlament.ch/en/%C3%BCber-das-parlament/ parlamentsgeschichte/parlamentsgeschichte-detail?historyId=5 (2022. 3. 10. 최종 확인).

6 1872년 5월 12일 국민투표에서 국민찬성 49.5%와 9개 칸톤 찬성으로 부결됐다(투표율 정보 없음).

7 하원의석은 1881~1887년까지 145석, 1890~1899년까지 147석이었다(임기는 3년).

8 1914년 하원선거에서 자유당은 보 칸톤에서 5석, 제네바 칸톤에서 3석, 베른 칸톤에서 2석, 바젤 슈타트 칸톤에서 2석을 얻었다. 또한 뇌샤텔, 그라우뷘덴, 티치노 칸톤에서 각각 1석을 얻어 모두 15석을 얻었다.

9 Kris W. Kobach, The Referendum: Direct Democracy in Switzerland, Dartmouth Publishing (1993), 15.

10 김수진, 민주주의와 계급정치, 백산서당 (2001), 370.

11 José M. Magone, The Statecraft of Consensus Democracies in a Turbulent World: A Comparative Study of Austria, Belgium, Luxembourg, the Netherlands and Switzerland, Routledge (2017), 41.

12 1928년 하원선거 1년 전인 1927년 스위스 인구는 3,956,000명이었다. 이를 하원의원 1인당 20,000명으로 나누면 197.8명이 나온다. 1929년 하원선거의 정수 198명과 일치한다(참고로 1928년 스위스 인구는 3,988,000명이었다. 이를 하원의원 1인당 20,000명으로 나누면 199.4명이 나온다). 1931년 스위스 인구는 4,080,000명이었다. 이를 하원의원 1인당 22,000명으로 나누면 의원정수 185.45명이 나온다. 1935년 스위스 인구는 4,155,000명이었다. 이를 하원의원 1인당 22,000명으로 나누면 의원정수 188.9명이 나온다. 이처럼 하원의원 정수는 1931년부터 하원 정수는 187명으로 줄었다: 스위스 인구는 위키피디아 검색 참조, https://en.wikipedia.org/wiki/Demographics_of_Switzerland (2022. 3. 10. 최종 확인).

13 하원에서 의원정수 변동과 관련된 사항은 최용훈, 스위스 연방의회론, 한국학술정보 (2022), 40~47: 스위스 연방의회 홈페이지 참조, https://www.parlament.ch/de/%C3%BCber-das-parlament/parlamentsw%c3%b6rterbuch/parlamentsw%c3%b6rterbuch-detail?WordId=50 (2022. 3. 10. 최종 확인).

14 1950년 12월 3일 실시한 국민투표에서 투표율 55.7%, 국민찬성 67.3%, 20개 칸톤 찬성으로 안건이 가결됐다: 스위스 국민투표 홈페이지 참조, https://swissvotes.ch/vote/153.00 (2022. 3. 10. 최종 확인).

15 위키피디아 검색 참조, https://en.wikipedia.org/wiki/List_of_members_of_the_Swiss_Federal_Council_by_date (2022. 3. 10. 최종 확인).

16 1962년 스위스 인구는 5,639,195명으로 전년도 5,508,435명보다 130,760명 증가했다: https://countryeconomy.com/demography/population/switzerland?year=1962 (2022. 3. 10. 최종 확인).

17 반칸톤은 0.5표로 계산되기에(연방헌법 제142조 제4항), 2개 반칸톤은 1개 칸톤으로 간주된다.

18 공화주의 운동

독일어로 Republikanische Bewegung

프랑스어로 Mouvement républicain

영어로 Republican Movement 이다

위키피디아 검색 참조, https://en.wikipedia.org/wiki/Republican_Movement_(Switzerland) (2022. 3. 10. 최종 확인).

19 Kris W. Kobach, The Referendum: Direct Democracy in Switzerland, Dartmouth Publishing (1993), 20.

20 칸톤별 투표율은 스위스 연방통계청 홈페이지 참조, http://www.politik-stat.ch/nrw2003CHwb_de.html (2022. 3. 10. 최종 확인).

21 선학태, 민주주의와 상생정치: 서유럽 다수제 모델 vs 합의제 모델, 다산출판사 (2005), 10장.

22 Christine Benesch & Monika Bütler & Katharina E. Hofer, "Transparency in Parliamentary Voting", CESifo Working Paper Series No. 5682 (2016), 12.

23 위키피디아 검색 참조, https://en.wikipedia.org/wiki/2007_Swiss_Council_of_States_election#Zug (2022. 3. 10. 최종 확인).

24 블로허는 1979년 11월부터 2003년 12월까지, 2011년 12월부터 2014년 5월까지 취리히 칸톤 출신의 하원의원이었다. 블로허는 2004년 1월부터 2007년 12월까지 법무 · 경찰부 장관을 지냈다: https://www.parlament.ch/en/biografie/christoph-blocher/21 (2022. 3. 10. 최종 확인).

블로허 스위스국민당 대표는 억만장자에 카리스마를 겸한 우파정치인으로 스위스국민당의 지지율을 끌어올리는 데 결정적인 역할을 했다. 그는 이러한 성공을 배경으로 스위스국민당의 연방각료 몫을 3명으로 늘릴 것을 주장했다. 자신의 당 내외로부터 견제를 받은 그는 당 대표에서도 사퇴했다. 이는 개인을 정치적 영웅으로 만들지 않는 스위스적 전통을 보여준다. 개인은 평등하다는 인식과 함께 외부로부터의 개입과 통제를 극히 싫어하기 때문에 개인이나 집단에 권력이 집중되는 것을 경계한다: 장철균, 스위스에서 배운다: 21세기 대한민국 선진화 전략, 살림 (2013), 85.

25 연방의회에서 재선출되지 못한 각료는 19세기의 Ulrich Ochsenbein, Jean-Jacques Challet-Venel, 2003년의 Ruth Metzler, 2007년의 Christoph Blocher이다: 위키피디아 검색 참조, https://en.wikipedia.org/wiki/Christoph_Blocher (2022. 3. 10. 최종 확인).

26 하원선거에서 의석을 확보한 정당이라 할지라도 4개 칸톤(우리, 니트발덴, 글라루스, 그라우뷘덴)에서는 상원선거의 후보자를 배출하지 못했고, 7개 칸톤(취리히, 베른, 추크, 졸로투른, 바젤란트, 장크트갈렌, 아르가우)에서는 1개의 상원의석도 얻지 못했다: Georg Lutz/Peter Selb, Wahlen,

in: Peter Knoepfel et al. (Hrsg.), Handbuch der Schweizer Politik: Manuel de la politique suisse, 5. Aufl., Verlag Neue Zürcher Zeitung (2014), 477.

27 우파 성향 정당인 스위스국민당(65석), 자민당(33석), 기민당(27석), 보수민주당(7석)을 합산한 결과이다.

28 주 스위스 대한민국대사관 홈페이지, http://overseas.mofa.go.kr/ch-ko/brd/m_8042/view. do?seq=1341130&srchFr=&srchTo=&srchWord=&srchTp=&multi_itm_ seq=0&itm_seq_1=0&itm_seq_2=0&company_cd=&company_nm=&page=1 (2022. 3. 10. 최종 확인); OSCE, "Swiss Confederation, Federal Assembly Elections, 20 October 2019", ODIHER Needs Assessment Mission Report (2019), 10.

29 Swiss info. ch, "The 2019 Swiss elections: Results in detail"(2019. 10. 21.), https://www. swissinfo.ch/eng/switzerland-election—2019-results-maps/45312474 (2022. 3. 10. 최종 확인).

찾아보기

감사의 말

    스위스 파견근무를 계기로 스위스의 정치제도 자료를 수집하고 정리한 지 5년 반이 넘었습니다. 스위스에서 보고 들은 내용을 책으로 정리하는 일이 예상보다 오래 걸렸지만, 연방의회, 직접민주주의에 이어 마지막으로 선거제도를 발간하려니 두려움과 아쉬움이 교차합니다. 여건이 허락한다면 다른 국가의 의회제도를 계속해서 공부하고 싶다는 생각도 듭니다.

    2018년 8월 스위스에서 2년간 수집한 자료와 함께 귀국했고, 2019년 1월 사법정책연구원에 파견돼 본격적으로 자료를 정리했습니다. 내키지 않는 파견이었지만 연구보고서를 작성하고 마음을 다스리면서 많은 것을 뒤돌아보는 계기가 됐습니다. 2020년 1월 외교통일위원회 전문위원으로 보임되고 2022년 1월 국회 의정연수원 교수로 옮겨 이 책이 출간될 때까지 주중에 하루, 이틀은 조기 출근(야근)을, 주말 중 하루는 사무실에 나올 것을 스스로 약속하면서 틈틈이 책을 만들어 갔습니다.

    어떤 때는 당장 출간될 것처럼 몰입하다가도, 어떤 때는 시장성이 없는 발간 작업을 그만하자는 생각에 잠시 손을 뗀 적도 있었고, 어떤 때는 아무도 관심을 갖지 않는 이런 고생을 왜 하는지 후회를 하기도 했습니다. 시간이 모든 것을 해결해주었습니다. 조금씩 조금씩 앞으로 나아가다 보니 드디어 마지막 책이 발간됩니다. 돌이켜 보면 제가 원하거나 예상하지 않은 곳에 던져져서 나름대로 무언가 궁리하면서 꾸준히 무언가를 찾고자 노력했던 결과가 세 권의 책이 아닌가 생각해봅니다.

길고 긴 시간을 녹여낸 끝에 이 책이 나오게 된 것은 많은 분들의 헌신적인 도움이 있었기 때문입니다. 그 분들께 감사의 말씀을 드리고자 합니다. 1995년 입사 동기인 강윤진, 김건오, 박상진, 박장호, 박재유, 송병철, 송주아, 이형주, 유상조, 유세환, 정성희, 정연호, 채수근, 천우정, 홍형선님으로부터 많은 도움을 받았습니다. 또한 스위스에 발디딜 수 있도록 해주신 김대현, 김일권, 김현숙, 김희재, 이승재, 이혜승, 오웅, 장지원님께 머리 숙여 감사드립니다.

스위스 정치제도를 이해하는 데 도움을 준 강대훈, 강만원, 강희영, 권순진, 김광묵, 김리사, 김상수, 김성화, 김은영, 김준, 김태규, 김태균, 김현중, 김형완, 김혜리, 김홍규, 김효진, 류동하, 박도은, 백수연, 서용성, 신홍철, 오창석, 유미숙, 유선주, 윤영준, 이성금, 이신재, 이재명, 이주연, 이주홍, 이창림, 임청자, 장성민, 장지용, 정유진, 정혜인, 정환철, 조중덕, 조형근, 주성훈, 지동하, 최승주, 표승연, 허라윤, 허병조, 황선호님께 진심 어린 감사의 마음을 표합니다. 또한 낯선이에게 자료를 전해 준 Barbara Brun del Re, Bernard Frings, Evelyn Mayer, Florence Quartier, Hans-Peter Schaub, Jenny Yin, Mariano Bonriposi, Mila Bühler, Nina Wick님께도 고맙다는 말을 전합니다.

초안을 읽고 오류를 잡아 준 기준하, 김신유, 김승현, 김정엽, 김효진, 이기연, 이동현, 이세의, 이정윤, 장경석, 정동수, 정재호, 최한슬, 하상우, 한경석님과 각종 지원을 아끼지 않은 김병구, 이승찬, 유지선님, 초안을 편집한 강은숙님, 책 표지 초안을 만들어준 조카 장혜지, 책 출간과 편집을 독려한 신수빈, 양동훈, 김연자님, 기 출간된 두 권의 책에 많은 관심과 조언을 표한 김윤정, 박수진, 안정환, 이명우, 유세환, 소재두, 장영환, 전상수, 정연호, 정희석, 지동하, 조기열님께 깊은 감사를 드립니다.

책 발간을 이유로 소홀했던 아내(고경흔), 네 자녀(희재, 민성, 은성, 희수), 양가 부모님과 형제자매에게도 고마움을 전합니다. 책 발간이 언제냐고 물어보는

450 감사의 말

아내와 아이들에게도 이제야 면목이 서는 것 같습니다. 이 책을 보면서 '내 이름이 왜 없지'하고 생각할 누군가에게도 미안하고 더욱 감사할 따름입니다.

요즘은 국회에서 바라보는 풍경과 경험을 하나 둘 마음속에 소중하게 간직하고 있습니다. 24세에 들어와 청춘과 젊음을 바친 곳인데, 조금씩 거리를 두면서 떨어져 보려고 합니다. 문제도, 정답도 없는 직장생활이었지만, 국회와 함께 한 삶의 한 궤적을 소중히 여기면서 좀 더 베풀고, 안아주며, 화내지 말고, 이해하며, 낮은 자세로 임하자고 다짐하건만, 쉽지 않습니다. 그래서 더욱 그렇게 해야겠다고 스스로 이야기합니다.

한편으로는 전라북도 서울장학숙 1기생으로 들어가 3년 동안 숙식을 해결하고, 성대 고시반(와룡헌)에서 3년을 공부하면서 많은 도움을 받았습니다. 또한 직장을 통해 가족을 부양하고, 해외에 갈 수 있었습니다. 그동안 받은 것을 언젠가는 결초보은하겠다는 마음의 빚만 가진 채 시간만 흘려보내고 있어 아쉬울 따름입니다.

인간적으로나 업무상으로나 많이 부족함에도 불구하고 지금까지 격려하고 응원해 주신 모든 분들께 진심으로 머리 숙여 감사드립니다. 고맙습니다.

최용훈(崔容熏) ───────────────

　　현재 국회 의정연수원 교수(이사관)이다. 전북 완주 출신으로 구이중, 전주 영생고를 졸업했다. 성균관대 행정학과를 졸업한 1995년 제13회 입법고시에 수석으로 합격했다. 법학 등을 공부하기 위해 직장생활과 병행해 서울시립대 법학과, 서울대 행정대학원, 미국 미주리 주립대 행정대학원에서 공부했고, 한양대 과학기술정책 박사과정을 수료했다.

　　국회에서 1년 남짓 근무하다 KOICA 국제협력요원으로 병역을 마친 후 2000년부터 국회 행정자치위원회, 보건복지위원회, 교육문화체육관광위원회, 정치개혁 특별위원회 등에서 근무했다. 국제국 구주과장·심의관, 문체위 심의관 등을 지냈고, 국제의회연맹(IPU)과 대법원(사법정책연구원)에서 파견 근무했으며, 2020년 1월부터 2년간 외교통일위원회 전문위원으로 일했다. 저서로는 「달라진 정치관계법(공저)」, 「스위스 연방의회론」, 「스위스 직접민주주의의 이해」가 있다.